# 中國學術思想 研究輯刊

## 十四編

林慶彰 主編

## 第29冊

錢穆對胡適的批評：
有關治學思想與方法的比較研究

李寶紅 著

花木蘭文化出版社

國家圖書館出版品預行編目資料

錢穆對胡適的批評：有關治學思想與方法的比較研究／李寶紅
著 — 初版 — 新北市：花木蘭文化出版社，2012〔民101〕
目 2+300 面；19×26 公分
（中國學術思想研究輯刊 十四編：第 29 冊）
ISBN：978-986-322-039-8（精裝）
1. 胡適　2. 學術思想
030.8　　　　　　　　　　　　　　　　　101015395

ISBN-978-986-322-039-8

9 789863 220398

中國學術思想研究輯刊
十四編　第二九冊　　　　　　　ISBN：978-986-322-039-8

## 錢穆對胡適的批評：有關治學思想與方法的比較研究

作　　者　李寶紅
主　　編　林慶彰
總 編 輯　杜潔祥
出　　版　花木蘭文化出版社
發 行 所　花木蘭文化出版社
發 行 人　高小娟
聯絡地址　新北市永和區中正路五九五號七樓
　　　　　電話：02-2923-1455 ／傳眞：02-2923-1452
網　　址　http://www.huamulan.tw 信箱 sut81518@gmail.com
印　　刷　普羅文化出版廣告事業
封面設計　劉開工作室
初　　版　2012 年 9 月
定　　價　十四編 34 冊（精裝）新台幣 56,000 元　　版權所有・請勿翻印

# 錢穆對胡適的批評：
# 有關治學思想與方法的比較研究

李寶紅　著

作者簡介

李寶紅，女，1972 年 7 月生，湖北省紅安縣人，華中師範大學歷史文化學院副教授。1990 年進入湖北大學歷史系學習，1997 年畢業於湖北大學中國思想文化史研究所，獲得碩士學位，進入華中師範大學歷史文化學院任教，2010 年獲得歷史學博士學位。從事中國近現代史的教學工作，主要研究方向為民國思想文化史。

提　　要

　　20 世紀上半葉，是中國現代學術建立與發展的時期。胡適是現代學術的奠基人之一，其治學思想與方法對民國時期的學術界具有廣泛而重要的影響。錢穆護持中國傳統的讀書、治學模式，對胡適等新派學者的治學思想與方法展開激烈批評。本著以錢穆對胡適的學術批評作為研究對象，以展現民國學術的複雜面相，討論中國現代學術轉型的諸多問題。

　　著作主要有四個部分。第一部分反映錢、胡治學宗旨的歧異：是做「士」還是成一「專家」。近代學術研究的主體已由傳統社會的讀書人向知識人轉變，其知識結構、治學理念發生了根本性變化，主張「為學術而學術」，推崇專家之學。在讀書人日益向知識分子轉化、知識分子日益邊緣化、職業化的時代，錢穆堅守傳統的士人精神和士人心態。他特重中國傳統「士」這一社會流品，重視人格完善與德性修養，要成就一理想人。同時，在他看來，為學與做人是一事之兩面，人乃是一切學問之中心。錢穆批評近代學術「學與人離」，對同時代學風、學者心術也有較多討論，對民國學術界刻薄、不厚道的心理予以激烈批評。錢穆淹通經、史、子、集四部，在人文學科中可稱得上一位百科全書式的學者，為傳統國學的通儒之學。他主張，治學貴能貫通古今，識其全部，強調「通識」，提出先「通」後「專」，以「通」馭「專」的治學方法。胡適徘徊於博通與專精之間，但他對學生學術上的指導，走的顯然是專家之學的路子。錢、胡對學生治學的指導，正反映了他們對「通人」與「專家」的不同理解和要求。

　　第二部分反映錢、胡治學路徑的根本分歧。錢穆自學名世，對中國學術、文化的解讀自成系統，「善於從中國自身的知識和思想資源中去尋找思想史發展的內在理路」。他認為，「中國學術，實自有其獨特性，而非可以專憑西方成見以為評騭，

亦非可以一依西方成規以資研窮」，強調「我們總不要隨便地把西方觀念同中國觀念混起來」，堅持學術研究中的中國立場和中國氣派，批評胡適「逕依西學來講國故」。不同的讀書法體現了不同的治學模式，錢穆強調讀書要虛心體察，回到歷史本身，儘可能還原歷史。胡適認為讀書要多戴幾副眼鏡，用域外文化作比較參考的材料，從中得到啟發或暗示。要剔除歷代學者的酸腐意見，還歷史一個本來面目。本部分通過錢、胡論讀書、關於《詩經》的研究等，具體展開論述。

第三部分有關義理、考據、辭章之辨，闡述錢、胡對這三者關係的不同認識。胡適發起科學的整理國故運動，將傳統的考據學與科學精神、科學方法結合起來，使考據「科學化」。在其影響之下，民國文史學界籠罩在濃厚的考據學風之中。義理、考據、辭章合一，是錢穆學術思想最為核心的觀念。對顧炎武「博文行己」、章學誠「六經皆史」思想的不同認知，具體反映了錢、胡對考據與義理關係的不同認識與側重。錢穆認為，近代以來有風氣，無學問，諸多文化討論（議論）缺乏歷史的依據，只是「歷史的敘述」而絕非「歷史的真相」，強調文化討論和思想宣傳必須建立在堅實的學術研究基礎之上，考據當以義理為歸宿，義理（思想）應從考據中來。

第四部分著重考察錢穆與胡適等「科學考訂派」「科學的」整理國故在考據方法上的不同。錢穆對胡適倡導的「科學整理國故」運動頗多批評。錢穆的考據名作《劉向歆父子年譜》、《先秦諸子繫年》都是以普通資料貫串會通，並不以新、奇資料炫人，甚至資料不足時，可推演以求。他激烈地批評學術界刻意追求、炫耀新奇史料的做法與心態，批評不講求學術積累，只是翻書、找材料的「研究法」。此處還將進一步討論以傅斯年為代表的史料學派的相關治學思想，如「史學只是史料學」、「沒有證據不說話」等，是否是自相矛盾，甚至是自欺欺人？歷史學從根本上講，離不開假設和想像，是一種「推理之科學」（王爾敏語）。錢穆將考據與思想、時代、社會緊密地聯繫起來，認為考據必須先參透思想本身，離開思想單憑考據等外在事象來研究學術史，正是胡適病痛所在，並提出了根據「思想線索」來考據的方法。

錢穆、胡適的治學思想與方法的差異反映了中國現代學術兩種不同的發展路向，錢穆屹立於胡適所開創的學術主流的邊緣。傳統日漸式微，現代化（西化）成一不可阻遏之潮流。在學人知識結構更新、學術研究職業化體制化的歷史大背景下，治學理念、路徑與方法均發生重大變化，胡適所開創的學術研究新模式易於為人追摹、仿效，錢穆孤往而寂寞。但是，錢穆所堅守的讀書、治學思想與方法，對現代學術的諸多流弊具有重要的糾偏作用，直至今日仍然值得我們珍視。基於此，探討錢穆、胡適二人治學路線，統合二者之優長，尤顯必要。

目

次

# 緒　論

## 一、選題意義

　　晚清和民國初期是中國學術思想與近代西方學術思想交流、衝突、融匯並發生巨大轉軌的時期，中國傳統學術形態向現代學術形態轉型。學術研究走向分科化、職業化、制度化、體制化，在學術研究的主體、學術研究機構及學術中心、學術研究理念及宗旨、學術研究方法、學術研究對象及範圍、學術研究成果及交流機制、學術爭鳴與成果評估等問題上均發生重大變化。這種學術轉型開始於 19 世紀中後期，到 20 世紀 30 年代基本完成。這一過程中，一批學人發揮了重要作用。

　　胡適（1891～1962 年），字適之，安徽績溪人。他是「20 世紀中國學術思想史上的一位中心人物」，﹝註 1﹞在推動中國學術的現代轉型方面可謂居功甚偉。錢穆（1895～1990 年），字賓四，江蘇無錫人。其一生，可謂特立獨行，自居於學術界、文化界的邊緣地位，不認同胡適等人所開創的學術研究和文化主潮。在錢穆眼中，這是一個「學絕道喪」的年代。對於同時代種種流行論說，不能苟同。不平則鳴，錢穆對同時代流行論說的批判主要集中於三個方面。文化上，「一生爲故國招魂」，堅持中國傳統文化的基本精神，反對西化思潮。學術上，批評「科學考訂派」（或新考據學派）重考據、輕義理的治學思想以及不注重學術積累、以新奇資料相炫的治學方法。政治上，反對清末以來中國傳統政治「黑暗專制」、中國是一「封建社會」等言論。他將學術

---

﹝註 1﹞　余英時：《中國近代思想史上的胡適——〈胡適之先生年譜長編初稿〉序》，《現代危機與思想人物》，三聯書店 2005 年版，第 126 頁。

界比作「一哄之市」，〔註 2〕如果真要講學問，須能避開此一哄之市，耐得寂寞，尚友古人，轉益多師。

自 1930 年代中後期以後直至暮年，錢穆點名或不點名地、直接或間接地、有意或無意地對胡適及其所開創的學術、文化潮流進行反思與批評，他希望對此加以救正，或者說他要走出自己的道路來。錢穆與胡適之間的分歧，實際上就是學術發展路向的分歧。胡適是民國學術界和知識界的「大師」和「領袖」，是新學術和新風氣的主要開創者，曾屢言「但開風氣不為師」。錢穆認為，胡適沒有經過沉潛鑽研、慎重縝密的思考而輕率地開風氣。風氣既開，胡適必須為此承擔主要責任，是很顯然的。儘管錢穆很多時候並未直接點名批評胡適，學術界的某些現象也不能全部由胡適負責，但錢穆內心裏，似乎有一揮之不去的「胡適情結」。余英時謂章學誠一生治學立言，受戴震影響太大，「其心中時時有一東原影子，故立論於不自覺處每與東原針鋒相對」。錢穆對此一意見深表贊同，可謂「一針見血」。〔註 3〕我們也可以說，錢穆心中時時有一適之影子，故立論於不自覺處每與適之針鋒相對。

王汎森在《民國的新史學及其批評者》長文中提出，近代史學有三個大段落：第一階段是晚清民初，以梁啟超所開展的「新史學」革命為主。第二階段是新文化運動以後，尤其是 1920 年代開始，胡適領導的整理國故運動，以及中央研究院歷史語言研究所成立之後所開展的工作。第三個重要段落是社會史論戰之後，馬克思主義史學的興起。在 1949 年以前，胡適、傅斯年、顧頡剛等人所領導的研究工作在學院中佔據主流地位，是 20 世紀二三十年代最有力量的學派。對 1920、1930 年代的新派史家，有種種不同的稱呼，如整理國故派、北派、新考據派、新漢學派，隱約都在指胡、傅、顧所領導的學風。其文中所謂的「新派」，便大抵是指胡、傅、顧所領導的學派。新派的批評者是散在全國各地的，尤以南京中央大學（其前身是南京高等師範、東南大學）最有組織。為討論上的方便，以「傳統派」概括之。〔註 4〕王爾敏在《20 世紀非主流史學與史家》一書前言中，提出 20 世紀史學有兩個主流學派，一個是科學主義史學派，一個

---

〔註 2〕 錢穆：《中國史學名著》，三聯書店 2005 年第 2 版，第 315 頁。

〔註 3〕 見錢穆《致余英時書》，1966 年 11 月 17 日，《素書樓餘瀋》，《錢賓四先生全集》第 53 冊，臺北聯經出版事業公司 1998 年版，第 447 頁。以下簡稱《全集》，只註明作者、篇名、冊數與頁碼。

〔註 4〕 見羅志田主編《20 世紀的中國：學術與社會·史學卷》，山東人民出版社 2001 年版，第 31～32 頁。

是馬列主義史學派，勢力最大，影響最深，也經營最久。20 世紀之初，傳統史家典範尚有柯劭忞、陳漢章、張爾田、劉咸炘（筆者按：應爲炘）、羅振玉、王國維、孫德謙、王獻唐、金梁、余嘉錫等前輩。不出 30 年代，各亦淘汰出局。「中國傳統史學不絕如縷，賴錢穆一派支撐至 20 世紀之終。」〔註5〕

　　胡適等新派學者，睥睨一世。1922 年 8 月 28 日，胡適在日記中說，「現今的中國學術界眞凋敝零落極了」。老輩學者最沒有條理、系統，不是淺陋，就是落伍，連章太炎都已是「半僵了」。〔註6〕新文化運動時期不滿於他們的舊派，往往緘口不言，不作公開批評，公開攻擊他們的舊派如林紓則不堪一擊。林紓反對白話文運動，說「吾固知古文之不當廢，然吾不知其所以然」，被胡適一再嘲笑，那時的反對派實在太差了。實際上，學術界的爭論以及傳統學人對新派的反思、批評始終存在，錢穆是其中的主要人物。他對胡適等人的批評時間長、涉及面廣，也極爲激烈。

　　學術界往往注重一些被視爲「主流」的學者和學派，而忽視了不少被認爲是反對「主流」或處於「邊緣」的學者及其研究成果，以致很多學者的貢獻被淹沒。錢穆和胡適均屬民國時期的著名學者，對民國時期的中國學術界以及二十世紀五十——七十年代的香港、臺灣學術界、思想文化界具有重大影響，錢、胡都十分強烈的希圖影響中國現代學術研究的路徑與方法、中國文化的走向，甚至中國政治和社會的發展道路。對於錢穆、胡適這樣兩位在學術界、思想文化界有著廣泛影響、在治學思想與方法、中西文化觀等方面有著重大分歧的學者，將他們聯繫起來進行對比研究，還十分欠缺。因此，本論文選題具有重要的學術價值。本論文從錢穆對胡適的批評入手，對比研究錢穆、胡適的治學思想與方法，有助於辨析中國現代學術的發展方向及其中所呈現的問題，有助於深化錢穆、胡適的研究。

　　錢穆、胡適比較研究所關涉的問題實爲中國學術轉型的問題，我們今天依然面對這些問題。而且，自新文化運動至今，胡適等人所開創的學術研究範式、治學思想與方法，已經發展成爲中國學界的主流。對比研究錢穆、胡適的學術思想，尤其是重溫錢穆對胡適等主流思想所作的批判，有助於我們

---

〔註5〕　見王爾敏《20 世紀非主流史學與史家・前言》，廣西師範大學出版社 2007 年版，第 7 頁。

〔註6〕　曹伯言整理：《胡適日記全編》第 3 卷，安徽教育出版社 2001 年版，第 775 頁。以下簡稱《日記》，只註明卷數、頁碼和時間。

反思一百多年來學術、文化上的紛爭與歧異，有益於今天學術研究的發展。因此，本論文選題具有重要的現實意義。

## 二、研究現狀述評

　　錢穆是民國時期的著名學者，1949 年出走香港，引起了中共高層的重視。毛澤東在《丟掉幻想，準備鬥爭》的評論中點了他的名，文中說「帝國主義及其走狗中國的反動政府只能控制其中的一部分人，到了後來，只能控制其中的極少數人，例如胡適、傅斯年、錢穆之類」，〔註 7〕從此，錢穆作爲封建主義史學的代表遭受批判。大陸改革開放前，談不上對錢穆的研究。

　　錢穆隻身去香港，創辦新亞書院，1967 年起定居臺灣，1990 年以 95 高齡謝世。臺灣局勢風雲變幻，「錢先生竟成了一位不合時宜的學人」。〔註 8〕在臺港地區，對錢穆學術思想的研究、闡發相對於其巨大學術成就而言，還是比較薄弱的。錢穆去世後，香港、臺灣學界和學人舉行一系列紀念活動，香港法言出版社推出「錢穆悼念專輯」（《法言》1990 年 10 月號），臺北民間史學雜誌社推出「錢賓四先生逝世百日紀念」，新亞研究所編輯出版了《紀念錢穆先生論文集》（1991 年）。錢先生的高足余英時、嚴耕望相繼出版了《猶記風吹水上鱗：錢穆與現代中國學術》（三民書局，1991 年）、《錢穆賓四先生與我》（臺灣商務印書館，1992 年），以爲悼念。1993 年 6 月，《錢穆先生紀念館館刊》創刊。1994 年，李木妙編《國史大師錢穆教授生平及其著述》由新亞研究所印行。對錢穆學術思想作專題研究的有戴景賢專著《錢穆》〔註 9〕（臺灣商務印書館，1978 年）。1995 年，香港中文大學新亞書院舉行了「錢賓四先生百齡紀念學術研討會」，〔註 10〕2000 年，臺灣大學中國文學系舉行了「紀念錢穆先生逝世十週年國際學術研討會」，對錢穆學術作了多方面研究。與本論文相關的重要論文有王晴佳《錢穆與科學史學之離合關係，1926～1950》、吳展良《學問之入與出：錢賓四先生與理學》。王晴佳認爲，在 1950 年以前，錢穆的學術生涯，如果從他

---

〔註 7〕　《毛澤東選集》第四卷，人民出版社 1991 年第 2 版，第 1485 頁。

〔註 8〕　《錢胡美琦女士致辭》，臺灣大學中國文學系編印：《紀念錢穆先生逝世十週年國際學術研討會論文集》，2001 年。

〔註 9〕　可參看陸玉芹《論戴景賢對錢穆學術思想的解讀》，《鹽城師範學院學報》2004 年第 1 期。

〔註10〕　會議具體情況可參見羅義俊《「負擔起中國文化的責任」——錢穆先生百齡紀念學術研討會述要》，《學術月刊》1995 年第 10 期；《錢賓四先生百齡紀念學術研討會紀盛》，《中國文化》第十一期。

與「科學史學」的關係來看，可以大致上分為兩個時期。從二十年代到三十年代初期為第一時期，錢穆逐漸走出傳統，與新學問接觸並有所靠攏，試圖用考證的方法，爬梳、整理古代學問。這使他的著述，得到科學史家的讚賞，成為當時「整理國故、再造文明」的學術主流的一部分。但他對中國傳統的態度，還是與胡適等人有區別。1931 年錢穆到北大任教以後，由於國際形勢的變化、民族危機的加深，使他逐漸與提倡「西化」或受到「西化」思潮影響的人物分離，而希望通過對中國歷史的全面考察，強調中國文化的長處和價值。他在 1940 年出版的《國史大綱》，則表明他已經公開與科學史學的人物決裂了。吳展良指出，錢穆一生篤行理學家言，而又能針對大時代的學術議題，客觀地研究理學。他認為做學問要先能入而後能出，不融入無法真正瞭解，不跳出則無法知道它的特質乃至限制，然而學者首先要能深入，卻不宜急切求出。理學之於錢穆，從作為人生的教訓與昭示人生的理想境界始，亦以回歸做人與為學合一的學問終。理學的道理，是錢穆的真生命而不僅是研究的對象；理學家的詩文，則是他日常相伴，造次不離的精神資糧。然而因為時代的不同，他一生的學術工作，畢竟與理學家頗為相異，不囿於理學的傳統。然而，其學終究歸本於為人之學，自孔子以至於宋明儒，源遠流長，薪火相傳。〔註 11〕許松源指出，經、史關係問題一直是今人研究章學誠的盲點，而錢穆以「專家與通識」之說總結章學誠學術的要旨。「專家」是章氏在「辨章學術，考鏡源流」上提出的重要學術觀念，章氏著述中許多言及經、史之處，其實是就經、史著作之中所蘊含的特定「專門家學」來討論，而非泛指經、史兩部而言。這些專門家學既用於治經，也用於治史，實即互通於經、史兩部，所以章氏論為學之道當本於專家，進而又講求擴充治學門徑，以期各門專業能交相為功，通達於學術大體。錢穆指出《文史通義》最有價值的地方，正在章氏能從學術之整體來講一切學術。此即章氏所謂「道欲通方，而業須專一」，兼重專家與通識的學術思路。〔註 12〕

　　大陸改革開放後，錢穆其人、其學才逐漸引起人們的關注。

〔註 11〕見臺灣大學中國文學系編印：《紀念錢穆先生逝世十週年國際學術研討會論文集》，2001 年；又見《臺大歷史學報》第 26 期，2000 年 12 月。該刊特別開闢「錢穆與現代中國史學」專欄，刊載此次研討會論文 4 篇。另兩篇論文是：黃俊傑《錢賓四史學中的「國史觀」：內涵、方法與意義》、戴景賢《論錢賓四先生「中國文化特質」說之形成與其內涵》。

〔註 12〕許松源：《專家與通識——章學誠的學術思路與錢穆的詮釋》，《臺大歷史學報》第 37 期，2006 年 6 月。

　　《書林》1980 年第 4 期刊發嚴北溟《錢穆的〈先秦諸子繫年〉》一文，推崇《先秦諸子繫年》是具有「中國現代化社會科學名著」水平的力作。1983 年 3 月，新亞書院舉行第五屆「錢賓四先生學術文化講座」，邀請朱光潛擔任主講人，年近九旬的錢穆專程從臺灣來港並與朱光潛教授會晤，新華社曾發過會晤「場面感人」的報導。〔註 13〕錢穆的學生吳棠回憶了 20 世紀 40 年代後期，他曾經在錢穆任導師的一個文史研究班裏學習的情況，稱「錢穆先生是我國著名的史學家、教授，現在臺灣省。他是一位治學嚴謹、著述豐富、生活儉樸的學者」。〔註 14〕《晉陽學刊》編輯《中國現代社會科學家傳略》，錢穆部分由羅義俊執筆。《晉陽學刊》1986 年第 4 期選登的《錢穆先生傳略》是縮改稿，對錢穆生平和學術、文化思想做了簡要介紹。

　　1990 年，錢穆逝世以後，無錫政協編輯《錢穆紀念文集》，上海人民出版社 1992 年出版。錢氏高足余英時《錢穆與中國文化》一書，係對錢穆學術思想、文化思想的闡發及懷念之作，1994 年由上海遠東出版社出版，極大地推動了大陸錢穆研究。但是，由於種種原因，相對於其他著名學者而言，大陸錢穆研究起步較晚。20 世紀 80 年代基本上是對錢穆的介紹、回憶之作，90 年代以後對錢穆的研究風氣漸濃。可以說，大陸學術界對他作更多、更深入、更廣泛的研究，還是最近二十年間的事情。

　　20 世紀 80 年代，錢穆學術代表作開始在大陸出版。中華書局出版了《先秦諸子繫年》（1985 年）、《中國近三百年學術史》（1986 年）；嶽麓書社出版了《現代中國學術論衡》（1986 年）、《八十憶雙親師友雜憶》（1986 年）；巴蜀書社出版了《論語新解》（1985 年）、《中國文學講演集》（1987 年）、《朱子新學案》（1987 年）。《中國文化史導論》被上海三聯書店列入「近代名籍重刊」1988 年影印出版。《國史大綱》、《先秦諸子繫年考辨》、《孟子研究》、《惠施公孫龍》相繼收入《民國叢書》，由上海書店影印出版。商務印書館也出版了錢穆的學術名著《中國文化史導論》（1994 年）、《國史大綱》（1994 年）、《國學概論》（1997 年）、《中國近三百年學術史》（1997 年）、《兩漢經學今古文平議》（2001 年）等。三聯書店推出了「錢穆作品系列」18 種，相繼出版了《八十憶雙親師友雜憶》（1998 年）、《中國史學名著》（2000 年）、《湖上閑思錄》（2000 年）、《中國歷史研究法》（2001 年）、《中國歷代政治得失》（2001 年）、《現代

---

〔註 13〕新華社香港 3 月 31 日電，見 1983 年 4 月 1 日《光明日報》。
〔註 14〕吳棠：《錢穆及其〈文史書目舉要〉》，《新世紀圖書館》1984 年第 2 期。

中國學術論衡》（2001 年）、《國史新論》（2001 年）、《中國文學論叢》（2002年）、《中國思想通俗講話》（2002 年）、《宋代理學三書隨劄》（2002 年）、《論語新解》（2002 年）、《孔子傳》（2002 年）、《莊老通辨》（2002 年）、《朱子學提綱》（2002 年）、《秦漢史》（2004 年）、《黃帝》（2004 年）、《古史地理論叢》（2004 年）、《新亞遺鐸》（2004 年）。廣西師範大學出版社 2004 年也連續推出了「錢穆作品系列」，已出版有《晚學盲言》、《人生十論》、《靈魂與心》、《文化與教育》。安徽教育出版社也於同一年推出了錢穆的《中國學術思想史論叢》一至八卷。

　　自 20 世紀 90 年代以來，錢穆的著作在大陸風行一時。其中，有的多次印刷，有的印數巨大。錢穆 1949 年以前的著作基本上已在大陸公開出版，1949年以後在香港、臺灣的著作，仍有相當部分未能在大陸印行。九州出版社擬推出新校、繁體豎排版《錢穆先生全集》，我們已經可以窺見錢穆學術著作的精華。

　　大陸較集中研究錢穆生平與思想的，基本上是以下幾位學者：羅義俊（上海社會科學院歷史所），是大陸新時期以來最早介紹錢穆生平的學人，並對錢穆史學思想做了初步研究。郭齊勇（武漢大學哲學系）、汪學群（原首都師範大學，現中國社會科學院歷史研究所），二人聯合寫作了大陸第一部全面評述錢穆生平與思想的研究專著《錢穆評傳》（百花洲文藝出版社，1995 年），介紹了錢穆的文化生命與學術生涯，他的民族悲情、憂患意識、崇高人格和淵博的學識，評述了他獨特的歷史文化觀、中西比較論、人生論及關於四千年中國文化史、學術思想史的研究成果、方法和卓越貢獻。汪學群隨後單獨撰寫《錢穆學術思想評傳》（北京圖書館出版社，1998 年），對錢穆關於中國學術思想史的研究做了系統梳理，將錢穆著作分爲先秦諸子學、兩漢經學、魏晉玄學及隋唐佛學、宋明理學以及清代學術史研究，並從中特別提出其歷史研究與文化研究的特點，作詳盡說明。徐國利（安徽大學歷史系），其博士論文《錢穆史學思想研究》於 2004 年在香港商務印書館出版，是海內外第一部深入系統研究、評述錢穆的歷史文化觀和史學思想的專著。作者將錢穆史學思想提煉概括爲「民族文化生命史學思想」，並以此爲中心，展開對錢穆史學思想的研究。徐國利另有多篇相關論文在大陸發表，產生了一定影響。陳勇（上海大學歷史系），著力研究錢穆學術思想，已出版著作有《錢穆傳》（人民出版社，2001 年）、《國學宗師錢穆》（北京大學出版社，2007 年）。近 20

年來，研究錢穆的學者日眾，粗略統計，不包括回憶和一般性的介紹之作，
專題研究論文 1989 年 2 篇，1990 年 1 篇，1992 年 3 篇，1993 年 2 篇，1994
年 6 篇，1995 年 10 篇，1996 年 8 篇，1997 年 4 篇，1998 年 1 篇，1999 年 6
篇，2000 年 7 篇，2001 年 7 篇，2002 年 9 篇，2003 年 10 篇，2004 年 14 篇，
2005 年 25 篇，2006 年 27 篇，2007 年 20 篇，2008 年 21 篇。以錢穆爲專題
研究的碩士論文日益增加，博士論文除上述徐國利論文外，尚有傅傑《錢穆
與甲骨文及考古學》（華東師範大學，1995 年）、芮宏明《錢穆文學研究述略》
（華東師範大學，2004 年）、宋薇《錢穆美學思想研究》（中國人民大學，2005
年）、侯宏堂《從陳寅恪、錢穆到余英時：以「新宋學」之建構爲線索的探論》
（華東師範大學，2007 年）（已由安徽教育出版社 2009 年出版，題名《「新宋
學」之建構：從陳寅恪、錢穆到余英時》）。

　　2005 年 10 月 20 日至 22 日，由江南大學和無錫市社會科學界聯合會共同
主辦的大陸首屆「錢穆學術思想研討會」在錢穆的故鄉無錫市召開。會議圍
繞著錢穆學術思想、錢穆與中國歷史文化、錢穆的文學思想、錢穆與同代文
化名人等問題進行了較爲深入的探討與交流。會議對大陸錢穆研究起了重要
推進作用。

　　錢穆一生，治學、論學所涉極爲廣泛。大陸地區錢穆研究主要集中於學
術思想、文化思想的研究，對其文學思想、社會政治思想、教育思想、人生
哲學等方面，也有所論及。下面，只就與本論文相關的錢穆學術思想研究做
一概述。

　　關於錢穆學術思想，較早前提出並引起各方爭論的問題是：錢穆是否屬
於現代新儒家？1991 年余英時發表《錢穆與新儒家》長文，〔註 15〕不同意把
錢穆劃入「新儒家」的旗幟之下。該文在學術界引起了強烈反響，在幾年時
間裏由此展開了錢穆（乃至余英時）是否爲「新儒家」的討論。《中國文化》
第十三期（1996 年 6 月）同時刊發劉述先和錢夫人胡美琦的文章，劉文《對
當代新儒家的超越內省》專門回應余文，論證了錢穆是史學進路的新儒家。
錢夫人則支持余英時的觀點（《讀劉著〈對於當代新儒家的超越內省〉一文有
感》）。

　　大陸學者堅持認爲錢穆屬於新儒家的主要有羅義俊等學者。羅義俊判認

---

〔註 15〕見《猶記風吹水上鱗——錢穆與現代中國學術》，臺北三民書局 1991 年版；《中
　　　　國文化》第六期，1992 年；《錢穆與中國文化》，上海遠東出版社 1994 年版。

錢穆所持的史學觀乃是新儒學意義的史學觀，其基本特質是凸顯展開史學而與儒學爲一體，內聖與外王兩學並含而雙顯。既可說錢穆是中國文化傳統下的新史家，又可說他是中國文化傳統下的新儒家。〔註 16〕並在《論〈國史大綱〉與當代新儒學——略及錢賓四先生史學的特性與意義》（《史林》1992 年第 4 期）、《錢穆學案》（方克立、李錦全主編：《現代新儒家學案》（中），中國社會科學出版社，1995 年）等文中，對此再三闡發。大陸學者通常把錢穆與其它新儒家並列，如胡偉希《傳統與人文：對港臺新儒家的考察》（中華書局，1992 年），方克立、鄭家棟主編《現代新儒家人物與著作》（南開大學出版社，1995 年）、啓良《新儒學批判》（上海三聯書店，1995 年）、柴文華《現代新儒家文化觀研究》（三聯書店，2004 年）等。

　　大陸學界對錢穆學術思想的研究主要集中於五個方面：錢穆對中國古代學術思想史的研究所取得的學術成就及其所反映的學術方法論、錢穆的史學思想、錢穆的治學思想與方法、錢穆與顧頡剛疑古派、傅斯年新考據學派關係辯證、對錢穆某些學術觀點提出質疑等。

　　《劉向歆父子年譜》是錢穆成名之作，以堅實的證據證明了康有爲力主的劉歆僞造諸經之說不成立。劉巍指出，該年譜面世前後學者們的討論，最典型地反映了經學沒落、史學主位或經學史學化的趨勢。〔註 17〕李帆認爲，該年譜不是在一般意義上超越了今古文窠臼，而是徹底破除了經學上的門戶之見，衝破了「六經皆史」說的藩籬，達到了將經學問題轉化爲史學問題的目的。〔註 18〕姚淦銘將錢穆兩漢經學研究的方法論總結爲四個方面：破門戶之見，自由研究經學；辨析時代潮流，深知經學精神；就史以論經，史學與經學互動；廣心沉智，持平而論。〔註 19〕李廷勇指出了錢穆考據古史善於貫通諸說層層推論的特點。〔註 20〕《先秦諸子繫年》的考據方法尤爲學界推崇，有學者概括爲「宏博會通，尋源探本」，指出錢穆運用了考據學中本證、旁證、理證、存疑等方法去考辨諸子生卒年事。〔註 21〕

---

〔註 16〕　《經國濟世，培養史心——錢賓四先生新儒學史學觀論略》，《史林》1995 年第 4 期。

〔註 17〕　《〈劉向歆父子年譜〉的學術背景與初始反響》，《歷史研究》2001 年第 3 期。

〔註 18〕　《從〈劉向歆父子年譜〉看錢穆的史學理念》，《史學史研究》2005 年第 2 期。

〔註 19〕　《錢穆兩漢經學研究之方法論》，《河北科技大學學報》（社會科學版）2003 年第 4 期。

〔註 20〕　《錢穆與中國古史考辨》，《西南師範大學學報》2002 年第 4 期。

〔註 21〕　張在傑：《宏博會通　尋源探本——錢穆先生〈先秦諸子繫年〉的研究方法》，

　　錢穆著重研究過宋代理學。汪學群全面闡述了錢穆有關理學研究的以下貢獻：認為初期宋學是理學的直接思想淵源，突出了初期宋學的歷史地位。把理學分爲宋明與清代兩個歷史時期，揭示了理學流變的特點及其內在邏輯。全面揭示了清代學術思想與宋明學術的淵源關係，指出理學不僅在清初，就是在漢學盛行的乾嘉時期仍有其影響，只有通曉宋明理學，才能很好地瞭解清代學術思想的特徵及演變與發展。把朱熹置於中國學術思想史中去考察，從多視角揭示朱熹思想的精神，突出朱熹的歷史地位。〔註 22〕侯宏堂認爲，探求和考察錢穆之所以推重、認同宋學的原因及其對宋學的現代詮釋，不僅可以進一步深入錢穆的思想世界，而且對中國學術文化傳統的更新與重建之思考具有重要的啓迪意義。綜合錢穆的論說與詮釋，其宋學意涵可以概括爲五大要點：融釋歸儒的宋學血脈，開創近代的宋學地位，明體達用的宋學精神，綜匯貫通的宋學氣象，天人合一的宋學境界。〔註 23〕

　　對錢穆學術名著《中國近三百年學術史》及其清學史研究，是學術界研究較多的問題。有學者論證了該著的成書原因，即內在理路:針對梁啓超論述清代學術的觀點而發難；外緣影響:以天下爲己任，提倡民族精神。〔註 24〕將梁啓超、錢穆的同名作《中國近三百年學術史》進行比較研究，學術界有著完全不同的看法。周國棟認爲，這兩部學術史，代表著兩種不同的學術史範式，在體例淵源、寫作宗旨等方面都有很大的不同。〔註 25〕胡文生則指出，論者常常被它們表面看起來很強的可比性所迷惑，從而造成一些比較研究的誤區，在體例優劣、寫作背景、著述宗旨幾個方面需要加以重新認識。在具體的學術觀點上錢穆處處與梁啓超立異，但錢穆眞正要批判的靶子可能還在胡適等新漢學派人物，而不是梁啓超。〔註 26〕對於該著所反映的錢穆清代學術史研究，陳勇指出，錢穆主要是從宋學的角度來研究清代學術，提出了清代漢學淵源於宋學，「不知宋學，則無以評漢宋之是非」的著名論斷。由於錢

　　　　《滄桑》2007 年第 2 期。

〔註 22〕《錢穆的理學觀》，《甘肅社會科學》2006 年第 1 期。

〔註 23〕《錢穆對「宋學」的現代詮釋》，《近代史研究》2009 年第 6 期。

〔註 24〕武少民、閆玉環：《論錢穆〈中國近三百年學術史〉成書原因》，《長春師範學院學報》2006 年第 9 期。

〔註 25〕《兩種不同的學術史範式——梁啓超、錢穆〈中國近三百年學術史〉之比較》，《史學月刊》2000 年第 4 期。

〔註 26〕《梁啓超、錢穆同名作〈中國近三百年學術史〉之比較》，《中州學刊》2005 年第 1 期。

穆治清代學術史主要以昂揚宋學精神爲主，所以他在評價和判識清代學人學術思想的高下深淺時，就貫穿了一條是否有志經世、是否心繫天下安危的宋學精神爲其評判標準。〔註 27〕陳祖武認爲，錢穆提出清代學術的兩個特點最宜注意。第一，「理學本包孕經學爲再生」，清代並非「理學之衰世」。第二，清代理學「無主峰可指，難尋其脈絡筋節」，故仍主張用學案體。〔註 28〕劉巍以 20 世紀二、三十年代錢穆與梁啓超、胡適對清學史中心人物戴震的研究的比較爲基礎，考察了在當時存在於他們之間的思想學術交涉，學術觀點的分歧背後實爲文化思想的分歧。〔註 29〕

　　錢穆是著名的歷史學家，對歷史有自己獨特的認識，形成了一套完整的史學理論、觀點與方法。錢穆的歷史觀是一種「民族文化生命史觀」或曰「文化生命史觀」，這應是學界的共識。陳勇首先比較全面地研究了錢穆的歷史思想與史學思想。第一，歷史的過去與未來交織於現在的歷史時間觀。第二，以學術思想爲核心的文化史觀。〔註 30〕羅義俊指出，錢穆的史學是儒學意義的會通史學，是民族、文化、歷史三者一體的大生命觀，這是個對歷史的整體或整全的觀念。在錢穆的史學思想中，有三個連續性相關性的命題：地理是基礎，人物是靈魂，人心是動力。〔註 31〕郭齊勇、汪學群分析了錢穆「凝合過去未來爲一大現在」的史觀，認爲這一歷史觀是生命哲學的史觀，仍是經世致用的史觀。〔註 32〕王曉毅對錢穆的文化生命史觀作出了高度評價。在「科學派」與「宣傳派」的時代潮流面前，錢穆獨樹一幟，爲中國新史學的發展，指出了一條適合國情的出路。遺憾的是，中國史學發展的主流繞開了這個不應忽視的正確起點。〔註 33〕徐國利認爲，「民族文化生命史觀」既是錢穆整個史學思想的基石，又是其研究中國歷史文化的方法論原則。錢穆認爲

〔註 27〕　《「不知宋學，則無以評漢宋之是非」——錢穆與清代學術史研究》，《史學理論研究》2003 年第 1 期。

〔註 28〕　《錢穆先生與〈清儒學案〉》，《北京師範大學學報》2004 年第 1 期。

〔註 29〕　《二三十年代清學史整理中錢穆與梁啓超胡適的學術思想交涉——以戴震研究爲例》，《清華大學學報》（哲學社會科學版）1999 年第 4 期。

〔註 30〕　《略論錢穆的歷史思想與史學思想》，《史學理論研究》1994 年第 2 期。

〔註 31〕　《活潑潑的大生命，活潑潑的心——錢穆歷史觀要義疏解》，《史林》1994 年第 4 期。

〔註 32〕　《錢穆評傳》，百花洲文藝出版社 1995 年版，第 153～158 頁。

〔註 33〕　《錢穆先生文化生命史觀的意義——兼論史學的困境與出路》，《史學理論研究》1996 年第 1 期。

民族文化生命是歷史的本體，在歷史演進中起決定作用，這是一種以道德性的仁爲核心和本質特徵的心性本體論，有其時代意義、文化意義和學術意義。同時，也有很大的局限與不足。〔註34〕錢穆對中國史書各種體裁的分析、錢穆的人文歷史認識思想、錢穆對中西史學的比較研究等，徐國利也作了論述和分析。〔註35〕

關於錢穆史學研究的方法論，郭齊勇、汪學群總結爲三點。第一、共殊相別，變常互通，以求尺度準確。第二、內外兼修，通專互涵，以求主客統一。第三、打破門戶，考據、義理、辭章三結合，以求文質並茂。〔註36〕劉衛、徐國利概括爲四個方面：研究歷史應該做到通與變相結合；研究歷史還要做到通與專相結合；治史貴在求其特殊精神與個性；研究歷史應該將考據與義理相結合。〔註37〕蘇志宏指出，錢穆的史學研究，反對以西方歷史規律剪裁中國歷史，主張以中國自身的問題爲切入點，方能眞切地認識本民族歷史眞相，進而從中找到救國強國途徑，其中的關鍵，在於找到本國歷史發展的個性特徵，強調正是這種特徵開啓了中國歷史、社會和文化與西方歷史文化的本質差異。〔註38〕

錢穆的治學思想與方法，學界多有闡發。汪學群將錢穆的學術思想史方法論歸納爲四個「統一」：不爭門戶與學有宗主的統一；通史、斷代史、個案研究的統一；考據、義理、辭章的統一；溫情敬意與民族本位的統一。〔註39〕徐國利認爲，義理、考據與辭章之辨是錢穆中國學術文化思想史研究中最核心和基本的思想。錢穆對三者的內涵作了更加具體的和新的闡述，三者既是合一和不可分的，又是可以分別看待的，義理是考據、辭章和經濟的根本，治史要以考據爲基礎和依據，治史又離不開辭章。〔註40〕臺灣學者鄭吉雄認

〔註34〕《錢穆的歷史本體「心性論」初探──錢穆民族文化生命史觀疏論》，《史學理論研究》2000年第4期。
〔註35〕《錢穆論史體與史書》，《史學史研究》2000年第4期；《錢穆的人文歷史認識思想述論》，《求是學刊》2002年第1期；《錢穆的中西史學比較觀》，《史學史研究》2002第1期。
〔註36〕《錢穆評傳》，百花洲文藝出版社1995年版，第172～177頁。
〔註37〕《錢穆的史學方法論思想》，《史學月刊》2002年第10期。
〔註38〕《封建制度與遊士社會──錢穆史學觀初探》，《甘肅社會科學》2006年第1期。
〔註39〕《錢穆學術思想史方法論發微》，《孔子研究》1996年第1期。
〔註40〕《錢穆的學術史方法與史識──義理、考據與辭章之辨》，《史學史研究》2005年第4期。

爲，錢穆治學方法具有擴散性、內聚性和時代性三個顯著特點。擴散性是指
治學範圍的不斷擴大和對中國文化的發揚光大，內聚性是指對各類原始文獻
資料的深入鑽研，而時代性則指讀書與著書立說時所富有的經世精神。其學
術思想歸宿於中國的文化傳統，學術生命與中國文化生命融爲一體。〔註41〕
有學者指出，經世致用是中國學人治學的意義，宏博會通則是中國學人追求
的目標，二者統一於儒。這恰是錢穆治學精神的精髓。〔註42〕另有學者就《莊
老通辨》一書所反映的錢穆考據方法，作了專門研究，以「縱，橫，通，專」
四字概括之。「縱」指論其思想線索；「橫」是求其時代背景；「通」即從大處
著眼；「專」爲從小處下手。〔註43〕

　　錢穆最初得益於新史學派顧頡剛、傅斯年等人的提攜，終因學術思想的
分歧而漸行漸遠。學界除了考察他們之間的私人交誼，主要考察了他們在治
學上的離合關係。

　　陳勇認爲，錢穆與古史辨派在治古史的某些方面雖然有共同之處，但就
其總體思想而論，他們的治史主張卻又是同不勝異的。他們的分歧表現在四
個方面。第一，對「疑」與「信」、「破」與「立」的不同理解。第二，對清
末今文經學的不同看法。第三，如何看待文獻記載中的神話傳說、如何理解
傳說與僞造的關係。第四，關於上古史的研究方法。〔註44〕李桂花指出，《劉
向歆父子年譜》是針對康有爲《新學僞經考》而發，而其旨歸，則是對現代
疑古思潮之詰難。〔註45〕翁有爲指出，傅斯年與錢穆關係的緊張和矛盾，主
要應是由於二者在治史觀念上的嚴重分歧並逐漸發展所導致的。兩人在學術
上的最大分歧是，傅主張治史的目的在於求眞，而錢氏則認爲治史的目的在
於經世致用。〔註46〕陳勇考察了錢穆與傅斯年的交往，認爲他們的主要分歧
有四:其一，對歷史、歷史材料和歷史知識的不同理解。其二，探求史料的眞
實與追尋史料的意義。其三，純客觀的實證研究與史家的主觀推想。其四，

〔註41〕《錢穆先生治學方法的三點特性》，《文史哲》2000年第2期。
〔註42〕陳東輝、錢谷:《經世致用與宏博會通——錢穆治學精神之精髓》，《南京師範
　　　　大學文學院學報》2006年第1期。
〔註43〕郭銳、劉萬華:《從〈莊老通辨〉看錢穆先生之考據方法》，《滄桑》2007年第
　　　　3期。
〔註44〕《疑古與考信——錢穆評古史辨派的古史理論》，《學術月刊》2000年第5期。
〔註45〕《錢穆〈劉向歆父子年譜〉與現代疑古運動》，《思想戰線》2001年第4期。
〔註46〕《求眞乎？經世乎？——傅斯年與錢穆學術思想之比較》，《文史哲》2005年
　　　　第3期。

對博通與專精的理解。〔註47〕

也有不少學者對錢穆的某些具體學術觀點提出批評。例如，有關錢穆的朱子學研究，陳代湘指出，錢穆視朱子之學爲完全包含象山學在內的圓密宏大之心學，這是其朱子學研究的一個顯著特點。這個結論雖新穎，卻不能讓人無疑。〔註48〕路新生曾對錢穆《中國近三百年學術史》中幾個問題提出商榷。路新生又撰有長篇論文，就戴震學風、戴震的學術源流、《孟子字義疏證》等的撰寫旨趣、關於戴震批判宋儒「以理殺人」的評價等問題，對錢穆、余英時的戴震研究提出不同意見。〔註49〕廖名春對錢穆貫穿一生的「《易傳》非孔子所作」說提出質疑，認爲從馬王堆帛書和郭店楚簡的記載來看，否定孔子與《周易》經、傳有關，顯然是不能成立的。〔註50〕另有學者對錢穆《國學概論》一書「今文」、「古文」觀提出質疑，對錢穆的古史地理考證提出不同意見等。〔註51〕

綜上可見，大陸地區錢穆研究從 20 世紀 90 年代以來取得了長足進展，但相對於錢氏的巨大學術成就而言，這些研究還是遠遠不夠的，目前大陸錢穆研究尚存在下列一些問題。

其一，大陸學者研究錢穆的重要障礙是資料不足。畢竟大陸所出錢氏著作有限，臺灣出版的《錢賓四先生全集》大陸圖書館較少收藏。如對他的文化思想研究，往往只停留在幾部名著上，如《中國文化史導論》、《文化學大義》和《中國歷史研究法》第八講《如何研究中國文化史》等，但錢穆討論文化問題的著作極多，學界徵引極少。其文化研究所涉也非常廣泛，現有的研究都集中在少數幾個問題上，全面把握錢穆的文化思想實屬不易。其二，有些問題如錢穆的治學思想與方法、錢穆對現代學術轉型所作的反省與批判、錢穆對中國文

---

〔註47〕《錢穆與新考據派關係略論——以錢穆與傅斯年的交往爲考察中心》，《上海大學學報》（社會科學版）2007 年第 5 期。

〔註48〕《錢穆的朱子心學論評析》，《中國文化研究》2001 年第 3 期。

〔註49〕路新生：《錢穆〈中國近三百年學術史〉中幾個值得商榷的問題》，《歷史教學問題》2001 年第 3 期；《理解戴震——錢穆余英時「戴震研究」辨正》、《理解戴震（續）——錢穆余英時「戴震研究」辨正》，《華東師範大學學報》2003 年第 1、2 期。

〔註50〕《錢穆孔子與〈周易〉關係說考辨》，《河北學刊》2004 年第 2 期。

〔註51〕李桂花：《錢穆〈國學概論〉一書「今文」、「古文」觀質疑》，《東方論壇》2001 年第 3 期；王珏：《錢穆〈古豫章考〉質疑》，《管子學刊》2006 年第 3 期；何紅斌、王田葵：《舜帝葬所新考辨一一兼談錢穆先生〈蒼梧九疑零陵地望考〉》，《湖南科技學院學報》2005 年第 1 期。

化傳統的釋讀和體認、錢穆的社會政治思想、錢穆論制度，等等，都有待於進一步挖掘和研究。其三，大陸錢穆思想研究，往往缺少各思想之間的聯繫和系統考察。錢穆思想研究涉及學術、歷史、文化、教育、政治、文學、人生哲學等諸多方面，所有這些在錢穆思想中是一個貫穿統一的系統，尤以文化思想為核心，為依歸。研究錢穆，必須通體閱讀他的全部著作，有一個系統的把握，才能瞭解其各方面思想之一斑。錢穆強調「通人之學」，研究他，也要講一個「通」字。其四，學力不足。錢穆思想博大深邃，涉及面極為廣泛，後輩學者研究他，往往只能分門別類加以敘述，難以真正評判其研究的得失高下，在對中國古代學術思想史的研究和評價方面，尤為明顯。正如余英時所言：「任何人企圖對他的學術和思想作比較完整的評估，都必須首先徹底整理他所留下的豐富的學術遺產，然後再把這些遺產放在現代中國文化史的系統中加以論衡。這是需要長期研究才能完成的工作。」〔註52〕

　　1979年「五四」60週年時，胡適的歷史存在及在新文化運動中的功績被少數學者提出來，從此以後，大陸對胡適的研究形成熱點，文獻和檔案資料得到整理與挖掘，專題研究全面鋪開，從生平事蹟到思想研究，從人際關係到個人隱私，胡適一生的各個方面都被觸及。但在眾多的胡適研究論著中，基本上都是強調胡適在推動中國思想文化、學術、政治、教育現代化方面所作出的貢獻與歷史作用，對胡適思想中的缺陷與問題缺少深入的分析和研究。〔註53〕

　　在中國近代學術史研究方面，學術界對清末民初著名學者康有為、梁啓超、嚴復、章太炎、王國維、胡適、趙元任、陳寅恪、陳垣、傅斯年、顧頡剛、吳宓、錢鍾書、范文瀾等學術思想的個案研究，對清末民初的重要學術流派，如晚清經學、民國新史學派、古史辨派、唯物史觀派等專題研究，取得很多研究成果。胡適在近代學術史上的地位備受研究者重視，如耿雲志的《胡適與五四後中國學術的幾個新趨向》（《浙江學刊》1999年第2期）、章清的《重建範式：胡適與現代中國學術的轉型》（《復旦學報》1993年第1期）、劉巍的《「諸子不出於王官論」的建立、影響與意義》（《近代史研究》2003年第1期）、羅志田的《大綱與史：民國學術觀念的典範轉移》（《歷史研究》2000

〔註52〕余英時：《一生為故國招魂——敬悼錢賓四師》，《錢穆與中國文化》，上海遠東出版社1994年版，第19頁。

〔註53〕筆者曾在《胡適中西文化觀的文化學基礎》（《安徽史學》2003年第4期）一文結尾中，簡略論及胡適文化思想的缺陷，惜乎迄未詳加論述。

年第 1 期）等文以及論文集《現代學術史上的胡適》（三聯書店，1993 年）、
陳平原的《中國現代學術之建立——以章太炎、胡適爲中心》（北京大學出版
社，1998 年）一書，均爲此方面研究的重要成果。

　　關於中國近代學術轉型史研究，目前主要集中於思想層面，制度層面的
轉型研究也開始引起學界的重視。重要著作如陳平原的《中國現代學術之建
立——以章太炎、胡適之爲中心》、羅志田的《權勢轉移——近代中國的思想、
社會與學術》（湖北人民出版社，1999 年）及《國家與學術：清季民初關於「國
學」的思想論爭》（三聯書店，2003 年）、桑兵的《晚清民國的國學研究》（上
海古籍出版社，2001 年）及《晚清民國的學人與學術》（中華書局，2008 年）、
陳以愛的《中國現代學術研究機構的興起——以北京大學研究所國學門爲中
心的探討》（江西教育出版社，2002 年）、麻天祥等人的《中國近代學術史》
（湖南師範大學出版社，2001 年）、左玉河的《從四部之學到七科之學——學
術分科與近代中國知識系統之創建》（上海書店出版社，2004 年）、《中國現代
學術體制之創建》（四川人民出版社，2008 年）、《移植與轉化：中國現代學術
機構的建立》（大象出版社，2008 年）、劉龍心的《學術與制度學科體制與現
代中國史學的建立》（新星出版社，2007 年）等。

　　與本論文相關的錢穆與胡適比較研究方面，陳勇在《國學宗師錢穆》一
書中，對錢、胡交誼與學術論爭闢有專門章節加以描述，已有的研究著眼於
二人在具體的學術問題上的分歧與爭論，如關於老子年代的討論（熊鐵基等：
《二十世紀中國老學》第三章，福建人民出版社 2002 年版）。前述錢穆與顧
頡剛、傅斯年的關係研究，對錢、胡學術分歧亦有所涉及。印永清文《新文
化運動中胡適與錢穆文學觀之比較》（《華東師範大學學報》1996 年第 1 期）、
王晴佳文《錢穆與科學史學之離合關係，1926～1950》等，有重要參考價值。

　　陳平原《中國現代學術之建立——以章太炎、胡適之爲中心》一書，以
章太炎、胡適爲例，討論了從「戊戌」到「五四」中國現代學術建立時的種
種問題，第一章「求是與致用」，討論章太炎在二者之間的兩難處境；第三章
「學術與政治」、第四章「專家與通人」，討論胡適在二者之間的徘徊。這些
研究與本論文有直接關聯，尤其關於胡適的論說，爲本論文的相關部分提供
了極好的研究成果，不必再費筆墨。王汎森文《民國的新史學及其批評者》，
著重論述了新派學者的治學思想、方法與困境（第 36～111 頁），文章最後一
個部分「新派史學的批評者」（第 111～128 頁），以柳詒徵、繆鳳林、熊十力、

錢穆等人爲例來看傳統學者對新派的批評。他們首先批評現代學術建制所設定的目標「爲學問而學問」的精神。傳統派對新派還有以下幾個方面的批評：對歷史知識性質的瞭解不同、「歷史材料」與「歷史智識」之別、趨新與疑古。這些論說對本文有重要啓發。但是，傳統學人對新派學者的批評，仍缺乏系統概括與論述，文中也只有幾處引用了錢穆資料。

## 三、基本思路與研究方法

本論著的基本思路是：錢穆秉持傳統的治學思想與方法，在中西文化觀與整理國故的基本立場上與胡適存在重大分歧，對胡適有相當激烈的批評。首先是關乎治學宗旨、學術研究的對象；其次是關乎學術研究的路徑。錢穆對胡適盛倡考據之學、考據與義理兩分十分不滿，對其考據方法也有相當多的批評。本文即以錢穆對胡適治學宗旨、治學路徑、考據思想與方法的批評爲考察對象，凸顯民國新學術的種種問題。

在研究方法上，本論著著重運用比較研究法。

比較是認識事物的基礎，是人類認識、區別和確定事物異同關係的最常用的思維方法。比較研究法現已被廣泛運用於科學研究的各個領域。比較研究是學術研究的重要方法，「以人觀人」是中國近代思想文化史研究的必不可少的手段與步驟。近代學術界、思想文化界的著名學者與思想家，是時代的產兒，他們治學思想與方法受到時代風氣的薰染，往往形成多個不同的學術派別，將他們置放於相同與不同的學術派別中進行綜合比較研究，才能獲致更清晰的認識。目前，學術界對中國近代精英人物的研究，往往是單獨的、孤立的，將一個人的思想分門別類進行專門研究，就思想論思想，缺少思想與社會的聯繫，尤其缺少各人物之間的比較研究。本論著將在這方面作出更多的努力。

在對錢、胡學術思想、方法比較研究過程中，本論著力求把握下面兩點：

第一，實證研究。學術史、思想史研究，同樣必須建立在對原典和史料分析的基礎之上。本論著力圖以錢、胡具體的學術研究和學術活動爲依據，闡述他們的治學思想與方法，說明其異同。既要分析他們所秉持或宣揚的學術思想與觀點，尤其要注意到他們在具體的學術實踐中與所持或宣揚的理論觀點間可能存在的差距。比較研究時不求面面俱到，而應注意比較對象的「交集」之處，著力挖掘。

第二，錢、胡學術思想是中國近代社會的產物，是對中國近代社會問題

的回應，應將他們置放於中國近代社會意識中，與同時代學人（尤其是各自圈子）進行綜合對比研究，以求獲致更全面而深入的認識。

本論著需要說明的是：不平均用力。以錢為主、胡為次，著重正面闡述錢穆的治學思想與方法，以及他對中國現代學術所作的反省與批評。本論著中「胡適」，實有三種涵義。其一是胡適本人，其二是胡適派學人群，其三，「胡適」只是一個符號，是轉型期中國現代新學術的一個代表。

## 四、錢、胡交誼

關於錢穆的學術交往與思想淵源，汪學群在《錢穆學術思想評傳》第一章有全面敘述。關於錢穆、胡適之間的交誼，陳勇在《國學宗師錢穆》一書中，闢有專門章節敘述全面抗戰爆發前二人在學術上的交往。本文在此基礎上，略述錢、胡交誼。

胡適雖然只較錢穆年長 4 歲，但他在新文化運動中暴得大名之時，錢穆還是一位鄉村教師。錢穆中學畢業，曾在常州府中學堂學習 3 年，呂思勉教歷史、地理兩課。後來，錢穆與呂思勉過從甚密，書信不斷，經常討論、切磋學術問題。1911 年，錢穆因家貧無力再讀。嚴耕望對錢穆早年讀書、成長環境作如許論說：

> （先生）雖然中學教育尚未受畢，但幼年在家與中小學七年餘，受父祖慈母與諸良師之教益殊多，立己處人處事以及治學根基與方法，乃至娛樂興趣，一切皆植基於此一時期之優良環境。尤可歎異者，清末民初之際，江南蘇常地區小學教師多能新舊兼學，造詣深厚，今日大學教授，當多愧不如，無怪明清時代中國人才多出江南！先生少年時代雖然經濟環境極為困難，但天資敏慧，意志堅定，而稟性好強，如此優良精神環境中，耳濡目染，心靈感受，自能早有所立，將來發展，自不可量！〔註54〕

1912 年，錢穆 18 歲即「抗顏為人師」，在家鄉小學任教，刻苦自學。他對新思潮也十分關注，並逐月閱讀《新青年》，試驗白話文教學對幼童初學的利弊得失。1922～1930 年間，先後在廈門集美、無錫江蘇省立第三師範、蘇州省立中學教學。無錫、蘇州一帶，為江南人文薈萃之地，教育發達，求學

〔註54〕嚴耕望：《錢穆賓四先生與我》上篇《錢穆賓四先生行誼述略》，《治史三書》，遼寧教育出版社 1998 年版，第 222 頁。

向學之風甚厚。錢穆儘管沒有上大學，沒有進入學術界，但與學術界已有較多聯繫和交往，早年交往者多畢業於南京高師（後之中央大學）。好友施之勉爲柳詒徵學生，來往論學關係密切，並結交施之同學蔣錫昌，對錢穆此後莊子研究有所啓發。著名學者錢基博與錢穆同族（不同支），1923 年邀錢穆至無錫三師教國文，「三師的教師，在當時，可稱一時之選」。〔註 55〕三師對面就是國學專修館，錢穆曾拜訪唐文治於其私邸。三師每週有週會，講辭刊於校刊。蔣錫昌時任教重慶，得讀錢穆講辭，轉示同事蒙文通。蒙後特來拜訪，與錢穆成爲至交好友。1927 年，錢穆轉入蘇中。「蘇高中的教師陣容，也很堅強。學術空氣非常濃厚，許多老師都有著譯在上海各大書局出版」。〔註 56〕錢穆與其他老師授課之餘，著書立說、努力寫作，有所撰述。《國學概論》即是在三師和蘇中時編撰的講義，最後一章「最近期之學術思想」，說明錢穆對當時學術界、思想界的動態十分熟悉，對胡適等開創的新學術有所期待。當時蘇州中學乃前清紫陽書院舊址，學校中藏書豐富，錢穆在此一意草《先秦諸子繫年》一書。1928 年春，方壯猷正爲胡適《章實齋年譜》做補編。一日來訪，邀錢穆爲商務印書館《萬有文庫》撰《墨子》、《王守仁》兩書。

　　陳天一畢業於南京中央大學，曾任教於蘇州東吳大學，與錢穆相識。某一日，蘇州女子師範請胡適演講。翌晨，轉來蘇中演講。校長汪懋祖（字典存）偕胡適進會場，邀錢穆上臺三人同坐。胡適拿出陳天一信函，陳氏告訴胡適，來蘇州，莫忘一見蘇州中學之錢某。這是錢穆與胡適第一次會面。錢穆回憶此事甚詳：

> 余時撰《先秦諸子繫年》，有兩書皆討論《史記・六國年表》者，遍覓遍詢不得。驟遇適之，不覺即出口詢之。適之無以對。演講畢，典存留宴，余亦陪席。……遂驅車同遊拙政園。……同席皆陪往，散坐園中一石船頭部四圍之石座上，露天環水，閒談歷一小時有頃。乃同送之火車站。適之臨離石船前，手撕日記本一紙，寫一上海住址，授余。曰，來上海，可到此相晤。若通訊，亦照此地址。余與適之初次識面，正式與余語者僅此。……此後余亦終不與適之相通

〔註 55〕徐鑄成：《難忘的老師——追念錢賓四先生》，中國人民政治協商會議江蘇省無錫縣委員會編：《錢穆紀念文集》，上海人民出版社 1992 年版，第 80 頁。
〔註 56〕胡嘉：《錢師音容如在——讀〈八十憶雙親師友雜憶〉瑣記》，中國人民政治協商會議江蘇省無錫縣委員會編：《錢穆紀念文集》，上海人民出版社 1992 年版，第 88 頁。

問。余意適之既不似中國往古之大師碩望，亦不似西方近代之學者專家。世俗之名既大，世俗之事亦擾困之無窮，不願增其困擾者，則亦惟遠避為是。〔註57〕

1929 年某日，陳天一偕顧頡剛造訪錢穆，這是錢穆與顧頡剛第一次見面。錢穆因為一部《先秦諸子繫年》的稿本得到學界「大老闆」〔註58〕顧頡剛的賞識，推薦他在燕京大學任教。1930 年秋，錢穆開始了他在北平 8 年的教學生涯。但他不喜歡教會學校環境，一年即辭職。這時，他在《燕京學報》上發表的《劉向歆父子年譜》已經轟動學壇。胡適在 1930 年 10 月 28 日日記中記載：

昨今兩日讀錢穆（賓四）先生的劉向歆父子《年譜》（《燕京學報》七）及顧頡剛的《五德終始說》下的政治和歷史（《清華學報》六，一）。《錢譜》為一大著作，見解與體例都好。他不信《新學偽經考》，立二十八事不可通以駁之。〔註59〕

胡適日記中對此還續有記載。1931 年 3 月 29 日「與冬秀到燕京大學頡剛家中喫午飯，見著謝冰心、吳文藻、錢賓四、郭紹虞諸人」。3 月 31 日，胡適寫下了自己思想變遷之跡：「我現在漸漸脫離今文家的主張，認西漢經學無今古文之分派，只有先出後出，只有新的舊的，而無今古文分家。」〔註60〕錢穆說，他的文章發表之前，「故都各大學本都開設經學史及經學通論諸課，都主康南海今文家言」；文章發表後，「各校經學課逐多在秋後停開」。〔註61〕顯然，錢穆此文對胡適有重大影響，獲得當時學界「三大老闆」欣賞，一齊推薦錢穆到北大任教。唐德剛說：「胡先生告我他早年頗有心要研究漢代的古文家劉歆。後來看到錢賓四先生的《劉向劉歆父子年譜》，深服錢氏的功力，乃力薦錢先生赴北大任教云。」〔註62〕1931 年夏，錢穆接到北大聘書。

錢穆致胡適的書信，現收入《錢賓四先生全集》的有四通，編者疑此四函作於 1932 年。其時，二人在學術界地位懸殊。錢穆在書信中，對胡適恭謹有加。

---

〔註57〕錢穆：《八十憶雙親師友雜憶》，三聯書店 1998 年版，第 146～147 頁。
〔註58〕抗戰前，北平流行著一句話：「北平城裏有三個老闆，一個是胡老闆胡適，一個是傅老闆傅斯年，一個是顧老闆顧頡剛。」（見顧潮《歷劫終教志不灰——我的父親顧頡剛》，華東師範大學出版社 1997 年版，第 179 頁）
〔註59〕《日記》第 5 卷，第 834 頁。
〔註60〕《日記》第 6 卷，第 105 頁。
〔註61〕錢穆：《八十憶雙親師友雜憶》，三聯書店 1998 年版，第 160 頁。
〔註62〕唐德剛：《國語·方言·拉丁化》註釋 9，《胡適雜憶》，廣西師範大學出版社 2005 年版，第 151 頁。

4月24日函係討論經學今古文問題。一函顯示錢穆拜訪胡適不遇，請胡爲《先秦諸子繫年》「賜以一序，並爲介紹於北平學術機關爲之刊印」。一函爲贈送著作《墨子》一事，另一函爲贈送著作《惠施公孫龍》一事，並表示即將遷居北大附近，「再來面候起居」。〔註63〕胡適1931年4月21日致信錢穆，仍然是討論經學今古文問題，並注意到錢穆有關《周官》著作年代的考證。〔註64〕此後，胡適在有關經學的著述中，對錢穆的觀點時有引用。〔註65〕

　　錢穆赴北平任教後，與胡適有多次學術交往，主要緣於二人對《老子》成書年代有不同看法。胡適1931年3月17日記載：「讀《燕京學報》第八期中錢穆先生的《關於〈老子〉成書年代之一種考察》，寫一長信給他。留稿。」〔註66〕3月22日，錢穆與顧頡剛、郭紹虞同赴胡適家中拜訪，這是他們在北平的第一次會面。錢穆回憶說：

> 又一日，頡剛來，手持胡適之一函，與彼討論老子年代，函中及余此文。頡剛言，君與適之相識，此來已逾半年，聞尚未謀面。今星期日，盼能同進城一與相晤。余諾之，遂同進城，赴適之家。坐書齋久，又出坐院中石凳上。適之言，今日適無人來，可得半日之談。他日君來，幸勿在星期日，乃我公開見客之日，學生來者亦不少，君務以他日來，乃可有暢談之緣。此日則盡談了一些老子問題。〔註67〕

　　錢穆說，「余與適之討論老子年代問題，絕不止三數次」，雙方分歧較大。「此後適之見余，再不樂意討論老子，而別撰《說儒新篇》」，此即胡適的學術名篇《說儒》。胡適在撰稿過程中，與錢穆曾有多次討論，兩人見解不同。錢、胡二人關於中國文學的見解也完全不同，但「甚少談及，以雙方各具主

〔註63〕錢穆：《致胡適書》，《素書樓餘瀋》，《全集》第53冊，第187～193頁。

〔註64〕見耿雲志、歐陽哲生編：《胡適書信集》上冊，北京大學出版社1996年版，第546～547頁。胡適1931年4月21日致信錢穆，錢穆4月24日函似即回信。錢穆《墨子》一書商務印書館1930年3月出版，《惠施公孫龍》商務印書館1931年8月出版。考慮到錢穆於1931年暑假後開始在北大任教等因素，筆者以爲，錢穆致胡適的信函繫於1931年，較爲恰當。

〔註65〕具體見胡適《中國中古思想小史》，鄭大華整理：《胡適全集》第6卷，安徽教育出版社2003年版，第297頁；《周官》，《胡適全集》第13卷，第138～139頁。以下只註明作者、篇名、卷數和頁碼。

〔註66〕《日記》第6卷，第98頁。

〔註67〕錢穆：《八十憶雙親師友雜憶》，三聯書店1998年版，第159頁。胡適1931年3月22日日記記載，「頡剛與郭紹虞、錢賓四來談」，錢穆爭辨《老子》不會出於戰國以前。（《日記》第6卷，第101頁）

觀，殊難相辯也」。商務印書館曾請胡適編寫中學國文教本，胡適邀請錢穆一起編寫，錢以觀點互異，「遂拒不爲」，「此事遂亦作罷」。〔註68〕當時學術界觀點各異，互相辯難，講堂上各抒己見，錢穆自謂：「余自入北大，即如入了一是非場中」。他回憶說：

> 有一學生告余，彼係一新學生，舊同學皆告彼，當用心聽適之師與師兩人課。乃兩師講堂所言正相反，不知兩師曾面相討論可歸一是否。余答此處正見學問之需要。汝正當從此等處自有悟入。若他人儘可告汝一是，則又何待汝多學多問。余自入北大，即如入了一是非場中。〔註69〕

> 大凡余在當時北大上課，幾如登辯論場。……聞有北大同事之夫人們前來余課室旁聽，亦去適之講堂旁聽，退後相傳說以爲談資。〔註70〕

錢穆在平生活稍定，即暢遊書海，也爲學校購藏舊籍，自然與胡適有所交往。晚年錢穆尚清晰記憶向胡適借閱潘用微《求仁錄》孤本一事，「彼在別室中開保險櫃取書，邀余同往。或恐余攜書去有不愼，又不便坦言故爾」，〔註71〕顯示了胡適拘謹的性格。

錢穆回憶，有人曾責備他「無情」。胡適最近患病住院，探望者盈門。平日裏，胡適對錢穆尊敬有加。有人問胡適有關先秦諸子之事，胡適答曰，可問錢君，莫再問他。而今患病，錢穆竟然不去看望。錢穆回答說，這是兩回事，「君併合言之，將教余何以爲人」。〔註72〕

錢穆在平任教時，交遊廣泛，常相往來、意氣相投者，除顧頡剛外，有潘佑蓀、郭紹虞、馮友蘭、張星烺、陳寅恪、吳宓、梁漱溟、林宰平、張孟劬張東蓀兄弟、陳垣、孟森、馬衡、吳承仕、楊樹達、余嘉錫、容庚容肇祖兄弟、蕭公權、張其昀、繆鳳林、賀麟、張蔭麟等，尤其是與湯用彤、熊十力、蒙文通時時相聚。而蒙文通竟遭解聘。胡適日記僅有簡短記載：「訪陳受頤，訪錢賓四，訪陳援庵，談史學系事。」〔註73〕這是胡適對錢穆的唯一一次拜訪。錢穆對此有詳細回憶：

---

〔註68〕 錢穆：《八十憶雙親師友雜憶》，三聯書店 1998 年版，第 165～167 頁。
〔註69〕 錢穆：《八十憶雙親師友雜憶》，三聯書店 1998 年版，第 164 頁。
〔註70〕 錢穆：《八十憶雙親師友雜憶》，三聯書店 1998 年版，166～167 頁。
〔註71〕 錢穆：《八十憶雙親師友雜憶》，三聯書店 1998 年版，第 188 頁。
〔註72〕 錢穆：《八十憶雙親師友雜憶》，三聯書店 1998 年版，第 164 頁。
〔註73〕 《日記》第 6 卷，第 472 頁，1935 年 5 月 13 日。

某日，適之來訪余。余在北平七八年中，適之來訪僅此一次。適之門庭若市，而向不答訪，蓋不獨於余爲然。適之來，已在午前十一時許，坐余書齋中，直至午後一時始去，余亦未留其午膳。適之來，乃爲蒙文通事。適之告余，秋後文通將不續聘。余答，君乃北大文學院長，此事與歷史系主任商之即得，余絕無權過問。且文通來北大，乃由錫予（筆者註：湯用彤字）推薦。若欲轉告文通，宜以告之錫予爲是。而適之語終不已。謂文通上堂，學生有不懂其所語者。余曰，文通所授爲必修課，學生多，宜有此事，班中學生有優劣，優者如某某幾人，余知彼等決不向君有此語。若班中劣等生，果有此語，亦不當據爲選擇教師之標準。在北大尤然。在君爲文學院長時更應然。適之語終不已。余曰，文通所任，乃魏晉南北朝及隋唐兩時期之斷代史。余敢言，以余所知，果文通離職，至少在三年內，當物色不到一繼任人選。其他余無可言。兩人終不歡而散。文通在北大歷史系任教有年，而始終未去適之家一次，此亦稀有之事也。
〔註74〕

蒙文通最終不續聘。歷史系主任邀請錢穆講授魏晉南北朝史，錢穆「拒不允」。於是此課臨時請多人分授，錢穆這才講了一兩次課。

錢穆對胡適等人的公開批評，始於 1935 年《近百年來之讀書運動》一文。1939 年，《國史大綱·引論》在昆明《中央日報》上先行刊佈，更是激烈批評科學考訂派，同時也激烈批評「革新派」對中國歷史極其隨意的議論。錢穆公開地亮出了自己的學術旗號，與胡適等人徹底決裂了。

胡適日記裏對錢穆的記載，除上述論學之事外，1934 年 2 月 25 日記載，傅斯年請外國學者吃飯，請胡適、錢穆等作陪。1934 年 6 月 23 日載「湯錫予、錢賓四來談」。1937 年 1 月 10 日載「湯錫予、錢賓四兩先生來談甚久」。〔註75〕此後，胡適日記只有一處講到錢穆。1943 年 10 月 12 日日記載，胡適讀到部分《思想與時代》雜誌，作了如下評論：

這是張君主編的，錢是蔣介石撥助的，其中主重人物爲張其昀、錢穆、馮友蘭、賀麟、張蔭麟。他們沒有「發刊詞」，但每期有啓事，「歡迎下列各類文字：

〔註74〕錢穆：《八十憶雙親師友雜憶》，三聯書店 1998 年版，第 178～179 頁。
〔註75〕《日記》第 6 卷，第 334、402、637 頁。

1、建國時期主義與國策之理論研究。

2、我國固有文化與民族理想根本精神之探討。

3、－6（從略）」

這兩條就是他們的宗旨了。此中很少好文字。如第一期竺可楨兄的《科學之方法與精神》，真是絕無僅有的了。（張蔭麟的幾篇「宋史」文字很好。不幸他去年死了。

張其昀與錢穆二君均為從未出國門的苦學者，馮友蘭雖曾出國門，而實無所見。他們的見解多帶反動意味，保守的趨勢甚明，而擁護集權的態度亦頗明顯。〔註76〕

抗戰勝利後，北大復校，胡適為校長，由傅斯年暫代。錢穆說：「舊北大同仁不在昆明者，皆函邀赴北平，但余並未得來函邀請」。〔註77〕1948年，中央研究院第一次院士評選，錢穆亦未獲提名。

1949年後，錢穆反思大陸劇變，認為「知識分子該負最大責任」。〔註78〕他創辦新亞書院，作育人才，在文史之學人才的培養方面有自己的一套思路與方案。50～60年代居港期間，對胡適為代表的新史學派展開了公開的、毫不留情的激烈批評。錢穆在新亞書院的多次學術演講中，指導學生讀書、治學的方法，發表《朱子讀書法》、《學術與心術》、《學問之入與出》、《談當前學風之弊》等文，1958年取名為《學籥》，結集出版。錢穆、胡適相互之間基本沒有聯繫。只有一次，錢穆在課堂上提及，胡適曾因《水經注》一案給他寫過一封信，錢穆回了一信。〔註79〕

自1949年直至20世紀60年代中期以前，考據學派在臺灣學術界佔據主流，錢穆與之不合。這直接影響到他的院士評選。1956年，錢穆的學生嚴耕望突然接到胡適自美來函，對其著作大加推許，並討論一些學術問題。此後，雙方有多次書信來往。第二年，嚴耕望赴美訪學，拜訪胡適。1958年4月，胡適回臺，出任「中央」研究院院長。嚴耕望因此前與胡適的通信與談話，

〔註76〕《日記》第7卷，第539～540頁。

〔註77〕錢穆：《八十憶雙親師友雜憶》，三聯書店1998年版，第259頁。

〔註78〕錢穆夫人胡美琦女士回憶，1960年錢穆與張君勱曾有一次談話，情緒感傷，久久不易平靜。主要意思即為「大陸之失，知識分子該負最大責任」。見錢胡美琦《也談現代新儒家》（代序），韓復智編著：《錢穆先生學術年譜》第一冊，「國立」編譯館2005年版，第45頁。

〔註79〕見錢穆《中國史學名著》，三聯書店2005年第2版，第141頁。

感到彼此都很投契，特別給胡適寫了一封長信，希望他積極考慮，提名錢穆為院士，以顯示其領袖群倫的形象。胡適對於嚴耕望的建議，深表同意，與在臺幾位年長院士籌議提名，「但少數有力人士門戶之見仍深，致未果行」。1962 年，胡適逝世。1966 年院士選舉，錢穆拒絕提名。1967 年，錢穆定居臺灣。第二年，他才同意提名，當選院士。〔註80〕

居臺期間，錢穆在授課與講學過程中，仍然不時提及胡適、傅斯年等這些已經辭世的學者，批評其考證方法，指導學生建立正確的治學態度與方法。1975 年結集出版的《中國學術通義》，亦有部分討論治學方法的文章，如《有關學問之系統》、《關於學問方面之智慧與功力》、《學問與德性》等。錢穆出版的其他各類文集中，亦不乏對各種學術流派治學思想與方法的評議。錢、胡雙方在禪宗史問題上具體觀點不同，但也只是錢穆單方面對胡適的駁正，胡適沒有回應。後來有關論爭，更在胡適去世以後。

有關錢穆、胡適之間的關係與交誼，誠如學者陳勇所指出的那樣，胡適的思想與治學方法對錢穆早年治學有不小的影響，〔註81〕但如果一定要說，「在錢穆早年的胡適形象中，胡適是他時時充滿敬意、景仰不已的一代學人」，「錢穆早年對這位學術界的領袖人物還是充滿深深敬意的」，〔註82〕恐怕還是很難令人信服的。錢穆晚年對他們第一次見面的回憶，所作評論是否即是當年錢穆心情，我們不得而知，但「盛名之下，其實難副」的觀感應該是有的。

學術界討論錢、胡關係，往往認為錢穆早年敬仰胡適，因「九一八」後民族危機的刺激，錢穆治學發生重大轉向，始對胡適等新派學人不滿、批評。此種截然劃分，筆者以為，並不恰當。

錢穆、胡適 1930 年代同在北大任教、著述，在很多方面相互欣賞，可視為

---

〔註80〕嚴耕望：《錢穆賓四先生與我》下篇《從師問學六十年》，《治史三書》，遼寧教育出版社 1998 年版，第 262～263 頁。余英時回憶，1960 年春，錢穆在哈佛講演「人與學」。座中李濟平時喜作青白眼，那天余英時偶然注意到他白眼時多，青眼時少，感覺十分有趣。事後，楊聯陞告訴他，李濟第二天盛讚楊先生的譯才，把原講的「語病」都掩蓋過去了。楊先生只好付之一笑。余英時提起此事，是想以此說明「當時臺北學術界主流對錢先生和新亞書院確有一種牢不可破的成見，李濟之先生不過表現得更為露骨而已」。他說，據說當時研究院的領導層中，還是胡適的成見最淺。（《中國文化的海外媒介》，《錢穆與中國文化》，上海遠東出版社 1994 年版，第 185 頁）

〔註81〕詳見陳勇《錢穆傳》，人民出版社 2001 年版，第 62～63 頁。

〔註82〕陳勇：《錢穆傳》，人民出版社 2001 年版，第 62、65 頁。

同道，如錢穆精密的考證功夫、一定程度上的疑古思想等，與胡適、傅斯年的
「古史重建」工作有所契合。〔註83〕雙方有較多的學術交往，在一些具體的學
術觀點上也存在分歧。至於錢、胡二人在學術上精神宗旨、路徑格局頗不相同，
在中西文化觀上更大的、原則性的分歧，似乎並未涉及。其實，錢穆在北大任
教的第一年，就開設《中國近三百年學術史》選修課，歷時 5 載，高揚宋學經
世致用精神，顯然與胡適倡導考據之學不合。錢穆力爭開設《中國政治制度史》
一課，一人獨力擔任《中國通史》課程，與胡適、傅斯年也意見相左。胡適發
表《信心與反省》等文，錢穆回憶說，同事孟森（字心史）是一好好先生，心
氣和易。胡適倡言中國文化只有太監姨太太女子裏小腳麻雀牌鴉片等諸項。「心
史為文駁斥，不少假借」。但他與錢穆見面，卻從不提起這件事。「他從不放言
高論，甚至不像是一爭辯是非的人」。〔註84〕不放言高論，不與人爭辯，並不說
明錢穆等學人認同胡適等新派學者的學術與文化思想。錢穆青年時代，當他在
鄉村教書、自學時，就十分關注學術界、思想界的發展動向，對新文化運動有
較多瞭解，並在內心裏形成了一定的認識。他因刻苦自學，有所著述，引起學
界注意，表面上進入了北平學術界的主流，但學術、思想上的分歧隱然存在。
〔註85〕只不過，錢穆與胡適、傅斯年、顧頡剛儘管年齡相當，但在學術上屬於
後起之秀，地位懸殊，對胡適等人表示了較多的尊重。1930 年代中後期以後，
錢穆公然亮出了自己的旗幟，隱然成為獨樹一幟的學派。他對以胡適為代表的
中國現代新學術的反思與批評，也始終沒有停止。

## 五、「打鬼」與「溫情敬意」

近代中國的變革經歷了器物－制度－文化這樣由淺入深的三個階段。胡
適是新文化運動的領袖，身處中西文化論爭的漩渦，反省、批判中國傳統文
化，吸收西方近代文明，是其持論的基本出發點，終其一生，持守不變。胡
適也是中國現代學術的奠基人之一。

1917 年，胡適初入北大，教授中國古代哲學史，所用講義，是以博士論

---

〔註83〕 具體可詳見王晴佳：《錢穆與科學史學之離合關係，1926～1950》，臺灣大學中
國文學系編印：《紀念錢穆先生逝世十週年國際學術研討會論文集》，2001 年。
〔註84〕 錢穆：《八十憶雙親師友雜憶》，三聯書店 1998 年版，第 176～177 頁。
〔註85〕 余英時說，錢穆自 1930 年到北平以後，表面上他已進入了中國史學的主流，
然而他的真正立場和主流中的「科學」考證或「史料學」又不盡相合，可謂
解人之論。（見《猶記風吹水上鱗——敬悼錢賓四師》，《錢穆與中國文化》，
上海遠東出版社 1994 年版，第 16 頁）

文爲基礎。1919 年 2 月，胡適將講義整理出版，名爲《中國哲學史大綱》，2
個月後即再版，風行一時。該著所展示的嶄新的研究方法，〔註 86〕及其後整
理國故的新思路，爲中國學術研究提供了一個新的「典範」，〔註 87〕在中國現
代學術史上具有重要意義與影響。

　　在 1921 年發表的《新思潮的意義》一文中，胡適提出「整理國故」、「再造
文明」的主張。他指出，新思潮的根本意義只是一種新態度，這種新態度可叫
做「評判的態度」。「重新估定一切價值」八個字便是評判的態度的最好解釋。
新思潮的手段是「研究問題」、「輸入學理」。一方面討論社會上、政治上、宗教
上、文學上種種問題，一方面介紹西洋的新思想、新學術、新文學、新信仰。
〔註 88〕新思潮運動對於中國舊有的學術思想，也是評判的態度。反對盲從，反
對調和，對於舊有的學術思想，積極的主張只有一個：「整理國故」。他說：

> 整理就是從亂七八糟裏面尋出一個條理脈絡來；從無頭無腦裏面尋出
> 一個前因後果來；從胡説謬解裏面尋出一個真意義來；從武斷迷信裏
> 面尋出一個真價值來。爲什麼要整理呢？因爲古代的學術思想向來沒
> 有條理，沒有頭緒，沒有系統，故第一步是條理系統的整理。因爲前
> 人研究古書，很少有歷史進化的眼光的，故從來不講究一種學術的淵
> 源，一種思想的前因後果，所以第二步是要尋出每種學術思想怎樣發
> 生，發生之後有什麼影響效果。因爲前人讀古書，除極少數學者以外，
> 大都是以訛傳訛的謬説，──如太極圖，爻辰，先天圖，卦氣，……
> 之類，──故第三步是要用科學的方法，作精確的考證，把古人的意
> 義弄得明白清楚。因爲前人對於古代的學術思想，有種種武斷的成
> 見，有種種可笑的迷信，──如罵楊朱、墨翟爲禽獸，卻尊孔丘爲德

---

〔註 86〕有關該書的評論，具體可參看歐陽哲生《自由主義之累：胡適思想的現代闡
　　　　釋》，上海人民出版社 1993 年版，第 116～123 頁。

〔註 87〕余英時：《中國近代思想史上的胡適──〈胡適之先生年譜長編初稿〉序》，《現
　　　　代危機與思想人物》，三聯書店 2005 年版，第 137 頁。胡適自己也曾說：「我
　　　　自信，中國治哲學史，我是開山的人，這一件事要算是中國一件大幸事。這
　　　　一部書的功用能使中國哲學史變色。以後無論國內國外研究這一門學問的人
　　　　都躲不了這一部書的影響。凡不能用這種方法和態度的，我可以斷言，休想
　　　　站得住。」（《致彭學沛》，耿雲志、歐陽哲生編：《胡適書信集》上冊，北京
　　　　大學出版社 1996 年版，第 395 頁）

〔註 88〕胡適：《新思潮的意義──研究問題　輸入學理　整理國故　再造文明》，《胡
　　　　適全集》第 1 卷，第 693 頁。

配天地、道冠古今！——故第四步是綜合前三步的研究，各家都還他
一個本來眞面目，各家都還他一個眞價值。〔註89〕

胡適認爲，整理國故確實有這種需要。一方面，中國的古籍，實在太沒
有系統了。一方面，錯誤舛僞，佶屈聱牙，所在皆是，令人不能卒讀。許多
人自己不懂得國粹是什麼東西，卻偏要高談「保存國粹」。如林琴南做文章論
古文不當廢，他說，「吾知其理而不能言其所以然」。許多高喊「保存國粹」
的人，大都是這樣糊塗懵懂，根本不配談國粹。

1923 年 1 月，胡適執筆撰寫的《國學季刊》發刊宣言是現代中國學術史
上一篇非常重要的文獻，它是一份「新國學的研究大綱」，〔註90〕提出了研究
國學的新方法、新路徑。他指出，整理國故的基本原則和努力方向有三點：
用歷史的眼光來擴大國學研究的範圍；用系統的整理來部勒國學研究的資
料；用比較的研究來幫助國學的材料的整理與解釋。〔註91〕胡適提出了整理
國故的三種方式：索隱式、結帳式、專史式。索引式的整理是要使古書人人
能用，結帳式的整理是要使古書人人能讀，但是，整理國故是要使大家懂得
中國過去的文化史，其目的是要做成中國文化史。在 1924 年一次演講中，又
增加一種最低限度的整理方式——讀本式的整理，即是整理所有最著名的古
書，使其成爲普通讀本，使一般人能讀能解。起碼需要這樣 5 個步驟：校讎、
訓詁、標點、分段、介紹。〔註92〕

胡適由談文化，談西學，一下子鑽入了故紙堆之中，在當時就引起了很
多人的不解和誤解。陳源說，《胡適文存》裏大部分是提倡革命，掃除舊思想，
建設新文學的文字。胡適引導人們走上了一條新路。可是在「革命尚未成功，
同志還須努力」的時候，胡先生忽然停住了腳步，回過頭去編他的「哲學史」
了。他做的固然還是破壞的功夫，「捉妖」「打鬼」的事業，只是他丟開了更
加重要的工作，「適之先生的地位應當在那裏」，不應當「整理國故」。〔註93〕

除了在《新思潮的意義》、《〈國學季刊〉發刊宣言》等文章中，公開發表

---

〔註89〕 胡適：《新思潮的意義——研究問題　輸入學理　整理國故　再造文明》，《胡
　　　　適全集》第 1 卷，第 698～699 頁。
〔註90〕 胡適口述、唐德剛註譯：《胡適口述自傳》，安徽教育出版社 1999 年版，第
　　　　240 頁。
〔註91〕 胡適：《〈國學季刊〉發刊宣言》，《胡適全集》第 2 卷，第 17 頁。
〔註92〕 胡適：《再談談「整理國故」》，《胡適全集》第 13 卷，第 52～53 頁。
〔註93〕 陳源：《西瀅跋語》，《治學的方法與材料》附錄一，《胡適全集》第 3 卷，第
　　　　149 頁。

整理國故的意見、整理的步驟、方法和目標之外，胡適在私人書信中，多次談到整理國故的原因和目的，意思表達得更爲直白。1924 年 4 月 12 日致錢玄同信中說：

> 我們整理國故，只是要還他一個本來面目，只是直敘事實而已，糞土與香土皆是事實，皆在被整理之列。如敘述公羊家言，指出他們有何陋處，有何奇特處，有何影響，有何貢獻，——如斯而已，更不想求得什麼國粹來誇炫於世界也。
>
> 整理國故，使人明瞭古文化不過如此。〔註94〕

1927 年 2 月 7 日，胡適在致彭學沛信中，直言要雙管齊下，輸入新知識與新思想固然要緊，然而「打鬼」更是要緊。整理國故就是「打鬼」：

> 我披肝瀝膽地奉告人們：只爲了我十分相信「亂紙堆」裏有無數無數的老鬼，能喫人，能迷人，害人的屬害勝過柏斯德（Pasteur）發現的種種病菌。只爲了我自己自信，雖然不能殺菌，卻頗能「捉妖」「打鬼」。
>
> 用精密的方法，考出古文化的眞相；用明白曉暢的文字報告出來，叫有眼的都可以看見，有腦筋的都可以明白。這是化黑暗爲光明，化神奇爲臭腐，化玄妙爲平常，化神聖爲凡庸；這才是「重新估定一切價值」。他的功用可以解放人心，可以保護人們不受鬼怪迷惑。
>
> 我所以要整理國故，只是要人明白這些東西原來「也不過如此」！本來「不過如此」，我所以還他一個「不過如此」。這叫做「化神奇爲臭腐，化玄妙爲平常」。
>
> 把戲千萬般，說破了「也不過如此」。〔註95〕

顯然，整理國故仍然是新文化運動的當然組成部分，是必不可少的一步，新思想和國故是緊密聯繫在一起的。錢穆也認爲，「當年新文化運動成爲時代一新潮流，而其與學術舊傳統乃處處有牽涉，幾成一不可分割之勢。」〔註96〕

---

〔註94〕 胡適：《致錢玄同》，1925 年 4 月 12 日，耿雲志、歐陽哲生編：《胡適書信集》上冊，北京大學出版社 1996 年版，第 360、361 頁。

〔註95〕 胡適：《致彭學沛》，耿雲志、歐陽哲生編：《胡適書信集》上冊，北京大學出版社 1996 年版，第 394～395 頁。

〔註96〕 錢穆：《學術傳統與時代潮流》，《中國學術思想史論叢》第九卷，《全集》第 23 冊，第 47～48 頁。

　　錢穆生於清末，以95高齡謝世。其一生，正處在國家局勢動盪不安，中西文化衝突與融匯的時代。錢穆民族意識特別濃厚，早年讀書求學時，即感受到中國面臨的民族與文化的危機，梁啓超「中國不會亡」的話語在他心中激起強烈震撼。早年的社會風氣與教育環境，使他於國家民族、歷史文化、往聖先賢有一番特別眞摯深沉的情感。挽救民族危亡，尋找中華文化的發展道路，是錢穆一生讀書、治學的中心之所在。所有著述，用他自己的話來講，「皆是從我一生在不斷的國難之鼓勵與指導下困心衡慮而得」，「無不自我對國家民族之一腔熱忱中來」。〔註97〕這就是他一再言說的對民族、對文化、對歷史當懷抱一種「溫情與敬意」。錢穆在《國史大綱》中提出，「凡讀本書請先具下列諸信念」：

一、當信任何一國之國民，尤其是自稱知識在水平線以上之國民，對其本國已往歷史，應該略有所知。（否則最多只算一有知識的人，不能算一有知識的國民。）

二、所謂對其本國已往歷史略有所知者，尤必附隨一種對其本國已往歷史之溫情與敬意。（否則只算知道了一些外國史，不得云對本國史有知識。）

三、所謂對其本國已往歷史有一種溫情與敬意者，至少不會對其本國已往歷史抱一種偏激的虛無主義，（即視本國已往歷史爲無一點有價值，亦無一處足以使彼滿意。）亦至少不會感到現在我們是站在已往歷史最高之頂點，（此乃一種淺薄狂妄的進化觀。）而將我們當身種種罪惡與弱點，一切諉卸於古人。（此乃一種似是而非之文化自譴。）〔註98〕

　　按照胡適的提法，整理國故是要進行「價值重估」，是爲了「打鬼」。但是，1928年7月31日，胡適在上海東方圖書館主辦的圖書館暑期補習班演講，他又提出了新的說法。他說，吳稚暉這幾年來常說中國的線裝書，都應該丟到毛廁裏去，「這句話在精神上是很可贊成的」。但是他安頓線裝書的法子，實在不好。胡適提議：

把線裝書一齊收集起來，放到圖書館裏去，所謂束之高閣。整理好了，備而不用，隨時由專門學者去研究參考。〔註99〕

〔註97〕 錢穆：《中國文化精神・序》，《全集》第38冊。
〔註98〕 錢穆：《國史大綱》，商務印書館1996年修訂第3版。
〔註99〕 胡適：《中國書的收集法》，《胡適全集》第13卷，第94頁。

　　線裝書安頓在圖書館內，束之高閣，由少數專門學者進行歷史研究，需要時作資料參考，這就是國故（傳統文化）的命運。半個世紀之後，這一景象似乎已經成爲事實。1980 年，錢穆發出沉重慨歎：

　　三、四千年來之舊中國，則將來惟有留在圖書館中作考古資料而止。

　　如此前途，又復何堪想像！〔註100〕

　　胡適視國故爲客觀的研究對象，整理國故的目的是爲了「捉妖」、「打鬼」，錢穆強調對民族、文化、歷史的「溫情」與「敬意」。這是他們學術研究的基本立場，一系列的分歧與爭論由此展開。

---

〔註100〕錢穆：《維新與守舊——民國七十年來學術思想之簡述》,《中國學術思想史論叢》第九卷,《全集》第 23 冊, 第 38～39 頁。

# 第一章　治學宗旨：做專家抑或「士」

　　學術研究職業化和體制化，是中國現代學術體制區別於傳統學術體制的核心之所在。古代學者多為「為官作宰」的讀書人，並沒有形成獨立的職業共同體。士、農、工、商的劃分，僅僅是社會等級上的分別，而不是職業化意義上的社會角色界定。近代以來的學術研究，逐漸呈現一種職業化趨向，以知識生產和傳授為謀生手段。而且，這種學術研究職業為一定的制度所保障，出現了學院化趨向。近代以來的知識生產、傳播，已經從過去的官學、書院，轉移到大學和專門的研究機構。學術研究的主體，從傳統的舊式讀書人，轉為近代新式知識人；從「官學一體化」的士人，轉向「官學兩分」的職業學者、專家。這一切，使得學術研究的宗旨、理念、讀書治學的方式均發生重大變化。民國年間，正是這種新的體制形成的時期，大部分學人被納入建制化的學術機構之中，接受與排拒、適應與不適應，學人之間發生了重大分化，種種批評與論爭不可避免地發生了。做專家抑或成一「士」，這是學者們首先面臨的選擇。

## 第一節　「學與人離」

　　錢穆指出，中西文化有一重要分別，必須鄭重提出討論，此即「學」與「人」的關係問題。他說：

> 究是為了「人」而始有「學」，抑是「學」可以外於「人」而存在，為了尋究此「學」而始須「人」之努力從事？換言之，究是由學來完成人，抑是由人來完成學？再換言之，一切學是否為人之主觀而引起，抑有其客觀自存之地位？由於對此問題之答案相異，而遂引

起雙方文化之莫大相異。〔註1〕

這一問題，關乎學術的研究對象、研究宗旨。錢穆與胡適等新派學人在此問題上存在明顯分歧。近代以來，治學在於求眞、爲學問而學問的精神逐漸爲學界所接受。錢穆批評近代學術界「學與人離」。他特重「士」這一社會「流品」，主張繼承、弘揚傳統的士人精神與通人之學，認爲讀書、治學者當爲一「士」，以天下家國爲己任，宏博會通，經世致用，而不僅僅是一職業學者、書齋中一專家。人是一切學問的中心，學做人是人一生最大的學問。

## 一、爲學與做人，學術與心術

### （一）人「乃是一切學問之中心」

近代以來，西學東漸，學人的知識結構發生了重大變化，學術理念也發生了根本性的變革。近代學人由傳統的「讀書人」向「知識人」轉變，西方「爲知識而知識」的理念逐漸爲中國學者所知曉，學術獨立、求眞、求知的治學理念逐漸確立。〔註2〕胡適強調：「讀書是求智識，智識就是權力」，〔註3〕反對在學術研究中抱「有用無用」的觀念。他認爲，一個學者，應該堅持科學的方法、精神和態度，秉持科學的人生觀。第一是懷疑，不要盲目信仰和信從。第二是實事求是。第三是證據，要相信有證據的東西。第四是眞理，「科學家是爲求眞理」。〔註4〕

1919年，胡適在致毛子水的一封信中，認爲整理國故之事，「補苴罅漏，張皇幽眇」，還可以說得過去。「使之應時勢之需」，便是大錯，便是完全不懂「國故學」的性質。「國故學」的性質不外乎要懂得國故，這是人類求知的天性所要求的。如果說是「應時勢之需」，這便是古人「通經而致治平」的夢想了。他提出：

> 我們做學問不當先存這個狹義的功利觀念。做學問的人當看自己性
> 之所近，揀選所要做的學問，揀定之後，當存一個「爲眞理而求眞
> 理」的態度。研究學術史的人更當用「爲眞理而求眞理」的標準去
> 批評各家的學術。學問是平等的。發明一個字的古義，與發現一顆

---

〔註1〕 錢穆：《學與人》，《歷史與文化論叢》，《全集》第42冊，第147頁。
〔註2〕 詳見左玉河《中國現代學術體制之創建》（四川人民出版社2008年版）第二章第四部分「知識人之求知理念」。
〔註3〕 胡適：《讀書》，《胡適全集》第3卷，第156頁。
〔註4〕 胡適：《科學的人生觀》，《胡適全集》第8卷，第4頁。

恒星，都是一大功績。〔註5〕

在隨後的古史討論中，北京很有幾位老先生深怪顧頡剛「忍心害理」，劉掞藜也提出所謂「影響人心」的問題，認為「這種翻案的議論，這種懷疑的精神，很有影響於我國的人心和史界」。胡適指出，「這回的論爭是一個真偽問題」，去偽存真，決不會有害於人心。學者應該實事求是，莫作調人。〔註6〕

1928 年，胡樸安邀請胡適加入中國學會，胡適拒絕了，因為該會會章發揚民族主義情感與他「為學問而學問」的精神相悖。他回信說：

> 我不願加入發起這個會，因為我不能贊成會章的第一條。我不認中國學術與民族主義有密切的關係。若以民族主義或任何主義來研究學術，則必有誇大或忌諱的弊病。我們整理國故只是研究歷史而已，只是為學術而作工夫，所謂實事求是也，從無發揚民族精神感情的作用。〔註7〕

學術研究是為求真，作為近代學術研究的主要承擔者，大學教師的職業職責，是對知識的追求和傳播。大學教師必須具備一定的資格，對其資格與待遇也逐漸形成了一套規範化的制度。〔註8〕在學術方面有專精研究，是大學教師這一職業的必備資格和要求，而從事研究也是其工作的主要任務。能否在學術某一領域作出專精的研究成果，是衡量大學教師高下的基本指標。朱自清評論抗戰前 30 年代的學術界時說，研究的風氣盛極一時，學術空氣濃厚到「無視大學本科教學」的地步；「那時候教授隱然分為兩等，研究教授第一等，大學教授第二等」。〔註9〕傅斯年也批評那些「一心一意在研究的自我主義者」，時常忽略了他的教育任務，「教員的名望，是靠他在學術上的權威的，於是乎教育成了第二義，大學成了研究院」。〔註10〕

面對學術界務為專家、治學只在求真的趨向，錢穆力圖挽救。1962 年 9

〔註5〕　胡適：《論國故學——答毛子水》，《胡適全集》第 1 卷，第 417、418 頁。

〔註6〕　胡適：《古史討論的讀後感》，《胡適全集》第 2 卷，第 102～103 頁。

〔註7〕　胡適：《答胡樸安》，1928 年 11 月，耿雲志、歐陽哲生編：《胡適書信集》上冊，北京大學出版社 1996 年版，第 465 頁。

〔註8〕　詳見左玉河《中國現代學術體制之創建》（四川人民出版社 2008 年版）第二章第五部分「學術職業化趨向」。

〔註9〕　朱自清：《論學術的空氣》，朱喬森編：《朱自清全集》第 4 卷，江蘇教育出版社 1990 年版，第 491 頁。

〔註10〕　傅斯年：《臺灣大學與學術研究》，歐陽哲生主編：《傅斯年全集》第五卷，湖南教育出版社 2003 年版，第 97 頁。

月，錢穆在新亞研究所第 24 次學術演講《有關學問之系統》中，對治學對象問題作了完整論述。他認爲，依照中國傳統，學問應該有三大系統，這三大系統是：

> 第一系統是「人統」。其系統中心是一人。中國人說：「學者所以學爲人也。」一切學問，主要用意在學如何做一人，如何做一理想有價值的人。

> 第二系統是「事統」。即以事業爲其學問系統之中心者。此即所謂「學以致用」。

> 第三系統是「學統」。此即以學問本身爲系統者。近代中國人常講「爲學問而學問」，即屬此系統。〔註11〕

錢穆指出，在中國學術史開始階段，似乎中國人只看重了第一、第二系統。在中國人的觀念中，似乎並不曾認爲有一種客觀外在的學術系統存在。先秦諸子最顯要的儒、道、墨三家，他們思考的主要問題，只在如何做人。中國人一向看重這三家學說，這三家學說之所以成爲顯學，正因爲他們所研究的屬於第一系統的緣故。此下子學流變，如《四庫》子部所收，包括天文、醫學、農、工各科，這些都可以歸入第二系統之中，「因其皆所以求致用者」。〔註12〕後世都把子部之學認爲是小道，也是因爲這種緣故。

先秦孔孟老莊之後，宋明理學諸家之學，主要也在教人如何做人，這是他們的學問中心。所以，我們如果要研究孔、孟、程、朱的學問，「則斷然應從『人』之中心而著眼，斷然應從『做人』的大體作研究」。〔註13〕不知孔、孟、程、朱其人，焉能懂得孔、孟、程、朱之學！如果我們改從西方哲學觀點來尋求，對此諸家之學，總感覺有不恰當的地方。不僅如此，而且必然把諸家爲學最喫緊、最重要、最真實之處忽略了。如孔子，我們絕對不能僅僅稱其爲某一部門的學者，或稱其爲思想家，或說他的一套學問是哲學。周、程、朱、張亦然。

對於胡適、梁啓超大力表彰的清代乾嘉學者「爲學問而學問」、分科研究的科學方法和精神，錢穆也表示，清儒經學與考據，顯然成爲應屬第三系統方面的學問。在中國傳統學術中，清代學術才開始透出了我們今天所看重的專家分科精神。近人認爲清學近似於西方科學方法，自有幾分道理。如王引

〔註11〕 錢穆：《有關學問之系統》，《中國學術通義》，《全集》第 25 冊，第 279、280 頁。
〔註12〕 錢穆：《有關學問之系統》，《中國學術通義》，《全集》第 25 冊，第 284 頁。
〔註13〕 錢穆：《有關學問之系統》，《中國學術通義》，《全集》第 25 冊，第 285 頁。

之專精小學，《經傳釋詞》在訓詁範圍之內又專一注意講一些虛字，「此可謂是專門之尤專門者」。如此為學，似乎可謂真是為學問而學問，確然成其為專家之學了。但是，錢穆並不同意近人稱清學是一種「故紙堆中之學問」，這種批評，顯然是不公平的。清儒所謂「訓詁明而後義理明」，何嘗撤棄了義理來專治訓詁，他們心中所重視的應仍在第一系統的學問，只是做出來的成績，屬於第三系統而已。總之，大體而言，「在中國學術史上之一輩學者們，都和我們此刻所想像之所謂專家學者、為學問而學問之純然應入第三系統者有其不同」。〔註14〕而近人治學，接受西方觀點，似乎學問自有系統，可以與人無關，於是，把第三系統視為學問正宗，這和中國以前的舊觀念大為不同。有關西方學術特點，錢穆說：

> 似乎西方人一向認為學問乃有一外面客觀的存在，有其本身自有之
> 疆境與範圍。所謂學問，則止是探究此客觀之外在，而又宜各分疆
> 界範圍以為探究。〔註15〕

在錢穆看來，西方人似乎很早便看重各種學問的分類，似乎認為每一項學問，都是一種客觀的存在，有待於人們分別探討，形成為各種學問專家。西方的宗教、哲學與自然科學所研尋的對象都在外，首先都超越於人事。即使在人文學科方面，仍然分門別類，如政治、經濟、法律等，都是各有疆域，各有範圍，各別研尋。甚至文學、史學、藝術等，也似乎各有一客觀外在的學問疆域，仍然可以各別研尋。他指出，西方人做學問，「主要在尋求真理」，「而尋求真理，事先即抱一超然事外之心情，因此其學問遂走向分科專門化之路。而每一門學問，則必要到達一超越抽象之境界」。〔註16〕西方學術傳統，可以說是「學為主而人為從」。各種學問，都是客觀的、外在於人而存在。這一趨勢，直到近代，愈演愈烈，「循至為了學而失卻了人」。因為每一個人只附屬於某一門學問，而且是附著於某一門學問的分枝小節之上。學問上分工愈細，學愈大而人愈小，「人之地位，乃為其所學所淹浸而吞滅」。〔註17〕

西方人對待學問的這種態度，在中國學術傳統中是很少見的。兩相比較，西方人最缺乏中國傳統中的第一系統，即他們並不注意如何做人這一門學問。

〔註14〕 錢穆：《有關學問之系統》，《中國學術通義》，《全集》第 25 冊，第 292 頁。
〔註15〕 錢穆：《有關學問之系統》，《中國學術通義》，《全集》第 25 冊，第 293 頁。
〔註16〕 錢穆：《有關學問之系統》，《中國學術通義》，《全集》第 25 冊，第 293 頁。
〔註17〕 錢穆：《學與人》，《歷史與文化論叢》，《全集》第 42 冊，第 148 頁。

中國學問自第一系統遞進而至第二、第三系統，西方則正相反，以第三系統為
主，自第三系統而逆歸至第二、第一系統。總之，在中國傳統學術系統中，人，
「乃是一切學問之中心」。〔註18〕一切學問都從這一中心展演而出，環拱這一中
心，而向四周發展。中國人講學問常說「道不遠人」，「理即事見」，不太超越實
際人事來向外研尋，不注重就學問自身來尋求系統。「中國人做學問，主要在求
如何做人、做事，即在現實人事中來尋求其合理改進之可能」。〔註19〕

　　中國人似乎很早便認為學只為人而有，一切學問主要功用在完成人。人
的本身則別有其存在，這一存在，則自有其理想與目的。換言之，中國人首
先討論的是成為怎麼樣的一個人。從事於學問，則只是追求這一理想、到達
這一目的的一種手段與工具。錢穆指出：

> 在中國觀念中，好像一切學之共同出發點是人，其共同歸宿點仍是
> 人。人是主體中心，由此主體中心之種種需求而展演開放出種種學，
> 學本非外於人而存在。種種學既無其獨立客觀之存在，故無為之嚴
> 格分類之必要。換言之，人為主而學為從。每一學之背後必有人，
> 人之重要遠勝於其學。治學者，貴能從學之後面來認識人，再來完
> 成其自我。待其既完成了一人，自會由其人展演出一套學。因於各
> 人才性不同，所生時代所遭環境又不同，於是其所展演完成之學亦
> 不同。而主要尤在學者之所志，與其及身當世之習俗與風尚。故孟
> 子曰「知人論世」，亦即所以論學。要之學只包括在人事內，不能超
> 出於人事外。〔註20〕

　　錢穆認為，中國文化傳統特別注重於人文主義，因此也特別著重講人物，
極為重視對人物的批評，這是中國思想的一大特點。中國傳統所重在人之品
格，重在為人分類，不重在為學術分類。物是品類之義，將人分成許多品類，
稱之為「人物」。中國傳統學術每每喜歡評論人物，把人分出等第，而為人分
類，如聖人賢人、大人君子、善人惡人、智者愚人、非常人與庸俗小人等，「皆
自其心性修養與人格德性所到達之境界來分」。如對三國時代曹操、諸葛亮兩
人的評價，並不專門注重其事業，也不專門注重其文章學問，主要就此兩人
內心境界與德性學養作評判。這種評判標準，是「中國學術大傳統之主要精

---

〔註18〕錢穆：《學問與德性》，《中國學術通義》，《全集》第 25 冊，第 344 頁。
〔註19〕錢穆：《有關學問之系統》，《中國學術通義》，《全集》第 25 冊，第 296 頁。
〔註20〕錢穆：《學與人》，《歷史與文化論叢》，《全集》第 42 冊，第 149 頁。

神所在」。錢穆指出，有志研究中國學術，「必當先從此等處著眼」。〔註21〕中國傳統學術分科分類，反而被忽略輕視了。直至劉向、歆父子《七略》，班固《漢書・藝文志》，也只是爲書籍分類，百家中分儒、墨等，是從人事分，不是按照學術的內容劃分。魏晉以下，始有經、史、子、集四部，所劃分的仍然是書籍的體裁。同一人所著書，或歸入經，或歸入史。如果就著書人而論，「則其人自可分類，卻不能專就其所著之書分」。〔註22〕清代提出的義理、考據、辭章、經濟四分法，也不是根據學術的內容劃分。考據是考其義理，辭章是來發揮義理的，經濟屬義理的實際措施，一切學問皆以義理爲中心，而義理則屬爲人之道，「仍是重人過於重學之見解」。〔註23〕

西方人常常依據外在的職業或知識來分人物，如宗教家、醫生、律師或某類專門學者，中國人卻重在從人的內在品性道德分。這一態度，顯然與西方不同。劉邵《人物志》將人才大概分爲兩等。一是「偏至之材」，即於某一方面有專長的人才，如今稱之爲科學家、藝術家等，應該都屬於這一類。二是「兼材」，其材不偏於一方面，而能有兼長。我們今天都接受西方人的說法，大多將人分屬於某項知識、某項職業之下，對劉邵所講的「兼材」，驟難理解。〔註24〕

中國傳統，重人更過於重學，學不外於人而存在。全部中國思想史的主腦、重心，或其出發點與歸宿點，必然在教育。中國思想史也可以稱作一部教育思想史。中國一切教育思想，一言以蔽之，「在教人如何作人」，即所謂做人的道理，講求思想與行爲相輔並行、相得益彰，絕不看重西方的純思想之思想。〔註25〕中國教育是一種全人教育，爲師者所教，不專在教其人之所不知不能，更要教其人內部心情德性上所本有本能。這種所謂教，只是一種指點，又稱點化，即孟子所謂「如時雨化之」。《中庸》特地提出一個「育」字，育即是一種內在生命各自成長，只在外面加以啓發。相對而言，中國教育忽視了知識技藝方面的偏才教育。

錢穆認爲，學問可從其對象分爲四大類：一對「天」，一對「物」，一對

〔註21〕 錢穆：《中國歷史研究法》，三聯書店 2005 年第 2 版，第 75 頁。
〔註22〕 錢穆：《學與人》，《歷史與文化論叢》，《全集》第 42 冊，第 151 頁。
〔註23〕 錢穆：《學與人》，《歷史與文化論叢》，《全集》第 42 冊，第 152 頁。
〔註24〕 錢穆：《略述劉邵〈人物志〉》，《中國學術思想史論叢》第 3 卷，安徽教育出版社 2004 年版，第 51 頁。
〔註25〕 錢穆：《中國教育制度與教育思想》，《國史新論》，三聯書店 2001 年版，第 264 頁。

「人」，一對「己」。在人類生活的世界、宇宙之中，有一更高更大的主宰，人類對其必應懂得有一「謙遜心」、「敬畏心」，這是人類對天之學所應有的態度。中國文化傳統裏面培植人的謙遜心與敬畏心，決不亞於世界任何一大宗教。在這一不可知的最高主宰之下，人與萬物並處。人應懂得萬物所各具之性能，積極方面，可資人類利用；消極方面，亦可知有所戒備。近三四百年來，西方自然科學突飛猛進，使人類對物之學有輝煌成就。但同時，泯滅了天與物、物與人的界線，把人類對天的謙遜心、敬畏心都消失了，循至人對人冷酷無情，只知利用，沒有恕道。這是人類對物之學的誤用。對人之學，主要中心乃學「爲人之道」，即人與人相處之道。中國文化傳統在這一方面，講究得最爲透徹。儒家稱此人與人相處之道爲「仁道」，仁道即是「人道」。總之，對人之學即是爲人之道，而爲人之道始於「爲己」之道。只要以自己爲例，平等來對待別人，就有所謂仁道與恕道。因此對己之學，乃是對人之學的基本與中心。《中庸》裏有一段話：「盡己之性而後可以盡人之性，盡人之性而後可以盡物之性，盡物之性而後可以贊天地之化育」，可以說是對上述四類學問，即對已、對人、對物、對天之學，在中國文化傳統理想中所定下的一種先後緩急次序。〔註26〕

錢穆認爲，懂得如何做人才是最高的知識，學如何做人才是最大的學問，學做人是人最切身的問題。任何一個社會，一個民族，都有其教人做人的道理；生長在這個社會裏的人，都得接受這個社會教我們做人的道理，「中國文化的中心思想即爲教人如何做人」。我們要立志做一科學家、史學家、文學家或教育家，我們首先不能忘記我們是人，「必須站在人的立場去獲得知識來爲人類服務」。〔註27〕如果脫離了人的立場，則所有一切均成泡影，全無意義。中華文化的中心思想就是講究做人的道理和方法，即所謂人文修養。

錢穆認爲，人有兩種。人都由父母生下，只是一個自然人，後天經過加工精製，才可以叫做「文化人」。他將人的生活分爲三個階層：生活、行爲、事業，人有「物質自然人生」，還有「心靈人生」、「人文人生」。他說：

> 人生必應分三階層演進，先生活，次行爲，最後乃有事業，事業與生活，並不親切，其間尚隔行爲一層，行爲與生活始是親切的。事

〔註26〕錢穆：《人生三講》，《歷史與文化論叢》，《全集》第 42 冊，第 165～170 頁。
〔註27〕錢穆：《中國文化與人文修養》，《歷史與文化論叢》，《全集》第 42 冊，第 373 頁。

業應從行爲進一步而有，不能徑從生活上來打算事業。此種三階層
之人生，始是理想的，亦可說是藝術的，文學的。〔註28〕
人生應由生活展演出行爲，由行爲展演出事業，行爲才是人生的中心柱石。
近代人急亟要由生活中逕自展演出事業來，由事業回到生活，而不知生活與
事業之間，尚有作爲其中心柱石的「行爲」一項。其結果，全部人生終歸於
倒塌，撑持不起，近代人生最大病害即在於此。而中國文化傳統人生觀，主
要正在於寄放在人的行爲上。「中國人言人生，有兩要項，一曰性情，一曰品
德。」〔註29〕人類一切行爲，本於性情，由其行爲與性情而判定其人之品德。
中國古人教人，會通性情與品德爲一，又會通人生行爲與事業爲一。

　　錢穆指出，自民初以來，青年人心靈上，似乎有一個共同的問題，永遠
存在，始終不能有很好的解決。這個問題就是「人生出路」的問題。而一般
人所謂出路問題，只是一個職業問題。換言之，只是一個物質生活問題。人
人都只在此問題上打算，造成了整個時代的苦悶和無出路。一切職業與經濟
物質生活，都只在人生外部。人生尚有內部生活，這就是人的心情，每一個
人的天賦才性，能獲得應有的、可能的發展，這才是人生眞進步、眞上進。
物質生活上進，反而只是一個次要問題。這是一個「人生中心根幹大問題的
變動時代」，〔註30〕要解決人生出路問題，「主要應該懂得反身向內尋求」。而
幾十年來，中國人走上了背棄傳統的道路。他說：

　　我敢大膽說一句：中國人此六十年來同所感到的「人生無出路」這
　　一種苦悶心理，其最後癥結所在，正爲此六十年來之中國人，作意
　　背棄自己文化傳統而謀求各自生活之改進。當知異民族異文化中之
　　一切生活方式，未必是我們的出路。向此邁進，到頭會撲了一個空。
　　到如今，我們一切生活，雖在儘量求新求進，盡力向西化路上跑；
　　但不滿、不安、苦悶、無出路的時代病，卻更深更重，恐會到達一
　　無可救藥之階段。此非危言聳聽，其中眞理，卻可拿種種實事來作
　　證。〔註31〕

〔註28〕錢穆：《人生三階層》，《歷史與文化論叢》，《全集》第42冊，第186頁。
〔註29〕錢穆：《人生三階層》，《歷史與文化論叢》，《全集》第42冊，第189頁。
〔註30〕錢穆：《事業與性情——一九七一年六月五日本校學術演講詞》，《新亞遺鐸》，
　　　　三聯書店2004年版，第724頁。
〔註31〕錢穆：《人生出路——與青年書之四》，《歷史與文化論叢》，《全集》第42冊，
　　　　第460頁。

　　近代以來，人們趨騖西學，逐漸昧失了對中華傳統文化的理解。而在錢穆看來，中國文化最精粹的一點，是關於「人生修養」的。人生修養並不單是現代人講的「人生哲學」。西方人講人生哲學，中國人講人生修養。修養中寓有哲學，但與西方人講的哲學不同。主要在於中國哲學有一套修養方法，須由理論與實踐親修配合。講中國人的人生修養，主要在儒家，遠從孔孟，下到宋、明理學家，各有一套。其他如道家、佛家，亦皆由理論與修養配合，而形成一套學術系統。這是中國傳統中最重要最特殊的所在。〔註32〕錢穆為中國文化安上一個新名稱：「唯心文化」。這「唯心」二字，與西方哲學上所講的「唯心」、「唯物」不同。中國文化特別注重人文本位，而在人文本位上，一切又是以「人心」為主的，所以特稱中國文化為唯心文化。〔註33〕孟子所說的「求放心」，實在是人生一件大事，如何把此「心」安放在恰好之處，這是人生惟一的大道理，也是人生惟一的大學問，有待我們各人在各自的實際人生中去參究、去體悟。中國文化傳統講人生道理，最主要的就是講這一層。現代社會，大家為物質生活而忙迫，一切生活只都裝點在外皮上，更不知有人心真生活所在。錢穆將此名之為「我走失了」〔註34〕的時代。要挽救當前世界病痛，莫如提倡中國文化傳統中所重視的人格理想。〔註35〕

　　錢穆指出，當前學風最大弊害，在於「學」與「人」離，「學問」與「為人」判然分為兩事。僅知為學，不知為人。〔註36〕學問不關人心、社會，學問僅僅是一種職業，一個飯碗，成為名利之具。中國傳統教育事業，主要在師道。師道之所貴，主要在為師者的人格與學問。中國有所謂「經師」、「人師」之別，不重講授某一專門學問的「經師」，更要做人師。而現代社會，「做

〔註32〕錢穆：《漫談中國文化復興》，《歷史與文化論叢》，《全集》第42冊，第47頁。
〔註33〕錢穆：《中國文化特質》，《歷史與文化論叢》，《全集》第42冊，第65頁。
〔註34〕錢穆：《人生三講》，《歷史與文化論叢》，《全集》第42冊，第159頁。
〔註35〕錢穆講中華傳統文化，注重其對人品性的塑造與培養。他不但講到人在社會人群中要有君子般的品行，更講到了人的內心深處，要提升人的格調與境界。在這方面，中國傳統的文學、藝術（繪畫、書法等）、音樂（包括京劇等），具有十分獨特的作用，甚至一定程度上具有宗教的功能，能夠涵養人的性情，提升人的境界，撫慰人的心靈，安頓人的靈魂。近代學人中，唯有錢穆對中華文化此一方面內容有較多闡發。相比較而言，胡適論中華文化，只局限於外層，不能欣賞、領略其精深幽微之處，許多言論顯得尤其淺薄。錢穆、胡適二人的個人生活，更是生動地反映了他們對文化的不同理解。此一問題牽涉甚廣，此處不能詳論。
〔註36〕錢穆：《談當前學風之弊》，《學籥》，《全集》第24冊，第215頁。

教師只是一職業，謀些薪水來活命養家。而且薪水收入較其他職業爲微薄，故爲教師則常見爲是窮窘、寒酸的」。而且，背棄了教書育人、傳道授業的傳統，「其所傳授與人者，亦只是些有關各項職業上之知識與技能，不復再教人以爲人之道」。〔註37〕尤其是大學教授，不但不再以「人」作爲自己學術研究的中心，其教學也僅僅是知識的傳授和學術研究成果的報告，不注重對學生道德和人格的涵養，師生關係也日漸疏遠、淡漠。梁啓超就曾指出，近代學校成了販賣知識的雜貨店，〔註38〕傅斯年也批評「拿學校看作商場」的社會風氣。〔註39〕

　　1949 年，錢穆隻身出走香港，與幾位朋友一起創辦新亞文商學院。第二年，更名爲新亞書院。錢穆等人秉持爲中華文化續命的信念，在「手空空，無一物」的艱難情形下，興發「千斤重擔兩肩挑」的豪情，使新亞成爲香港著名學府。新亞是錢穆教育思想的一次重要實踐，新亞的辦學思想、課程體系，充分體現了錢穆人文主義的教育理想。錢穆等人在艱困、動盪的局勢中，創辦這一所學校，自有一番理想與抱負。他們認爲，當前的大學教育，「至少有兩項目標該注意：一是人類的文化價值。一是個人的生活理想。」〔註40〕新亞兼採宋明書院講學精神與歐洲大學導師制度，力求求學與做人齊頭並進，融通合一。不僅要教給求學者以許多的知識，更要給予來學者以一番人生眞理。其教育宗旨，「可以說是在知識教育、人格教育和文化教育三方面同時兼顧，會通合一」。〔註41〕新亞要求學生袪除小我功利計算，打破專爲謀職業、謀資歷而進學校的淺薄觀念，使日常生活與課業打成一片，內心修養與學業打成一片。要在尋求知識中來完成自己的人格，不要忘失了自己的人格來專爲知識而求知識。錢穆指出：

> 　　學校教育，縱說抱有如何般的理想，但就實施上言，主要還只是傳
> 授知識與訓練技能。……但諸位當知，此知與能之背後，必有一主

〔註37〕錢穆：《儒學與師道》，《歷史與文化論叢》，《全集》第 42 冊，第 224 頁。

〔註38〕梁啓超：《東南大學課畢告別辭》，《飲冰室合集》文集之四十，中華書局 1989 年版，第 9 頁。

〔註39〕傅斯年：《中國學校制度之批評》，歐陽哲生主編：《傅斯年全集》第五卷，湖南教育出版社 2003 年版，第 214 頁。

〔註40〕錢穆：《珍重我們的教育宗旨——新亞書院成立十週年紀念演講詞》，《新亞遺鐸》，三聯書店 2004 年版，第 189 頁。

〔註41〕錢穆：《農圃道新校舍奠基典禮講詞摘要》，《新亞遺鐸》，三聯書店 2004 年版，第 76 頁。

體，此主體便是那學者，便是諸位之自身。諸位來學校，日有長，月有進。從前不知的，現在是知了。從前不能的，現在是能了。諸位當知，一切新知新能，是全會影響到那知與能者之主體，全會無形中變換那求知求能者之全人格的境界與內涵的。換言之，一人之知能增進，便該是那人之品格提高。〔註42〕

知識與技能，範圍十分廣泛，勢必需要各就才性所近，各自向一個較爲專門的目標努力，庶幾有成，學校分科的用意就在於此。但各門學問，其實是相通的，並不是分門各別，不相照應的。而且任何一門學問背後的主體是人，是相通的。任何人，生長在同一個社會中，呼吸沉浸在同樣的文化體系中，則更是相通的。錢穆要求，每一個青年學生在學校裏，應該知道有四件重要的法寶：知識、技能、品格、人生理想。人文教育與職業教育是同本同源，相得益彰的。我們「該從知識之獲得，與技能之訓練，來培養自己的品格，來建立自己的理想，那是一以貫之的」。〔註43〕同時，新亞也要求教師於職業性之外，還保留一點師道。首先應擺正教學與研究的關係，正如他自己所說，「上堂教書，是我的正業。下堂讀書著書，是我業餘的副業」。〔註44〕教師於講堂授課之外，還應培養學生課外自學能力，並注重其日常生活及人格陶冶。因此，新亞克服種種困難，延聘專任教授，並要求每位教師都有一定時間留在學校，方便學生請益。

## （二）學術與心術

錢穆指出，學者與學問是融鑄合一的，每一門學問背後必有一「人」，必有其人所具之「德性」，「爲學、做人，乃是一事之兩面」。〔註45〕最能訓練我們做人的方法，就在刻實做學問，訓練做學問，也就是訓練做人。如虛心、肯負責、有恆、能淡於功利、能服善、能忘我、能有孤往精神、能有極深之

---

〔註42〕 錢穆：《知識、技能與理想人格之完成——一九五九年三月二日第十七次月會舉行藝術專修科第一屆畢業授憑講詞》，《新亞遺鐸》，三聯書店 2004 年版，第 146 頁。

〔註43〕 錢穆：《知識、技能與理想人格之完成——一九五九年三月二日第十七次月會舉行藝術專修科第一屆畢業授憑講詞》，《新亞遺鐸》，三聯書店 2004 年版，第 149 頁。

〔註44〕 錢穆：《有關穆個人在新亞書院之辭職——一九六四年七月十一日新亞畢業典禮中講詞》，《新亞遺鐸》，三聯書店 2004 年版，第 665 頁。

〔註45〕 錢穆：《學問與德性》，《中國學術通義》，《全集》第 25 冊，第 360 頁。

自信，等等，這些學術研究的基本素質與品性，與做人之道是息息相通的。胡適並非只重爲學，不重做人，但較少論及學術研究中人之品性問題，二人關注的側重點顯然並不相同。

胡適強調治學需要自覺的方法上的訓練，其一生，倡導以科學精神和科學方法治學，並且要時刻戒備、警惕，保持科學方法的自覺性。1959 年 11 月，他在臺灣大學法學院講演時說，關於科學精神與科學方法，自己講來講去，還是那些老話。所謂「科學精神」，他用「拿證據來」四個字來講；所謂「科學方法」，他用「大膽的假設，小心的求證」十個字來講，一共拿十四個字來講「科學精神與科學方法」。〔註46〕這十四個字可謂胡適一生治學方法最簡練的概括。這十四個字，說起來簡單、容易，但眞正做到，並非易事，要時刻保持方法的自覺心，處處存心防弊。

在一系列國學研究活動中，胡適大力提倡考據，倡導實證精神。他說：「我終身注意治學方法，一生最恨人用不謹嚴的態度和不謹嚴的方法來輕談考據。」〔註47〕他指出，歷史的考據是用證據來考定過去的史事。史學家用證據考定事實的有無、眞偽、是非，與偵探訪案，法官斷獄，「責任的嚴重相同，方法的謹嚴也應該相同」。〔註48〕但是，中國考證學還缺乏自覺的任務與自覺的方法。任務不自覺，所以學者不感覺他考訂史實是一件非常嚴重、嚴肅的任務，有爲千秋百世考定歷史是非眞偽的重大責任。方法不自覺，所以學者不能發覺自己的錯誤，也不能評判自己的錯誤。胡適提議：做考證工作，需要有法官斷獄一樣的謹嚴和審愼，建立一個自覺的駁斥自己的標準。第一要問，我提出的證人證物本身可靠嗎？這個證人有作證的資格嗎？這件證物本身沒有問題嗎？第二要問，我提出這個證據的目的是要證明本題的哪一點？這個證據足夠證明那一點嗎？第一個駁問是要審查某種證據的眞實性。第二個駁問是要扣緊證據對本題的相干性。〔註49〕胡適更明確提出，我們對於「證據」的態度是：一切史料都是證據。但史家要問：一、這種證據是在什麼地方尋出的？二、什麼時候尋出的？三、什麼人尋出的？四、依地方和時候上看起來，這個人有做證人的資格嗎？五、這個人雖有證人資格，而他說這句

〔註46〕胡適：《科學精神與科學方法》，《胡適全集》第 8 卷，第 178 頁。

〔註47〕胡適：《復楊力行》，1959 年 5 月 28 日，耿雲志、歐陽哲生編：《胡適書信集》下冊，北京大學出版社 1996 年版，第 1401 頁。

〔註48〕胡適：《考據學的責任與方法》，《胡適全集》第 13 卷，第 573 頁。

〔註49〕胡適：《考據學的責任與方法》，《胡適全集》第 13 卷，第 578 頁。

話時有作偽（無心的，或有意的）的可能嗎？〔註50〕

怎樣才能保持科學方法的自覺性呢？胡適認為，這是每個人一生的訓練，訓練是「一言難盡」的，是「終身以之」的，是隨時隨地不可放鬆的，所謂「造次必於是，顛沛必於是」。平日的訓練，一旦偶然放鬆，人的性情或早年先入為主的成見就無意中流露出來了。他指出：「方法是可以訓練的。」〔註51〕最有效的訓練，可以借用古人論做官的四字訣「勤」、「謹」、「和」、「緩」。自中年以來，胡適常用這四字訣教人。他經常說，科學方法不是科學家獨得或獨佔的治學方法，只是人類的常識加上良好的訓練，養成了勤、謹、和、緩等良好的工作習慣，治學自然有好成績。1943 年 5 月 30 日，胡適在致王重民的一封信中，對這四個字作了如下解釋：

> 勤即是來書說的「眼勤手勤」，此是治學成敗第一關頭。凡能勤的，無論識小識大，都可有所成就。謹即是不苟且，一點一筆不放過，一絲一毫不潦草。舉一例，立一證，下一結論，都不苟且，即謹，即是慎。「和」字，我講作心平氣和，即是「武斷」的反面，亦即是「盛氣陵人」的反面。進一步看，即是虛心體察，平心考查一切不中吾意的主張，一切反對我或不利於我的事實和證據。拋棄成見，服從證據，捨己從人，和之至也。

> 「緩」字在治學方法上十分重要。其意義只是從容研究，莫匆遽下結論。凡證據不充分時，姑且涼涼去，姑且「懸而不斷」。英文的 Suspension of judgment，即是暫且懸而不斷。此事似容易而實最難。
> 〔註52〕

胡適將這封信公開發表，並一再宣揚「勤、謹、和、緩」四字訣。勤即眼勤、手勤，即是「上窮碧落下黃泉」的勤求材料、事實與證據。謹即是敬慎、不苟且。這兩點是一般人比較容易注意到的，但是，人們似乎一般不大注意到「和」與「緩」。胡適將「和」解作「心平氣和」、「平心靜氣」、「虛心體察」。他說：

> 因為我注意良好的工作習慣，因為我特別重視「和」「緩」兩種美德

---

〔註50〕 胡適：《古史討論的讀後感》，《胡適全集》第 2 卷，第 110 頁。

〔註51〕 胡適：《復陳之藩》，1957 年 5 月 2 日，耿雲志、歐陽哲生編：《胡適書信集》下冊，北京大學出版社 1996 年版，第 1307 頁。

〔註52〕 胡適：《致王重民》，1943 年 5 月 30 日，耿雲志、歐陽哲生編：《胡適書信集》中冊，北京大學出版社 1996 年版，第 903、904 頁。

（良好習慣），所以我很感覺「情感」「火焰」等等在做學問的過程
　上是當受「和」與「緩」的制裁的。〔註53〕

　　胡適強調，要「隨時隨地不可放鬆」的訓練自己，其中最為重要的就是
力戒所謂「正誼的火氣」，他經常以《水經注》一案為例說明之。近代許多
著名學者包括王國維、孟森，都認為戴震校註《水經注》抄襲了趙一清、全
祖望。胡適因為只是偶爾檢查但沒有讀過《水經注》，對於戴、趙、全諸家
校本公案，始終不曾發一言。1937 年，胡適讀了孟森討論此問題的文章，「覺
得此案似是已定之罪案，東原作偽似無可疑」。〔註54〕他又重讀王國維的《戴
校水經注跋》。當即覺得此案太離奇，「多不近情理之處，其中也許有別情，
為考據家所忽略」。這些引起了胡適對此案的關注，希望搜集此案全卷，再
作一次審問。他說：

　　　　我並不想為戴氏洗冤，我只想先擺脫一切成見，再作一次考訂，以
　　　求滿足我自己「求真實」與「求公道」的標準。〔註55〕

　　胡適重勘《水經注》一案，審查的結果是：王國維、孟森等學者皆為成
見所誤，「不曾從版本比勘上做工夫，故不免大動火氣，厚誣古人」。〔註56〕
胡適認為，王國維、孟森等人所作的關於「水經注疑案」的文字都不免動了
「正誼的火氣」，所以都陷入了很幼稚的錯誤，「其結果竟至於誣告古人作賊，
而自以為主持『正誼』；「毫無真實證據，而自以為是做『考據』！」〔註57〕
胡適要為戴震校註《水經注》抄襲趙一清、全祖望一事洗冤辯白，用了 20 年
的時間來審理這樁案子，寫了上百萬字的考證文章。他也一再以此事為例，
告誡學生、朋友保持冷靜的求真態度，不要動「正義的火氣」，以免陷入錯誤
而不自覺。1961 年 7 月 24 日，胡適在回覆蘇雪林的信中說：

　　　　你也不可生氣，作文寫信都不可寫生氣的話。我們都不是年輕人了，

〔註53〕 胡適：《復陳之藩》，1957 年 5 月 2 日，耿雲志、歐陽哲生編：《胡適書信集》
　　　　　下冊，北京大學出版社 1996 年版，第 1308 頁。
〔註54〕 胡適：《致魏建功》，1937 年 1 月 19 日，耿雲志、歐陽哲生編：《胡適書信集》
　　　　　中冊，北京大學出版社 1996 年版，第 713～714 頁。
〔註55〕 胡適：《致王重民》，1943 年 11 月 8 日，耿雲志、歐陽哲生編：《胡適書信集》
　　　　　中冊，北京大學出版社 1996 年版，第 914 頁。
〔註56〕 胡適：《致張元濟》，1946 年 1 月 14 日，耿雲志、歐陽哲生編：《胡適書信集》
　　　　　中冊，北京大學出版社 1996 年版，第 1061 頁。
〔註57〕 胡適：《復陳之藩》，1957 年 5 月 2 日，耿雲志、歐陽哲生編：《胡適書信集》
　　　　　下冊，北京大學出版社 1996 年版，1308 頁。

應該約束自己，不可輕易發「正誼的火氣」。〔註58〕

8月4日，在致吳相湘信中又說：

> 在幾年前，我給你題心史先生的遺墨，就指出一點：我勸告一切學
> 人不可動火氣，更不可動「正誼的火氣」，一動了火氣，——尤其自
> 己認為「正誼的火氣」，——雖有方法最謹嚴的學人如心史先生，如
> 王靜庵先生，都會失掉平時的冷靜客觀，而陷入心理不正常狀態，
> 即是一種很近於發狂的不正常心理狀態。
>
> 我的朋友，冷靜冷靜吧：不要生正誼的火氣了！有空來看我談談吧！
> 〔註59〕

胡適本人的考據文字，完全根據完整的證據與縝密的論證，使讀者「連
一朵火焰也看不見」，〔註60〕「感受到一種完全客觀的求真精神」，〔註61〕正
是他力戒主觀的情感與「正義的火氣」，以免成見自蔽而又蔽人。

羅爾綱是太平天國史研究的一代宗師，青年時代曾追隨胡適做「徒弟」，
特別撰寫了《師門辱教記》（後改名《師門五年記》），坦白詳細的描寫自己在
胡適的指導下做學問的經驗。1948年，胡適為該書作序時說：

> 我很早就看重爾綱這種狷介的品行。我深信凡在行為上能夠「一介
> 不苟取，一介不苟與」的人，在學問上也必定可以養成一絲一毫不
> 草率不苟且的工作習慣。
>
> 爾綱做學問的成績是由於他早年養成的不苟且的美德。如果我有
> 什麼幫助他的地方，我不過隨時喚醒他特別注意：這種不苟且的
> 習慣是需要自覺的監督的。偶然一點不留意，偶然鬆懈一點，就
> 會出漏洞，就會鬧笑話。我要他知道，所謂科學方法，不過是不
> 苟且的工作習慣，加上自覺的批評與督責。良師益友的用處也不
> 過是隨時指點出這種鬆懈的地方，幫助我們自己做點批評督責的

---

〔註58〕 胡適：《復蘇雪林》，1961 年 7 月 24 日，耿雲志、歐陽哲生編：《胡適書信集》
下冊，北京大學出版社 1996 年版，第 1659 頁。

〔註59〕 胡適：《致吳相湘》，1961 年 8 月 4 日，耿雲志、歐陽哲生編：《胡適書信集》
下冊，北京大學出版社 1996 年版，第 1666 頁。

〔註60〕 胡適：《復陳之藩》，1957 年 5 月 2 日，耿雲志、歐陽哲生編：《胡適書信集》
下冊，北京大學出版社 1996 年版，第 1309 頁。

〔註61〕 胡適：《復葉東明》，1961 年 8 月 14 日，耿雲志、歐陽哲生編：《胡適書信集》
下冊，北京大學出版社 1996 年版，第 1667 頁。

工夫。〔註62〕

羅爾綱把胡適平時對他的批評，無論是口頭上，還是書面的，都記錄下來。他對胡適批評的話，不但不怪，還特別感謝。胡適有些話是頗爲嚴厲的，他也很虛心的接受。胡適認爲，羅爾綱具有一點一劃不敢苟且的精神，加上虛心和勤勞，一定會有良好的學術成績。

1934 年 10 月，經胡適介紹，羅爾綱在北大文科研究所考古室編晚清學者繆荃孫收藏的一萬八百餘種金石拓本目錄。他懷抱著獻身學術的願望，在這間寂靜的考古室裏，「得到一生治學最大的訓練」。他每天在那裏編目錄。目錄印成表格，詳細分列各項細目。每一張目錄表，登記一份拓本。他把拓本打開鋪在長桌上，第一步工作，是先量拓本的長闊，算碑文的行數、字數，看清楚有若干損泐的字，並將碑主、年代以及撰碑、書碑人的姓名都登記在表格內。第二步工作，是把原拓本和繆荃孫編的《藝風堂金石目錄》校勘，去校正目錄的錯誤。第三步工作，是把拓本和王昶《金石萃編》校勘，去校正其錯誤。第四步工作，是根據拓本去審核各家金石文字跋文。每一張拓本都要這樣做，必須小心翼翼地一筆一劃都不許放過地去工作，否則就校勘不出他人的錯誤，自己更不會有什麼新發現。每天能編 6 份拓本，一萬八百多種拓本必須 6 年才能編完。在長期工作當中，羅爾綱逐漸領會了考據方法最基本的一個法則：從實際出發、依靠證據解決問題的實事求是的法則。他說：「假如我不是做這工作得到訓練，面對太平天國史中那種五花八門、僞詐百出的捏造史事、假造資料的情況，我也沒有能力去做披荆斬棘的清道夫工作。」〔註63〕這件「苦工」，也給他極大的工作上的訓練，使他養成一種更大的忍耐，一種鍥而不捨的精神去從事此後所要做的任何一種工作。〔註64〕

---

〔註62〕 胡適序，羅爾綱：《師門五年記‧胡適瑣記》（增補本），三聯書店 1998 年版，第 3、4〜5 頁。

〔註63〕 羅爾綱：《我是怎樣走上研究太平天國史的路子的？》，《困學集》，中華書局 1986 年版，第 468 頁。

〔註64〕 1959 年 3 月 4 日，胡適在致吳相湘信中說：「你評論羅爾綱的話最中肯，我常對他說，不苟且的習慣，是時常需要自覺的監督的。稍一鬆懈，就會出漏洞了。」胡適還說，當年早就看出羅爾綱「天資不太高，需要朋友督責，所以我總想管住他一點」，但自己實在太忙了，沒有功夫監督他，致使他有「明人好名，清人務利」的議論和《太平天國史綱》裏的「時髦」。（見《胡適書信集》下冊，北京大學出版社 1996 年版，第 1379 頁，同時可參見《日記》第 6 卷第 656 頁 1937 年 2 月 21 日記載：「讀羅爾綱《太平天國史綱》一冊。下午爾綱與吳春晗同來，我對他們說：『做書不可學時髦。此書的毛病在於不免時髦。』」）

　　由上可見，胡適強調治學方法上的自覺訓練。其所謂方法上的自覺，著重於求眞、不苟且的態度與精神，錢穆則著重於學人虛心、有恆、淡泊名利與上下古今的孤往精神。並且，錢穆強調中國傳統學術的中心問題是如何學做人的問題，在研究中國歷史、闡發傳統學者學術思想的同時，往往論及其心術問題，〔註65〕對同時代學風、學者心術也有較多討論與批評。

　　錢穆認爲，「論學術，必先及於心術與風氣」。〔註66〕意思迫促、自視過高，是民國新學術的「時代病」。這種「時代病」正是以胡適爲代表的同時代學人所開創的學術新風氣，錢穆對此持以激烈的批評態度。他說，胡適對中國舊學，逐一加以批評，「無一人一書足資敬佩」。〔註67〕胡適青年時期曾撰《諸子不出於王官說》，向傳統觀點和當時學界權威章太炎提出挑戰。後來，又稱章太炎爲「死老虎」。錢穆明確表示：「平心而論，章氏在學術舊傳中，尙能少有陳述；而胡適則遠不能與章相比。」〔註68〕他也多次公開指陳，胡適《中國哲學史大綱》一書，稱述先秦諸子，大體因承章太炎《國故論衡》之意，惟文言、白話有所不同而已。的確，胡適對同時代的學術界，表示出極度的不滿與不屑。1917 年，胡適歸國後，花了一天的時間，專門去調查上海的出版界。結果是：「上海的出版界，——中國的出版界——這七年來簡直沒有兩三部以上可看的書！不但高等學問的書一部都沒有，就是要找一部輪船上火車上消遣的書，也找不出！」〔註69〕1923 年，胡適公開地說：「近年來，古學的大師漸漸死完了，新起的學者還不曾有什麼大成績表現出來。在這個青黃不接的時期，只有三五個老輩在那裏支撐門面。」〔註70〕在錢穆看來，這種傲視一切、睥睨一世的心理，爲害甚巨。〔註71〕

　　1935 年，錢穆撰寫長文《近百年來之讀書運動》，〔註72〕對百年來學術界

〔註65〕如《中國近三百年學術史》中論清學，對學者「心術」亦有相當多議論與評判。錢穆不但批評乾嘉考據學逃避現實人生，而且許多乾嘉學者心術不正。
〔註66〕錢穆：《學術與心術》，《學籥》，《全集》第 24 冊，第 168 頁。
〔註67〕錢穆：《現代中國學術論衡・序》，三聯書店 2001 年版，第 4 頁。
〔註68〕錢穆：《談當前學風之弊》，《學籥》，《全集》第 24 冊，第 223 頁。
〔註69〕胡適：《歸國雜感》，《胡適全集》第 1 卷，第 593 頁。
〔註70〕胡適：《〈國學季刊〉發刊宣言》，《胡適全集》第 2 卷，第 1 頁。
〔註71〕胡適治學好懷疑、好批評、自視甚高的特點，可詳見本論文第二章第二節、第三章第一節第四部分。
〔註72〕該文發表於 1935 年 11 月天津《益世報》《讀書週刊》，後改題爲《近百年來諸儒論讀書》，收入《學籥》一書中。1963 年，錢穆在一次討論會上說，「學籥」意爲做學問的鑰匙，即學問之入門。其中有兩篇較重要的文章，一是《朱

盛行的讀書治學方式進行了評論。他指出，學者們讀書多半是爲了找題目作論文，作論文最好是出奇的發現與創闢。書本似乎只是學者作文時所運用的材料，讀書似乎只爲臨文時作參考。讀書也不肯從頭到尾心性靜細地來讀一部書，爲寫作而讀書，所得的印象決不會很深，所讀之書，只當成一己著述的材料看，絕不會虛心靜氣浸入書籍的淵深之處。繼此以往，讀書工夫便會漸漸地變成爲翻書。學者心氣浮躁，驕矜之氣極盛，不僅要掩蓋前賢，同時師友，亦多輕心凌駕。〔註73〕

　　要讀書，讀基本書，一字一句地讀，而不是翻書找材料急於從事研究，這是中國傳統治學的基本方式。到了 20 世紀 20～30 年代，這種讀書治學的方式逐漸式微，代之以成名成家的浮躁風氣。力求有較多的著述與公開發表、出版的機會，以奠定自己的學術地位，甚至著述只爲「稻粱謀」，學術界一般學者的心理趨向於實用、淺薄與功利，正像潘光旦所說的那樣：「著述少的便著述多了，不著述的也著述起來了，甚至完全不宜於著述的人，也起了倖進之心」。〔註74〕錢穆批評民國學界興起的新的學術研究風氣，「其病即在只求表現，不肯先認眞進入學問之門」，「未曾入，急求出，此是當前大病」。〔註75〕學問未曾入門，基礎不實不穩，即著手研究，急於求表現，急於寫作和發表。錢穆早年閱讀胡適《中國哲學史大綱》，就有「似出急就，尚未能十分自達其主張」的印象。〔註76〕

　　錢穆激烈批評民國學術界的刻薄、不厚道的心理。他說：

　　　似乎近來的風氣，全看自己的地位遠在前人之上，讀書只爲是供給
　　　我著書的材料，著書便是我自己學問的表現。因此無論讀文學、讀
　　　哲學，其意亦只在供我之考訂批評。〔註77〕

　　　子讀書法》，一是《近百年來諸儒論讀書》，希望學生認眞閱讀。(《我如何研
　　　究中國古史地名》，《學籥》，《全集》第 24 冊，第 247 頁）

〔註73〕錢穆：《近百年來諸儒論讀書》，《學籥》，《全集》第 24 冊，第 91 頁。

〔註74〕潘光旦：《讀書問題》，潘乃谷、潘乃和選編：《潘光旦選集》第三集，光明日
　　　報出版社 1999 年版，第 40 頁。

〔註75〕錢穆：《學問之入與出》，《學籥》，《全集》第 24 冊，第 190、191 頁。

〔註76〕錢穆：《國學概論》，商務印書館 1997 年版，第 323～324 頁。陳以愛對胡適、
　　　劉文典等人拼命著書和急於出版的心態，有清楚的揭示。(見《中國現代學術
　　　研究機構的興起——以北大研究所國學門爲中心的探討》，江西教育出版社
　　　2002 年版，第 25～29 頁。)

〔註77〕錢穆：《近百年來諸儒論讀書》，《學籥》，《全集》第 24 冊，第 152 頁。

在錢穆看來，民國學術界心術已非，表現在學術上，有種種懷疑論的盛行，繼之以批判，如高居法堂之上的法官判決階下之囚。他說：

> 今言懷疑，先抱一不信心。其實對外不信，即是對己自信。故其讀書，如踞堂皇而判階下之囚，其心先不虛，先已高自位置，傲視一切，則如何肯耐心細心從事於學問？學問不深，如何有真訓練，真能力，真知識？……其批判各家，一憑己意，高下在心，而實非各家思想之真實有如此。彼先未有廣博明白之知識，為其自己所持理論作後盾。彼之思想與理論，乃未經學問而即臻早熟。彼乃以自信代會疑，以批判代學問。〔註78〕

如此論學，自然不能虛心學問。學者們高下隨心，傲視一切，讀書只是找材料，而且一意找問題、找破綻，似乎只有這樣才能顯示自己的大發現與大學問，學術已經完全淪落為爭奇炫博、鬥勝沽名之具。

錢穆指出，「學問」二字，本應作動詞講。學問必有老師與弟子、先進與後進、前輩與後輩兩方。從事學問，要先求能「入門」，不致成為一門外漢，必須懂得「從師」與「受業」。所謂從師，不必一定是當面覿對之師。從事學問，要能自得師，要能上師古人，讀書也就如從師。做學問不能無師承，不能離開書本。要求學，如何能不從師、不讀書！他說：

> 從事學問，貴能常保持一種子弟心情。最偉大之學者，正為其能畢生問學，永遠不失其一分子弟心情之純潔與誠摯。〔註79〕

1969～1971 年間，錢穆曾經為中國文化學院（今中國文化大學前身）歷史研究所博士班學生開設「中國史學名著」一課。他反覆告誡學生，不要以為今天我們已經超出了前人，自以為我們既懂得科學方法，又有新思想，前

---

〔註78〕 錢穆：《學術與心術》，《學籥》，《全集》第 24 冊，第 164～165 頁。

〔註79〕 錢穆：《關於學問方面之智慧與功力》，《中國學術通義》，《全集》第 25 冊，第 322 頁。錢夫人胡美琦女士回憶，錢穆常以「謹小慎微」為律己的箴言，並舉以告誡來學。她認為，錢先生也是一位自視很高的人。然而他崇拜孔子，但常舉孔子「述而不作」一語以告來學；他欣賞孟子，又喜舉孟子言「乃我所願，則學孔子」一語以告來學。他晚年撰寫《師友雜憶》時，不願用「回憶錄」之名。每次寫作，最後總是歎口氣說：「沒有這些師友，也不能成就今日之我。」幾乎每次都用這相同的兩句話作結尾。這下一句話，其實也是極為自負之言。但他說時，總是把「師、友」擺在「己」前。錢夫人又常聽他教導學生，做學問「貴在謙」、「戒在驕」。（錢胡美琦：《也談現代新儒家》（代序），韓復智編著：《錢穆先生學術年譜》第一冊，「國立」編譯館 2005 年版，第 49～51 頁）

人如何能及？這只是一種自我陶醉。應當尊重前人，不要一味想著如何表現自己，如何「標新立異」、「著作成名」，還要發高論，專做翻案文章，最壞的是要在舊材料裏面找錯誤。找到一點錯誤，別人沒有發現，給我發現了，就以爲了不得。這樣怎能成就學問？如此存心不良，動機不正，「這樣只是『喪德』，壞了自己心術」。〔註80〕錢穆請學生能夠退一步，不要想做一個史學家，也不要做任何一種學者，讀書教書，只是我的本分和職業。守先待後，能照著前人步伐，能謹守，能好學，慢慢自會有興趣，尋求一些自己想要尋求的，講一些自己眞正懂得的，就會有所成就，也可以爲將來學術界培養元氣。

錢穆告誡學生，要虛心謹愼，自己所做的學問只是這麼一點，沒有做的學問廣闊無邊。「自高自滿，這一種態度就會出毛病」。要存心忠厚，不要疑古惑經、恣意批評。講到劉知幾《史通》一書時，他指出，這部書的最大缺點，即是一「薄」字，批評太過苛刻。無論其見解如何，「只是太輕薄、太不忠厚，便該是一病」。〔註81〕一本書總是有缺點的，缺點也是舉不盡舉，任何書都不會使人全體滿意。我們對於一部書，要瞭解此書精神所在，應當多採其長，不當專指其短。我們切不可看輕抹殺前一代老一輩人的工作，如王先謙一部《漢書補注》，一部《後漢書集解》，對我們用處極大。他們畢竟曾經下了實在功力，給我們提供了進一步研究的便利，我們怎能存心輕蔑。可以說，「這是我們做學問的一個態度問題，或說心術問題」。〔註82〕如果先已存心輕薄前人，又如何能夠在前人書中做出自己的學問來。

錢穆指出，寫文章也要十分講究，如章學誠所說「文所以動人者氣，所以入人者情」。這就是說，我們寫文章要有氣，文章才能動人。要有情，文章才能跑進別人心裏去感動他。今天我們寫文章，沒有情感，大多只寫白話文，字句不熟練，不易有氣，僅供人看，不供人讀，文章如何能動人？文章不能無氣，但氣要平。氣從情來，情則「貴於正」。今天的文字「氣勝而情偏」，以嬉笑怒罵、尖酸刻薄爲能事。總之，寫論文不僅是一種文字技巧問題，「有一番很深的人心修養問題在內」。〔註83〕寫文章，評論史事，貴能平心持論。

〔註80〕 錢穆：《中國史學名著》，三聯書店 2005 年第 2 版，第 324 頁。
〔註81〕 錢穆：《中國史學名著》，三聯書店 2005 年第 2 版，第 156、173 頁。
〔註82〕 錢穆：《中國史學名著》，三聯書店 2005 年第 2 版，第 118 頁。
〔註83〕 錢穆：《中國史學名著》，三聯書店 2005 年第 2 版，第 319～320 頁。

## 二、「新的國士精神」

錢穆提出，在新的時代條件下，應當發揚光大傳統「士」的精神，結合時代思潮，發展出新「士」。這個時代，需要「新的國士精神」。

錢穆反對用西方社會形態理論劃分中國歷史和社會，特別提出一個新名詞來說明中國社會，將中國傳統社會稱爲「四民社會」。士、農、工、商，謂之「四民」，並不是四個階級。「階級」這個觀念，中國人沒有。他將其稱之爲「流品」。「流品」這個名詞，西方也沒有，急切之間要翻譯成外國名詞，也很困難。士是什麼呢？他在社會上擔負著什麼一種責任呢？這個士的意義，西方人很不容易理解。中國所謂「士」，並不像西洋的教士，也不像西洋的律師，並不就是讀書人，也不是現在的專家、知識分子之類。所謂「專家」，「乃是各有專門知識、專門本領，來從事他的一套專門職業，來支持各自的私生活，都非中國之所謂士」。〔註84〕中國社會傳統上之所謂士，也「並不如近代人所說的知識分子」，〔註85〕「往日之士精神，已渺不復見」。〔註86〕中國傳統社會四民之首便是士。中國歷史上社會變動，主要就變動在士的這一流品，士的變動可以影響到整個社會的變動。研究中國歷史，主要應根據「士」這一階層的地位變化，來指出中國社會演進的形態。〔註87〕士是中國文化的載體，在社會上有特殊地位，在文化上有特殊價值與意義，正是中國文化獨特性之所在。中國「士」的精神，是入世、淑世的，士是中國社會的中心，是傳統社會的領導力量，是「中國歷史一條有力的動脈」。〔註88〕

孔子是「士」這一流品的創始人，儒即是士，士即是儒。錢穆認爲，近人讀《論語》，多對《論語》中有關「君子」、「小人」之分別加以注意，而忽略了《論語》中對於「士」的教訓。孔子所討論的，雖然是任何人應如何做人的問題，但「偏重在當時士之一階層」。孔子偏重教人如何做一「士」，如何做一「理想的士」。所謂「士」，對社會須能負起一種「職責」與「道義」，

〔註84〕錢穆：《文化的散播與完整》，《中國文化精神》，《全集》第 38 冊，第 100～101 頁。

〔註85〕錢穆：《中國歷史上的傳統政治》，《國史新論》，三聯書店 2001 年版，第 129 頁。

〔註86〕錢穆：《再論中國社會演變》，《國史新論》，三聯書店 2001 年版，第 54 頁。

〔註87〕錢穆：《民族與文化》，《全集》第 37 冊，第 95～100 頁。

〔註88〕錢穆：《中國知識分子》，《國史新論》，三聯書店 2001 年版，第 135 頁。錢穆論傳統之「士」，具體參見羅義俊《論士與中國傳統文化——錢穆的中國知識分子觀（古代篇）》，《史林》1997 年第 4 期。

即對社會「應有一番理想與其相應而起之一種責任感，而努力以求此項理想之實現」。社會能有這樣一批理想之士，即使社會臻於理想狀態。孔子之教，實際上也可以說是一種「士教」。〔註89〕士與農、工、商最大的區別就在於是否從事生產。士不從事於生產事業，所謂「士謀道而不謀食」、「士志於道」，「以提高文化人生為目的」，〔註90〕「以人文精神為指導之核心」，〔註91〕「其所謂道，上則從事政治，下則從事教育」。〔註92〕

錢穆認為，中國自漢武帝開創士人政府以來，讀書、考試、做官就是士人的主要生活方式，從政是士人本來職分。中國傳統政府可稱之為讀書人的政府、崇尚文治的政府，或稱士人政府。但是，士貴王賤，道統尊於政統。中國傳統政府，乃是由學術界組成，受學術界之支持與領導。大體上說，中國傳統社會中，教育權始終在書院方面，始終在私家講學的手裏。私學盛，官學微。他說：

> 中國歷史是盼由學術來領導政治，再由政治來領導社會，而學術則由社會興起，非受政府控制。
>
> 在中國學術史上，往往在朝在野雙方意見相反，常是在野的學術得勢，轉為此下政府採用，而又遭繼起的在野新學派所反對。此在中國學術史上，是一項極該注意的大趨勢。〔註93〕

錢穆認為，中國歷史上遇有問題，多在上層，少在下層。歷史的上層是政治，下層是民眾；但中國歷史又有中間一層，即「士」。「士」這一階層中人，爬上去就是做官，幹政治。留在下面，就從事教育，指導農、工、商，各盡己責。他說：

> 逢到學術昌明，此輩人多往上到政府方面去，則天下治。政治不清明，天下亂了，此輩人回頭來祇在鄉村小都市從事教育，以待後起。
>
> 所以這個社會能獲一永遠穩固的基礎。〔註94〕

錢穆十分重視對歷史人物的研究，認為歷史是人事的記錄，必是先有了人才有歷史的。但不一定有人就會有歷史，一定要在人之中有少數人能創造

〔註89〕錢穆：《中國歷史上關於人生理想之四大轉變——一九六二年四月十日研究所學術演講討論會》，《新亞遺鐸》，三聯書店 2004 年版，第 384 頁。
〔註90〕錢穆：《中國文化史導論》，商務印書館 1994 年修訂版，第 124 頁。
〔註91〕錢穆：《中國知識分子》，《國史新論》，三聯書店 2001 年版，第 135 頁。
〔註92〕錢穆：《中國歷史上的傳統政治》，《國史新論》，三聯書店 2001 年版，第 129 頁。
〔註93〕錢穆：《中國歷史研究法》，三聯書店 2005 年第 2 版，第 76、77 頁。
〔註94〕錢穆：《史學導言》，《中國史學發微》，《全集》第 32 冊，第 108 頁。

歷史，又一定要不斷有人來維持歷史，使其承續不絕。因此歷史雖說是屬於人，但重要的只在少數人身上。他說：「歷史是關於全人群的，但在此人群中，能參加創造歷史與持續歷史者，則總屬少數。」〔註95〕中國人一向以人物為歷史的中心，研究歷史，首先要懂得人，尤其需要懂得少數的歷史人物。錢穆所謂的「歷史人物」，是指其能對此下歷史發生作用和影響而言。他們雖生存在時代之中，但他們的精神意氣，則無不超越此時代之外、之上，而又能不忘懷此一時代。他們所表現出來的，決非事業可盡，他們只是赤裸裸地表現了一個人，能在歷史上引起大作用與大影響。尤其在衰世、亂世，生出更多人物，由他們來持續上面傳統，來開創下面新歷史。錢穆指出，他們的歷史性價值，「雖不表現在其當身，而表現在其身後。」〔註96〕中國人又更喜歡崇拜歷史上失敗的英雄。這又是中國人的傳統「史心」與中國文化的傳統精神所在。他們在當時雖然失敗了，但對後來歷史而言，卻是成功的，而且是大成功。中國史家又喜歡表彰無表現之人物。論其事業，斷然不夠載入歷史。但在其無表現背後，卓然有一人存在，這卻是一大表現，「這意義值得吾們深細求解」。〔註97〕有許多歷史人物，並無顯赫事功，僅只是一匹夫，但他們志存天下，一身擔起文化絕續、時運興衰的大責任，其道德、性情、學問風靡後世，影響世道人心。錢穆指出，中國文化的偉大之處，正在天地閉時，賢人懂得隱。正在天地閉時，隱處仍有賢人。因此，天地不會常閉，賢人不會常隱。這是天地元氣所鍾，文化命脈所寄。歷史的大命脈正在這些人身上。中國歷史上，有獨特的「隱士」一流品，伯夷之清與伊尹之任，同樣有關世道。尤其在極其亂離黑暗的時代，「天地閉，賢人隱」，社會文化傳統未絕，潛德幽光，數數可見，遂有後世之復興。他說：

> 中國歷史所以能經歷如許大災難大衰亂，而仍然綿延不斷，隱隱中
> 主宰此歷史維持此命脈者，正在此等不得志不成功和無表現的人物
> 身上。〔註98〕

錢穆指出，人生長於天地之間，第一應該是懂得怎樣做人。再進一步，則是做一士。道只寄託在人身上，只由人發揮，由人充實光大。凡能志道、

---

〔註95〕錢穆：《中國歷史研究法》，三聯書店 2005 年第 2 版，第 80 頁。
〔註96〕錢穆：《中國歷史研究法》，三聯書店 2005 年第 2 版，第 84 頁。
〔註97〕錢穆：《中國歷史研究法》，三聯書店 2005 年第 2 版，第 90 頁。
〔註98〕錢穆：《中國歷史研究法》，三聯書店 2005 年第 2 版，第 96 頁。

明道、行道、善道者，即謂之「士」，「負擔著中國教育與政治之雙重責任」。
〔註99〕中國讀書人在鄉村做土豪劣紳，跑到政府做貪官污吏，在歷史上亦不可勝數。可是一部中國歷史，就是由儒家精神、士的精神維持下來，這是無可否認的。這種精神發揚開來，這個時代就好；這種精神頹敗了，這個時代就不好。這種精神，錢穆稱之為以天下為己任的「秀才教」精神。〔註100〕總之，「士志於道」，「士尚志」，所志即是志於道。道有窮通，「窮則獨善其身，達則兼善天下」。獨善其身就是修身，兼善天下則是齊家、治國、平天下。中國古代所謂士，要能負擔這一「文化理想」。他們來自於民間，把個人沒入大群之中而普遍化。農、工、商分別擔負人生「實際」工作，士則負擔著社會人群之所以成其為社會人群之「理想」。「先天下之憂而憂，後天下之樂而樂」，這也可以說是士的一種共同精神。

　　錢穆主張學當經世，但並非對時政的議論與批判，更非直接參政，從事政治活動。當他在學術界嶄露頭角，獲得一定名聲之後，張君勱邀請他一同組織政黨，他當即表示，「於政治活動非性所長」，〔註101〕恕難追隨。抗戰期間刊行的《國史大綱》一書，寓涵強烈的民族意識，錢穆又在重慶等地多次演講，一以民族意識為中心論旨，激勵民族感情，振奮軍民士氣，群情嚮往，聲譽益隆，遍及軍政、社會各界，「非復僅為黌宇講壇一學人」，為書生報國立一典範。〔註102〕錢穆因此引起最高層重視，1942年獲蔣介石接見，1943、1944年，曾兩次應召赴中央訓練團演講。1949年後，因新亞書院經濟拮据，曾多次赴臺請款，與黨政高層多有往還。1968年，赴臺定居後，備受尊崇，應各機關邀請多次公開演講。講演內容，亦以歷史傳統、文化前途為中心，少涉實際政事。錢穆時常叮囑學生：報紙務必每天看，要注意國家和社會大事；要注意鍛煉身體。〔註103〕但同時，錢穆明確反對學生放棄學業，投身現實政治。他曾在課堂上公開聲言：「今日讀書人自不當復涉身仕途。」〔註104〕

〔註99〕錢穆：《民族與文化》，《全集》第37冊，第12頁。
〔註100〕錢穆：《國史大綱》下冊，商務印書館1996年修訂第3版，第860頁。
〔註101〕錢穆：《八十憶雙親師友雜憶》，三聯書店1998年版，第183頁。
〔註102〕嚴耕望：《錢穆賓四先生與我》上篇《錢穆賓四先生行誼述略》，《治史三書》，遼寧教育出版社1998年版，第230頁。
〔註103〕誦甘：《紀念錢師賓四先生》，中國人民政治協商會議江蘇省無錫縣委員會編：《錢穆紀念文集》，上海人民出版社1992年版，第41頁。
〔註104〕戴景賢：《從學賓四師二十年之回憶》，中國人民政治協商會議江蘇省無錫縣委員會編：《錢穆紀念文集》，上海人民出版社1992年版，第147頁。

他主持香港新亞書院期間，也明令禁止學生參加政治活動，「違者依章議處」。
〔註 105〕

那麼，學術的經世致用精神又應如何體現？錢穆多次援引曾國藩《原才篇》
有云：「風俗之厚薄奚自乎？自乎一二人之心之所嚮而已。」我們今天，「亦惟
此一二人之心之是求」。〔註 106〕一二人之心，可以開一代風氣，轉移風俗，影響
一世人心。錢穆十分推重宋初諸學人一番講學精神、「秀才教精神」。北宋初興，
胡瑗、范仲淹等學人奮起講學，使風氣復歸於正，一時人才輩出。他們承唐末、
五代極度亂離黑暗之局，開創出有宋一代的新儒學，使中國文化得以復興，獲
得新生。錢穆所想往的，正是這樣的學人。他在 1950 年說，當前的中國，已和
北宋初年相仿，正需要一輩真正的知識分子，挽救中國的厄運。中國人向來言
「風教」，言「風化」，社會風氣乃由一種教化而來。社會一切人才應自社會風
俗培育而成，而良好的社會風俗往往來自於一二特出之士的倡導。士階層引領
時代，其學術思想必須與下層民眾相結合，形成一種新的時代風氣。他說：

> 廣播在下層的是社會風俗，英華結露而表顯在上面的是歷史上的各
> 方面的人物。而傳衍悠久，蔚為一民族之文化。〔註 107〕

> 欲考較一國家一民族之文化，上層首當注意其「學術」，下層則當注
> 意其「風俗」。學術為文化導先路。苟非有學術領導，則文化將無向
> 往。非停滯不前，則迷惑失途。風俗為文化奠深基。苟非能形成為
> 風俗，則文化理想，僅如空中樓閣，終將煙消而雲散。〔註 108〕

近代以來，西學東漸，中國自古相傳的士大夫傳統是被切斷了。錢穆認
為，辛亥革命後，不僅上層政治變了，更重要的則是下層社會也跟著變了。
漢、唐以來的選舉考試制度，確定了中國傳統社會中「士」的領導地位。晚
清廢科舉，興新學，考選制度與教育制度發生根本變革，傳統士人所賴以生
存的基本制度不存在了，「士」此一社會流品「先自糜爛而不可收拾」，〔註 109〕

---

〔註 105〕錢穆：《本院南洋僑生申請免試入學辦法》，《新亞遺鐸》，三聯書店 2004 年版，
第 116 頁。

〔註 106〕錢穆：《論當前國人之憂患意識》，《歷史與文化論叢》，《全集》第 42 冊，第
345 頁。

〔註 107〕錢穆：《儒家之性善論與其盡性主義》，《中國學術思想史論叢》第 2 卷，安徽
教育出版社 2004 年版，第 1 頁。

〔註 108〕錢穆：《中國學術通義·序》，《全集》第 25 冊。

〔註 109〕錢穆：《民族與文化》，《全集》第 37 冊，第 35 頁。

急劇邊緣化並走向消亡，代之以新型知識分子。

　　錢穆認爲，近代中國社會一切亂象，知識分子該負最大的責任。民國以來的政治和社會的紛亂，皆因「沒有一個中心的指導力量來控制社會」。要解決目前的中國問題，還是要在中國社會本身內部，「找尋一個擔當得起中心指導的力量」。〔註110〕這個力量，仍然在一輩知識分子身上。但是，自中外交通以來，中國中上階層，「沾染似是而非之西化，沉溺於物質的享受，迷途日遠，早已與國內一般勞苦民眾的生活，隔絕如兩世界」。〔註111〕一般高級知識分子躲進大學與研究機構，標榜「爲學術而學術」，作純客觀之探討，學術不關世道人心，學問、人生分作兩橛。「非這一輩知識分子先得救，中國社會仍將不得救」。〔註112〕這就面臨著如何培植眞正的中國知識分子這個問題。

　　錢穆疾呼，今天的中國，正貴有豪傑之士興起。他提出，「中國應有新的國士精神」：

> 此新國士之精神，大要言之：仍當於中國傳統教育中吸取，仍當發揮學治之深意，如范仲淹所謂：「先天下之憂而憂，後天下之樂而樂」，如張橫渠所謂：「爲天地立心，爲生民立命，爲往聖繼絕學，爲萬世開太平」。必如此，而後無愧於學；亦必如此，而後無愧於仕。出而仕者，一切仍當以道義植基，而不當以權利爲本。庶有以渡此變局，爲中國闢一新境。〔註113〕

　　「士」這一社會流品已經不復存在，錢穆所謂「新的國士精神」，並不是指某一社會階層或群體而言，而是應擴大此一士的精神，逐漸普及於全體民眾。應該是人盡爲士，有農士、有商士、有工士。任何一種知識，任何一項職業，都該是一士。士則有同一理想、同一抱負。「士貴能推十合一，將全人類、全民族、全國家此一完整大道爲我之志，爲我之道，放在我的身上，放在我的心裏，修身、齊家、治國、平天下，一以貫之。大家同是一人，正貴能加上一種共同的文化陶冶，加上一種士的教育之修養。」〔註114〕而近

---

〔註110〕錢穆：《中國社會演變》，《國史新論》，三聯書店 2001 年版，第 35、37 頁。

〔註111〕錢穆：《現狀與趨勢》，《文化與教育》，廣西師範大學出版社 2004 年版，第108 頁。

〔註112〕錢穆：《中國社會演變》，《國史新論》，三聯書店 2001 年版，第 38 頁。

〔註113〕錢穆：《文化與教育》，廣西師範大學出版社 2004 年版，第 85 頁。

〔註114〕錢穆：《文化的散播與完整》，《中國文化精神》，《全集》第 38 冊，第 103 頁。傅斯年的提法恰好相反。他分析 20 世紀 30 年代教育崩潰的一大原因是，「學校教育仍不脫士大夫教育的意味」。中國社會的中堅分子是士人，「中國的士

代以來興起的新式學校教育，僅僅是知識傳播與職業訓練場所，只在中小學校裏，還有一些教導人成為一國公民的教育意義之外，大學教育完全與教導人為人之道的這一大宗旨，脫了節。德性這一觀念，似乎極少人注意。人生只成為功利的、唯物的。在這樣一種現實情勢之下，中國傳統教育的特殊理想與特殊精神，為一全人教育，首要培養學生的內心德性，實有再加提倡之必要。

同樣地，胡適也認為，近代以來中國最大的問題是未能建立一個社會的重心，致使國家建設毫無計劃，人亡政息，不能進行長期的、持久有效的建設。1932 年 9 月，他指出：

> 我們還有一層很重大的困難，使一切療治的工作都無從下手。這個大困難就是我們的社會沒有重心，就像一個身體沒有一個神經中樞，醫頭醫腳好像都搔不著真正的痛癢。
>
> 我們中國這六七十年的歷史所以一事無成，一切工作都成虛擲，都不能有永久性者，依我看來，都只因為我們把六七十年的光陰拋擲在尋求建立一個社會重心而終不可得。……民十五六年之間，全國多數人心的傾向中國國民黨，真是六七十年來所沒有的新氣象。不幸這個新重心因為缺乏活的領袖，缺乏遠大的政治眼光與計畫……這四五年來，又漸漸失去做社會重心的資格了。
>
> 這六七十年追求一個社會政治重心而終不可得的一段歷史，我認為最值得我們的嚴重考慮。我以為中國的民族自救運動的失敗，這是一個最主要的原因。……我們始終沒有重心，無論什麼工作，做到了一點成績，政局完全變了，機關改組了或取消了，領袖換了人了，一切都被推翻，都得從頭做起；沒有一項事業有長期計劃的可能，沒有一個計畫有繼續推行的把握，沒有一件工作有長期持續的機會，沒有一種制度有依據過去經驗積漸改善的幸運。〔註 115〕

那麼，新的社會重心應該來自哪裏？來自一個具有現代化意識、穩定的

---

人不能動手，中國的百工沒有閒情」。然而，社會所需要的是百工，近代教育的作用大體上在於訓練出各種技術（廣義的）人才，要想中國發展成為一個近代國家，「非以職工階級代替士人階級不可」。（見《教育崩潰之原因》，歐陽哲生主編：《傅斯年全集》第五卷，湖南教育出版社 2003 年版，第 5～7 頁）

〔註 115〕胡適：《慘痛的回憶與反省》，《胡適全集》第 4 卷，第 493～495 頁。

領導集團。1922 年，胡適與蔡元培等多位知名大學教授提出「好人政府」的
主張，典型地反映了當時學術界對中國政治的期望和改革要求。他們認為，「今
日政治改革的第一步在於好人須要有奮鬥的精神」。〔註116〕凡是社會上的優秀
分子，應該為自衛計，為社會國家計，出來和惡勢力奮鬥。胡適本人，「對政
治始終採取了我自己所說的不感興趣的興趣（disinterested-interest）」，他認為，
「這種興趣是一個知識分子對社會應有的責任」。〔註117〕自北洋軍閥政府至國
民黨政府時期，與朝野各界均有廣泛聯繫和交往，對政府決策亦有一定影響，
但他始終堅持不從政，不做官，不組黨，保持一個知識分子的獨立身份，做
政府的一個「諍友」。胡適努力致力的方向是「要想從思想文藝的方面替中國
政治建築一個非政治的基礎」，二千年思想文藝裏的「群鬼」才是惡政治的祖
宗父母，惡政治只不過是他們的「小孫子」。他說：

> 我們至今還認定思想文藝的重要。現在國中最大的病根，並不是
> 軍閥與惡官僚，乃是懶惰的心理，淺薄的思想，靠天吃飯的迷信，
> 隔岸觀火的態度。這些東西是我們的真仇敵！他們是政治的祖宗
> 父母。我們現在因為他們的小孫子──惡政治──太壞了，忍不
> 住先打擊他。但我們決不可忘記這二千年思想文藝造成的惡果。
> 〔註118〕

1932 年，與錢穆同在北大史學系任教的孟森教授因與胡適的一席談
話，引發關於領袖人才的討論。孟森撰文《士大夫》，刊登於《獨立評論》
第 12 號。該文言外之意是歎息近世居領袖地位的人缺乏真領袖的人格風
度，既拋棄了古代士大夫的風範，又不知道外國的「士大夫」的流風遺韻，
所以成了一種不足表率人群的領袖。胡適認為，「士大夫」在古代社會裏自
成一個階級，而這個階級久已不存在了。元明以後，「這士大夫階級終於被
科舉制度和別種政治和經濟的勢力打破了」，「他從小學的是科舉時文，從來
沒有夢見過什麼古來門閥裏的『士大夫風操』的教育與訓練，我們如何能期
望他居士大夫之位要維持士大夫的人品呢？」他指出：一個時代有一個時代
的「士大夫」，一個國家有一個國家的範型式的領袖人物，「某種範型的訓育

---

〔註116〕胡適：《我們的政治主張》，《胡適全集》第 2 卷，第 423 頁。
〔註117〕胡適口述、唐德剛註譯：《胡適口述自傳》，安徽教育出版社 1999 年版，第
41 頁。
〔註118〕胡適：《我的歧路》附錄三《答伯秋與傅斯稜兩先生》，《胡適全集》第 2 卷，
第 475～476 頁。

自然產生某種範型的領袖」。在中國這個不幸的國家裏，一千年來，差不多沒有一個訓練領袖人才的機關。現代社會所需要的領袖人才，「必須具備充分的現代見識，必須有充分的現代訓練，必須有足以引起多數人信仰的人格」。而這種資格的養成，除了學校，別無他途。〔註119〕他進一步辯論說：「六經不足為『舊士大夫之來源』，尤不足為新的來源。」〔註120〕

錢穆認為知識分子應該對近代社會一切亂象負責，胡適作為知識界的領袖和引路人，公開宣稱學術研究是純粹學院式的實證主義，不講功利，不講經世致用，失去了傳統士人精神。錢穆指出，自晚清廢除科舉制，讀書人的政治出路遂告斷絕。新文化運動興起，「士大夫階級」這一觀念，幾乎為舉國所詬病。但是，「讀書人當為並世一指導階層之心理，則依然存在」。〔註121〕胡適雖然成為新時代的領袖人物，身上仍然保持許多中國舊傳統，他好議政但不從政，仍然是傳統士大夫風操。只不過，在胡適等新型知識分子身上，治學與對家國天下的關懷是分割開來的。學者當保持對社會的關心與批判，但治學是為求真，做一純粹之學者、專家，不應講經世致用。

## 第二節　通人與專家：指導學生的異見

近代以來社會分工及學術分化的結果，使學術研究變成一種社會職業，知識生產、傳播職業化、專門化，學術研究是大學教師、專家確立自身社會地位與名譽的基本手段，也是獲得生活來源和經濟利益的普通職業，加上學術交流的快捷與便利，速成的急功近利的心態，學術研究中的浮躁風氣日益嚴重、氾濫。由推崇「通人」轉為注重「專家」，學術風氣之轉移，於 20 世紀 20～30 年代完成。胡適、錢穆對學生的指導，典型地反映出是做「專家」抑或「通人」的兩種學術發展道路。

### 一、「此項文字可以給你一個學術的地位」

近代學術分科越加細密，做某一專門領域的專家，是學者治學的基本目

---

〔註119〕胡適：《領袖人才的來源》，《胡適全集》第 4 卷，第 537～540 頁。

〔註120〕胡適：《論六經不夠作領袖人才的來源——答孟心史先生》，《胡適全集》第 4 卷，第 545 頁。

〔註121〕錢穆：《維新與守舊——民國七十年來學術思想之簡述》，《中國學術思想史論叢》第九卷，《全集》第 23 冊，第 33～34 頁。

標與追求。而有著較高學術水準的研究論文，是奠定一個學者學術地位的基本標準。胡適對學生的指導，走的是典型的專家之學的路子。一篇專精的研究論文，可以讓學生獲得「一個學術的地位」。

　　近代以來，隨著西學的大量輸入，學術分科日益清晰，由過去的四部之學發展爲七科之學，傳統學術僅僅是現代學術中的一支：人文學科。〔註 122〕1919 年，胡適的《中國哲學史大綱》出版，第一步工作便是借鑒西方哲學的知識系統來釐定哲學與哲學史的對象和範圍，把各種非哲學的問題全部剔除出去，使中國哲學史從傳統學術中分化獨立出來。這部著作，開創了中國哲學史新學科，是中國哲學史學科成立的標誌；作爲新學科的典範，同時開創了中國現代學術的新紀元。其基本方法——以西方學術的系統來建立中國現代學科體系的方法——成爲現代各門學科在初創時期使用的普遍法則，其他各學科無不藉助於西方學術系統建立起新學科體系。傳統經、史、子集的學術分類爲文、史、哲的學術分科所取代。

　　胡適在《國學季刊》發刊宣言中提出，整理國故的目的是要做成中國文化史。國學研究的系統包括民族史、語言文字史、經濟史、政治史、國際交通史、思想學術史、宗教史、文藝史、風俗史、制度史。國學研究要分工合作，分途發展。研究者各就「性之所近而力之所能勉者」，用歷史的方法與眼光擔任一部分的研究。其步驟是：用現在力所能搜集考定的材料，因陋就簡的先做成各種專史，如經濟史、文學史、哲學史、宗教史等之類；專史之中，還可分子目，如經濟史可分時代，又可分區域；如文學史、哲學史可分時代，又可分宗派，又可專治一人；如宗教史可分時代，可專治一教，或一宗派，或一派中的一人。〔註 123〕這份宣言，「使一個依據西方現代學術分類而建構的學術新體系迅即在中國出現」。〔註 124〕

〔註 122〕左玉河《從四部之學到七科之學：學術分科與近代中國知識系統之創建》（上海書店出版社 2004 年版）一書，對近代學術分科有詳細研究。

〔註 123〕胡適：《〈國學季刊〉發刊宣言》，《胡適全集》第 2 卷，第 13～15 頁。

〔註 124〕陳以愛：《中國現代學術研究機構的興起——以北大研究所國學門爲中心的探討》，江西教育出版社 2002 年版，第 197 頁。她指出，「中國文化史」這個概念，大概是胡適在梁啓超《中國歷史研究法》啓發下提出的。梁氏提出，用一套新方法重新整理中國過去的材料，爲中國造一「新史」，亦稱「文化史」。而「文化史」的成立，又須以「專門史」爲基礎。把梁啓超論「文化史」和「專門史」的文字，與胡適在《發刊宣言》中提倡「文化史」和「專門史」研究的段落相對照，兩者觀點一致。事實上，根據胡適 1922

　　蔡元培 1917 年掌北大校務後，提倡學術研究的風氣。他在 1918 年開學式上提出：「大學爲純粹研究學問之機關，不可視爲養成資格之所，亦不可視爲販賣知識之所。學者當有研究學問之興趣，尤當養成學問家之人格。」〔註125〕1922 年北大成立的研究所國學門標誌著中國現代學術研究機構的興起。據《研究所簡章》規定：新成立的北大研究所，是「仿德、美兩國大學之 Seminar 辦法，爲專攻一種專門知識之所」。〔註126〕國學門所提出的研究方式，無論是研究生自己提出研究專案，或者是教員提出問題然後由教員指導學生共同研究，都是就一些問題作專門的研究，提出題目「以範圍愈狹性質愈具體者爲宜」。研究生畢業時，亦須提交研究論文，由國學門委員會委託教員審查。由此可見，研究所的辦學精神，確是有意提倡專門研究。「這說明在歐美學術與教育體制影響下，中國現代大學所設立的研究機構，在學術上是要訓練專門研究的人才，而不再像傳統那樣以培養通才爲目的。」〔註127〕20 世紀 20 年代建立起來的現代大學制度，是以近代知識系統爲參照來設置學科和院系的，〔註128〕這決定了分科、分專業培養學生的基本方向。

　　1920 年後，梁啓超基本上潛心著述與講學，連續推出幾部頗爲風行的學術著作，如《清代學術概論》、《中國歷史研究法》、《中國近三百年學術史》、《中國歷史研究法補編》、《要籍解題及其讀法》等。喜歡跟著一班少年人跑、不甘「落伍」的他，在當時學術界仍然具有廣泛的影響力，是歷史研究走向專、精發展方向的重要推動者。

　　年 2 月 4 日日記所載，《中國歷史研究法》出版後，他曾仔細讀過，且非常欣賞書中的觀點。（以上見陳以愛《中國現代學術研究機構的興起——以北大研究所國學門爲中心的探討》第三章註33，第 249 頁）筆者按：梁啓超關於「文化史」和「專門史」的具體說法是：「今日所需之史，當分爲專門史與普遍史之兩途。專門史如法制史、文學史、哲學史、美術史等等，普遍史即一般之文化史也。」此段文字見梁啓超《中國歷史研究法》，河北教育出版社 2000 年版，第 47 頁。

〔註125〕蔡元培：《北大一九一八年開學式演說詞》，高平叔編：《蔡元培全集》第三卷，中華書局 1984 年版，第 191 頁。

〔註126〕見蔡元培《公佈北大〈研究所簡章〉布告》，高平叔編：《蔡元培全集》第三卷，中華書局 1984 年版，第 439 頁。

〔註127〕陳以愛：《中國現代學術研究機構的興起——以北大研究所國學門爲中心的探討》，江西教育出版社 2002 年版，第 85 頁。

〔註128〕關於大學、研究院、研究所等現代學術研究中心的建立，具體可參見左玉河《中國現代學術體制之創建》（四川人民出版社 2008 年版）第四、五章。

　　梁啓超少年時代就學於廣州學海堂，深受乾嘉學術的訓練，「治戴、段、王之學」。〔註129〕戊戌變法失敗後，與康有爲漸行漸遠，形成自己的思想和學術體系。1902 年，梁啓超發表《論中國學術思想變遷之大勢》，對中國學術思想作了簡明扼要的敘述，是近代史上中國學術史的開創之作。1904 年，他續作《近世之學術》，對清學有一句簡明的評論：「以實事求是爲學鵠，頗饒有科學的精神，而更輔以分業的組織。」〔註130〕1920 年，在《清代學術概論》中，概括清學正統派學風的特點，其中之一即是「喜專治一業，爲『窄而深』的研究」。〔註131〕對於自己的才情個性，梁啓超也頗爲遺憾，興趣太廣，政治牽扯太多，沒有裁斂學問欲，專精於一二點。社會日趨複雜，需要研究的學術門類越來越多，學者絕不可能再像清儒那樣專門研究古典。而固有典籍又不可蔑棄，「則將來必有一派學者焉，用最新的科學方法，將舊學分科整治」。他提出，學術研究「當分業發展，分地發展」。〔註132〕在《中國近三百年學術史》中，梁啓超對清代學者專做「窄而深的研究」，也一再提及和表彰。〔註133〕

　　在講授「歷史研究法」課程時，梁啓超針對歷史研究中的博通與專精問題作了較多論述，強調作專門、精深的研究。梁啓超首先提出了「中國歷史可讀耶？」「中國歷史可不讀耶？」的問題，結論是「既不可不讀而又不可讀」。他承認，現在是「百學待治之世界」，中國歷史古籍浩如煙海，青年學生「惟有相率於不讀而已」。不出十年，恐怕中國史學「將完全被驅出於學問圈外」。〔註134〕他認爲，學術由籠統到分門別類、專精研究，是學術發展、進化的必然規律，學術越發達則分科越加精密，史學也必將縮小範圍，只做「點」的研究。梁啓超坦言，一個人想將所有史料都經目一遍，是絕對不可能之事，何況加以研究組織，成爲著述？一個人無論有多大的天才、學問和精力，想

〔註129〕 梁啓超：《清代學術概論》，朱維錚校註：《梁啓超論清學史二種》，復旦大學
　　　　　出版社 1985 年版，第 68 頁。
〔註130〕 梁啓超：《論中國學術思想變遷之大勢》，《飲冰室合集》文集之七，中華書局
　　　　　1989 年版，第 87 頁。
〔註131〕 梁啓超：《清代學術概論》，朱維錚校註：《梁啓超論清學史二種》，復旦大學
　　　　　出版社 1985 年版，第 39 頁。
〔註132〕 梁啓超：《清代學術概論》，朱維錚校註：《梁啓超論清學史二種》，復旦大學
　　　　　出版社 1985 年版，第 87～88 頁。
〔註133〕 梁啓超：《中國近三百年學術史》，朱維錚校註：《梁啓超論清學史二種》，復
　　　　　旦大學出版社 1985 年版，第 173、311 頁。
〔註134〕 梁啓超：《中國歷史研究法》，《中國歷史研究法》（外二種），河北教育出版社
　　　　　2000 年版，第 38 頁。

要包辦全史，都是絕對不可能的。凡是做歷史研究的人，必須首先有一種覺悟：「貴專精不貴雜博」。〔註135〕他主張，歷史研究可以分作幾個大類，大類下面還要分小類，小類下面又分若干細目。「我們不妨各摘其一項，分擔研究，愈分得細愈好。」〔註136〕

作為清華國學研究院的主要導師之一，梁啟超為培養從事國學專門研究的學者，傾注了大量心血，作出了顯著成績。清華研究院在存在的短暫的四年時間裡（1925～1929 年），開創出一股研究國學的新風氣，畢業生中有許多人如徐中舒、姜亮夫、王力、吳其昌、姚名達、高亨、陸侃如、劉節、劉盼遂、謝國楨、羅根澤、周傳儒、蔣天樞等，都成長為著名專家，被學術界戲稱開創了一個「吾師派」。〔註137〕

胡適本人，對人文和社會科學的多個學科均有高等之常識，用他自己的話說，哲學是他的職業，文學是他的娛樂，歷史是他的訓練。晚年也說不清自己主修哪一科，但是「也從來沒有認為這是一件憾事」，〔註138〕自己覺得自己「可以說是不名一家」。〔註139〕梁實秋說，胡適平夙常說他自己不知是專攻哪一門，勉強的說可以算是研究歷史的。〔註140〕唐德剛說，胡適是個十項全能、高等常識異常豐富的大文化人。〔註141〕錢穆評論胡適說，「既不似中國往古之大師碩望，亦不似西方近代之學者專家」。〔註142〕

在指導青年學生讀書、治學方面，胡適強調專精和博通，博通是為了更好的專精。在關於怎樣讀書的一次演講中，他提出，讀書有兩個要素，第一

---

〔註135〕梁啟超：《中國歷史研究法補編》，《中國歷史研究法》（外二種），河北教育出版社 2000 年版，第 175 頁。

〔註136〕梁啟超：《中國歷史研究法補編》，《中國歷史研究法》（外二種），河北教育出版社 2000 年版，第 194 頁。

〔註137〕季羨林說，「吾師派」的戲稱，大概是由某些人寫文章常說的「吾師梁任公」、「吾師王靜安」、「吾師陳寅恪」等衍變而來的。（見《學術研究的發軔階段》，《學海泛搓——季羨林自述》，《季羨林全集》第 5 卷，外語教學與研究出版社 2009 年版，第 208 頁）

〔註138〕胡適口述、唐德剛註譯：《胡適口述自傳》，安徽教育出版社 1999 年版，第 46 頁）

〔註139〕胡適：《中國書的收集法》，《胡適全集》第 13 卷，第 92 頁。

〔註140〕梁實秋：《懷念胡適先生》，見羅爾綱《師門五年記·胡適瑣記》（增補本），三聯書店 1998 年版，第 335 頁。

〔註141〕唐德剛：《「我的朋友」的朋友》，《胡適雜憶》，廣西師範大學出版社 2005 年版，第 171 頁。

〔註142〕錢穆：《八十憶雙親師友雜憶》，三聯書店 1998 年版，第 147 頁。

要精，第二要博。讀書要精，就是要做到「四到」，即眼到、口到、心到、手到。所謂「博」，就是什麼書都要讀，就是古人說的「開卷有益」。胡適所講的「博」，有兩個意思，其一，爲了獲得參考比較的材料；其二，爲了做一個有用的人。他提出，「爲學要如金字塔，要能廣大要能高。」對於博與精二者之間的關係，他說：

> 理想中的學者，既能博大，又能精深。精深的方面，是他的專門學問。博大的方面，是他的旁搜博覽。博大要幾乎無所不知，精深要幾乎惟他獨尊，無人能及。他用他的專門學問做中心，次及於直接相關的各種學問，次及於間接相關的各種學問，次及於不很相關的各種學問，以次及毫不相關的各種泛覽。這樣的學者，也有一比，比埃及的金字三角塔。〔註143〕

顯然，胡適所強調的首先是必須做專精的學問，爲了做好專精的學問，必須博學，瞭解這項學問直接、間接相關的知識。博學是爲了「大其心使開闊」，具有廣博的知識背景，專業才不至於偏枯，生活才有情趣。胡適所謂的「博」，是指以精深的專業研究爲中心，在一定範圍內具有廣博的知識，開闊的視野。這與傳統所謂造就通人、通儒之學，大異其趣。

青年時代與胡適有過密切關係，深受胡適治學思想影響的幾位學者，其成長之路，典型地反映了他們成「名」、成爲專家的學術道路。

羅爾綱 1901 年出生於廣西貴縣（今貴港市）。1908～1914 年，入私塾讀書，同時自學家中所有約 5 千冊藏書，爲日後從事文史工作打下了基礎。他仔細讀的第一部歷史書是明代文豪王世貞根據《資治通鑑》摘要簡編的《綱鑑》一書，進而又讀了《史記》、《漢書》、《後漢書》、《三國志》四史，接著讀《左傳》、《國語》、《戰國策》。同時也看文學書《杜工部集》、《蘇東坡集》、《昭明文選》等，並泛覽袁枚《隨園三十種》等書。少年時代的自學，給羅爾綱後來研究歷史種下了深深的根源。

1921 年，羅爾綱入貴縣舊制中學，開始接受五四新思想、辨僞求眞的風氣的薰陶。1926 年考入上海大學社會學系三年級。《石達開故居》一文可以說是他研究太平天國史的處女作。1928 年轉入中國公學文學系，胡適其時任該校校長。羅爾綱選修過胡適的文化史課，他學習成績優異，獲得過學校的獎學金。1930 年夏畢業後，胡適讓羅爾綱到自己家裏當家庭教師，抄錄整理父親的遺

〔註143〕胡適：《讀書》，《胡適全集》第 3 卷，第 164 頁。

稿，並協助作學術研究。羅爾綱讀大學時，對中國上古史曾做過一點探索，寫了一篇《春秋戰國民族考》。又因爲他曾在上海大學讀過社會學系，就想用學過的一點社會學知識來研究中國上古史，選了春秋時代作爲研究的對象。

　　1931 年除夕之夜，胡適與羅爾綱談話，詢問他的研究工作進展如何。胡適說：「我勸你還是研究中國近代史吧，因爲近代史的史料比較豐富，也比較易於鑒別眞僞。」〔註 144〕1932 年秋，羅爾綱在家中整理藏書，有一殘本的清朝光緒年間修的《貴縣志》，隨手一翻，看到一篇張嘉祥的傳記。羅爾綱立刻想起多年前看過薛福成也有一篇張嘉祥傳，兩兩對照，相差何其遠！羅爾綱就動手去查幾部清代道光、咸豐間的文獻，發現薛福成完全是向壁虛造。這看似偶然的一件事，引起了羅爾綱對太平天國史事的興趣。他說：

> 適之師教我懂得懷疑，教我要疑而後信，而引動我開始太平天國研究的動機，便是由於懷疑薛福成所述張嘉祥故事的傳說，結果，史實給我證明了薛福成記載的虛謬。這一件事對我以後研究太平天國史有至爲重大的意義。因爲太平天國史事，當時官書野乘已經傳說紛紜，加以清季有一班人又特意僞造太平天國文獻借來鼓吹革命。所以我們研究太平天國史，除非先存一個懷疑的態度，具有辨僞的功力去從事鑒別史料，考證史事，恐怕不免墮於五里霧中，難見眞面目。我一開步走就存著懷疑的態度，我覺得我的步伐不會走錯。以後我懷疑洪秀全與朱九濤的關係，懷疑洪大泉，懷疑石達開的詩文與其出身等等，都是繼續這個步伐進行的，其後幾年，我把我的懷疑一一地考證出來了，便在太平天國史上開了一種辨僞考證的風氣。一點一滴的把太平天國史上的僞傳說、僞文件逐步推翻去。這一點小小的工作，都是從適之師給我的訓練，給我的教訓得來的。〔註 145〕

　　1934 年，羅爾綱回到北京胡適家中。胡適叫他每天到北平圖書館去看書，銳意閱讀太平天國史料。這年秋天，他在《北平圖書館館刊》發表一篇《〈賊情彙纂〉訂誤》，這是他第一篇考證太平天國史事的文章。同年 10 月，胡適介紹羅爾綱在北大文科研究所考古室編金石拓本目錄。但是，羅爾綱此時有家室之

---

〔註144〕羅爾綱：《師門五年記·胡適瑣記》（增補本），三聯書店 1998 年版，第 23 頁。

〔註145〕羅爾綱：《師門五年記·胡適瑣記》（增補本），三聯書店 1998 年版，第 27～28 頁。

累，經濟困難，而在金石上偶然得到訂正歷史或訂正文字學的地方，那是一種可遇而不可求的事情。經過了多少次的躊躇，羅爾綱把那些已經包裹起來的太平天國史書重行打開，「還是再寫太平天國史文章去賣稿吧！」〔註146〕以全副精神集中於金石學研究的計劃打破了，羅爾綱又回到研究太平天國史的路上去。為了賣文稿補助生活，大部分文稿就不得不是急就章了。自 1935 年春至 1936 年夏這一年半時間裏，他一共寫了近 40 萬字的文章。

1936 年夏，羅爾綱在報刊上發表了一篇《清代士大夫好利風氣的由來》的史論式短文。胡適嚴厲批評了他。認為「這種文章是做不得的」，「這個題目根本就不能成立」。胡適教人治學，只有一句話：「有幾分證據，說幾分話。」有一分證據只可說一分話，有三分證據，然後可說三分話。治史者可以作大膽的假設，然而決不可作無證據的概論。胡適勸羅爾綱挑選金石筆記中之最工者，陸續送給《國學季刊》發表，並且使用真姓名，因為「此項文字可以給你一個學術的地位」。〔註147〕

吳晗，原名吳春晗，字伯辰，著名的明史專家。1909 年出生於浙江省義烏市上溪鎮。吳晗小時候很愛看書，是一個蛀書蟲。他說，父親分家的時候，只有一部書，是白紙本的《御批通鑒》。「我自己最初的歷史教育，十一歲時念的就是這部史書。」〔註148〕父親對他家教極嚴，讓他讀《御批通鑒》，每天讀多少頁，熟悉到什麼程度，都有明確規定。讀中學期間，吳晗購買了前四史。商務印書館出版的宋人筆記，他差不多都買了。「這樣，對各個時期的歷史，有了初步認識」。〔註149〕

1928 年，吳晗考入中國公學大學部預科。第二年昇入中國公學社會歷史系，選修了胡適的「中國文化史」課。1930 年上半年寫了《西漢的經濟狀況》一文，胡適很賞識，介紹大東書局出版，得了 80 元稿費。

這一年 3 月 19 日，吳晗第一次給胡適寫信，談他對《佛國記》的研究，希望胡適能對他這篇考證文章加以指導，以及提供書籍和有關版本的方便。

---

〔註146〕羅爾綱：《師門五年記·胡適瑣記》（增補本），三聯書店 1998 年版，第 41 頁。

〔註147〕羅爾綱：《師門五年記·胡適瑣記》（增補本），三聯書店 1998 年版，第 46〜49 頁。

〔註148〕吳晗：《我克服了「超階級」觀點》，常君實編：《吳晗全集》第 8 卷，中國人民大學出版社 2009 年版，第 49 頁。

〔註149〕吳晗：《談研究歷史》，常君實編：《吳晗全集》第 9 卷，中國人民大學出版社 2009 年版，第 334 頁。

他在信中寫道：「明知先生現在很忙，不過除了先生以外，我實在想不出一個比先生更能用科學的方法來解決和指導路徑的人。希望先生能花幾分鐘的工夫給我一個回信。」〔註150〕後來，吳晗又寫信給胡適，把他發現的《紅樓夢》材料抄寄胡適，並追隨胡適來到了北平。1930年9月，在顧頡剛的幫助下，吳晗到燕京大學圖書館中日文編考部做館員。他利用圖書館工作之便，讀了半年的線裝書。

這半年，是吳晗立志治明史的開端。在閱讀過程中，他注意到胡應麟的生卒年問題，搜集資料，草成《胡應麟年譜》。他把稿子寄給胡適，並附了一封信。請胡適「能費一點工夫，多多指教」，也希望胡適能另外介紹一些參考書。〔註151〕第二天，胡適就給他回了信，並約他「星期有暇請來談」。〔註152〕因為吳晗的考證，證明了胡適的大膽假設基本正確，胡適對這個久已仰慕他的學生十分器重。從此以後，吳晗經常找胡適請教，與胡適關係密切。

1931年，吳晗被清華大學史學系破格錄取，做二年級插班生。8月19日，胡適給清華大學代理校長翁文灝和教務長張子高寫信，稱讚吳晗舊文學的根底很好，《胡應麟年譜》「功力判斷都不弱」，請給他一個工讀的機會。當時文學院院長馮友蘭和史學系主任蔣廷黻安排他整理大內檔案，每月報酬25元。9月9日，蔣廷黻會見吳晗，建議他專攻明史。12日，胡適覆信吳晗，同意蔣廷黻的建議，並對治明史提出具體意見和要求。他在信中說：

> 蔣先生期望你治明史，這是一個最好的勸告。秦、漢時代材料太少，不是初學所能整理，可讓成熟的學者去工作。材料少則有許多地方須用大膽的假設，而證實甚難。非有豐富的經驗，最精密的方法，不能有功。

> 晚代歷史，材料較多，初看去似甚難，其實較易整理，因為處處腳踏實地，但肯勤勞，自然有功。凡立一說，進一解，皆容易證實，最可以訓練方法。

> 你問的幾項，大致可以解答如下：

---

〔註150〕吳晗：《致胡適》，常君實編：《吳晗全集》第10卷，中國人民大學出版社2009年版，第125-126頁。

〔註151〕吳晗：《致胡適》，1931年5月5日，常君實編：《吳晗全集》第10卷，中國人民大學出版社2009年版，第151頁。

〔註152〕胡適：《復吳晗》，1931年5月6日，耿雲志、歐陽哲生編：《胡適書信集》上冊，北京大學出版社1996年版，第550頁。

①應先細細點讀《明史》；同時讀《明史紀事本末》一遍或兩遍，《實錄》可在讀《明史》後用來對勘，此是初步工作。於史傳中之重要人的姓名、字、號、籍貫、諡法，隨筆記出，列一表備查，將來讀文集雜記等書便不感覺困難。讀文集中之碑傳，亦須用此法。

②滿洲未入關以前的歷史，有人專門研究，可先看孟森（心史）《清開國史》（商務）一類的書，你此時暫不必關心。此是另一專門之學。謝國楨君有此時期史料考，已由北平圖書館出版。（孟心史現在北大。）

③已讀得一代史之後，可以試作「專題研究」之小論文（Monographs），題目越小越好，要在「小題大做」，可以得訓練。千萬不可作大題目。

④箚記最有用，逐條必須註明卷冊頁數，引用時可以複檢。許多好「專題研究」，皆是箚記的結果。

⑤明代外人記載尚少，但如「倭寇問題」，西洋通商問題，南洋問題，耶穌會教士東來問題，皆有日本及西洋著述，可資參考。蔣廷黻先生必能指導你，我是全外行。

胡適在這封信後面，還特意加上一段話：「請你記得：治明史不是要你做一部新明史，只是要你訓練自己作一個能整理明代史料的學者。你不要誤會蔣先生勸告的意思。」〔註153〕

9月26日，吳晗在寫給胡適的信中說：

上次先生所指示的幾項，讀後恍如在無邊的曠野中，夜黑人孤，驟然得著一顆天際明星，光耀所及，四面八方都是坦途。在上星期已託人買了一部崇文本的《明史》，逐日點讀，別外做了幾千卡片裝了幾隻匣子，分為（1）人名（2）書名（3）紀事三種，按類填定。比較複雜的就寫上箚記簿。準備先把《明史》念完後，再照先生所指示的逐步做去。〔註154〕

〔註153〕胡適：《復吳晗》，1931年9月12日，耿雲志、歐陽哲生編：《胡適書信集》上冊，北京大學出版社1996年版，第557~558頁。

〔註154〕吳晗：《致胡適》，1931年9月26日，常君實編：《吳晗全集》第10卷，中國人民大學出版社2009年版，第138頁。

　　在清華的 3 年時間裏，吳晗白天黑夜地讀書，寫文章，選課也只選中國史方面的。他按照胡適指導的讀書方法，讀《明史》，做卡片，發現了很多可疑之點，展開研究，撰寫了《胡惟庸黨案考》，1934 年發表在《燕京學報》上。接著，他又對明清之際的歷史發生了興趣。1932、1933 年之際，他利用星期六、星期天的時間，跑北京圖書館，去看《李朝實錄》，抄其中有關中國的史料，抄了好幾年，一直到 1935、1936 年，前後足足抄了 80 本。〔註 155〕

　　吳晗家境貧寒，研究明史的大部頭書都需要購買，又要照顧弟妹讀書，不斷賣稿為生，大學期間發表了近 50 篇文章。在給胡適的一封信中，吳晗談到了倉促寫稿、賣文為生的不得已和苦衷。他說，《清明上河圖與金瓶梅的故事》一文，在暑假中倉促草成，本來不想發表，因為想買一部《明史紀事本末》，一時湊不起錢，所以只能送到《清華週刊》，拿到了十塊錢，大概可以買一部了。在信中，吳晗請求胡適推薦發表文章。那時候，每千字稿費普通 2 元。〔註 156〕而《清華週刊》稿費太少，一千字只有 7 角錢，「深知冒昧發表之非是，然意在易書，還祈先生諒之」。〔註 157〕

　　鄧廣銘，字恭三。1907 年出生於山東省臨邑縣。6 歲始入讀私塾，歷時七年半。正規的讀物還是三字經、四書、五經之類，也讀了《綱鑒》、唐宋八大家古文。1920 年，考入縣立第一高等小學，在校期間首次接觸到新文化思潮。讀過《胡適文存》，對其中《〈詩〉三百篇言字解》、《吾我篇》、《爾汝篇》頗感興趣。〔註 158〕1923 年，考入山東省立第一師範學校，閱讀了大量介紹新思潮的報刊雜誌。1932 年，考取北京大學文學院史學系。

　　鄧廣銘成長為著名的宋史專家，把宋遼金對立鬥爭時期的歷史作為研究的主攻對象，而在這一時期內的錯綜複雜的事物和問題之中，他的研究取向則是傾斜於政治、軍事、學術文化諸方面。這樣一個學術研究領域之所以形成，從客觀方面來講，「則是為我所居處的人文環境、時代思潮和我國家我民

〔註 155〕吳晗：《談研究歷史》，常君實編：《吳晗全集》第 9 卷，中國人民大學出版社 2009 年版，第 337 頁。
〔註 156〕羅爾綱：《師門五年記‧胡適瑣記》（增補本），三聯書店 1998 年版，第 41 頁。
〔註 157〕吳晗：《致胡適》，1931 年 X 月 15 日，常君實編：《吳晗全集》第 10 卷，中國人民大學出版社 2009 年版，第 143 頁。
〔註 158〕鄧廣銘：《自傳》，《鄧廣銘自選集》，首都師範大學出版社 2008 年第 2 版，第 2 頁。

族的現實境遇和我從之受業的幾位碩學大師所規定了的」。〔註159〕

　　大學求學期間，鄧廣銘遇到了對他此生學術道路影響最大的兩位導師：胡適和傅斯年。胡適當時擔任文學院院長，爲史學系講授過中國哲學史、中國中古思想史、中國文學史概要等課程。鄧廣銘上四年級時，選修了胡適開設的一門「傳記文學習作」課，寫了一篇《陳龍川傳》，作爲畢業論文。這篇文章得到胡適的很高評價，給了 95 分的高分，並寫下這樣的評語：「這是一篇可讀的新傳記」；「寫朱陳爭辨王霸義利一章，曲盡雙方思致，條理脈絡都極清晰。」胡適到處對人稱讚這篇論文，「逢人滿口說鄧生」。他還提出這樣一個問題：「陳同甫與辛稼軒交情甚篤，過從亦多，文中很少說及，應予補述。」〔註160〕畢業後，鄧廣銘留校任文科研究所助教，所長正是胡適。鄧廣銘寫了一篇《〈辛稼軒年譜〉和〈稼軒詞疏證〉總辨證》，在《國聞週報》刊出，獲得陳寅恪、夏承燾、胡適諸先生好評，順利申請到中華教育文化基金董事會編寫《辛稼軒年譜》和《稼軒詞編年箋注》的資助費用。這樣，就在畢業後的一年間，鄧廣銘確定了他畢生的學術方向。

　　傅斯年在北大長期擔任史學系兼職教授，在史學系和文學系先後開設多種課程，「史學方法導論」這門課給鄧廣銘留下了深刻印象。傅斯年在課堂上再三提出「史學即是史料學」的命題，並且常常把「上窮碧落下黃泉，動手動腳找東西」這句話掛在嘴邊。全面抗戰開始後，北大南遷昆明，改由傅斯年兼任文科研究所所長。1939 年 8 月，鄧廣銘奉傅斯年之召，輾轉前往昆明。「傅先生總是千方百計要我把研治宋史的專業思想鞏固下來」，〔註161〕當時正值《宋會要輯稿》刊行，價格不菲，傅斯年非逼著他買下一部，先由公家墊借書款，然後由鄧廣銘分半年償還。

　　何茲全 1935 年畢業於北大史學系。他晚年撰寫的回憶錄，爲我們生動地展現了那一代學人的成長道路。

　　北伐戰爭失敗後，知識界興起了研究中國社會、中國農村以及中國社會史的思潮。這些問題也引發了何茲全對歷史研究的興趣。此前，他加入了國

〔註159〕鄧廣銘：《第 1 版自序》，《鄧廣銘自選集》，首都師範大學出版社 2008 年第 2版，第 2 頁。

〔註160〕鄧廣銘：《漫談我和胡適之先生的關係》，《鄧廣銘全集》第十卷，河北教育出版社 2005 年版，第 269 頁。

〔註161〕鄧廣銘：《自傳》，《鄧廣銘自選集》，首都師範大學出版社 2008 年第 2 版，第5 頁。

民黨改組派，大學時期的老師陶希聖在學術思想上給了他極大的影響和導引，何茲全走上了研究中國社會史的道路。

何茲全說，「在北大的 4 年，我是很用功讀書的，好好學習了 4 年」，幾乎是「兩耳不聞窗外事，一心只讀聖賢書」。第一年，努力地學習了一陣子英語。大約二年級開始讀《資治通鑒》、二十四史，每天鑽進圖書館看書。〔註 162〕三年級開始寫文章。第一篇文章是《北宋的差役與雇役》，刊登在《華北日報》的《史學週刊》上。至於當時為什麼搞了一陣子宋史，回憶得起來的是對北宋的役法和王安石變法很有興趣，大約因此就讀起宋史來。但是，他《宋史》讀得不多，寫《北宋的差役和雇役》大約主要是用《文獻通考》的材料。「那時年輕，膽子大，一知半解就敢寫文章。」〔註 163〕

何茲全的興趣不久便轉移到漢魏晉南北朝。他寫的第 2 篇文章是《中古時代之中國佛教寺院》，刊登在 1934 年 9 月《中國經濟》月刊第 2 卷第 9 期。為什麼寫這篇文章？他說：

> 我學歐洲中世紀史，知道基督教在歐洲很有勢力。我讀了考茨基的《基督教之基礎》，又選修了陶希聖的「中國政治思想史」和「中國社會史」課，他提到南北朝的佛教寺院之盛，也使我很受啓發，我便立意要研究這一課題。每天上午或下午，只要沒有課，我便去文津街北京圖書館善本室閱讀《大藏經》（日本大正新修本）律部和史部有關佛教寺院和寺院經濟的書。那時我住在北大東齋，從北大東齋到文津街北京圖書館，都是走來走去。〔註 164〕

這篇文章，頗得北大教授們的稱讚。不久，陶希聖創辦《食貨》半月刊，就寫信約他寫文章。從 1933 年 11 月發表《北宋的差役與雇役》始，到 1935 年 6 月北大畢業，在這兩年時間裏，何茲全發表了 7 篇論文。他說：「20 多歲的人，所寫文章是很浮輕的。材料掌握得不多，但膽大敢於亂說，自然也有些新見解。」〔註 165〕晚年的何茲全對自己有一番「自我評價」，《縱橫》2005 年第 1 期一篇

---

〔註 162〕何茲全：《愛國一書生　八十五自述》，華東師範大學出版社 1997 年版，第 56 頁。

〔註 163〕何茲全：《愛國一書生　八十五自述》，華東師範大學出版社 1997 年版，第 57 頁。

〔註 164〕何茲全：《愛國一書生　八十五自述》，華東師範大學出版社 1997 年版，第 57～58 頁。

〔註 165〕何茲全：《愛國一書生　八十五自述》，華東師範大學出版社 1997 年版，第 59 頁。

專訪文章這樣寫道：

> 何茲全對自己在學術上的評價是「貧乏」但「不淺薄」。他誠懇地說：
> 「比起老一代的學者來說，我們這一代人（指建國時三四十歲的人）
> 從小生活動盪，歷經軍閥混戰、日本侵略、國共戰爭等，無時不在戰
> 爭與動亂中。我生活在小城市，動亂得很，念書的機會就比我上一代
> 差多了，所以我認爲自己是貧乏的。比起我的老師傅斯年等人十幾歲
> 時就通背前四史、通背《十三經》那就差的太多了。比起前輩學者，
> 他們是博學的，我們是貧乏的。之所以又説不淺薄，是指在學術見解
> 上不淺薄。我很喜歡梁啓超先生在自我評價時的一段話：『我寫歷史
> 上的梁任公（梁啓超）是寫在近代史上起了很多作用的梁任公，像戊
> 戌變法等，這是客觀的自我評價。』我認爲這樣很好，人們應該客觀
> 的看自己，客觀的評價自己，要有自知之明。」爲此他這樣評價自己
> 的學術成就：「我較早地接受了辨證唯物史觀的影響，對自己在學術
> 上的評價是不淺薄。和我的同代人比起來，我的聰明、才智、讀書都
> 不如他們，我很佩服他們，但我的思想方法是辨證唯物史觀，這就好
> 比雖然我的武藝不如他們，但我的武器好，我用的是機關槍，它可以
> 使我的戰果不比別人差太多。所以我説自己不淺薄。」

20 世紀 30 年代是中國學術的黃金時代，名家輩出，這也是一個造就專家的時代。拿北大歷史專業 1935、1936 年的畢業生來說，後來成爲某一領域的專家學者，計有王樹民、全漢昇、何茲全、楊向奎、李樹桐、高去尋、鄧廣銘、王崇武、王毓銓、杜呈祥、張政烺、傅樂煥等，很多人學生年代就已經在學術上嶄露頭角。這一代學人，青少年時代大多閱讀了中國文史之學的基本典籍，「前四史」和六經、諸子一般都是通讀過的，某些典籍還相當熟悉。文史功底十分紮實，一般在「三十而立」的年齡，確定了自己終身研究的專業和領域，做出了驕人的成績，在 20 世紀學術史上佔有了一席之地。但是，相較於上一輩學人，他們所具的功力，就要遜色許多了。

實際上，胡適與陳垣、呂思勉、錢穆可算是同一代人。這一代學人，身處中西文化交融的時代，與傳統學人只研讀四部之學的情況相異。因爲家庭條件、教育發展水平等原因，他們之中，部分人研讀的仍然是傳統的四部之學，如陳垣、呂思勉、錢穆等，只接受了少量的西學知識。有部分人，中西教育參半，再也不會像過去的學人那樣幾乎將全部的讀書時間都耗費在傳統

典籍上。如胡適，在家鄉接受了 9 年的傳統教育，讀了四書五經之後，亦曾點讀《資治通鑑》，他自己課餘大量閱讀古典小說。1904 年到上海去讀中學，教授的是中西合璧式的課程。1910 年，爲了準備庚款留美入學考試，胡適臨時匆忙的讀了一下《十三經注疏》。〔註166〕這一年，胡適留學美國，直至 1917 年回國。胡適有一套《十三經注疏》的石印本，留美期間，當他想讀點中國書籍的時候，就讀了些宋人以前註釋的舊典籍，尤其是《十三經注疏》中的《詩經》。〔註167〕1911 年撰寫了生平第一篇學術文章《〈詩〉三百篇言字解》。胡適晚年對秘書胡頌平談起：「蔡先生看到我十九歲時寫的《詩三百篇言字解》一文後，便要聘我到北大教書，那時我還在美國。」〔註168〕正是這篇文章，給了胡適一個學術地位。〔註169〕一篇專精的或有獨到之處的學術論文，是一個學者獲得學術地位甚至成名的基本要求。後來，胡適正是通過這樣的專精的學術論文，瞭解、欣賞羅爾綱、吳晗、鄧廣銘這些學生的。走專家之學的路子，是他指導學生的重要特點和基本要求。

　　作爲 20 世紀 30、40 年代中國學術界的領袖人物，傅斯年更將專家之學推向極致。他長期主持史語所，本人也多年在北大兼職。北大、清華歷史專業的優秀學生，悉數被他網羅而去，拉進史語所。對所裏的青年學者，只准他們做精細的考據文章，只准他們做斷代研究。研究明史的，不准上窺元史，下窺清史。

## 二、「須先求爲一通人，再求成爲一專家」

　　在錢穆對中國文化和學術獨特性的抉發中，他認爲，最主要的一點是：

　　　　從文化大體系言，余則以和合與分別來作中西之比較。從學術思想

---

〔註166〕國文試題爲「不以規矩不能成方圓說」，胡適認爲，題目太死，不易發揮，於是就利用在考前讀《十三經注疏》的知識，按自己的理解，作了一篇考證文章。不料，改卷老師也有點考據癖，大加讚賞，給了 100 分。（見白吉庵《胡適傳》，人民出版社 1993 年版，第 46 頁）

〔註167〕胡適口述、唐德剛註譯：《胡適口述自傳》，安徽教育出版社 1999 年版，第 139 頁。

〔註168〕胡頌平編著：《胡適之先生年譜長編初稿》第一冊，臺北聯經出版事業公司 1984 年版，第 294 頁編註。

〔註169〕余英時記他看到胡適和胡頌平的談話，又聯繫到羅爾綱《師門五年記》的記載，認爲胡適正是以自己早年的經驗指點羅爾綱。（《中國近代思想史上的胡適——〈胡適之先生年譜長編初稿〉序》，《現代危機與思想人物》，三聯書店 2005 年版，第 152 頁註）

方面言，余則以通與專兩字來作衡論。〔註170〕

　　從文化上講，中國文化重合，西方文化重分；從學術上講，中國學術重通，西方學術重專。這是錢穆對中西文化、學術的總結和概括。這一觀點，終其一生，持守不變。他說：

　　　若用西方眼光來看中國，不僅中國沒有科學，即哲學、宗教等，亦都像沒有完全長成。中國思想好像一片模糊，尚未走上條理分明的境界。但我們若從中國方面回看西歐，則此等壁壘森嚴，彼此分別隔絕的情形，亦不過一種不近情理的冷硬而無生趣的強為分割而已。雙方的學術思想界，正如雙方自然環境般，一邊只見破碎分離，一邊只見完整凝一，這是中西的大分別所在。〔註171〕

　　中西文化、學術特色各異，是因為西方人思想，總喜歡把事事物物一件一件分開講，分析得清清楚楚，再用來互相比較。而中國人思想則不大喜歡分析，毛病是籠統，長處在綜合。中國文化、學術之所以表現出這樣的獨特性，根本原因在於中國文化和學術偏重在人文精神一方面。錢穆指出：

　　　中國傳統，重視其人所為之學，而更重視為此學之人。中國傳統，每認為學屬於人，而非人屬於學。故人之為學，必能以人為主而學為從。當以人為學之中心，而不以學為人之中心。故中國學術乃亦尚通不尚專。既貴其學之能專，尤更貴其人之能通。故學問所尚，在能完成人人之德性，而不尚為學術分門類，使人人獲有其部分之智識。苟其僅見學，不見人。人隱於學，而不能以學顯人，斯即非中國傳統之所貴。〔註172〕

　　中國自古也有所謂專家疇人之學，如天文、曆法、算數、醫藥之類，這些都是屬於自然科學方面的學問。這類學問，易於使人隱於學，而不能以學顯人，屬於專家之學，不屬於通人之學。所以，中國傳統似乎比較輕視、忽視這類學問。中國傳統中又有所謂「藝」與「道」之辨，重道術，輕自然，斥技藝。中國古人無論儒、道，莫不以道為本，以技與藝為末。志道明道行道，是其本。技與藝，皆包涵在道之中。經史子集四部之學，在中國實皆相通，而學者以通人為貴，重通不重專。錢穆指出，中國傳統學術，「乃在其重

〔註170〕錢穆：《八十憶雙親師友雜憶》，三聯書店1998年版，第366頁。
〔註171〕錢穆：《中國文化史導論》，商務印書館1994年修訂版，第218～219頁。
〔註172〕錢穆：《中國學術通義‧序》，《全集》第25冊，第6頁。

人尤過於重學，重內尤過於重外，重道尤過於重藝」。〔註173〕如果能從此處著眼，即不難窺見中國傳統學術獨特性之所在。中國傳統文化，注重「融和合一精神」。中國古人並不曾把文學、史學、宗教、哲學各別分類獨立起來。因此，「中國人看學問，常認爲其是一總體，多主張會通各方面而作爲一種綜合性的研求」。〔註174〕中國人講學，首先必重經學。經學之可貴，正因爲它是會通著子、史、集三部的，是學問本原所在。

錢穆在 1976 年發表的《中國學術特性》一文中，對中國尙「通學」、西方重「專業」的傳統作了系統論述。按照中國人的傳統觀念，學問分爲兩類，一種爲人人應該，也是人人可能的學問，這就是所謂通學；一種則只限於少數人，也只須少數人從事的學問，這就是所謂專業。他認爲，通與專的區別在於：

> 要之學問從實踐起，而仍歸宿到實踐。此事人人相通，乃一日常人
> 生之共同通道，故名之曰通學。而專業則由各人分別練習，能於此，
> 不必其能於彼。通之與專，其別在此。〔註175〕

孔子作爲中國文化的開創者，主要在教人以「爲人之道」。爲人之道是相通的，所以孔門所教爲通學。孔門有德行、言語、政事、文學四科，是指孔門通學的具體內容，與近代所謂專業分科不同。錢穆指出，孔門通學的特點在於：

> 依中國人觀念，人類一切學問，皆當發源於人類各自具有之內在之
> 德性。人類德性，有其別，亦有其通。人類德性之大通，其存於心，
> 謂之仁。其見於事，謂之道。故「德」與「道」與「仁」之三者，
> 乃人類一切學問之共同根本，亦即人類一切學問之共同歸宿。……
> 皆是一種「爲人之學」，此乃孔門之通學也。〔註176〕

中國傳統學術，孔子之後，下歷兩漢，通經致用，皆屬通學。兩晉以下，尙以通學爲通人，不務以專業爲專家，傳統仍然未變。下迄宋代，儒學復興，自古相傳尙通學爲通人的精神愈益彰顯。朱子爲學，經、史、子、集，無所不治，無所不通，可當得上中國學術傳統尙通學爲通人的高標上選。明末清初，尙通學爲通人的大傳統，又在諸遺老中蔚然興起。乾嘉時期，諸儒治經，自號「漢學」，而實無漢儒通經致用之心。乾嘉學術，頗類似於近人所謂專家

---

〔註173〕錢穆：《中國學術通義・序》，《全集》第 25 冊，第 7 頁。
〔註174〕錢穆：《四部概論》，《中國學術通義》，《全集》第 25 冊，第 5 頁。
〔註175〕錢穆：《中國學術特性》，《中國學術通義》，《全集》第 25 冊，第 210 頁。
〔註176〕錢穆：《中國學術特性》，《中國學術通義》，《全集》第 25 冊，第 212～213 頁。

之學。然而，在中國傳統中，並不以此爲貴。至晚清，仍然有大儒通人崛起，如曾國藩諸人。清末，國事日非，西潮已盛，出國留學者眾，人人務爲西學，尚專家。在自然科學方面，分門別類，易出成績。在人文學科方面，不通歷史而高談政治，不通政治而僅言經濟，分別而觀，割裂不成體統。

錢穆認爲，專家並非不可貴，非欲毀專家而求通人。但是，「必期專家進而爲通人」。〔註177〕今日國人，竟尚西化，一意爲專家之學。學術傳統已然中斷，傳統文學、史學精神意趣已經死亡。如史學，今人一意爲史學專家，泯不得古人讀史著史之用意。於是《二十四史》、《九通》，均只當作一堆史料。錢穆不禁感慨：「專家日旺，通人日衰，則誠人道一大可憂歎之點也。」〔註178〕

錢穆本人，繼承了中國傳統的通人之學，學問根基極爲紮實、廣博。用比較時髦的話講，他先是研究哲學的，以後轉到文學，最後才轉到史學上來。他閱讀唐宋古文時，覺得自己最喜愛的是王安石的文章。從此忽然醒悟到：王安石在八家中是所謂「學者之文」，做文章是要有學問做根柢的。從此，就立志向學問追求了。嚴耕望對其治學的發展途轍有一綜合概括：

> 綜觀先生一生治學，少年時代，廣泛習讀中國古籍，尤愛唐宋韓歐至桐城派古文，後始漸趨向學術研究；壯年以後乃集中向史學方面發展，故史學根基特別廣闊，亦極深厚。再就先生治學途徑發展程序言，先由子學入門，壯年時代，最顯著成績偏在考證功夫，中年以後，以通識性論著爲重。但不論考證或通識論著，涉及範圍皆甚廣泛，如政治、如地理，亦涉及社會與經濟，惟重心觀點仍在學術思想，此仍植基於青年時代之子學愛好，是以常常強調「學術領導政治，道統超越政統」。〔註179〕

余英時先生認爲，錢穆走出了自己獨特的「以通馭專」的道路：

> 我從他的談論中，逐漸領悟到中國傳統學術一方面自有其分類和流變，另一方注重整體的觀點。這是「專」與「通」的大問題。但是，這一傳統和現代學術的專門化趨勢接觸以後，引起了許多有關如何溝通和融化的困難，一時無法解決。如果單純地依照西方的分類，

〔註177〕錢穆：《中國學術特性》，《中國學術通義》，《全集》第25冊，第245頁。
〔註178〕錢穆：《中國學術特性》，《中國學術通義》，《全集》第25冊，第241頁。
〔註179〕嚴耕望：《錢穆賓四先生與我》上篇《錢穆賓四先生行誼述略》，《治史三書》，遼寧教育出版社1998年版，第237頁。

各人選一專門的範圍去進行窄而深的斷代研究，當然也會有成績。但在熟諳中國傳統的人看來，總不免有牽強和單薄之感。如果過分注重「通」的傳統，先有整體的認識再去走專家的道路，事實上又是研究者的時間、精力、聰明都不能允許的。錢先生走出了自己的獨特「以通馭專」的道路。現在大家都把他當作學術思想史家，其實他在制度史、沿革地理，以至社會經濟各方面都下過苦功，而且都有專門著述。《國史大綱》中「南北經濟文化之轉移」三章尤其有絕大的見識，顯示了多方面的史學修養和現代眼光。〔註180〕

錢穆指出，民國以來，中國學術界分門別類，競相作一專家，與中國傳統通人通儒之學大異其趣。這一學術發展趨勢與格局，對中國學術影響至深且巨，不可不加以討論。在他看來，這一學術發展新趨向，可以說，是胡適提倡新文學和白話文運動的結果。舊學宏博會通，至艱至難，而新學術可以脫離舊學大傳統，「不經勤學，即成專家」，〔註181〕誰不願踴躍以相赴從。於是，文學、史學、哲學、考古學等各項專門之學，一時風起雲湧，皆因新文化運動開其先導。

1931 年至抗戰爆發前，錢穆在北大史學系任教，胡適為文學院院長。錢穆回憶，歷史系第一次開會，胡適「曾言辦文學院其實則只是辦歷史系」。錢穆評論說，當時學術界凡主張開新風氣的人物，於文學則偏重元明以下，史學則偏重先秦以上，「文史兩途已相懸絕」。〔註182〕傅斯年實為史學系幕後主持人，特重先秦史，除錢穆專任上古史必修課之外，還有多人開了選修課，如顧頡剛的《尚書》研究，傅斯年的中國古代史專題研究，馬衡的金石學，董作賓的甲骨文，唐蘭的中國古文字學，吳承仕的三禮名物等。楊向奎是北大史學系 1931 級學生，他說，當時北大的歷史系，「應當稱作中國古代史專業（先秦史專業）」。〔註183〕

當時國民政府通令中國通史為大學生必修課，北大的中國通史課，分頭聘請史學界治斷代史、專門史有成就的名家講授，錢穆也分講一段。何茲全

〔註180〕余英時：《猶記風吹水上鱗——敬悼錢賓四師》，《錢穆與中國文化》，上海遠東出版社1994年版，第14頁。

〔註181〕錢穆：《現代中國學術論衡·序》，三聯書店2001年版，第3頁。

〔註182〕錢穆：《八十憶雙親師友雜憶》，三聯書店1998年版，第169頁。

〔註183〕楊向奎：《回憶錢賓四先生》，中國人民政治協商會議江蘇省無錫縣委員會編：《錢穆紀念文集》，上海人民出版社1992年版，第3頁。

先生回憶說，這門課先前不是一個人講，而是按時代順序分專題由各家講述。「也沒有統一的大綱，各位講課的人，各打各的拳，各唱各的戲」。〔註184〕錢穆認爲，通史由眾人分講，不能一線貫通而下，失卻通史會通之旨。他在課堂上公開對學生講，「我們的通史一課實大不通」。錢穆毛遂自薦，「自問一人可獨任其全部，不待與別人分任」。〔註185〕1933 年秋，北大聘請錢穆一人講授中國通史一課。他對於中國通史課的設想是：

> 必求一本全部史實，彼此相關，上下相顧，一從客觀，不騖空論。
> 制度經濟，文治武功，莫不擇取歷代之精要，闡其演變之相承。而
> 尤要者，在憑各代當時人之意見，陳述有關各項之得失。〔註186〕

錢穆在北大講授中國通史共 4 年，深受學生的歡迎和好評。抗戰軍興，錢穆隨校南下，銳意撰寫《國史大綱》，於 1940 年出版，是中國史學界極有影響的一部通史著作。這部通史，既有嚴密的考據，更有透闢的分析，進行提要勾玄的講述，貫穿著錢穆高屋建瓴的通識精神，境界高邁，識力卓越，是爲學界共識，茲不贅述。

錢穆喜言制度，非常重視杜佑的《通典》。北大任教期間，部分學生請求他出面創辦一份刊物《通典》，以與陶希聖的《食貨》、顧頡剛的《禹貢》鼎足而三。錢穆拒絕了。他認爲，青年學生求學時代，當力求博通，對各門學問都能有所瞭解，如此立定基礎，才能知道自己的興趣所在，根據自己的實際情況選擇某一項專精的學問。他解釋說：

> 余愛通典制度，亦愛食貨經濟，又愛禹貢地理沿革。諸生當擴開興
> 趣，博學多通，乃能於史識漸有進。待他年學問基礎既立，庶可擇
> 性近專精一門。此乃成學後事，非初學時事。倘諸生今即專鶩一途，
> 適以自限，非以自廣。恐於諸生學業前途，有損無益。余爲諸生著
> 想，非自爲計也。〔註187〕

錢穆 1936 年下半年在北京師範大學歷史系兼課，講秦漢史。班上有一學生李埏，基礎較好。1938 年 8 月，西南聯大在昆明開學，李埏轉學入聯大歷史系學習，立志研究宋史。錢穆鄭重告誡他：

---

〔註184〕何茲全：《愛國一書生 八十五自述》，華東師範大學出版社 1997 年版，第51 頁。

〔註185〕錢穆：《八十憶雙親師友雜憶》，三聯書店 1998 年版，第 171 頁。

〔註186〕錢穆：《八十憶雙親師友雜憶》，三聯書店 1998 年版，第 172 頁。

〔註187〕錢穆：《八十憶雙親師友雜憶》，三聯書店 1998 年版，第 170～171 頁。

治史須識大體、觀大局、明大義，可以著重某一斷代或某一專史，
但不應密閉自封其中，不問其他。要通與專並重，以專求通，那才
有大成就。晚近世尚專，輕視通史之學，對青年甚有害。滇中史學
同仁不少，但願為青年撰中國通史讀本者，唯張蔭麟先生與我，所
以我們時相過從，話很投機。你有志治宋史，但通史也決不可忽。
若不知有漢，無論魏晉，那就不好，勉之勉之！〔註188〕

1940 年秋，李埏與王玉哲同時考入北京大學文科研究所。入學後，共同
作書告錢先生。翌年元月，錢穆回信說：

埏弟有志治宋史，極佳。……私意治宋史必通宋儒學術；有志於國
史之深造者，更不當不究心先秦及宋、明之儒學。拙著《國史大綱》，
對此兩章著墨雖不多，然所見頗與當世名流違異，竊願兩弟平心一
熟討之。哲弟治吉金古文字學，深恐從此走入狹徑，則無大成之望。
惟時時自矯其偏，則專精仍不妨博涉也。〔註189〕

不久，錢穆又致信李埏，再次告誡治學當從大處著眼，不可狹隘。他說：

弟能研討宋儒學術，此大佳事。鄙意不徒治宋史必通宋學，實為治
國史必通知本國文化精意，而此事必於研精學術思想入門，弟正可
自宋代發其端也。歐、范兩家皆甚關重要。惟論學術方面，歐集包
孕較廣。弟天姿不甚遲，私意即歐集亦可泛覽大意。不如於宋學初
期，在周、程以前，作一包括之探究。大體以全氏《學案》安定、
泰山、高平、廬陵四家為主，或可下及荊公、溫公。先從大處下手，
心胸識趣較可盤旋，庶使活潑不落狹小。此層可再與湯先生（筆者
按：指湯用彤）商之。〔註190〕

嚴耕望是錢穆最為滿意的弟子之一，1941 年，錢穆到樂山武漢大學講學，
師生從此結緣。4 月 28 日，應江蘇省同鄉會之請，錢穆做「我所提倡的一種
讀書法」的演講。大意謂：

---

〔註188〕李埏：《昔日從游之樂，今日終天之痛——敬悼先師錢賓四先生》，中國人民
政治協商會議江蘇省無錫縣委員會編：《錢穆紀念文集》，上海人民出版社
1992 年版，第 13 頁。
〔註189〕錢穆：《致李埏書》，1941 年 1 月 20 日，《素書樓餘瀋》，《全集》第 53 冊，
第 378 頁。
〔註190〕錢穆：《致李埏書》，1941 年 4 月 16 日，《素書樓餘瀋》，《全集》第 53 冊，
第 379 頁。

現在人太注意專門學問，要做專家。事實上，通人之學尤其重要。做通人的讀書方法，要讀全書，不可割裂破碎，只注意某一方面；要能欣賞領會，與作者精神互起共鳴；要讀各方面高標準的書，不要隨便亂讀。至於讀書的方式，或採直闖式，不必管校勘、訓詁等枝節問題；或採跳躍式，不懂無趣的地方，儘可跳過，不要因為不懂而廢讀；或採閒逛式，如逛街遊山，隨興之所之，久了自然可盡奧曲。讀一書，先要信任他，不要預存懷疑，若有問題，讀久了，自然可發現，加以比較研究；若走來就存懷疑態度，便不能學。最後主要一點，讀一書，不要預存功利心，久了自然有益。〔註191〕

　　錢穆在武大講學結束後，歷史系師生開茶會歡送，錢穆即席勉勵各位同學，要眼光遠大，要有整個三十年五十年的大計劃，不可只作三年五年的打算。這兩次講話，對於嚴耕望後來的治學都有不小的影響。隨後，嚴耕望入齊魯國學研究所追隨錢穆讀書治學。錢穆剴切教導研究所諸生，不要急功近利，不必心情迫切地想寫論文。寫論文是一回事，要想到學問不在於一篇論文，要養成從容讀書的習慣，要認識到做學問是一輩子的事。錢穆常常強調做學問要高自位置，眼光遠大，有大野心，與古人一爭高下。要向大處遠處看，切忌近視，或規模太小。公開講演、師生成群外出散步、旅行或與學生的個人閒談中，他一再強調這些意見。

　　鄺家駒回憶齊魯的研習生活，再現了錢穆當年指導學生的基本面貌：

　　　　賓四師對學生，除了日常解答疑難問題之外，總是反覆強調要從從容容地讀書，要有耐心，要細心體味，不能只顧翻書，只為查找需要的材料而讀書。賓四師常諄諄教導根基要紮實，要能讀常見書，而又從常見書中見人之所未見。他很不贊成讀書急功近利，他認為讀書多了，積累多了，自然會發現問題，找到解決問題的途徑，這時就會有一種水到渠成的感受。形之為文章，也就必然能言之有物，能發前人之所未發。他常常告誡我們，想要速成，想要走捷徑，是做學問的大忌，應當懂得「厚積而薄發」的道理。〔註192〕

---

〔註191〕嚴耕望：《錢穆賓四先生與我》下篇《從師問學六十年》，《治史三書》，遼寧教育出版社1998年版，第242頁。

〔註192〕鄺家駒：《追憶錢賓四師往事數則》，中國人民政治協商會議江蘇省無錫縣委員會編：《錢穆紀念文集》，上海人民出版社1992年版，第26頁。

　　1945 年後，嚴耕望進入史語所從事研究工作，在史學上達到了「通博與
專精相反相成的境界」。〔註193〕嚴耕望走的專精一路，但是，如果就他的論著
作深一層體察，其實他並非走狹仄的小路。他自己認爲，「我個人的工作方式，
有些處似乎可以說是『聚小爲大』，聚集許多似乎不相干的瑣碎材料、瑣小事
例，加以整理、組織，使其系統化，講出一個大問題，大結論。」〔註194〕嚴
耕望在撰述《唐僕尙丞郎表》過程中，深感新舊兩部《唐書》各有優劣。曾
經有意仿效王先謙之於兩《漢書》，對二書作重新校註，同時又因搜錄了若干
「唐史人文地理」的材料而想就此深入，兩難之下，求教於錢穆，先生意在
後者，稍加思索後說，把一生精力專注於史籍的補罅考訂，工作實在太枯燥，
心靈也將僵滯，失去活潑生機；不如講人文地理，可從多方面看問題，發揮
自己心得，這樣較爲靈活有意義。嚴耕望立即決定放棄兩《唐書》的整理計
劃，專心歷史人文地理的研究。〔註195〕他窮畢生研究中國歷史地理，認爲這
方面「尤重國計民生之大端」。一般所謂歷史地理，主要就沿革地理（政治地
理）而言，而嚴耕望所做的研究，推展到經濟、社會、宗教、文化各方面，
欲從人文地理角度窺探全史，這是舊歷史地理學的延伸。他在史學研究方面，
得到錢穆的長期琢磨，雖然始終自覺才氣不夠，但總想朝大處、遠處、高處
看，可謂「雖不能至，而心嚮往之！」史語所是歷史考證學的中心，在意趣
與方法上，與錢穆不同，但正可長短互濟。他自己以爲，自己的學術論著，「可
謂是前此的訓練與史語所的傳統兩種不同的取向，糅合融鑄而成。基本上，
一點一滴的精研問題，不失史語所的規範；但意境上，較爲開闊，不限於一
點一滴的考證。所以每寫一部書，都注意到問題的廣闊面，因此規模甚大，
但仍紮實不苟。」有一位年長十歲的朋友很坦白地說，很佩服他能不斷的寫
出大書，而自己卻苦於無問題可做。其中緣故，皆因嚴耕望來史語所之前有
一段通識性的訓練，看問題總從大處、廣闊處著眼，這是錢穆的影響。又有
一次黃彰健對他說，「你在史語所，但所寫論文與史語所一般同人不大相同。」
其中分別，眞所謂一語道破！〔註196〕

〔註193〕余英時：《中國史學界的樸實楷模──敬悼嚴耕望學長》，見嚴耕望《治史三
　　　　　書》附錄，遼寧教育出版社 1998 年版，第 303 頁。
〔註194〕嚴耕望：《治史經驗談》，《治史三書》，遼寧教育出版社 1998 年版，第 63 頁。
〔註195〕嚴耕望：《錢穆賓四先生與我》下篇《從師問學六十年》，《治史三書》，遼寧
　　　　　教育出版社 1998 年版，第 256～257 頁。
〔註196〕嚴耕望：《錢穆賓四先生與我》下篇《從師問學六十年》，《治史三書》，遼寧教

1948 年，錢穆應榮宗敬、榮德生兄弟之邀，主持江南大學文學院。又應上海正中書局邀約，精選四部舊籍中人人必讀者數十種，一一加以標點。有幾位學生追隨他讀書、標點《四部選粹》。錢穆教導他們，年輕時下功夫多讀些書，中年以後雜務干擾，難得有很多時間專心讀書。標點這些書，會有很大好處，不忙隨便寫文章。洪廷彥回憶說，有一次喫午飯時，錢穆突然對他說道：

> 《三字經》說，蠶吐絲、蜂釀蜜，蠶喫夠了桑葉必然要吐絲，你們將來也能寫文章。但要寫出像樣的文章，首先要選準題目，這要靠讀書多，善於思索。寫好一篇稿子，須在抽屜裏放上兩年，不時拿出來修改修改，並可請別人看看。在此時間內，當然還可再寫兩三篇，都這麼做。等自己認為確實滿意了，陸續在刊物上發表，自然會引起學術界的注意，這是我自己的經驗。〔註197〕

當時，洪廷彥想專攻漢晉間歷史，把《漢書》、《後漢書》、《三國志》、《淮南子》、《白虎通義》、《論衡》、《潛夫論》等，都放在他用的書架上。錢穆親自動手，將他的書架作了較大調整。只留《漢書補注》、《後漢書集解》，其他幾部書全部拿走，換上《日知錄集釋》、《困學紀聞》、《述學》、《戴東原集》、《東塾讀書記》等。後來，還拿來一部《朱文公文集》，選定若干篇要他標點。很顯然，錢穆是怕他「把路子走得太窄、太偏」，想引導他「學兼漢宋」。〔註198〕洪廷彥標點這些清儒著作，也迫使他經常翻閱十三經和先秦諸子，因為這些書中引用經書、子書的原句實在不少，若懶於查對，難免失誤。

1949～1964 年，錢穆主持新亞書院，打破了專為謀職業、謀資歷而進學校的淺薄觀念，以及博士式學究式的專為智識而求智識的狹義目標，培養對國家、社會和人類前途有切實關懷和貢獻的通人、通才。新亞學規要求，「須

---

育出版社 1998 年版，第 280～281 頁。嚴耕望後來赴香港中文大學任教。一次談話中，錢穆問他，到香港教書，現在想來，是得計抑或失計？嚴自覺得計。因為史語所工作，無外界壓力與刺激，勢必然做愈專；而教書不能專講自己研究的專題，必得擴大注意面；且在授課時，往往刺激自己，湧現新意。所以若一直在史語所環境中，我的學術規模必然較小，境界也可能較低，整體學術規模更不會有現今這般大。先生以為然。（《治史三書》第 274 頁）

〔註197〕洪廷彥：《從成都至無錫——隨師讀書雜憶》，中國人民政治協商會議江蘇省無錫縣委員會編：《錢穆紀念文集》，上海人民出版社 1992 年版，第 35 頁。
〔註198〕洪廷彥：《從成都至無錫——隨師讀書雜憶》，中國人民政治協商會議江蘇省無錫縣委員會編：《錢穆紀念文集》，上海人民出版社 1992 年版，第 33～34 頁。

先求爲一通人，再求成爲一專家」；「於博通的智識上，再就自己才性所近作專門之進修」。〔註199〕《招生簡章》對課程設置與講學方式的介紹與說明，均體現了這一思想：

> 本書院一切課程，主在先重通識，再求專長。首先注重文字工具之基本訓練，再及一般的人生文化課目，爲學者先立一通博之基礎，然後再各就其才性所近，指導以進而修習各種專門智識與專門技術之途徑與方法。務使學者眞切認識自己之專門所長在整個學術整個人生中之地位與意義，以藥近來大學教育嚴格分院分系分科直線上進、各不相關、支離破碎之流弊。
>
> 關於教學方面，將側重訓練學生以自學之精神與方法，於講堂講授基本共同課程外，採用導師制，使學者各自認定一位至兩位導師，在生活上密切聯繫，在精神上互相契洽，即以導師之全人格及其生平學問之整個體系爲學生作親切之指導，務使學者在脫離學校進入社會以後，對於其所習學業仍繼續有研求上進之興趣與習慣，以藥近來大學教育專尚講堂授課，口耳傳習，師生隔膜，以致學者專以學分與文憑爲主要目標之流弊。〔註200〕

新亞書院初創時，規模較小，暫時先辦文史、哲學教育、新聞社會、經濟、商學、農學等六系，並於每系下分組，但是，新亞書院注重各系共同的基本課程，培養健全的思想基礎，一、二年級時，哲學、史學、心理學、社會學、經濟學、語文學等課程所佔時間較多。自三年級開始，注重學生自修與導師個別指導，上課時間相反比一、二年級要少一點。各系、組所開課表，大體都有各體文選、英文、哲學概論、政治學、經濟學、社會學、邏輯學、中國通史、中國學術思想史、中國文學史、國學概論、中國文化史、西洋通史等課程。〔註201〕

錢穆向來認爲，求學問的門戶、基礎應當廣闊，因爲學問是不能分隔的，應該互相融會貫通。所以，新亞大力倡導通才教育。而這一點，與西方大學重視職業性完全不同。西方大學每一位教授，所治之學，只是學海中之一滴，

---

〔註199〕《新亞學規》，錢穆：《新亞遺鐸》，三聯書店 2004 年版，第 1 頁。
〔註200〕《招生簡章節錄》，錢穆：《新亞遺鐸》，三聯書店 2004 年版，第 12～13 頁。
〔註201〕錢穆：《新亞書院沿革旨趣與概況》，《新亞遺鐸》，三聯書店 2004 年版，第 20～21 頁。

各人只埋頭於各人的一門專門知識上面。但是，人文學科如文學、史學、哲學等，都不能嚴格區分，愈分愈狹，則所得愈淺。昔日梁啓超提倡「窄而深」的研究。其實，「人文學科窄了絕不能深」。〔註202〕自然科學，愈分而愈精，人文科學與自然科學不同。他指出，這種不注重通才，只注重專家的大學教育，結果造成了許多沒有一般性常識的青年，以及沒有高瞻遠矚眼光的領袖人才。這是西方大學的短處。我們學習西方，應該揚長避短。

　　錢穆創辦新亞書院，實爲提倡新學術，培養新人才。在得到外界資助後，即籌辦研究所，招收研究生。研究所指定的閱讀書目均屬中國傳統文化的基本典籍和有重要影響的學人著作。如《論語》、《孟子》、《老子》、《莊子》、《通鑒》、《詩經》、《楚辭》、《宋元學案》、《明儒學案》、《史記》、《漢書》、《左傳》、《禮記》等。課外閱讀爲《近思錄》、《日知錄》、《讀史方輿紀要》、《文史通義》、《廿二史箚記》、《經學通論》等。〔註203〕錢穆理想中的研究所，與此前北大研究所國學門、中央研究院史語所等其他文史研究機構專以專門絕業相標榜，截然異趣。他說：

> 在此理想下之研究工作，與一般從事於分工的，專門性的，互不相關的，只從事於某一特定題目，專就其有關的書籍與其他材料，而只注意於此一特定題目爲對象的論文與著作之完成的研究工作，應有所不同。我們當從活的現實問題出發，時常經集體的討論，來向歷史文化淵源之深遠處作基本的探索。〔註204〕

　　錢穆在臺灣授課、講學時，仍然一如既往，告誡學生，讀書是終身事，須用功三十年、四十年乃至五十年，不要期望遽然有成。儘管他也知道兼通博涉，此非盡人可期；學術分工，各務專門，必然趨向於窄而深的研究，這也是情勢難免。儘管學術界的現實情況離錢穆的期望愈來愈遠，但他始終堅持自己的信念，在一切可能的場合，苦口婆心地勸誡青年學子夯實基礎，眞正靜下心來讀書，不要急著寫文章、發表。他爲文化學院歷史研究所博士班授課時說，或許年輕人因爲學位、生計問題，不可能耐心花工夫讀書，不妨留待完成碩士博士論文，職位解決了，再來讀書，再用工夫。〔註205〕今天，

〔註202〕 錢穆：《從西方大學教育來看西方文化──一九六〇年十二月十一日應大專公社邀請作學術講演之講詞》，《新亞遺鐸》，三聯書店2004年版，第260頁。
〔註203〕 《校聞一束》，錢穆：《新亞遺鐸》，三聯書店2004年版，第72頁。
〔註204〕 錢穆：《研究所計劃綱要》，《新亞遺鐸》，三聯書店2004年版，第64頁。
〔註205〕 嚴耕望回憶，有一次他推薦一位好友，也是錢穆最欣賞、最期許的學生，當

我們做學問不愛講「通」，研究歷史，只在全部二十五史十通這一大堆書裏面選一個時代，在此時代中找一個題目，題目愈小愈好，在現在的圖書館去找書是省力的。如此想來，從前人做學問真是可驚。〔註 206〕錢穆辭世後，他的弟子不禁感歎：「絕了，絕了，四部之學從此絕了！」〔註 207〕

## 三、從「通人」到「通材」

傳統學人，淹通經、史、子、集四部之學，通讀二十四史、三通、四庫全書總目提要者大有人在。近代學者中，陳垣、呂思勉是典型代表。

陳垣 12 歲接觸到張之洞《書目答問》，13 歲進而閱讀《四庫全書總目提要》，以後幾年中，又把這本書讀了好幾遍。這樣，對於歷代古籍知道得很詳細，所以學有根柢，左右逢源。陳垣是我國全面調查、研究《四庫全書》的第一人。劉乃和說：

> 有人說他通讀過《四庫全書》，其實倒不是通讀過，而是全面研究過。……他每天清早，帶著午飯，到圖書館看《四庫》，圖書館剛開館就趕到，下午到館員下班時才離開。就這樣前後讀了十年，把這部包括三千多種、三萬多冊的大叢書作了詳盡地瞭解。〔註 208〕

陳垣讀書的辦法就是「苦讀」，青年時代，《四庫全書總目提要》讀過好幾遍。熱河文津閣《四庫全書》移貯京師圖書館，他每天去讀書，如是者十年，漸漸有所著述。1961 年 5 月 2 7 日，陳垣與北京師範大學歷史系應屆畢業生談話，談他的讀書治學的經驗，對博通與專精作了很好的說明。他認為，要有博，有約；有涉獵，有專精。在廣泛的歷史知識的基礎上，又對某些書下一些工夫，才能作進一步的研究。陳垣治學，是從目錄學入手的，這樣可

---

選院士，事後他拜見先生，先生並不感高興，淡然的說「遲十年更好！」「可見先生對於自己最欣賞的學生期許極高，不想其早日向社會嶄露頭角，怕影響其將來的發展。此與臺灣一般前輩學人極力提拔得意的學生，使居要職，往往影響其學術前途者，大不相同。此等處亦見先生意趣宏遠，與時輩迥異！」（《錢穆賓四先生與我》下篇《從師問學六十年》，《治史三書》，遼寧教育出版社 1998 年版，第 275 頁）

〔註 206〕錢穆：《中國史學名著》，三聯書店 2005 年第 2 版，第 256 頁。

〔註 207〕逯耀東：《夫子百年》，《胡適與當代史學家》，東大圖書公司 1998 年版，第 394 頁。

〔註 208〕劉乃和：《「書屋而今號勵耘」——學習陳援庵老師的刻苦治學精神》，陳智超編：《勵耘書屋問學記：史學家陳垣的治學》（增訂本），三聯書店 2006 年版，第 175 頁。

以知道各書的大概情況。這就是涉獵，其中有大批的書可以「不求甚解」。同時，要專門讀通一些書，這就是專精，「要求甚解」。經部如論、孟，史部如史、漢，子部如莊、荀，集部如韓、柳，清代史學家書如《日知錄》、《十駕齋養新錄》等，必須有幾部是自己全部過目常翻常閱的書。他說：

> 不管學什麼專業，不博就不能全面，對這個專業閱讀的範圍不廣，就很像以管窺天，往往會造成孤陋寡聞，得出片面褊狹的結論。只有得到了寬廣的專業知識，才能融會貫通，舉一反三，全面解決問題。不專則樣樣不深，不能得到學問的精華，就很難攀登到這門科學的頂峰，更不要說超過前人了。博和專是辯證的統一，是相輔相成的，二者要很好地結合，在廣博的基礎上才能求得專精，在專精的鑽研中又能擴大自己的知識面。〔註209〕

呂思勉作為史學家，讀書之博當世恐無人能匹。他生長的江南蘇州、常州一帶讀書人家，兒童初能讀書，就教讀《四庫全書總目提要》，實可謂為「門徑之門徑，階梯之階梯」。「使其知天下之學問甚廣，以啟其求知之心，且可獲得一廣泛之知識」。〔註210〕《四庫全書總目提要》閱讀一過，便能知天下共有學問若干種，每種源流派別如何，哪些是重要之書。不啻於讀書之前，泛覽一部學術史，於治學頗有裨益。這項功夫，呂思勉十六七歲時也做過，經史子三部都讀完，只有集部讀了一半。呂思勉自言，「我的學問，所以不至十分固陋，於此亦頗有關係」。17歲那年，他把《段註說文解字》閱讀一遍，又把《十三經注疏》閱讀一遍，「後來治古史略知運用材料之法，植基於此」。〔註211〕

呂思勉讀二十四史，學術界傳聞頗多，有的說讀了3次，有的說讀了4次，有的說讀了5、6次之多。他自己說，15歲時開始讀正史，23歲時，通讀一遍。但是，正史是最零碎的，匆匆讀過，並不能有所得，後來用到時，又不能不重讀。人家說我正史讀過遍數很多，其實不然，我於四史，《史記》《漢書》《三國志》讀得最多，都曾讀過四遍，《後漢書》、《新唐書》、《遼史》、《金史》、《元史》

〔註209〕陳垣：《談談我的一些讀書經驗——與北京師範大學歷史系應屆畢業生談話紀要》，陳智超編：《勵耘書屋問學記：史學家陳垣的治學》（增訂本），三聯書店2006年版，第2～3頁。
〔註210〕呂思勉著，張耕華編：《為學十六法》，中華書局2007年版，第25頁。
〔註211〕呂思勉著，張耕華編：《為學十六法》，中華書局2007年版，第40頁。

三遍，其餘都只兩遍而已。〔註212〕根據自己讀史的經驗和體會，呂思勉提出，第一步，宜先將《資治通鑑》、《續通鑑》、《明史紀事本末》或《明通鑑》閱讀一次，然後將馬端臨的《文獻通考》，擇要瀏覽。他認為，研究史學至少應該閱讀這幾種書籍，以二、三年功夫，即可瀏覽一通，具備了研究史學的根柢。然後，再來閱讀正史。〔註213〕但是，正史卷帙太繁，又無系統，不是專門治史的人，「依我說，不讀也罷」，「但四史是例外」。〔註214〕呂思勉指出，「正史之中，以四史為最要」，四史差不多是後世歷史的淵源，「成了治史的常識和最普通的學問」。所以，我們讀史，當以四史為先。〔註215〕

陳平原在《中國現代學術之建立》一書第四章中，以胡適為中心，探討現代學術史中「專家與通人」的問題。他認為：「就志趣與性格而言，胡適傾向於『通人』；而就訓練與才情而論，胡適則更接近於『專家』。」〔註216〕然而，正如吳展良教授所指出的那樣，陳平原對於通人之學主要側重其「有卓識能用世」，〔註217〕也就是其政治而非學術層面的意義，這與傳統的通人之學之兼重其學術面的意涵，頗有不同。論現代中國的通人之學而專注於有卓識而能用世，不免有所不足。吳展良還指出，陳平原對於「通人之學」與「博學」的分別，「亦未作清楚釐清」。胡適所謂的「為學要如金字塔，要能廣大要能高」，所談的是一個「博學」與專精的關係，而不是「通人之學」與「專家」的關係。至於書中所論及的《中國哲學史大綱》與《白話文學史》等專史類的著作是否能代表通人之學，「也頗值得商榷」。綜合言之，博學與專門性的通史不等於通人之學，議政與時論也不等於通人之學，論「通人之學」則必須指出其所賴以貫通的學術理念與方法。〔註218〕

學問的最高境界，當推「充實而有光輝」。嚴耕望指出，「光輝」總偏向於恢宏與通識，但與通論不同。恢宏通識卻不限於通論性文字。一部大規模

〔註212〕呂思勉著，張耕華編：《為學十六法》，中華書局 2007 年版，第 41 頁。
〔註213〕呂思勉著，張耕華編：《為學十六法》，中華書局 2007 年版，第 23～24 頁。
〔註214〕呂思勉著，張耕華編：《為學十六法》，中華書局 2007 年版，第 52 頁。
〔註215〕呂思勉著，張耕華編：《為學十六法》，中華書局 2007 年版，第 61 頁。
〔註216〕陳平原：《中國現代學術之建立——以章太炎、胡適之為中心》，北京大學出版社 1998 年版，第 122 頁。
〔註217〕陳平原：《中國現代學術之建立——以章太炎、胡適之為中心》，北京大學出版社 1998 年版，第 128 頁。
〔註218〕吳展良：《重省中國現代人文學術的建立——陳平原著〈中國現代學術之建立〉述評》，（臺灣）《臺大歷史學報》第 27 期，2001 年 6 月。

的專門性論著，一篇短小精幹的專門性論文，皆可透顯作者是否有恢宏的意境，通豁的識力，以臻於「光輝」的境界。〔註 219〕一般而言，唯有極少數天資過人，識力特強、學力也非常深厚的學者，往往寥寥數語，即可籠照大局。錢穆正是這樣極少數具有宏通博識的學者。

　　錢穆主張文化生命史觀，將歷史視爲貫通過去、現在和未來的一個生生不息的過程，「凝合過去未來爲一大現在」。從民族生命的全程來看，歷史活躍於現在，豈能僅僅視作對過去的陳述。所以，「治史者貴能上下古今識其全部，超越時代束縛」。〔註 220〕他特別推崇中國古代「通天人之故，明古今之變」的會通思想，將通識觀念視爲史家治史的最高境界。中國歷史，本來是渾融一體、無所不包的。我們講文化，講歷史，一定要從全體裏面去瞭解各個部門。任何一項學問，都應該在整個文化體系中去瞭解其意義與地位。在同一時代中，此一事件與彼一事件是彼此相通、互相影響的。我們若能熟悉某一時代的橫剖面，自然能夠發現此一時代中一切政治制度、社會形態、經濟情狀、學術大端、人物風尚性格等等，一一可以綜合起來互相會通，這樣才能眞正明白了這一時代。切莫一一各自分開，只作爲是一些孤立和偶然的事項來看。〔註 221〕

　　錢穆指出，學問本是千門萬戶，入了這一門還得入另外一門，入門工夫隨時運用，自己學問基礎自然會越來越廣大、篤實和高明。進入學問，步驟有四：第一步應是專門之學。專讀一書，專治一人、一家、一派。第二步是博通。從這一專門入，又轉入另一專門。博通仍然自專門之學中來，並非離開了專門，別有所謂博通。第三步則仍爲專門。第四步才是成家而化。既專門，又博通。循此漸進，可入化境，將其所學都在他一家中化了。〔註 222〕學問要「由專而博」，又須進一步「由博返約」，有所入、有所得。最終要有所化、有所出，將自身身世融入學問中。

　　但是，像錢穆這樣不世出的、第一流的天才學者，畢竟是極爲罕見的。他所謂「通」，既指「博學」、「博通」，但主要的是要有「通識」。大抵在於有了一定的根基後，大可拋開細密考證的路數，從史學研究上升到對人文學科

---

〔註 219〕嚴耕望：《治史經驗談》，《治史三書》，遼寧教育出版社 1998 年版，第 62 頁。
〔註 220〕錢穆：《略論治史方法》，《歷史研究法》附錄，三聯書店 2005 年第 2 版，第 134 頁。
〔註 221〕錢穆：《中國歷史研究法》，三聯書店 2005 年第 2 版，第 9 頁。
〔註 222〕錢穆：《學問之入與出》，《學籥》，《全集》第 24 冊，第 181 頁。

全部問題做融會貫通的理解，將自己的精神注入其中。而近代學人對於「通」的理解，從「通人」、「通識」基本轉向知識面上的博通與博學。上述胡適、梁啓超、陳垣所論，就是從這個層面上來講所謂「通」的。

近代以來，新學不斷輸入，教育制度也發生了根本性的變化。在學校教育中，傳統國學的傳授畢竟是有限的（某些時段、某些地區甚至可以說是極其有限的，以至於無），淹通四部的學人不可能再出現了。在某一專門研究領域，知識較爲廣博，已經顯得難能可貴。至於貫通古今上下的所謂通識，則更難期望。民國學者羅止園就曾感慨，這是無可奈何之事：

> 蓋我中國數千年來之所謂士者，率皆孜孜於前賢所貽留之古籍，師承有自，無待旁求，學者猶易爲力也。迨清之末葉，學校制興，各種科學紛然雜陳，雖有兼人之姿，大過人之才，勢不能兼攻並研，各極其致。於是莘莘學子，既致力於科學，而此數千年來浩如煙海之古籍遂無餘力以窺其全豹。好學之士，多方搜討，非不苦心孤詣，冀以貫徹，然光陰有限，顧此失彼，志氣薄弱者遂望洋興嘆，廢然思返。此亦時勢所當然，無可如何者也。〔註223〕

引導學生步入學術研究之門，成爲一專門學者，同時具有較爲博通的學識，這是民國時期大學教育的基本目標。從 1930 年代關於高等教育問題的討論，到1950 年主持臺灣大學期間，傅斯年始終堅持所謂高等教育，大體即指學術教育而言。「高中應是在社會上一般服務人之教育最高點，大學乃是求專業者供給以基礎的訓練與啓發。」〔註224〕大學根本的作用是在學術之取得、發展與應用，「學術既不專門，自不能發達」。大學是以學術爲中心，大學教育是「培養一人入於學術的法門中」，是「培植學生入於專科學術之空氣中」。〔註225〕

像呂思勉這樣一些有深厚根柢的學者，堅持由博返約，爲研究學問之要訣。未博而先言約，其病則陋。在他們看來，青年們一意埋頭於極狹窄的範圍中，而此外茫無所知的，正不在少數。對於學術界重視專精研究、忽視博通的風氣，部分學人深致不滿，紛紛展開批評。各大學在教育目標、課程設置方面也展開了一些討論。

---

〔註223〕羅止園：《經史子集要略・序》，三友圖書社 1935 年版。

〔註224〕傅斯年：《大學研究院設置之討論》，歐陽哲生主編：《傅斯年全集》第五卷，湖南教育出版社 2003 年版，第 39 頁。

〔註225〕傅斯年：《改革高等教育中幾個問題》，歐陽哲生主編：《傅斯年全集》第五卷，湖南教育出版社 2003 年版，第 23、25 頁。

據 1934～1937 年在清華大學歷史系就讀的何炳棣觀察，自 1929 年蔣廷黻被聘爲系主任以後，歷史系的教師、課程和教研取向都有很大的改革。他認爲治史必須兼通基本的社會科學，所以鼓勵歷史系的學生同時修讀經濟學概論、社會學原理、近代政治制度等課程。在歷史的大領域內，他主張先讀西洋史，採取西方史學方法和觀點的長處，然後再分析綜合中國歷史上的大課題。何先生認爲，在 20 世紀 30 年代的中國，只有清華的歷史系，才是歷史與社會科學並重，歷史之中西方史與中國史並重，中國史內考據與綜合並重，「30 年代的清華歷史系絕不是以陳寅恪爲核心的」。〔註 226〕蔣廷黻在回憶錄中，也講到自然科學家和工程學家們希望高度專門化，他們希望學生在入校第一年中就開始接受專門課程。教文學和社會科學的同寅卻希望晚一點開始專門課程，要多授一些普通課程。〔註 227〕

清華大學的另一位著名學者雷海宗論專家與通人的文章，可視爲檢討專家之學的代表作，將推崇專家的表現一一指摘出來。他說：

> 專家是近年來的一個流行名詞，凡受高等教育的人都希望能成專家。專家的時髦性可說是今日學術界的最大流弊。學問分門別類，除因人的精力有限之外，乃是爲求研究的便利，並非說各門之間眞有深淵相隔。學問全境就是一種對於宇宙人生全境的探索與追求，各門各科不過是由各種不同的方向與立場去研究全部的宇宙人生而已。……人生是整個的，支離破碎之後就不是眞正的人生。爲研究的便利，不妨分工；但我們若欲求得徹底的智慧，就必須旁通本門以外的知識。各種自然科學對於宇宙的分析，也只有方法與立場的不同，對象都是同一的大自然界。在自然科學的發展史上，凡是有劃時代的貢獻的人，沒有一個是死抱一隅之見的人。……他們是專家，但又超過專家；他們是通人。這一點總是爲今日的一些專家或希望作專家的人所忽略。

〔註 226〕何炳棣：《讀史閱世六十年》，廣西師範大學出版社 2005 年版，第 67～68 頁。另據何先生回憶，1939 年中英庚款考試，古文根基深厚的陳鑾沒有考取，中國通史命題之「奇」爲其致敗主因。命題者即爲陳寅恪。魏晉南北朝隋唐六七百年間政治、軍事、社會、經濟、文化、民族等方面舉舉大端，試題全未涉及，僅以至奇至俏之「三白」（名詞解釋：白直、白籍、白賊）衡量試子的高下，甚至影響他們的前程和命運，其偏頗失衡實極明顯。1941 年何炳棣欲參加留美考試，陳岱孫命其上書清華評論會，請求愼選中國通史命題人。（第 134～135 頁）

〔註 227〕《蔣廷黻回憶錄》，嶽麓書社 2003 年版，第 131 頁。

　　雷海宗指出，學術界過於重視專家、忽視通人的問題，根本而言，是現行高等教育制度的問題：

> 學術界太專的趨勢與高等教育制度有密切的關係。今日大學各系的課程，爲求「專精」與「研究」的美名，捨本逐末，基本的課程不是根本不設，就是敷衍塞責，而外國大學研究院的大部課程在我們只有本科的大學内反倒都可以找到。學生對本門已感應接不暇，當然難以再求旁通。一般的學生，因根基的太狹太薄，真正的精通既談不到，廣泛的博通又無從求得；結果各大學每年只送出一批一批半生不熟的智識青年，既不能作深刻的專門研究，又不能正當地應付複雜的人生。近年來教育當局與大學教師，無論如何的善於自辯自解，對此實難辭咎。……我們所缺乏的人才，主要的不在量，而在質。雕蟲小技的人才並不算少。但無論做學問，或是做事業，所需要的都是眼光遠大的人才。〔註228〕

　　1940、1941 年間，錢穆在後方昆明、成都兩地，撰寫了一些討論時事的文章，集成《文化與教育》，1943 年由重慶國民圖書出版社出版。上卷論文化問題和學術趨向，下卷論教育問題和政風治術。這部文集，彙集了錢穆當時討論教育問題的幾篇文章，對重專家的學術新趨向，從教育制度上作了檢討和批評，提出了自己的改革意見。

　　在《改革大學制度議》一文中，錢穆對當時大學院系設置、課程編配，提出商權。他說：「學術本無界劃，智識貴能會通。」現在 20 左右的青年人，初入大學，茫茫然選擇系科。有的學文學，有的學歷史，有的學哲學，有的學政治、經濟、教育。「各築垣牆，自爲疆境」，致使學生以爲學文學的可以不修歷史，學歷史的可以不修哲學，學哲學的可以不問政治。如此以往，「在彼目以爲專門之絕業，而在世則實增一不通之愚人」。各院系課程設置，非常細緻、繁多，都是教授們的專精研究。學生茫茫然選系科之後，又茫茫然選課。文學系學生，或治甲骨鐘鼎，或治音韻小學，或治傳奇戲劇，或治文藝創作，「亦復各築垣牆，自爲疆境」，「其於文學之大體，則茫然也」。其他各科都是如此。以致於大學國文系畢業生，不能擔負中學國文教員之任。因爲中學國文課所需要的，爲略通本國文字文學大義的人才，而大學講授的專門

---

〔註228〕雷海宗：《專家與通人》，《大公報》（重慶版）1940 年 2 月 4 日「星期論文」專欄。收入楊東平編《大學精神》，遼海出版社 2000 年版，第 221～223 頁。

絕業，如甲骨、鐘鼎、音韻、小學、傳奇、戲曲、文藝創作之類，均非中學國文課所需。總之，現在國家、社會所需要的人才，通人尤重於專家。而大學知識傳授，則「只望人爲專家，而不望人爲通人」。大學課程越分越細，正如俗話所說的鑽進牛角尖。即使僅就學術而論，學術發皇滋長，固然貴有專家，而尤貴有大師。「大師者，仍是通方之學，超乎各部專門之上而會通其全部之大義者是也。」可惜國內各著名大學，其擁皋比而登上座者，通識少而專業多。學者不見天地之大，古今之全體，道術將爲天下裂。

錢穆提出「創立不分系之學院制」。大學應以單獨學院爲原則，主要是文哲學院、理工學院，其他如農礦、森林、畜牧、紡織、漁業等，不妨根據各地實際情況，擇地設立。法律學院與醫學院，應招收畢業於文哲、理工學院或肄業二年以上的學生，與其他學院不平行。每一學院學生人數，以200～400爲限，最多不得超過 500 人。每一學院的課程，應以共同必修爲原則，而以選課爲輔，不必再有系科的分別。以文哲學院爲例，課目應該包括現有文學、歷史、哲學、政治、經濟、教育等各系主要課目，「而設立略通大義之學程」。如中外名著研讀、中國文學史、中西通史、中西文化大綱、中外人文地理、中西聖哲思想綱要、政治學經濟學大綱、教育哲學及教育方法等。並且，應兼習科學常識，如天文、地質、生物、心理學等與文哲學科關係較爲密切的課程。這些共通必修課程，應佔大學全部課程二分之一以上。在研習這些共通必修學程之外，學生根據自己的愛好、性情，選擇專業課程。教授要爲學生「開示途轍」。各專門學科課程不必求備，亦不必求專。總之，「大學教育之所造就，當先求其爲通人而後始乃及於專家。而細碎無當大體之學程，則尤以少設爲是。」理工學科方面，也有同樣的毛病，開設課程細碎，基本智識不夠。錢穆建議，理工合院，不再分系，多講授基本通識課程，並且要學習中國通史、中西聖哲思想綱要，「以藥偏枯之病」。

在錢穆看來，即使是從實用主義的角度看待教育問題，「通人達才之在今日，其爲用尤急於專家絕業」。按照他的規劃，學生學成之後，胸襟較爲寬闊，識趣較爲淵博。其治學精神，較爲活潑而眞摯。國家、社會所需要的正是這樣各色各門中堅領袖人才，可以支撐局面，可以推動、支持一種事業。有極少部分學生，願意畢生貢獻於一種專門學術研究，可以在普通學院之上設置研究院，以資深造。〔註229〕

〔註229〕錢穆:《改革大學制度議》,《文化與教育》,廣西師範大學出版社 2004 年版,

　　錢穆認爲，新文化運動以來崇尚專門化的風氣，波及、影響到中學，整個國家教育，可以說，是「一種徹頭徹尾之尚知教育也」。時論多主張提高中學程度以爲大學專精之階梯，中學教育主通，大學教育主專。錢穆提出，中學教育應當徹底改變偏重書本的積習，首先著意於青年的體魄與精力，儘量減少課堂自修室圖書館工作時間，積極領導青年從事戶外活動，使學校一切「田野化、山林化」。總之，學校教育是爲青年人樹立一個共同的基礎，使其可以由此上進，不應提倡專門化的私人學問。〔註230〕

　　1950 年 12 月，傅斯年撰文，對近代大學偏重專家教育的傾向作了一定程度的反省。他批評近代學校製造遊民與「高等華人」，指出大學雖然應以學術爲對象，「然而在今天卻也脫不了職業的意義」，爲了擺脫貧困，增加生產，「技能的教育不能不在先」。但是，不可不具有基本之常識。傅斯年明確提出「通材」之說：

> 教育既爲訓練技能，也爲陶冶通材。所謂通材，並不如當年所謂「通人」，而是指在他的技能之外有一般常識，能在生活所遭逢的事物上用思想的。

> 我在此文中用「通材」二字不用通才。材與才字在語文學上本是無別的，但現在人用來，才字多爲才智之義，材字則爲材料之義。我在此一段中，意義屬於後者，故用「通材」二字。〔註231〕

　　「材」爲「材料」之義，學校教育培養的是人的常識與生活技能，能爲社會所用。傅斯年比較欣賞美國大學的職業意義與通才（材）教育。從通人到博通，再到通材，顯示了近代教育一步步實用化、職業化和專門化的歷程。

---

第 46～49 頁。

〔註230〕錢穆：《改革中等教育議》，《文化與教育》，廣西師範大學出版社 2004 年版，第 51～55 頁。

〔註231〕傅斯年：《中國學校制度之批評》，歐陽哲生主編：《傅斯年全集》第五卷，湖南教育出版社 2003 年版，第 213 頁。

# 第二章　治學路徑：回到歷史本身 和西學的眼光

　　19 世紀末以後，西學東漸之勢越加壯觀，中學逐漸走上不能爲體的不歸路。20 世紀初，梁啓超發表《論中國學術思想變遷之大勢》，可謂中西學術文化比較之先聲。1919 年，胡適出版《中國哲學史大綱》，爲中國學術研究提供了新的「典範」。五四新文化運動以後，西方學術思想以空前規模輸入進來，隨著白話文運動的全面勝利，不能、不願閱讀傳統典籍的氛圍日漸濃厚，以西方觀念評判傳統學術的傾向一發而不可收拾，漸成時代主流。奮起批評者亦大有人在。

## 第一節　「中國學術自有特性」

　　在中國現代學術史上，胡適第一次系統地運用西方學術的概念、範疇、體系研究中國傳統學術，強調「用比較的研究來幫助國學的材料的整理與解釋」。一方面，用西方語法研究傳統典籍；一方面，借用西方哲學、社會學、民俗學的理論與知識對古典作出新的解釋。錢穆反對簡單地運用西學解釋中學，強調中國學術自有特性，「當從中國舊學本所具有之精神宗旨道途格局尋求瞭解」。

### 一、「用比較的研究來幫助國學的材料的整理與解釋」

　　1911 年，胡適留學美國期間，寫下了生平第一篇論文《〈詩〉三百篇言字解》，歸納、總結、討論《詩經》中的「言」字，「言」有相當於連詞「而」、副詞「乃」、代詞「之」三種用法。這篇文章，1913 年 8 月在《神州叢報》上發表，頗得章士釗欣賞。1915 年他寫信給胡適說：「足下論字學一文，比傳中

西，得未曾有，傾慕之意，始於是時。」〔註1〕顯然，章士釗從這裏看到了古籍研究的新方向。後來，胡適又寫作《爾汝篇》、《吾我篇》，得到蔡元培的欣賞，1917年被聘爲北大教授。在《〈詩〉三百篇言字解》中，胡適闡明了他研究中國古典的新方法：

> 然今日現存之語言，獨吾國人不講文典耳。以近日趨勢言之，似吾
> 國文法之學，決不能免。他日欲求教育之普及，非有有統系之文法，
> 則事倍功半，自可斷言。然此學非一人之力所能提倡，亦非一朝一
> 夕之功所能收效。是在今日吾國青年之通曉歐西文法者，能以西方
> 文法施諸吾國古籍，審思明辨，以成一成文之法，俾後之學子能以
> 文法讀書，以文法作文，則神州之古學庶有昌大之一日。若不此之
> 圖，而猶墨守舊法，斤斤於漢宋之異同，師說之眞僞，則吾生有涯，
> 臣精且竭，但成破碎支離之腐儒，而上下四千年之文明將沉淪以盡
> 矣。〔註2〕

胡適1915至1917年撰寫博士論文《先秦名學史》，是關於古代中國邏輯方法發展問題的。〔註3〕在爲該書所寫的「前言」中，胡適闡述了這本書所用的論述方法及其與中國傳統學問不同的主要之點。除了原始資料的選擇、校勘、訓釋等問題，更主要的問題是哲學體系的建立。胡適說：

> 在這種工作中，最重要而又最困難的任務，當然就是關於哲學體系
> 的解釋、建立或重建。在這一點上，我比過去的校勘者和訓釋者較
> 爲幸運，因爲我從歐洲哲學史的研究中得到了許多有益的啓示。只
> 有那些在比較研究中（例如在比較語言學中）有類似經驗的人，才
> 能眞正領會西方哲學在幫助我解釋中國古代思想體系時的價值。
>
> 〔註4〕

胡適指出，中國已與世界的其他思想體系有了接觸，那麼，近代中國哲學中缺乏的方法論，似乎可以用西方自亞裏士多德直至今天已經發展了的哲學的和科學的方法來塡補。他確信，中國哲學的將來，有賴於從儒學的道德

---

〔註1〕 《章士釗致胡適》，中國社會科學院近代史研究所中華民國史組編：《胡適來往書信選》上冊，中華書局1979年版，第1頁。

〔註2〕 胡適：《〈詩〉三百篇言字解》，《胡適全集》第1卷，第232頁。

〔註3〕 該書1922年上海亞東圖書館出版英文版。1982年，中國邏輯史研究會組織專人將這本書譯成中文，1983年由上海學林出版社首次發行中文版。

〔註4〕 胡適：《先秦名學史》，《胡適全集》第5卷，第4頁。

倫理和理性的枷鎖中得到解放，借鑒和藉助於現代西方哲學去研究那些久已
被忽略了的本國學派，「用現代哲學去重新解釋中國古代哲學，又用中國固有
的哲學去解釋現代哲學」。〔註 5〕在對中國傳統思想所作的解釋中，胡適經常
以西方思想加以比附和說明。如論老子，是古代中國的普羅塔哥拉，「在他身
上，我們可以找到啓蒙年代精神的體現」；他的自然的概念相似於霍伯特・斯
賓塞的觀點。〔註 6〕如對孔子的論述，胡適得益於老師 L・列維・伯魯爾教授
（Prof.L.Levy-Bruhl），「他對於與孔子哲學有許多共同之處的奧古斯特・孔德
的實證哲學作了清楚的、有啓發性的敘述」。〔註 7〕

　　胡適 1919 年出版《中國哲學史大綱》更是推翻傳統之說，直接回到可靠
的史料，「借用別系的哲學，作一種解釋演述的工具」。〔註 8〕他對中國哲學史
研究的主要思路是：在清代漢學校勘、訓詁的基礎之上，用西洋的新舊學說
作爲比較參考的材料。這是因爲古代哲學去今太遠，久已成了絕學。當時發
生那些學說的特別時勢、特別原因，現在都沒有了。當時討論最激烈的問題，
現在都不成問題了。當時通行的學術名詞，現在也都失去了原意。但是在其
他國家的哲學史上，有時也曾發生那些問題，也曾用過那些名詞，也曾產生
大同小異或小同大異的學說。我們有了這種比較參考的材料，往往能互相印
證，互相發明。

　　在《國學季刊》發刊宣言中，胡適提出，用比較的研究來幫助國學的材
料的整理與解釋。〔註 9〕博採參考比較的資料，就像一個近視眼的人戴了近視
眼鏡一樣，從前看不見的，現在都看見了；從前不明白的，現在都明白了。
我們現在研究國學，必須打破閉關孤立的態度，抱持一個比較研究的虛心態
度。他說：

　　　　向來的學者誤認「國學」的「國」字是國界的表示，所以不承認「比
　　　　較的研究」的功用。最淺陋的是用「附會」來代替「比較」……附
　　　　會是我們應該排斥的，但比較的研究是我們應該提倡的。有許多現
　　　　象，孤立的說來說去，總說不通，總說不明白；一有了比較，竟不
　　　　須解釋，自然明白了。例如一個「之」字，古人說來說去，總不明

〔註 5〕　胡適：《先秦名學史》，《胡適全集》第 5 卷，第 12 頁。
〔註 6〕　胡適：《先秦名學史》，《胡適全集》第 5 卷，第 26、28 頁。
〔註 7〕　胡適：《先秦名學史》，《胡適全集》第 5 卷，第 39 頁註 1。
〔註 8〕　胡適：《中國古代哲學史・再版自序》，《胡適全集》第 5 卷，第 219 頁。
〔註 9〕　胡適：《〈國學季刊〉發刊宣言》，《胡適全集》第 2 卷，第 17 頁。

白：現在我們懂得西洋文法學上的術語，只須說某種「之」字是内動詞（由是而之焉），某種是介詞（賊夫人之子），某種是指物形容詞（之子於歸），某種是代名詞的第三身用在目的位（愛之能勿勞乎），就都明白分明了。又如封建制度，向來被那方塊頭的分封說欺騙了，所以說來說去，總不明白；現在我們用歐洲中古的封建制度和日本的封建制度來比較，就容易明白了。音韻學上，比較的研究最有功效。……制度史上，這種比較的材料也極重要，懂得了西洋的議會制度史，我們更可以瞭解中國御史制度的性質與價值；懂得了歐美高等教育制度史，我們更能瞭解中國近一千年來的書院制度的性質與價值。哲學史上，這種比較的材料已發生很大的助力了。《墨子》裏的《經上下》諸篇，若沒有印度因明學和歐洲哲學作參考，恐怕至今還是幾篇無人能解的奇書。韓非，王莽，王安石，李贄，……一班人，若沒有西洋思想作比較，恐怕至今還是沉冤莫白。看慣了近世國家注重財政的趨勢，自然不覺得李覯、王安石的政治思想的可怪了。懂得了近世社會主義的政策，自然不能不佩服王莽、王安石的見解和魄力了。《易・繫辭傳》裏「易者，象也」的理論，得柏拉圖的「法象論」的比較而更明白；《荀卿書》裏「類不悖，雖久同理」的理論，得亞裡士多德的「類不變論」的參考而更易懂。這都是明顯的例。至於文學史上，小說、戲曲近年忽然受學者的看重，民間俗歌近年漸漸引起學者的注意，都是和西洋文學接觸比較的功效更不消說了。此外，如宗教的研究，民俗的研究，美術的研究，也都是不能不利用參考比較的材料的。〔註10〕

胡適治國學的嶄新路向，得到蔡元培的高度肯定與大力支持。1919 年 10 月 20 日，蔡元培在杜威六十歲生日晚餐會上發表演說。他認為，東西文化可以「媒合」：

我覺得孔子的理想與杜威博士的學說，很有相同的點。這就是東西文明要媒合的證據了。但媒合的方法，必先要領得西洋科學的精神，然後用他來整理中國的舊學說，才能發生一種新義。如墨子的名學，不是曾經研究西洋名學的胡適君，不能看得十分透澈，就是證據。孔子的人生哲學與教育學，不是曾研究西洋人生哲學與教育學的，

---

〔註10〕 胡適：《〈國學季刊〉發刊宣言》，《胡適全集》第 2 卷，第 15～16 頁。

也決不能十分透澈，可以適用於今日的中國。〔註11〕

胡適的學術著作，在蔡元培看來，在國際文化史上佔有重要地位。1918年 8 月，蔡元培為胡適即將出版的《中國哲學史大綱》作序。稱胡適既治西洋哲學史，又自修「漢學」，是編撰中國古代哲學史的合適人選。他期盼胡適繼續努力，編成一部完整的《中國哲學史大綱》，「我們三千年來，一半斷爛、一半龐雜的哲學界，理出一個頭緒來，給我們一種研究本國哲學史的門徑，那真是我們的幸福了。」〔註12〕1930 年，蔡元培致函胡適，挽留他續任中國公學校長，但是，「我們知道國內外有許多人期望先生幾部大著作的寫定，寫定了幾部大著作，在世界文化史上，比辦什麼較好或著名的大學，尤為價值。所以我們雖再三強留先生，亦不甚願先生因為中公，耽誤著作」。他期望胡適儘快完成一部二三十萬字大著作的預定計劃，「『專心結束』這部國內外人期望十年的世界名著及其他著作」〔註13〕

整理國故運動在胡適等人的倡導和努力下，一時頗有聲勢。胡適在 1926年說：「近年以來，『整理國故』的喊聲居然成了一種時髦的傾向。」〔註14〕用西方學術的體系、概念來研究中國傳統學術，用西方學術的視域來比較中國傳統文化，成為現代學術的新方向和不可阻遏的新潮流。

## 二、「當從中國舊學本所具有之精神宗旨道途格局尋求瞭解」

隨著西學東漸的聲勢不斷壯大，西學輸入到中國的類別、規模、範圍也越來越壯觀，西方學術思想影響中國學術界，勢不可免。青年時代在鄉村教書、自學、撰述時，錢穆對這股潮流是相當關注的，時常翻閱《新青年》、《東方雜誌》等報章。早年中學教學時編撰的講義《國學概論》最後一章「最近期之學術思想」，顯示他對學術界的情況也相當熟悉。他評論近人對「子學」的研究時說：

> 最近學者，轉治西人哲學，反以證說古籍，而子學遂大白。最先為餘杭章炳麟，以佛理及西說闡發諸子，於墨、莊、荀、韓諸家皆有

---

〔註11〕 蔡元培：《杜威六十歲生日晚餐會演說詞》，高平叔編：《蔡元培全集》第三卷，中華書局 1984 年版，第 350～351 頁。

〔註12〕 蔡元培：《〈中國古代哲學史大綱〉序》，高平叔編：《蔡元培全集》第三卷，中華書局 1984 年版，第 189 頁。

〔註13〕 蔡元培：《致胡適函》，1930 年 5 月 15 日，高平叔編：《蔡元培全集》第五卷，中華書局 1988 年版，第 415～416 頁。

〔註14〕 胡適：《〈四角號碼檢字法〉序》，《胡適全集》第 3 卷，第 847 頁。

創見。〔註 15〕

對胡適的《中國哲學史大綱》有如下評論：

胡氏《哲學史大綱》，介紹西洋新史學家之方法來治國故，其影響於
學術前途者甚大。……要之其書足以指示學者以一種明確新鮮之方
法，則其功亦非細矣。〔註 16〕

錢穆也提到了柳詒徵《論近人講諸子學者之失》一文，一方面肯定「其
言頗足以矯時弊」。另一方面，也明確表示，清儒尊孔崇經之風，實自章太炎、
梁啓超、胡適三人之說而變，「學術思想之途，因此而廣」。「啓蒙發凡，其說
多疏，亦無足怪」。〔註 17〕顯然，此時的錢穆對新學是有所期待的。

1930 年代後，錢穆進入了中國學術、思想的中心，越來越發覺胡適等新
派學人對中國傳統學術、文化與歷史所作的研究與評判，以西方學術作準繩，
昧失了中國歷史的真相。從原典出發，從中國舊有學術的內在理路出發，來
研究中國傳統，成爲錢穆此生矢志之所在。

在胡適等發起科學的整理國故運動後不久，1923 年 12 月，一直與新文化
運動相抗衡的東南大學公佈了由顧實起草，國文系通過、提出的《國立東南
大學國學院整理國學計劃書》，指責「以科學理董國故」之弊。今日學子大患，
徒誦講義、報章、雜誌，奉某學術書爲神聖，「而未嘗根本課讀古書」。即使
課讀古書，「亦以著有科學系統之色彩」，信口開河。好比戴上西洋有色眼鏡，
視中國所有，「無一不可變爲西式」。〔註 18〕1949 年前，對胡適爲代表的新的
治學路徑的批評的聲音來自兩個方面。一方面，誠然有部分頑固、冬烘之輩；
但更多的是部分根柢深厚，既不完全排斥新的治學眼光，又不失舊學格局的
學者。錢穆即是其中一位主要的批評者。

1983 年，錢穆在《現代中國學術論衡》序言中，歷數現代學術的關鍵人
物，對胡適「逕依西學來講國故」，其思想竟然獨步天下，不勝感慨。他說：

蓋自道咸以來，內憂外患，紛起迭乘，國人思變心切，舊學日遭懷疑，
群盼西化，能資拯救。任公以舊學加入新思想，雖承其師康氏，而所

---

〔註 15〕 錢穆：《國學概論》，商務印書館 1997 年版，第 322 頁。
〔註 16〕 錢穆：《國學概論》，商務印書館 1997 年版，第 323～324 頁。
〔註 17〕 錢穆：《國學概論》，商務印書館 1997 年版，第 325 頁。
〔註 18〕 《國學叢刊》第 1 卷第 4 期。轉引自歐陽哲生《傅斯年學術思想與史語所初
期研究工作》，布佔祥、馬亮寬主編：《傅斯年與中國文化：「傅斯年與中國文
化」國際學術研討會論文集》，天津古籍出版社 2006 年版，第 53 頁。

學實有變。適之則逕依西學來講國故，大體則有採於太炎之《國故論
衡》。惟適之不尊釋。其主西化，亦不尊耶。而其譏評國故，則激昂
有更超太炎之上者。獨靜安於時局政事遠離，而曾爲宣統師，乃至以
留辮投湖自盡。故三人中，適之乃獨爲一時想望所歸。而新文化運動
乃竟掩脅塵囂，無與抗衡。風氣之變，亦誠有難言者。〔註19〕

　　錢穆強調中國文化、中國學術的特殊性。他說：「中國學術之必有其獨特
性，亦如中國傳統文化之有其獨特性，兩者相關，不可分割。非瞭解中國學
術之獨特性，即亦將無以瞭解中國文化之獨特性。惟從另一面言之，亦可謂
不明中國文化之獨特性，即無以明中國學術之獨特性。」〔註20〕他堅信：「一
國一民族之學術傳統，必有其特性所在」，〔註21〕「中國學術，實自有其獨特
性，而非可以專憑西方成見以爲評騭」，「亦非可以一依西方成規以資研窮」。
〔註22〕錢穆本人的中國學術史研究，正如有的學者所指出的那樣，「善於把學
術思潮的發展變遷置放到思想史本身的運動中加以分析，善於從中國自身的
知識和思想資源中去尋找思想史發展的內在理路。」〔註23〕

　　錢穆認爲，討論一個國家一個民族的文化問題，上層首當注意其「學術」，
下層則當注意其「風俗」。學術爲文化導先路。中國文化傳統，其空間的廣闊
性與時間的綿延性，在全世界是獨一無二的，是中華民族獨自創建，自有其
獨特性。他在《中國文化史導論》開篇即提出，「中國因其環境關係，他的文
化，自始即走上獨自發展的路徑」。〔註24〕在文化生成問題上，錢穆在一定程
度上可以視作地理環境決定論者，〔註25〕古代中國因爲特殊的天然環境，影
響其文化的形成並具有許多獨特之處。他指出：

　　中西雙方的人生觀念、文化精神和歷史大流，有些處是完全各走了
一條不同的路。我們要想瞭解中國文化和中國歷史，我們先應該習
得中國人的觀點，再循之推尋。否則若從另一觀點來觀察和批評中

〔註19〕　錢穆：《現代中國學術論衡・序》，三聯書店2001年版。
〔註20〕　錢穆：《中國學術通義・序》，《全集》第25冊，第6頁。
〔註21〕　錢穆：《中國學術特性》，《中國學術通義》，《全集》第25冊，第209頁。
〔註22〕　錢穆：《中國學術通義・序》，《全集》第25冊，第9頁。
〔註23〕　陳勇：《「不知宋學，則無以評漢宋之是非」——錢穆與清代學術史研究》，《史
　　　　　學理論研究》2003年第1期。
〔註24〕　錢穆：《中國文化史導論》，商務印書館1994年修訂版，第1頁。
〔註25〕　具體可參看柴文華《現代新儒家文化觀研究》第7章，三聯書店2004年版。

國史和中國文化，則終必有搔不著痛癢之苦。〔註26〕

研究中國歷史與中國文化，首要習得中國人的觀點，研究中國學術，自然也不例外。學術傳統具有人類的共同性，亦不妨礙各具個性。即使西方各國，不論文學、史學、哲學，英、美、法、德諸國，雖然在同一文化系統之下，也仍然有其在學術上各自內涵之獨特性，更何況中國與西歐，相互間在學術上不能沒有相異之處，事屬顯然。在錢穆的眼中，中國學術界呈現的現狀卻是：

今國人一切以信奉西方為歸，群遵西方學術成規，返治中國傳統舊存諸學，精神宗旨既各異趨，道途格局亦不一致。必求以西方作繩律，則中國舊學，乃若不見有是處。抑且欲瞭解中國舊學，亦當從中國舊學本所具有之精神宗旨道途格局尋求瞭解，否則將貌似神非，並亦一無所知。既所不知，又何從而有正確之批判。〔註27〕

自胡適《中國哲學史大綱》出版後，按照西方的學術體系進行學科劃分，成為時代潮流。錢穆認為，中國傳統學問中，既沒有西方學術此疆彼界分劃清楚的學術分類，同一類型學術中，也具有各自不同的特點，不能用西學的視域來衡量、評判中學。人文學科裏的哲學、史學、文學等，尤其如此。

錢穆指出，中國舊傳統只講「學術」或「學問」，不講「思想」，更沒有「哲學」。比如孔子、墨子，說他們的言論中有些近似西方的哲學思想是可以的，但總不能說孔子、墨子是哲學家。後起的如惠施、莊周、鄒衍、韓非、名、道、陰陽、法諸家，他們也都有許多近似於西方的所謂哲學思想，但也不能說他們是哲學家。宋、明理學，或許更近似西方的哲學。但嚴格而言，這中間仍有分別。所以，可以說，在中國學問中，並沒有和西方學術中一樣的「哲學」。直到近代，西學東來，才有「哲學」這一名詞。但近代學者如梁啟超、王國維、胡適、梁漱溟等，似乎也不好就說他們是一哲學家。專門學西方哲學家們來做學問的，尚在此諸人之後。〔註28〕

在錢穆看來，中國傳統學術中不僅沒有「哲學」這一概念，也沒有「思想」這一概念，中國只有「言」這一名詞。他說：

〔註26〕錢穆：《中國文化史導論》，商務印書館1994年修訂版，第20頁。
〔註27〕錢穆：《中國學術通義·序》，《全集》第25冊。錢穆此序作於1975年春，時年81歲。
〔註28〕錢穆：《我對於中國文化的展望》，《中國學術通義》，《全集》第25冊，第374頁。

言和思想和哲學，這三者均是稍有不同。言和事緊密相連，但並不即是思想。思想可和事分開，但並不即是哲學。哲學乃是思想之有特殊結構的。

從另一方面講，言一定是思想，哲學也一定是思想。我們可以這樣說，隨便的說話就是言，這些說話用特殊的某一種說法來說，就變成了哲學。這不是說話不同，而是思想方法之不同。……我們思想的發展，都應有一個生命。思想發展就有許多話，話多了，遂成爲一個結構，而那結構太固定性了，便好像機械似的，那就成爲了一套哲學。中國人思想偏近生命性的，它的發展仍只應稱之曰「言」。……中國人的理論，往往脫口而出，只是說話。沒有系統，沒有組織，一個人在那裏平白出口講，不成哲學，可是它確是一番思想啊！

故我們中國人的思想是生命性的，這句話就是一個思想之菁華，像一棵樹從根慢慢長出枝，開花結果，有生命。西方人的一句話，往往成爲思想的一塊化石。……我們要知中國人所謂的「言」，不能以看西方人哲學的眼光來看。

可見治中國學問，還是有中國的一套，不能不另有講究。〔註29〕

中國傳統中有「言」這一概念，有思想，但是沒有哲學。中國有哲人，無哲學。「哲學」這個名詞，是由西方迻譯而來。因此，在中國，好像有很多大哲學家，如孔孟、程朱、陸王等。但是如果尋求他們的哲學體系，又像是零零碎碎，不成片段，實際上並沒有一個思想體系可言。錢穆指出：「其實，他們的哲學體系，乃是完成在他們的全部人格上，表現在他們的全人生之過程上，並不只表現在其所思辨與著作上。」〔註30〕中國人的思維方式，並不能脫離了自身的躬行實踐而首先形成爲一套哲學體系。中國哲學，實際上只是一套人生實踐的過程。因此，中國哲學，主要並不在一套思想上，而毋寧說主要在一套行爲上。所以中國人以「聖」、「哲」連言，常稱「聖人」、「哲人」，不言「聖學」、「哲學」。中國哲學，與實際人生是融凝合一的。近人常常說，西方人思想是「客觀的」，錢穆認爲，中國人思想是「親切的」，〔註31〕只是從人的行爲講起，從心性之學講起，一步步從本身、家庭去作實驗，這正是中國文化體系中心之所在。

〔註29〕錢穆：《中國史學名著》，三聯書店 2005 年第 2 版，第 51～53 頁。
〔註30〕錢穆：《民族與文化》，《全集》第 37 冊，第 44 頁。
〔註31〕錢穆：《民族與文化》，《全集》第 37 冊，第 183 頁。

「中國哲人之一切言辭，似乎只是一種人生經驗，與其績效之概括的敘述與記錄而已」。〔註32〕中國學術乃是一種人文主義，不尚空言，其主要精神，乃在面對人群社會中一切人事問題各項實際措施。如西方般純思辨的哲學，由言辨邏輯可以無限引申而形成一套完整的大系統、大理論，在中國學術史上幾乎絕無僅有。比如「仁」，由孔子特別提出，是中國思想史裏最中心最主要的一個觀念。孔子論「仁」，並沒有什麼深微奧妙處，指的是人心內部的情意與態度，只要有一顆愛人之心即是「仁」。而這顆愛人之心，卻是人人內心所固有，所同有。「換言之，這是人心之本質」。〔註33〕《論語》可以說是「由孔子觀察日常人生，及其切實踐履所獲得之親身經驗之一種記錄」。我們讀《論語》，也不能隨意運用自己的一套思想或語言邏輯來加以批評。如欲領悟此中滋味，「亦必得投身於此實際生活中，親身有此一番實際體驗，才能印證其說」。〔註34〕總之，這屬於一種人生境界，無關思想體系。我們不能拿西方人的哲學來說中國這套思想就是「唯心論」，「我們不能把中西方思想模糊混合在一起」。〔註35〕因為西方人把自己自身站在一邊，來看外面這個世界，於是有所謂宇宙的本質原始是「心」或「物」的爭辯。這是他們的哲學，常把他們各自發明的哲學運用到人生方面來。中國人則把人自身裝進人群乃至宇宙裏面去，把知識和行為打成一片來講，雙方問題不同。

近人頗喜治宋代理學，似乎宋代理學比較富於哲學意味。錢穆認為，宋代理學吸收了禪學，但仍然是中國傳統，西方哲學重批判、重邏輯、重思辯、重理智，「正是繁在理論方面，而極少談實踐工夫」。這與明道（程顥）、朱子均不合。可見，中國人講學，「有些處究不宜與西方哲學同類等視」。〔註36〕我們要瞭解宋人理學，必須能從宋代理學家的實際生活、實際做人方面去求體悟。但近人講宋明理學，往往只是舉出一兩個論點，作一項哲學問題來探討。錢穆批評道：「現代中國人對待傳統文化常喜歡用一種予取予求的態度，截取古人枝節來自立新解。對於古人原來做學問的整個體系，與夫其創造此一套學問之血脈精神，卻都忽略不理會。」〔註37〕甚至有學者認為，非先通

---

〔註32〕錢穆：《歷史研究法》，三聯書店 2005 年第 2 版，第 67 頁。

〔註33〕錢穆：《中國思想史》，《全集》第 24 冊，第 10 頁。

〔註34〕錢穆：《中國歷史研究法》，三聯書店 2005 年第 2 版，第 67 頁。

〔註35〕錢穆：《民族與文化》，《全集》第 37 冊，第 84 頁。

〔註36〕錢穆：《泛論學術與師道》，《中國學術通義》，《全集》第 25 冊，第 263 頁。

〔註37〕錢穆：《有關學問之系統》，《中國學術通義》，《全集》第 25 冊，第 287 頁。

康德，即無以知朱子。錢穆十分不以爲然，理由十分簡單：「朱子之爲學途徑
與其主要理想，又何嘗從先知康德來」。一切思想必以康德爲宗主，同則是，
異則非，那麼，盡可專讀康德書，專治康德哲學，何必研究朱子呢？可見，「必
先西方，乃有中國，全盤西化已成時代之風氣」。〔註38〕

　　一般認爲，中國傳統學術中沒有哲學，如果說有哲學，也只有人生哲學，
而宇宙論則付闕如。錢穆指出，對這個問題，當分別而論。從根本上來講，「中
西學術途徑異趣，不能盡同」。可以說中國沒有如西方般純思辯的哲學，但是，
如果說中國有人生哲學而無宇宙論，「則殊恐不然」。他說：

> 人生亦宇宙中一事，豈可從宇宙中孤挖出人生，懸空立說。此在中
> 國思想習慣上，尤不樂爲，故謂在中國思想史上，人生與宇宙，往
> 往融合透洽，混淪爲一，不作嚴格區分，以此見與西方哲學之不同，
> 是猶可也。謂中國有人生論而缺宇宙論，則斷乎非事實。〔註39〕

大體而言，中國儒家思想主要貢獻在人生論方面，以道德精神爲主。道家思
想在宇宙論方面有創闢，富於藝術精神。中國傳統學術的特長在於「關於人
類心性之觀察與修養」，儒、道兩家「都能以極高的智慧深入透視人類心性之

〔註38〕錢穆：《現代中國學術論衡·序》，三聯書店 2001 年版。錢穆此論顯係針對現代
　　　　新儒家重鎮牟宗三而言。1995 年，香港新亞書院爲紀念錢穆百齡冥壽舉行學術
　　　　紀念會，錢夫人胡美琦女士致辭，涉及錢穆與新儒家的關係問題。錢夫人說，
　　　　錢先生認爲，西方哲學家根本不講中國儒家這套「修身」功夫，也即是不講「做
　　　　人」的道理，西方講做人道理屬於宗教範圍。「站在中國人立場，他不能同意衡
　　　　量中國儒家思想應以西方哲學思想理論爲依據的論點」。「以西方哲學思想理論
　　　　作依據，來評論中國儒家思想的觀點，竇四與牟宗三先生正是出於全然相反的
　　　　立場」。錢夫人還以她個人數十年來對錢先生日常生活的觀察，錢先生常以「謹
　　　　小慎微」爲律己的箴言，並舉以告誡來學，與牟宗三「狂者氣象」截然不同。
　　　　錢、牟兩位，早在大陸就相識，但極少往來。（錢胡美琦：《也談現代新儒家》（代
　　　　序），韓復智編著《錢穆先生學術年譜》第一冊，「國立」編譯館 2005 年版，
　　　　第 47～51 頁）錢穆回憶 1949 年前與熊十力的交往，稱熊十力「起居無尺度，
　　　　言談無繩檢。……然言談議論，則必以聖賢爲歸。」（見《八十憶雙親師友雜憶》，
　　　　三聯書店 1998 年版，第 238 頁）錢穆亦曾講到，現代新儒家的另一代表人物方
　　　　東美在一次國際會議上，力主中國哲學有中國哲學之價值，但其最後議論，「則
　　　　謂孔子思想在《易傳》中，不在《論語》中」。「是則亦仍以西方哲學觀念來討
　　　　論中國思想；其與新文化運動時之打倒孔家店，可謂乃五十步百步之間，何曾
　　　　觸及中國思想之眞際？」（《維新與守舊——民國七十年來學術思想之簡述》，《中
　　　　國學術思想史論叢》第九卷，《全集》第 23 冊，第 30 頁）
〔註39〕錢穆：《〈易傳〉與〈小戴禮記〉中之宇宙論》，《中國學術思想史論叢》第 2
　　　　卷，安徽教育出版社 2004 年版，第 15 頁。

精微」。〔註40〕

錢穆認為，講中國文化，講思想與哲學，「有些處不如講文學更好些」。中國文學中已經包括了儒、道、佛諸派思想，而且連作家的人格都在裡邊了。某一作家，或崇儒，或尚道，或信佛，他把他的學問和性情、人格、胸襟、意境，融入人生，然後在作品裏，把他的全部人生瑣細詳盡地描寫出來。〔註41〕比如王維、杜甫、李白三人，恰巧代表了三種性格，也代表了三派學問。王維是釋，是禪。李白是道，是老莊。杜甫是儒，是孔孟。我們如果不從這些地方直接參入，使我心與古人之心精神相通，「乃借徑於西方哲學式的言辨理論上闡發，終為是隔了一膜」，終究不能使我的真實人生，投入進深厚的文化生命中，於不知不覺間，融會成一體。〔註42〕

錢穆1951年應邀撰寫《中國思想史》，在8月1日所寫的序言裏，對「中國思想」與「西方哲學」作了嚴格區分。西方哲學，哲學對象超越而外在，是純理智、純思辨、純客觀的，中國思想裏沒有像西方般的純正哲學精神。以西方哲學來繩律中國、衡量中國，中國思想顯得太簡單太平易，還未發展成熟，不能剖析精微。但是，可以說中國無哲學，中國又何至於無思想呢？在人類思想中，可以有如西方般的哲學思想，卻不能說西方哲學思想是人類思想界的唯一準繩、唯一規範。他指出：

> 我們該從中國思想之本身立場來求認識中國思想之內容，來求中國思想本身所自有之條理組織系統，進展變化，與其派別之分歧。此始成為中國的思想史。我們不能說西方思想已獲得了宇宙人生真理之大全，同樣不能說中國思想對此宇宙人生之真理則全無所獲；亦不能說中國思想對宇宙人生真理之所獲，已全部包括在西方思想之所獲之中。如是始可確定中國思想史在世界人類思想史中之地位與價值。

然而，試問今天的中國，「果能真實認識瞭解中國之舊思想者又有幾人？」〔註43〕

---

〔註40〕 錢穆：《四部概論》，《中國學術通義》，《全集》第25冊，第35頁。

〔註41〕 錢穆：《談詩》，《中國文學論叢》，三聯書店2005年第2版，第120頁。

〔註42〕 錢穆：《中國文化傳統中之文學》，《中國學術通義》，《全集》第25冊，第193頁。

〔註43〕 錢穆：《中國思想史‧自序》，《全集》第24冊，第12～14頁。胡適是「中國哲學史」這一學科的創始人，對什麼是「哲學」，哲學史的研究對象等，第一次作了明確的界定。但是，由於受到傅斯年的影響，逐漸產生了「廢哲學」的觀念，「把自己吃飯傢伙丟了」，主張「哲學關門」。（詳見王汎森《傅斯年

錢穆並不反對中西學術的比較研究，也不反對用西學來研究中學。但是，必須能夠「兩面拼攏」，比較是為了更好的認識自己，而非急切之間作出價值評判，更非捨己從人。他說：

> 我們總不要隨便把西方觀念同中國觀念混起來，我們也該懂得分析，懂得比較。俗話說：「不怕不識貨，只怕貨比貨。」兩件東西拿來一比，便知其相異在那裏。西方文化和中國文化，有相異處，我們不要輕下褒貶，不要急切地來評判他們的價值高低，我們要先知道他們的相異之點究竟在那裏。這樣我們就認識什麼是中國文化、什麼是西方文化了。〔註44〕

錢穆強調：

> 中國人做學問，自有一套，不能用西方學問一一相繩。我認為今之學者，對中西學問，先當辨其異同，然後始能作是非得失之批評。我並不主一意守舊，排拒新興，在中國學術史上無此先例。……天地儘大，新的一套佛法進來，何必先將中國聖賢孔、孟、莊、老一套舊的先作推翻打倒工夫。……當時中國的僧徒，儘信他們一套新的，卻不先來排除已有舊的。只把舊的之中有可與新的相通處，借來作新的闡揚，如是而止。〔註45〕

「五四」以後，西方學術逐漸浸漬蔓衍於國內。學者們往往以西方學術觀點，研究、解釋、分析、評價中國歷史與文化。錢穆對於西學，並非全無研究，亦非完全排拒，也曾花費時日與精力，學習體察。但他對西方學術觀點與方法，不是套襲沿用，而是比較異同。他所有的著作，都是以中國的學術觀點、思想方法，來研究中國的學術文化，形成了其學術研究民族化、中國化的風格。

---

對胡適文史觀點的影響》，《中國近代思想與學術的系譜》，河北教育出版社2001年版，第302～306頁）1929年6月3日，胡適在上海大同中學作題為《哲學的將來》的演講，提出「過去的哲學只是幼稚的、錯誤的或失敗的科學」；「哲學家自然消滅，變成普通思想的一部分」；「將來只有思想家而無哲學家，他們的思想已證實的便成為科學的一部分，未證實的叫做待證的假設（Hypothesis）」。（《哲學的將來》，《胡適全集》第8卷，第6～8頁）胡適後來基本上放棄了「哲學」這一提法，他說：「我個人比較歡喜用『思想史』這個名詞，那比『哲學史』[更為切當]。」（胡適口述、唐德剛註譯：《胡適口述自傳》，安徽教育出版社1999年版，第264頁）

〔註44〕 錢穆：《民族與文化》，《全集》第37冊，第86頁。
〔註45〕 錢穆：《我對於中國文化的展望》，《中國學術通義》，《全集》第25冊，第376～377頁。

# 第二節　「虛心」與「懷疑」：不同的讀書法

　　不同的讀書法，體現了不同的治學路徑和模式。錢穆對自己的讀書、治學多有總結，並曾撰有專文討論讀書問題，在指導學生和授課中也多次談到如何讀書的問題。胡適也有關於應該怎樣讀書的多次演講。顯然，兩人讀書治學的風格迥異，顯示了兩種完全不同的治學方式。

## 一、朱子讀書法

　　錢穆極為推崇宋儒朱熹，許之為孔子後第一人，對其讀書法也十分欣賞。錢穆《朱子讀書法》一文，集中論述朱熹關於讀書首要「虛心」的思想與方法，在巨著《朱子新學案》中也多有闡發。他指出，朱熹特別提出一個讀書的精神條件，即如何善為運用我之聰明與精力的推進，這一個精神條件便是「靜」，靜則心虛，更喫緊的是在「心虛」上。所謂「心虛」，只是不執己見。「若先執一個己見去讀書，便是心不虛。所見的將依然是己見，不會看出書中道理。則於自己無長進。」〔註46〕朱子說：「看書不可將己見硬參入去。」錢穆特別寫下按語：

> 此是讀書第一最要法門。朱子所謂「虛心」，略如今人所謂「客觀」。若讀書時硬將己見參入，便是心不虛，便不能客觀，而不能真有所得矣。〔註47〕

朱熹指出，讀書要逐字逐句反覆熟讀，要瞭解得書中本意，「未可便肆己見，妄起浮論」。錢穆認為，朱子教人讀書，說來說去，「只是戒人不要把自己意見當作書中意見而已」。〔註48〕朱子說：「大凡看文字，少看熟讀，一也。不要鑽研立說，但要反覆體翫，二也。埋頭理會，不要求效，三也。」錢穆認為，這可以視作朱子教人讀書的「三大綱領」。〔註49〕朱熹關於「虛心」的讀書法還有很多，錢穆一一摘錄並加以評論：

> 讀書先責效，是學者大病。……主要還在懂得先虛心，第一不要搶立說，第二不要問效驗。只就書看書，只辦此一條心，故謂之心精。
> 心精便是只有此一心。心精了，書自熟。

---

〔註46〕錢穆：《朱子讀書法》，《學籥》，《全集》第 24 冊，第 6 頁。
〔註47〕錢穆：《朱子讀書法》，《學籥》，《全集》第 24 冊，第 6 頁。
〔註48〕錢穆：《朱子讀書法》，《學籥》，《全集》第 24 冊，第 10 頁。
〔註49〕錢穆：《朱子讀書法》，《學籥》，《全集》第 24 冊，第 17 頁。

讀書須先知曉那書中說了些什麼，我知曉書中說了些什麼，便是學問有得，便是我增長了一番知識。

朱子教人讀書，先要「白直曉會」，此事看易實難。既須能靜心、寬心、虛心、精心，又須能細繹反覆，翫味爛熟，乃得此曉會。〔註50〕

朱熹解《詩》，即是上述「虛心」讀書法的典型運用。朱熹自道其解《詩》工夫說：「當時解詩時，且讀本文四五十遍，已得六七分，卻看諸人說與我意如何。大綱都得，又讀三四十遍，則道理流通自得。」錢穆將此項工夫，分為三個層次：

其先是熟誦《詩經》本文，每詩讀至四五十遍。待見到六七分，然後再參眾說，是第二層。其參眾說，則必古今兼綜，巨細不遺。待大綱都得，又讀本詩三四十遍，則到第三層。而後詩中道理流通自得。其治《詩》如此，其治他經亦然。所以其學皆從傳統來，莫不有原有本，而又能自出己見，有創有闢。〔註51〕

針對前人解《詩》陳說，朱熹的處理方式是：「某舊時看詩，數十家之說，一一都從頭記得。初間那裏敢便判斷那說是，那說不是。看熟久之，方見得是非，然也未敢便判斷。又看久之，方審得。又熟看久之，方敢決定。這一部詩並諸家解，都包在肚裏。」錢穆提出，研究《詩經》，當存一「敬」之心，所謂不敬，就是不將其當作一事，不認眞，不仔細，如此怎能看到詩中道理？讀《詩》者往往有「三不敬」：

讀了一詩，急要讀第二詩，此心常在走作中，此是心不敬之一。讀了他人說，便急要自己說，此是心不敬之二。他人說未熟看，便敢判其是非，便是心不敬之三。〔註52〕

1961年1月，錢穆在新亞研究所作《關於學問方面之智慧與功力》〔註53〕的學術演講，可看作是錢穆自己做學問的方法論，但大部分亦是古人的經驗之談。他指出，做學問有兩階段、四層次。第一階段要先求能「入門」，第一層「由前人之智慧來指導自己之功力」，第二層「由從前人之功力來培養我自己之智慧」。這一階段，要讀人人必讀之書，即讀學術傳統方面所公認的第一

---

〔註50〕錢穆：《朱子讀書法》，《學籥》，《全集》第 24 冊，第 11、13～14、14 頁。

〔註51〕錢穆：《朱子學提綱》，三聯書店 2002 年版，第 170 頁。

〔註52〕錢穆：《朱子學提綱》，三聯書店 2002 年版，第 171 頁。

〔註53〕錢穆：《關於學問方面之智慧與功力》，《中國學術通義》，《全集》第 25 冊，第 319～342 頁。

流書。讀書，要能虛心賞玩。他說：

> 從前人提出讀書法，要在「存大體、玩經文」。此六字即是初學讀書
> 一好指導。……讀後常置心中，即是「存」。讀了再讀，即是「玩」。
> 此是初學入門工夫，萬萬不宜忽略。

讀書的第二階段第一層「由自己之智慧來體會前人之功力」。讀了一本書，「要進一步懂得前人如何般用功而成得此書」，「了解前人著書之苦心」。此處貴能「心領神會」，卻不能具體指點。他說：

> 讀書的第一步，只是依隨其書從頭讀下，此乃是「受業」階段。但
> 讀書的進一步工夫，應懂得著書人之艱難困苦。又須體會到著書人
> 之經營部署，匠心獨運處。若懂得到此，便可謂乃與著書人成為「同
> 道」。

讀書的第二階段第二層「以自己之功力來體會前人之智慧」。這一階段，要心知古人：

> 讀古人書，須能如面對親覿，心知其人。懂得了古人，像活生生地
> 在我面前，我才能走進此學術園地。此所謂「把臂入林」，至少在我
> 自己要感得是如此。也只有如此，才能了解到古人之血脈精神，以
> 及他們間學問之傳統源流。自己才能參加進此隊伍，隨著向前。

錢穆認為，如此讀書，才能成為一內行人，不復是一門外漢，才能與古人神交於千載之上，達到「意氣相投」的境界，「直覺得我讀到古人書，卻如先得我心之所同然般，這在我們是學問上的一種快樂」。〔註 54〕

　　錢穆抱有研究朱熹的夙願，1964 年夏天辭去香港新亞書院院長職務後，決心撰寫一部全面論述朱熹的著作。歷經 5 載，終成 5 卷本巨帙《朱子新學案》。因卷帙過繁，1970 年又撰寫《朱子學提綱》冠於書首。錢穆研究朱子學的方法，「即依朱子所以教人讀書為學之方，以讀朱子之書，求朱子之學」。他指出：

> 朱子教人讀書，必以熟讀其人之本書正文為主。如讀《論語》，古今
> 說《論語》者何限，而讀《論語》者，自必以《論語》本書正文為
> 主。其他諸說，則僅能作參考，不能作正主。至於捨卻本書正文，
> 不務參考旁求，而僅主自創己見，其事乃更為朱子所力戒。……若
> 欲求明朱子學之真相，則莫如返求之朱子之書。多所涉獵於述朱諍
> 朱之間，而於朱子本人之書不精不熟，勢將氾濫而無歸，亦如治絲

---

〔註 54〕 錢穆：《中國史學名著》，三聯書店 2005 年第 2 版，第 80 頁。

之益紛。〔註55〕

　　早在青年自學時代，錢穆即養成了一本書必須通體閱讀的習慣，「不抽讀，不翻閱」，包括《船山遺書》這樣的巨帙，「遇愜意處，加以筆錄」。〔註56〕錢穆全部、系統地閱讀朱熹文集是在 1944 年成都臥病期間，「此數月內，由於一氣連讀了《朱子語類》及《指月錄》兩書，對唐代禪宗終於轉歸宋明理學一演變，獲有稍深之認識」。〔註57〕此次決意撰寫《朱子新學案》，錢穆又用了 10 個月時間閱讀 140 卷的《朱子文集》和《續集》，又繼續閱讀 140 卷的《朱子語類》，作了廣泛的筆記摘錄。他說：

> 此兩百八十卷書，後人能首尾循覽終卷者殊不多。然若專讀其著述書，而不讀其《文集》與《語類》，則如朱子教人常云喫饅頭僅撮一尖，終不得饅頭之真味。本人為《朱子新學案》，於其《文集》《語類》兩百八十卷書，逐篇逐條均經細讀，乃見朱子著述各書，其精義所在，其餘義所及，多為只讀各書所未易尋索者。又見朱子為學之會通處，有在其各種著述之上之外者。乃知不讀《文集》《語類》，即無以通朱子之學。〔註58〕

錢穆認為，研究朱熹，首先必須通體閱讀他的全部著作，而且流落人間者，泰山一毫芒，著書作文與對面言談自有不同，因此，除《文集》外，還必須閱讀《朱子語類》，以補文集著述之不足，並可從中窺見曲折細微之所在。他指出：「今果於朱子原書，能悉心尋求，詳加發明，先泯門戶之見，而務以發現真相為主。逮於真相既白，則述朱闡朱之與諍朱攻朱，正反雙方，宜可得一折衷，由是乃可有漸得定論之望。此則不僅為治中國八百年來之學術思想史者一重大課題，實亦為治中國兩千年來之儒學史者一重大課題。」〔註59〕《朱子新學案》是錢穆晚年最重要、也是最為滿意的學術著作，被譽為「到目前為止中文著作中對朱熹思想所作的最淵博的研究」。〔註60〕

　　錢穆在《朱子新學案》中，亦多次提示，要理解朱子與理學等相關問題

---

〔註55〕錢穆：《朱子學提綱》，三聯書店 2002 年版，第 215 頁。

〔註56〕錢穆：《八十憶雙親師友雜憶》，三聯書店 1998 年版，第 129 頁。

〔註57〕錢穆：《八十憶雙親師友雜憶》，三聯書店 1998 年版，第 251 頁。

〔註58〕錢穆：《朱子學提綱》，三聯書店 2002 年版，第 215～216 頁。

〔註59〕錢穆：《朱子學提綱》，三聯書店 2002 年版，第 2～3 頁。

〔註60〕杜維明：《儒學傳統的改建——錢穆〈朱子新學案〉評介》，《孔子研究》1987 年第 1 期。

和思想，必須細讀朱子書、通覽朱子書。在「朱子論立志」章，錢穆認為，朱子教人立志、向學相資為益，而後人徒言程朱言居敬，「此皆未細讀朱子書，故不知朱子晚年思想之不斷有改進處」。〔註61〕在「朱子論禪學」章，錢穆認為，在理學家中，慧眼如炬，真能抉發禪家秘密，擊中禪家病痛的，只有朱子一人。朱子識禪甚深，故其闢禪，亦能擊中要害。而當時理學家浸淫於禪學者實多。朱子闢禪，正為矯理學流弊。其闢禪處，均是針對當時理學作諍救。而今認為理學即自禪學來，自然不對。認為理學家闢禪僅是門戶之見，也不對。要想獲得確解，「欲真見理學與禪學相異究何在，相爭處又何在，則非通覽朱子之書，亦難得其要領」。〔註62〕

　　錢穆在早前研究清代學者李紱（號穆堂）辨朱陸異同問題時，對其「言有依據，能抉本真」、「就朱陸著述全部以求其真相」的治學思想與方法，也頗有發明。穆堂辨陸學之非頓悟，錢穆評論道：「世之譏陸王者，率謂其近禪，謂其尚頓悟，病其游談無根，束書不觀，自穆堂言之，彼之所以斥陸王者，正坐游談無根、束書不觀之病，皆未嘗細讀陸王書而姑意測之如是也。」〔註63〕李紱認為，世俗好謗陸王，是由於元明以來，「朝廷科舉，以朱子書取士，俗士習於時文講章，有道學之美名，有富貴之實利，而又熟於章句訓詁之先入」，而「攻陸王者每不讀陸王書，則又安從得陸王之真」？〔註64〕穆堂重要著作有《朱子晚年全論》、《陸子學譜》，錢穆對此評論曰：

> 時人爭朱陸公案，自穆堂言之，不徒未讀陸王書，抑又未細讀朱子書，特剽竊世俗講章、科舉訓詁為之也。穆堂既一一斥其空疏淺陋，而自出手眼以辨朱陸之異同者，則在即就朱陸著述全部以求其真相。〔註65〕

　　錢穆認為，朱子的讀書法，其實就是其「格物」法。朱子主張格物窮理，多方以求，自然要教人讀書。在宋代理學家中，正式明白地教人讀書，只有朱子一人。理學創興，二程自謂得孟子以來不傳之秘，雖然聲稱要返求之六經，其實二程並不重視漢儒以下經學。此風至南宋愈演愈烈。當時理學家風氣，務創新說，欲成一家之言。朱子教人讀書，多屬針對此項流弊而發。如「今學者

---

〔註61〕錢穆：《朱子學提綱》，三聯書店 2002 年版，第 120 頁。
〔註62〕錢穆：《朱子學提綱》，三聯書店 2002 年版，第 147 頁。
〔註63〕錢穆：《中國近三百年學術史》上冊，商務印書館 1997 年版，第 301 頁。
〔註64〕錢穆：《中國近三百年學術史》上冊，商務印書館 1997 年版，第 302 頁。
〔註65〕錢穆：《中國近三百年學術史》上冊，商務印書館 1997 年版，第 303 頁。

不會看文字，多是先立私意，自主張己說，只借聖人言語做起頭，便把己意接說將去，病痛專在這上」；如「說道理，只要攝那頭一段尖底，末梢便到那大而化之極處。中間許多，都把做渣滓，不要理會。相似把個利刃截斷，中間都不用了。這個便是大病」；又如「今之談經者，往往有四者之病。本卑也而抗之使高，本淺也而鑿之使深，本近也而推之使遠，本明也而必使至於晦，此今談經之大患」，等等。錢穆指出，朱子對當時理學家說經流弊盡力剖擊，實已遠超後人。後人攻擊理學，尚不如朱子篤切深至。「朱子治經，一面遵依漢唐儒訓詁註疏舊法，逐字逐句加以理會，力戒自立說籠罩。一面則要就經書本文來解出聖賢所說道理，承守伊洛理學精神。」〔註66〕錢穆鄭重強調：

> 朱子教人要能具備虛心，專心，平心，恒心，無欲立己心，無求速效心，無好高心，無外務心，無存驚世駭俗心，無務杜撰穿鑿心，能把自己放低，退後，息卻狂妄急躁，警惕昏惰閒雜。能如此在自己心性上用功，能具備此諸心德，乃能效法朱子之讀書。故朱子教人讀書，同時即是一種涵養，同時亦即是一種踐履。朱子教人讀書，乃是理學家修養心性一種最高境界，同時亦即是普通讀書人一條最平坦的讀書大道。理學之可貴亦正在此。慎勿以爲此等乃是理學家之教人讀書而忽之。〔註67〕

在 1935 年撰寫的《近百年來諸儒論讀書》一文中，錢穆就梁啓超戊戌時期所擬的《讀書次第表》作了這樣的評論：

> 那種意思迫促以及自視過高的風氣，似乎已成了四十年來的時代病；而在康、梁指導人讀書的意見裏，恰恰把此種時代病，十分地透露了出來。〔註68〕

「意思迫促」、「自視過高」，是自 19 世紀末年以來的讀書「路向」和時代病。這種時代病愈演愈烈，終至於不讀基本書，不肯自首至尾通讀、熟讀一本書，缺少一個基本的、系統的知識體系，再不肯耐心、虛心地去體察古人立說的「情」與「意」，〔註69〕而放言高論，唯我獨尊，以批評前人以鳴高，紛紛務

---

〔註66〕錢穆：《朱子學提綱》，三聯書店 2002 年版，第 162 頁。
〔註67〕錢穆：《朱子學提綱》，三聯書店 2002 年版，第 159 頁。
〔註68〕錢穆：《近百年來諸儒論讀書》，《學籥》，《全集》第 24 冊，第 140～141 頁。
〔註69〕錢穆認爲，史書記載「史情」，應具「史意」。什麼叫「史情」呢？這是當時一件事的實際情況。每一件史事背後，我們要懂探求其實情，這實情背後就有一個「史意」。這是在當時歷史實際具有的一種意向。當時歷史究在哪裏要

創新說，欲成一家之言。

　　錢穆特別推崇朱熹的讀書法，讀書要靜心、虛心，與立說之古人立於同一境界，體察古人著書立說的情境與其中曲折。一方面，這是錢穆闡述自己讀書、治學的路徑與方法；另一方面，也可以說是有所爲而發，對同時代以胡適爲代表的新派學人的讀書、治學的基本路徑多所批評。錢穆與胡適在讀書、治學的基本方法上，其分歧是顯然的。

## 二、「教人一個不受人惑的方法」

　　胡適自言，「我治中國思想與中國歷史的各種著作，都是圍繞著『方法』這一觀念打轉的。『方法』實在主宰了我四十多年來所有的著述。」〔註70〕他希望教人尤其是年輕人一個思想和治學的方法，一個「不受人惑的方法」。

　　胡適在一次有關讀書的演講中，提出讀書有兩個要素，第一要精，第二要博。「博」就是什麼書都要讀，爲預備參考資料計，不可不博。做一個博學的人，就增加了很多參考的材料，使我們讀書時容易得著「暗示」。遇著疑難之處，東一個暗示，西一個暗示，就不至於呆讀死書了。這叫做「致其知而後讀」。比如《墨子》，近代以來，我們瞭解了光學、幾何學、力學、工程學等等，才知道其中有許多部分是必須用這些科學的知識方才能懂得的。後來有人知道了邏輯學、心理學等，《墨子》懂得更多了。「讀別種書愈多，《墨子》愈懂得多。」比如《詩經》，如果先讀了北大出版的《歌謠週刊》，便覺得《詩經》好懂多了。如果先讀過社會學、人類學，就懂得更多了。如果先讀過文字學、古音韻學、考古學、比較宗教學等，懂得的又更加多了。比如閱讀佛教唯識宗的書，最好多讀點邏輯學、心理學、比較宗教學、變態心理學。

　　總之，在胡適看來，做學問要專，要以專精的學問爲中心，「次及於直接相關的各種學問，次及於間接相關的各種學問，次及於不很相關的各種學問，以次及毫不相關的各種泛覽」。「無論讀什麼書總要多配幾副好眼鏡」，配上了好眼鏡，會有他人不及的新發現。胡適提出：「爲學要如金字塔，要能廣大要

---

　　往哪一條路跑，跑得到跑不到是另外一件事，但它有一個意向，想要往那條路跑。我們學歷史的人，就應該認識這個史之意。史意得了，史情自然也得了。史書的最大作用，要能發掘出他所寫這一時代的史情與史意。（《中國史學名著》，三聯書店2005年第2版，第148頁）

〔註70〕胡適口述、唐德剛註譯：《胡適口述自傳》，安徽教育出版社1999年版，第108頁。

能高。」〔註71〕

胡適指導讀書的另一個方法就是要善於懷疑。終其一生，他指導青年人讀書、治學和思考的一個最基本的方法就是實驗主義的方法。按照胡適的理解，實驗主義的方法的基本點是存疑的原則，懷疑一切沒有證據的東西。〔註72〕通俗地講，就是胡適的那句名言：「不要被人牽著鼻子走」。

就在那篇關於讀書的演講中，胡適同時指出，讀書要會疑，忽略過去，不會有問題，便沒有進益。他舉宋儒張載的話，如「讀書先要會疑」，「於不疑處有疑，方是進矣」，如「在可疑而不疑者，不曾學」，「學則須疑」，又如「學貴心悟，守舊無功」等，闡揚宋代學者大膽懷疑的學風。〔註73〕

有意思的是，胡適對朱熹的讀書治學方法也頗有抉發。不過，與錢穆恰相反對。在錢穆看來，朱熹教人先做一不知不會的人，靜心、虛心、耐心體察古人著書立說之心情與曲折，涵泳玩味其間，不要急於與古人作諫諍。而在胡適眼裏，朱熹正是教人要善於懷疑，對朱熹善於疑古、辨偽，精於考證十分推許，屢屢將朱熹推爲中國考證學的開山。錢穆對朱熹精考證、善辨偽的治學思想也有所發抉，但顯然並不佔主要地位。錢穆強調「虛心」，胡適強調「疑」，對朱熹讀書法的不同側重，顯示了錢穆、胡適治學風格、路數的差異。

胡適在《新思潮的意義》一文中提出，新思潮的運動對於中國舊有的學術思想所應持的態度，也是評判的態度，首要的第一點就是反對盲從。〔註74〕胡適大力表彰中國歷史上理智主義的傳統，認爲中國思想中不乏科學的精神與方法，而科學的精神最根本的一點就是懷疑的精神、實證的態度。在他看來，古代中國的知識遺產裏確實存在一個「蘇格拉底傳統」。自由問答，自由討論，獨立思想，懷疑，熱心而冷靜的求知，這都是儒家的傳統。孔子的確有許多地方使人想到蘇格拉底。儒家傳統裏一個很值得注意的特點就是有意獎勵獨立思想，鼓勵懷疑。孔子分明不喜歡那些對他說的話樣樣都滿意的聽話弟子，他要獎勵他們懷疑，獎勵他們提出反對意見。這個懷疑問題的精神到了孟子表現得更明顯了。《老子》、《詩經》裏都表現出一種自然主義的宇宙觀，「自然主義本身最可以代表大膽懷疑和積極假設的精神」。道家的自然主

〔註71〕以上引文均見胡適《讀書》，《胡適全集》第3卷，第157～164頁。
〔註72〕見胡適《演化論與存疑主義》，《胡適全集》第8卷，第39～42頁。
〔註73〕胡適：《讀書》，《胡適全集》第3卷，第159頁。
〔註74〕胡適：《新思潮的意義——研究問題 輸入學理 整理國故 再造文明》，《胡適全集》第1卷，第697～698頁。

義和儒家的人本主義，使中國沒有陷入於非理性和迷信的昏睡之中。〔註75〕胡適稱王充是「中古思想界的唯一炬光」，〔註76〕《論衡》的精神只在「訂其眞僞，辨其實虛」八個大字。王充的哲學是評判的哲學，他的精神只是一種評判的精神，這種精神的表現，便是他的懷疑的態度。〔註77〕

胡適極爲推崇宋儒的懷疑態度與實證精神，承認自己自小就受到宋儒的影響。胡適的父親服膺程朱理學，胡適認爲自己「遺傳」了父親身上的理學遺風。〔註78〕在他父親的回憶錄裏，保留了當年書院學習時的「日記」和「日程」。這些「日記」、「日程」都有特別印好的格式，這印刷品的卷端都印有紅字的宋儒朱熹和張載等人的語錄。其中一份張載的語錄便是「爲學要不疑處有疑，才是進步！」〔註79〕

胡適晚年回憶自己青年時期逐漸領悟的治學方法，其根源似乎可以「一直追溯到我十來歲的初期」。他十幾歲的時候，便已有好懷疑的傾向，尤其是關於宗教方面。胡適說：「我對許多問題存疑；我（尤其）反對迷信鬼神。」〔註80〕胡適留學期間較多地閱讀了宋以前人註釋的舊典籍，尤其是《十三經注疏》中的《詩經》。他幼年所讀的《四書》、《五經》一直是朱熹註。當後來接觸到漢儒毛公、鄭玄的註釋時，注意到兩者之間的明顯差異，「所以才引起我自己企圖來寫點批判性的文章」，〔註81〕這就是《〈詩〉三百篇言字解》。該文以《爾雅》「非可據之書」，〔註82〕「否定這一古字典的權威」，〔註83〕採用歸納比較的方法，分析「言」字的文法。胡適說：「在這篇文章裏，至少也可看出我自己治學懷疑的精神。」所以，胡適總結自己的治學經驗，「我最早的

〔註75〕 胡適：《中國哲學裏的科學精神與方法》，《胡適全集》第 8 卷，第 490～493 頁。
〔註76〕 胡適：《中國中古思想史長編》，《胡適全集》第 6 卷，第 182 頁。
〔註77〕 胡適：《王充的〈論衡〉》，《胡適全集》第 8 卷，第 51、56 頁。
〔註78〕 胡適：《四十自述》，《胡適全集》第 18 卷，第 42 頁。
〔註79〕 胡適口述、唐德剛註譯：《胡適口述自傳》，安徽教育出版社 1999 年版，第 14 頁。
〔註80〕 胡適口述、唐德剛註譯：《胡適口述自傳》，安徽教育出版社 1999 年版，第 137 頁。
〔註81〕 胡適口述、唐德剛註譯：《胡適口述自傳》，安徽教育出版社 1999 年版，第 139 頁。
〔註82〕 胡適：《〈詩〉三百篇言字解》，《胡適全集》第 1 卷，第 229 頁。
〔註83〕 胡適口述、唐德剛註譯：《胡適口述自傳》，安徽教育出版社 1999 年版，第 140 頁。

資本或者就是由於我有懷疑的能力」。〔註84〕胡適認為，從某些方面來說，「朱子本人便是一位科學家」，「他對古代典籍深具批判能力」。朱熹平時對古籍的處理也完全不拘泥於傳統，每每使用新方法，另創新論。〔註85〕

宋代疑經改經蔚成風氣，宋人對諸經的懷疑和考辨，範圍廣，時間長，參與者眾，觸及面大，形成宋代特有的疑辨學風。宋人講學，最喜講一個「疑」字。胡適多次引用張載、朱熹提倡懷疑精神的言論。朱熹對他的弟子們說：「諸公所以讀書無長進，緣不會疑。其雖看至沒緊要的事物，亦須致疑。才疑，例須理會得徹頭。」胡適指出，「朱子真正是受了孔子的『蘇格拉底傳統』的影響，所以立下了一套關於研究探索的精神、方法、步驟的原則。」〔註86〕朱熹有校勘、訓詁工作的豐富經驗，所以能從「疑」的觀念推演出一種更實用更有建設性的方法論。他懂得懷疑是不會自己生出來的，是要有了一種困惑疑難的情境才會發生的。他說：「某向時與朋友說讀書，也教他去思索，求所疑，近方見得只是且恁地虛心，就上面熟讀，久之自有所得亦自有疑處。蓋熟讀後，自有窒礙不通處，是自然有疑，方好較量」；「讀書無疑者須教有疑，有疑者卻要無疑。到這裏方是長進。」到了一種情境，有幾個互相衝突的說法同時要人相信，要人接受，也會發生疑惑。朱熹說他讀《論語》曾遇到「一樣事被諸先生說成數樣」，他所以「便著疑」。胡適認為，朱熹提出了一套解決懷疑的方法：第一步是提出一個假設的解決方法，然後尋求更多的實例或證據來作比較，來檢驗這個假設。總之，懷疑和解除懷疑的方法只是假設和求證。朱熹的重大成就表現在兩個方面：第一，他常常對人講論懷疑在思想和研究上的重要，而這懷疑只是「權立疑義」，不是一個目的，而是一個要克服的疑難境地，一個要解決的惱人問題，一個要好好對付的挑戰。第二，他有勇氣把這個懷疑和解除懷疑的方法應用到儒家的重要經典上，因此開創了一個經學的新時代。〔註87〕就這樣，胡適所理解的朱熹的「大膽的懷疑與小心的求證」的治學思想，與他自己一再倡導的思想的五個步驟，幾乎是完全一致的。

---

〔註84〕 胡適口述、唐德剛註譯：《胡適口述自傳》，安徽教育出版社 1999 年版，第 140、146 頁。

〔註85〕 胡適口述、唐德剛註譯：《胡適口述自傳》，安徽教育出版社 1999 年版，第 308 頁。

〔註86〕 胡適：《中國哲學裏的科學精神與方法》，《胡適全集》第 8 卷，第 498 頁。

〔註87〕 胡適：《中國哲學裏的科學精神與方法》，《胡適全集》第 8 卷，第 499～500 頁。

　　胡適提倡評判的態度、懷疑的精神，在學術界產生了重大影響，對古史辨派和疑古辨偽風氣的形成具有極大的推動作用。然而，在學術層面，胡適並非一味疑古。如對古史的懷疑，儘管他提出「寧可疑而錯，不可信而錯」〔註88〕的口號，但同時他又說：「大概我的古史觀是：現在先把古史縮短二、三千年，從《詩三百篇》做起。將來等到金石學、考古學發達上了科學軌道以後，然後用地底下掘出的史料，慢慢地拉長東周以前的古史。」〔註89〕據顧頡剛20世紀80年代初的追述，1929年胡適曾對他說：「現在我的思想變了，我不疑古了，要信古了！」〔註90〕胡適起先懷疑《左傳》，只相信《詩經》可以作為信史。1930年10月28日日記載，連續讀錢穆的《劉向歆父子年譜》和顧頡剛的《五德終始說下的政治和歷史》，認為「《錢譜》為一大著作，見解與體例都好」。顧頡剛的文章一部分作於曾見錢文之後，「而墨守康有為，崔適之說，殊不可曉」。〔註91〕正是因為讀了錢穆《劉向歆父子年譜》，胡適「漸漸脫離今文家的主張」。〔註92〕胡適一再倡導評判的態度、懷疑的精神，更主要的是在思想層面立論。他在《胡適文選》所作的自序中，明確指出，他所寫的幾十萬字的小說考證，都只是用一些「深切而著明」的實例「來教人怎樣思想」。他說：

> 這些都只是思想學問的方法的一些例子。在這些文字裏，我要讀者學得一點科學精神，一點科學態度，一點科學方法。科學精神在於尋求事實，尋求真理。科學態度在於撇開成見，擱起感情，只認得事實，只跟著證據走。科學方法只是「大膽的假設，小心的求證」十個字。沒有證據，只可懸而不斷；證據不夠，只可假設，不可武斷；必須等到證實之後，方才奉為定論。
>
> 少年的朋友們，用這個方法來做學問，可以無大差失；用這種態度來做人處事，可以不至於被人蒙著眼睛牽著鼻子走。
>
> 我這裏千言萬語，也只是要教人一個不受人惑的方法。〔註93〕

〔註88〕胡適：《「研究國故」的方法》，《胡適全集》第13卷，第48頁。
〔註89〕胡適：《自述古史觀書》，1921年1月28日，《古史辨》第一冊，上海古籍出版社1982年影印版，第22頁。
〔註90〕顧頡剛：《我是怎樣編寫〈古史辨〉的?》，《古史辨》第一冊，上海古籍出版社1982年影印版，第13頁。
〔註91〕《日記》第5卷，第834頁。
〔註92〕《日記》第6卷，第105頁，1931年3月31日。
〔註93〕胡適：《介紹我自己的思想——〈胡適文選〉自序》，《胡適全集》第4卷，第

胡適的名言「不被人牽著鼻子走」即由此而來。他著重強調的是：不迷信，不盲從，對任何經典和權威，都要懷抱懷疑和批判的精神，用科學的態度和方法去求證，去證實。

### 三、「讀書生疑，仍自虛心熟讀白直曉會來」

無論胡適是否屬於疑古派，無論他的學術思想是否有些許改變，無論他的本意究竟是什麼，提倡懷疑的讀書和思想方法，在學術界、思想界均已產生廣泛影響。錢穆對學術界高唱懷疑論深致不滿。他強調，讀書生疑，「仍自虛心熟讀白直曉會來」。他認為，疑必先起於信，起於兩信而不能決：

> 晚近學術界，因尊考據，又盛唱懷疑論。……然疑之所起，起於兩信而不能決。學者之始事，在信不在疑，所謂「篤信好學」是也。信者必具虛心，乃能虛己從人。始治一家思想，首當先虛己心，就其思想而爲思想，由其門戶，沿其蹊徑，彼如何思入，如何轉出，我則一如其所由入而入，所由出而出。此一家思想之先後深淺，曲折層次，我必虛心，一如彼意而求。迨於表裏精粗無不通透，所謂心知其意，此始於信奉一家思想，姑懸爲我學問之對象。我因學於彼而始得之己，遂知思想當如何運用。又對此一家思想之深細曲折處，皆有眞知灼見，此爲我之由學問而所得之知識。然則即言學尚義理思想，豈不仍是實事求是，有考有據，爲一種客觀之認識乎？惟爲學不當姝姝於一先生之言。彼一家之思想，我已研窮，又循次轉治別一家。我之研治別一家，其虛心亦如研治前一家。不以前一害後一，此之謂「博學好問」，此之謂「廣收並蓄」。而或兩家思想各不同，或相違背，然則誰是而誰非？我當誰從而誰違？於是於我心始有疑。故疑必先起於信，起於兩信而不能決。如此之疑，始謂之好學會疑。〔註94〕

其實，關於治學要善疑，朱熹早就講得十分清楚、明白：「熟讀後，自有窒礙不通處，是自然有疑，方可較量。今若先去求個疑，便不得。」錢穆在此條按語中說：

> 讀書生疑，仍自虛心熟讀白直曉會來。今人先要抱了疑，再去讀那

---

671、672、673 頁。

〔註94〕錢穆：《學術與心術》，《學籥》，《全集》第 24 冊，第 163～164 頁。

書，自謂莫給他牽著我鼻子走；譬如先疑心他是賊，再和他打交道。

實則如此讀書，深閉固拒，永無進益，真又何苦來。〔註95〕

在錢穆看來，讀書先疑，先抱一不信之心，這不僅是一種不好的讀書方法，更是一種不謙虛、不厚道的心理上的時代病。他批評說：

今言懷疑，先抱一不信心。其實對外不信，即是對己自信。故其讀書，如踞堂皇而判階下之囚，其心先不虛，先已高自位置，傲視一切，則如何肯耐心細心從事於學問？學問不深，如何有真訓練，真能力，真知識？……其批判各家，一憑己意，高下在心，而實非各家思想之真實有如此。彼先未有廣博明白之知識，為其自己所持理論作後盾。彼之思想與理論，乃未經學問而即臻早熟。彼乃以自信代會疑，以批判代學問。〔註96〕

錢穆反覆陳說，做學問要懂得古人如何立說，與其同時代的人如何立說，歷史上各時代人又是如何立說，綜合、折中各家學說，才能自下判斷，得出令人信服的結論。比如研究歷史上某一政治制度，「不僅要研究這些寫在文字規定下來的所謂制度，還應該懂得在當時此一制度之起源，乃至此一制度之演變。並有許多人對於此一制度所發揮的種種意見和議論。這才是研究到了一活制度。這也是我們研究一切學問都該懂得的。」〔註97〕如研究《論語》，必然要看重孔子，乃至先秦兩漢唐宋元明清歷來凡是講《論語》的人，都要同樣看重。而現在研究《論語》，最多是來講《論語》，而對於從先秦下迄清代講《論語》的，就都看不起。更可怕的是，只講《論語》，不講孔子。換言之，在我們心中，只有《論語》其書，更沒有孔子其人。其他如講歷史，講制度，也只是講到歷史制度而止。在我們講的人心中，其實並沒有所講這一歷史制度下的那些人。錢穆批評道：

這實在是我們做學問一個極大的心理上的病。在我們心理上有了這種病，我們便無法做一種高深的、博厚的學問。因在這個人的學問狀態上，已經有了一種不僅不謙虛，並且不厚道的大心病。對於這一本書，從前人用功這本書的，對於這一項制度，從前人注意這項制度的，他們的意見，我們全不理會。甚至於我們對於

〔註95〕錢穆：《朱子讀書法》，《學籥》，《全集》第 24 冊，第 25 頁。

〔註96〕錢穆：《學術與心術》，《學籥》，《全集》第 24 冊，第 164～165 頁。

〔註97〕錢穆：《中國史學名著》，三聯書店 2005 年第 2 版，第 262 頁。

這一部著作，對於這一個制度的本身，我們也並不是用一個研究的態度來研究，而更主要的，是用一個批評的態度來批評。好像總要找到它一些毛病，才表示出我讀書有得。若我不能找出它一些毛病來，豈不是在我一無所得嗎？這一種的觀點，實在是極大錯誤。〔註98〕

錢穆指出，講學須能講到各家所特有之處，然後才能辨別其間異同，判斷其得失是非，「豈能自己拈幾個字面把來加在別人身上，此是以己見評前人，非能從前人眞實處下評，豈能有當？」〔註99〕朱子教人讀書，「凡百放低，且將先儒所說正文本句，反覆涵泳，久久自見意味」，「只且做一不知不會底人，虛心看聖賢所說言語，未要便將自家許多道理見識與之爭衡」。錢穆對此極爲欣賞，許之爲千古讀書準繩：

讀古人書，非務外爲人，爭古人之是非。乃欲擴大自己心胸，多聞多知，也該容古人開口說他底道理。但也不是要捨己以徇，乃求有個融會，以益期於至當之歸。若要得如此，卻須把自家先放低，先退一步，虛心做一不知不會底人。莫把自家先與他爭衡，待瞭解得他，自會有疑有辨，久之卻來新見。朱子如此教人讀書，實亦不是專對當時理學界作箴砭，千古讀書，欲求得益，必當奉此爲準繩。〔註100〕

據錢穆晚年居臺期間的弟子戴景賢回憶，他時常閱讀《朱子四書註》，錢穆某日詢問其讀「四書」心得，乃以平日箚記夾於書中面呈。所記無外乎朱子之言，哪些有所得、哪些則未妥之類。錢穆讀了幾條箚記，即棄置一旁，說道：「朱子乃八百年來一大儒，非是其書無可議，然前人推崇至此，終有其理。即有失，斷無古人皆無見，獨汝聰明出前人上。汝至少應取古人論及朱子之書，如清人之說，先讀一過，再議未遲。讀其書，先不存禮敬其人之心，如何能善會其意？」戴景賢當時只覺得錢師言若千金之重，愧悔不能自已。隨後取清代學者如錢竹汀、戴東原、毛西河等論朱子四書註的著作閱讀，「乃益覺自己知識之淺薄」，「然反覆既久，乃覺如毛氏書，條舉朱子書中之

---

〔註98〕錢穆：《中國史學名著》，三聯書店 2005 年第 2 版，第 262～263 頁。
〔註99〕錢穆：《陸稼書學述》，《中國學術思想史論叢》第 8 卷，安徽教育出版社 2004 年版，第 127 頁。
〔註100〕錢穆：《朱子學提綱》，三聯書店 2002 年版，第 157 頁。

錯，凡數十門、數百條，上涉天文，下及輿地，其學問何等淵博。若平心細思，則又豈是其學眞出朱子之上，余後讀書知虛心，此日恩師之面斥，實爲一關鍵。」〔註101〕

錢穆在指導學生閱讀和研究過程中，一再提及朱熹「虛心」的讀書法，自謂一生學問，得力於此甚多。錢穆對朱熹讀書法的倡導，深刻影響了他的學生們。如余英時一篇名爲「怎樣讀中國書」的文章，既可謂對朱熹讀書法的闡發，亦可謂是對乃師讀書法的總結。原文較長，筆者不厭其煩，摘錄在此，作爲本目的結束語：

中國傳統的讀書法，講得最親切有味的無過於朱熹。《朱子語類》中有《總論爲學之方》一卷和《讀書法》兩卷，我希望讀者肯花點時間去讀一讀，對於怎樣進入中國舊學問的世界一定有很大的幫助。朱子不但現身說法，而且也總結了荀子以來的讀書經驗，最能爲我們指點門徑。

讀書要「虛心」，這是中國自古相傳的不二法門。

「虛」和「謙」是分不開的。我們讀經典之作，甚至一般有學術價值的今人之作，總要先存一點謙遜的心理，不能一開始便狂妄自大。這是今天許多中國讀書人常犯的一種通病，尤以治中國學問的人爲甚。他們往往「尊西人若帝天，視西籍如神聖」（這是鄧實克一九〇四年說的話），憑著平時所得的一點西方觀念，對中國古籍橫加「批判」，他們不是讀書，而是像高高在上的法官，把中國書籍當作囚犯一樣來審問、逼供。如果有人認爲這是「創造」的表現，我想他大可不必浪費時間去讀中國書。倒不如像魯迅所說的：「中國書一本也不必讀，要讀便讀外國書」，反而更乾脆。不過讀外國書也還是要謙遜，也還是不能狂妄自大。

古人當然是可以「批判」的，古書也不是沒有漏洞。……讀書得見書中的「罅縫」，已是有相當程度以後的事，不是初學便能達得到的境界。「硬去鑿」、「先立說，拿古人意來湊」卻恰恰是今天中國知識界最常見的病狀。有志治中國學問的人應該好好記取朱子這幾句

---

〔註101〕戴景賢：《從學賓四師二十年之回憶》，中國人民政治協商會議江蘇省無錫縣委員會編：《錢穆紀念文集》，上海人民出版社 1992 年版，第 142～143 頁。

話。〔註102〕

## 四、書背後的人

讀書要虛心，要讀到書的內裏面去，讀出書背後的人。戴景賢回憶，「讀書當仔細辨精粗」與「讀書當求識書背後之作者」，是他初識錢穆，得其教誨，領略最深的兩點。〔註103〕

錢穆指出，讀書要讀到書背後的人，因為學問都從活人做出，學問背後則必然有其人之存在。學術有血脈，人物有個性，一家是一家，一人是一人。今人研究古人，要與古人神交，與古人的精神血脈臻於「意氣相投」之境，這才算是入得學問之門。否則，與古人失之交臂，談不上學問。錢穆批評時人治學，重專家，重創造，更無源流師承可言。於是高抬方法，重視材料，一切學問只變成一套「方法」，一堆堆材料而已。又強調客觀研究，不許有個人主觀見解，那些做學問的人反而不佔重要地位，自然讀不到書背後的人。長此下去，「恐將會沒有學術可言」。〔註104〕他認為，學問要一部書一部書研究，不能專從一條一條的材料來講，治學不能只看重材料。不能今天這裏翻一些材料，明天那裏翻一些材料，把中國古書只當材料看。每一部書都應當作一個整體來看，不僅僅是為了獲得一些零碎的材料和知識而讀書。讀書須懂得一部一部地讀，讀一部書，應該要進一步瞭解此書的作者。「我們必須瞭解到每一書的作者，才懂得這一書中所涵蘊的一種活的精神。」〔註105〕他強調，「千萬不能照現在的讀書法」，只揀一個題目找材料，自己的見識學問是不會有長進的，這是「讀書做學問一最大分歧點」。〔註106〕讀書如果是只在書裏邊找材料，整個學問只剩下一部部的書與一堆堆的材料，而沒有了一個個的人，「學術到此也就無可再講了」。〔註107〕

錢穆指出，不是以人來依附於一切學問與著作，而是一切學問與著作必須依附於人、以人為中心。這是中國文化傳統之所在。做學問並不必然是客

〔註102〕余英時：《怎樣讀中國書》，《錢穆與中國文化》，上海遠東出版社1994年版，第310～312頁。
〔註103〕戴景賢：《從學賓四師二十年之回憶》，中國人民政治協商會議江蘇省無錫縣委員會編：《錢穆紀念文集》，上海人民出版社1992年版，第140頁。
〔註104〕錢穆：《中國史學名著》，三聯書店2005年第2版，第297頁。
〔註105〕錢穆：《中國史學名著》，三聯書店2005年第2版，第13頁。
〔註106〕錢穆：《中國史學名著》，三聯書店2005年第2版，第218頁。
〔註107〕錢穆：《中國史學名著》，三聯書店2005年第2版，第295頁。

觀的，「其中也有做學問人之主觀存在」。〔註 108〕學問背後必然有一個人，即使是科學研究，其背後也有人之存在，只是其人個性相對並不透顯。文史之學背後，則往往有一種精神存在、藝術存在。所以，我們讀文史方面每一本書，必定要讀到此書背後之人。

　　錢穆認為，「我們讀任何一書，皆應懂得著書人之用心用力處」，「各人著書用心用力有大小、高下、深淺之別，此即其書價值分別所在」。〔註 109〕研究中國歷史與文化，必須注意到學者的個性、人格，也要注意到書背後所反映的時代精神。比如，如果研究中國學術史，中國學術傳統主要在學為人。學為人，當盡人事。他將中國傳統學術分為兩大綱，一是心性之學，一是治平之學。心性之學也可以說是德性之學，即正心、誠意之學，屬於人生修養性情、陶冶人格方面。治平之學，也可以稱為史學，屬於實踐方面。具備了某項心理修養，便可投入人群中以求實踐。同時，在投入人群實踐中，來作心性修養功夫。這兩大綱，是交相為用，可區分而又不可分割的。所以，研究中國學術史，首先必須注重學者的心性修養與人群實踐。換言之，「須從學者本身之實際人生來瞭解其學術」，「若漫失了學者其人，即無法深入了悟到其人之學」。〔註 110〕我們要研究董仲舒、魏徵、朱熹、王守仁諸人，不可撇開其事功實踐與人格修養，而單從其著作思想方面去研究。思想的背後，是思想家全部的、活生生的人生。錢穆指出：「如欲研究中國思想，不僅當把此思想家之為人即其真實人生加進，又必把學者自己人生加進，乃始可以有真體會，真認識。」〔註 111〕要讀《論語》，就像是聽孔子的耳提面命，才算真切。我們今天視孔子為哲學家、教育家，只用孔子「思想體系」、「哲學觀點」等等新名詞來研讀《論語》，把讀者自身擱放一邊，孔子精神，漫無所得，至少是隔了一層，難於通透。錢穆認為，西方哲學架虛乘空，不具體，不落實，重客觀，不重主觀，對於哲學家本身相關的時代與生活環境，絕不介意。比如康德其人，生平記載頗為詳細，但與其哲學無關。而在中國，讀其書貴能知其人，這是中國學術傳統精神之所在，「烏得專據學而不論人」？

---

〔註 108〕錢穆：《中國史學名著》，三聯書店 2005 年第 2 版，第 13 頁。
〔註 109〕錢穆：《談〈論語新解〉——一九六四年三月六日研究所第六十三次學術演講討論會》，《新亞遺鐸》，三聯書店 2004 年版，676 頁。
〔註 110〕錢穆：《中國歷史研究法》，三聯書店 2005 年第 2 版，第 73 頁。
〔註 111〕錢穆：《中國教育制度與教育思想》，《國史新論》，三聯書店 2001 年版，第 265 頁。

〔註112〕

　　對於文學藝術的欣賞，錢穆指出，更需要一種「設身處地之體悟」。〔註113〕如讀詩，我們要追尋，作者寫這兩句詩，在他心靈上究竟感覺了些什麼？我們讀了這兩句詩，也應當在自己內心裏感覺出了這兩句詩中所涵的意義。這才是所謂「欣賞」。閱讀文學藝術作品，就是欣賞其中的情趣與意境。錢穆認爲，「中國文學比西方更人生化」。〔註114〕一方面，中國文學裏包括人生的方面比西方多。另一方面，中國人能把作家自身眞實人生放進他的作品裏，這在西方文學中比較少見。中國作家把自己的學問和性情，眞實融入人生，然後在他的作品裏，把他的全部人生瑣細詳盡地寫出來。文學背後，一定有一個人。閱讀文學作品，可以使我們在文學裏接觸到一個合乎我自己的更高的人生。

　　錢穆十分推崇建安文學，認爲這是中國文學史上「純文學獨立價値之覺醒」〔註115〕的時代。所謂「純文學」，就是「僅以個人自我作中心，以日常生活爲題材，抒寫性靈，歌唱情感，不復以世用攖懷」。〔註116〕此後，中國文學沿著「體物之賦」、「緣情之詩」兩個路向發展。體物重於外照，緣情重於內映。「外照者，謂其以外面事物爲對象，而加以描述，作者本身則超然文外」。這類文學，發展爲神話、寓言、小說、戲劇，這一枝文學在中國成熟較晚。「內映者，主以一己之內心情感爲中心，使作品與作者相交融」。這一類文學詩歌體裁較爲適合，抒寫抽象而空靈，直湊單微，把捉最敏感、最深刻的心靈活動的一刹那，以獲得讀者的共鳴。〔註117〕錢穆自己不會作詩但喜歡吟詩，他說：「讀詩是我們人生中一種無窮的安慰」。〔註118〕有些境界，非自己所能有，但詩中有，讀詩，自己的心就像跑進另一境界之中去了。我們不曾見過的人，可以在詩中見；我們沒有處過的境界，可以在詩中來想像。研究文學史，首先要能識別時代，直探各時代作者之「文心」。文學之於時代，時代之於心情，

〔註112〕錢穆：《略論中國哲學》，《現代中國學術論衡》，三聯書店2001年版，第29頁。
〔註113〕錢穆：《談詩》，《中國文學論叢》，三聯書店2005年第2版，第112頁。
〔註114〕錢穆：《談詩》，《中國文學論叢》，三聯書店2005年第2版，第115頁。
〔註115〕錢穆：《讀〈文選〉》，《中國學術思想史論叢》第3卷，安徽教育出版社2004年版，第90頁。
〔註116〕錢穆：《讀〈文選〉》，《中國學術思想史論叢》第3卷，安徽教育出版社2004年版，第93頁。
〔註117〕錢穆：《讀〈文選〉》，《中國學術思想史論叢》第3卷，安徽教育出版社2004年版，107～108頁。
〔註118〕錢穆：《談詩》，《中國文學論叢》，三聯書店2005年第2版，第123頁。

心情之於生活，三者熔鑄合一。總之，有一種新鮮活躍的生命力貫徹流露於文學作品之中。

　　錢穆指出：「凡藝術應皆寓有心，尤其以中國藝術爲然。」舞臺歌聲亦即心聲。中國人歌唱與吹奏，往往以一人獨唱獨奏爲主，更易表現歌唱者吹奏者之內心。而合唱合奏，則非中國音樂所重，因其所重在聲，不在心。繪畫亦與文學相通，反映繪畫者之內心。中國人畫山水，貴能畫出作畫者心中之山水。畫禽鳥花木，亦貴畫出畫家心中之禽鳥與花木。所以中國人作畫，稱作「寫意」，所畫的不是外界之物，而是一己意中之物。書法是中國特有的藝術，尤其映現書家的人品與性情。只有知道如何養心，才能知道如何寫字。〔註119〕

　　錢穆認爲，中國史學重人，西方史學重事，這是中西史學的一大分別。中國歷史注重人物，歷史上一切動力發生在人，人是歷史的中心，歷史的主腦，這一觀念應說是從司馬遷《史記》開始。《史記》開創了「列傳體」，一人一人分著立傳，就是以人物爲中心。司馬遷以人物來作歷史中心，創爲列傳體，「那是中國史學上一極大創見」，〔註120〕最得歷史之眞情實義。針對胡適所謂中國人不講究傳記文學之說，〔註121〕錢穆直斥之爲「信口開河」。〔註122〕《史記》以下各代正史，不都是列傳體，不都是傳記嗎？中國歷史重人，尤重少數人，這是中國史學的絕大特色。在中國歷史上，有很多失敗人物，或者並無事情上的表現而成爲歷史上的重要人物。這等人物，對於當時的歷史影響並不大，而其影響於此後歷史進程卻至深且遠，甚至莫與倫比。人分賢奸，事有褒貶。所以，「褒貶乃成中國史學之要綱」。〔註123〕錢穆認爲，治史只有八個字最重要，一曰「世運興衰」，一曰「人物賢奸」。「治史必該從此八字著眼，從此八字入門，亦在此八字歸宿。」〔註124〕

　　西方史學重事，史書體裁主要就是紀事本末體。清末以來，中國「史法」精義爲近人忽視，競相模仿西方史書體裁，紛紛推崇「紀事本末」體。因爲

---

〔註119〕錢穆：《略論中國心理學》，《現代中國學術論衡》，三聯書店 2001 年版，第74～75 頁。

〔註120〕錢穆：《中國史學名著》，三聯書店 2005 年第 2 版，第 70 頁。

〔註121〕胡適曾說：「傳記是中國文學裏最不發達的一門」，「二千年來，幾乎沒有一篇可讀的傳記」。(《〈南通張季直先生傳記〉序》，《胡適全集》第 3 卷，第 780、782 頁)

〔註122〕錢穆：《中國史學名著》，三聯書店 2005 年第 2 版，第 134 頁。

〔註123〕錢穆：《略論中國史學》，《現代中國學術論衡》，三聯書店 2001 年版，第 123 頁。

〔註124〕錢穆：《史學導言》《中國史學發微》，《全集》第 32 冊，第 68 頁。

章學誠是中國較早提倡紀事本末體的學者，所以清末民初，學術界群推章學誠爲中國史學大師。在錢穆看來，史學如果僅僅只是追記往事，並且與當前實際人事無關，不通其人其學，「則一堆往事尚何意義價值之有」。〔註 125〕現在把歷史分類來講，如政治史、社會史、經濟史、外交史、軍事史等，似乎很完備，卻不注重歷史裏面的人，至少是隔了一層。制度、思想、理論都是因人而起，某些人起來了，才有此制度與思想。他說：

> 我們研究歷史，更重要的在應懂得歷史裏邊的人。沒有人，不會有歷史。從前歷史留下一堆材料，都成爲死歷史。今天諸位只看重歷史上一堆堆材料或一件件事，卻不看重歷史上一個個人，這將只看見了歷史遺骸，卻不見了歷史靈魂。〔註 126〕

錢穆承認，中國歷史以人爲主，分年分人逐年逐人記載，初一看，似乎沒有事，讓人茫然不知頭緒，近人指責中國舊史只是一堆史料，而又未經整理，就在情理之中了。但是，紀事本末體爲歷史標事分題，其事大爲不易，最容易攙入作史者的主觀意見而違失歷史的眞相。他期望史學界，有人「能別出心手，以新體重寫舊史，以應此時代之需要」，好友張其昀編撰的《中華五千年史》庶幾近之。該書屬紀事本末體，「而編年、傳人兩體之精義亦已密運其間」。人類全部歷史的演進，「莫非已往聖哲賢豪、名德大人之心血之所灌注，意氣之所洇綸，精力之所撐架」，治史者當尊人重道。張書難能可貴之處，「乃在其能把捉及於人物之中心」，不失中國三千年歷史的傳統精神。〔註 127〕錢穆指出，中國新史學，終須有所變，但「求變而當不失其大統」。〔註 128〕新史學應遵守舊史學的大傳統，其綱領與宗主仍當以人爲重，重人又當重其性情。

## 第三節　歷史怎樣還原？

錢穆主張中國學術自有特性，讀書主「虛心」，主「信」，對中國傳統的

---

〔註 125〕錢穆：《略論中國史學》，《現代中國學術論衡》，三聯書店 2001 年版，第 126頁。

〔註 126〕錢穆：《中國史學名著》，三聯書店 2005 年第 2 版，第 12 頁。

〔註 127〕錢穆：《張曉峰中華五千年史序》，《中國學術通義》，《全集》第 25 冊，第 180～182 頁。

〔註 128〕錢穆：《略論中國史學》，《現代中國學術論衡》，三聯書店 2001 年版，第 121頁。

解釋，自然要求返歸歷史，發掘古人言說的本意，努力還原歷史的眞相，「站在歷史立場看，應該有一歷史的說法」。胡適讀書主「疑」，要求剔除歷代腐儒加於經典的酸腐解釋，「還它一個本來面目」。而所謂「還它一個本來面目」，往往是以新思想甚或西方思想作新解。

## 一、「站在歷史立場看，應該有一歷史的說法」

錢穆在 1936 年 9 月、11 月寫作的《略論治史方法》中，對當時史學界以西方人觀念講論中國歷史，提出批評。研究歷史的學人如果心中首先橫亙某一理論，「其弊至於認空論爲實事，而轉輕實事爲虛文」，近人每犯此病。他指出：

> 中國新史學之成立，端在以中國人的眼光，來發現中國史自身內在之精神，而認識其以往之進程與動向。中國民族與中國文化最近將來應有之努力與其前途，庶亦可有幾分窺測。否則捨己之田，而芸人之田，究亦何當於中國之史學。〔註 129〕

錢穆對中國傳統政治制度、經濟政策、學術文化等的研究，正如他所希望的那樣，站在歷史立場上、根據歷史上人們的意見來看問題，直探本原，縱橫貫通，洞悉人事繁賾，注意到某一問題多方面的互相牽涉，因而往往能見人所未見，提出新穎的解說，抉發問題的眞相。

錢穆在《中國歷代政治得失》的前言中指出，政治應該分爲兩方面來講，一是講人事，一是講制度。首先，要講一代的制度，必先精熟一代的人事。第二，任何一項制度，決不是孤立存在的。第三，制度雖然刊定爲成文，其實還是跟著人事隨時有變動。第四，任何一項制度的創立，必然有其外在的需要和內在的用意。第五，任何一項制度，決不會絕對有利而無弊，也不會絕對有弊而無利。第六，我們討論一項制度，固然應該重視其時代性，同時又該重視其地域性。推擴而言，我們該重視其國別性。第七，說到歷史的特殊性，則必牽連深入到全部文化史。〔註 130〕他尤其強調，要討論歷史上的制度，所謂利弊得失，是指這一制度在當時所發生的實際影響，應該注意當時的歷史傳統與當時人的「歷史意見」，作爲主要參考。時代久遠，該項制度早

---

〔註 129〕錢穆：《略論治史方法》，《中國歷史研究法》附錄，三聯書店 2005 年第 2 版，第 134、135 頁。
〔註 130〕錢穆：《中國歷代政治得失》，三聯書店 2005 年第 2 版，第 1～3 頁。

已消失不存在了，後代人往往憑自己所處的環境和需要來評騭歷史上以往的各項制度，這只是一種「時代意見」。我們不應該把我們的時代意見來抹殺當時的歷史意見，這才是歷史研究的正確方法。

有關西周封建制度，王國維在《殷周制度論》中提出「殷人兄終弟及，周人父子相傳，封建制從父子相傳制來」的著名論點。錢穆認為，這種說法「頗嫌看史事太鬆弛，不見力量，只把天下依著家庭的私關係隨宜分割，無當於周初建國之嚴重局勢」，「只是一種隔絕史實之空想而已」。〔註131〕西周的封建，乃是一種侵略性的武裝移民與軍事佔領，與後世統一政府下的分封制度截然不同。在西周封建制度的背後，是強大的武力支撐。錢穆指出，周人立國，是一個坐西朝東的形勢。其國力的移動，有兩條路線。第一道由陝西出潼關，向河、洛，達東都，經營黃河下流。這是武王伐殷、周公東征的路線。第二道由陝西出武關，向江，漢，經營南陽、南郡一帶，以及淮河流域。這是文王化行南國的路線。周人勢力不斷地向這兩條路線推展、擴大，周人的封建事業也在不斷的推進之中。從某些詩篇中，還可以看出，直到宣王時，西周封建工作，還在不斷的進展中，還沒有最終完成。〔註132〕

關於西漢的奴隸制度，錢穆一再強調不能與古羅馬的農奴制度類同。西漢奴隸的來源，《史記・貨殖列傳》裏講得很詳細、很清楚。當時統一政府穩定下來，文治制度也建立起來，政治問題逐漸解決了，但在農村均產制度破壞了，工商企業大興，社會經濟產生了嚴重的貧富不均。西漢自耕農須向國家繳納田租、人口稅、服兵役勞役等。一遇天災人禍，便只得將田地典押，成為租佃農民，向田主交納約一半的田租，但仍然需要向國家交人口稅，服兵役和勞役。這樣他只有兩條路可走。一是游離本鄉，逃脫了國家戶口冊的稽查，成為一個亡命者。二是把他自身出賣為奴，奴隸的人口稅由其主人代繳。如果他既不敢亡命逃匿，又不肯出賣為奴，則在屢屢不完人口稅與勞役後，也將被政府沒收充為官奴婢。這是漢代奴隸最大的來源。粗略統計，西漢全部的官私奴婢絕不會超過二百萬。在全國人口數中，該佔三十分之一左右。這與古希臘、羅馬時代的奴婢數，遠遠不能相比。而且，西漢的私家奴隸，在田莊耕作的比較少，燒炭、開採或在都市、舟車道路活動的比較多，奴隸農業遠不如奴隸商業重要。而一般奴隸的智力與生活，也較普通農民為優越。農民中頭腦比較靈活的一些

〔註131〕錢穆：《國史大綱》上冊，商務印書館1996年修訂第3版，第39頁。
〔註132〕錢穆：《國史大綱》上冊，商務印書館1996年修訂第3版，第45～47頁。

人，也可能因為缺少資本憑藉而自願為奴。〔註133〕錢穆指出，羅馬的農奴多半是戰爭得來的俘虜，漢代的奴隸是農民自己游離耕土，來參加大規模的工商新生產集合，「如何可相提並論呢？」〔註134〕

漢武帝內興禮樂，外勤討伐，費用浩繁，實行了一系列增加財政收入的政策。算緡是向商人徵收的財產稅，告緡是鼓勵平民互相揭發偷稅行為，以偷漏稅款的一半作為賞賜額。對於這一政策，錢穆不僅僅闡明其具體實施情況，更從當時的政治制度和漢武帝的個人心理等角度展開論述。

錢穆指出，皇權和相權的劃分，是中國政治史上最重大的問題。從法理上講，漢代皇權和相權有鮮明劃分，一切實際事權，在相府，不在皇室，宰相才是政府的真領袖。大司農管的是政府經濟，少府管的是皇室經濟，皇室不能用大司農的錢。〔註135〕鹽鐵收入，本在少府，為皇室宮廷私用，武帝實行鹽鐵專賣，並將其移歸大司農掌管。「蓋捐私室之奉養，佐公府之開支，實為帝王之慷慨。」武帝縱容告緡，擾攘天下，政府亦以此為羅掘之途，無異於以政府強權強奪民財。然而武帝與主事之人，屬行這項政策，正因為當時皇室如同一巨室，別有私產。王室、官府，分作兩起。皇室捐輸助國，而諸王侯與民間富豪，不肯分財以佐官家，「故武帝乃一憤而出此也」。武帝以酎金不如法為藉口，奪去106個列侯的爵位，「亦出於與告緡同一之心理」。〔註136〕縱觀武帝一朝財政，並非全無是處，其可議者在於武帝輕用民財。對此，錢穆分析道：

> 凡武帝之所以輕用其財，若不甚惜，又輕取之於民，若不甚慚者，蓋彼視田租算賦以外，本為帝室私產，自可惟我揮霍。又彼時視民間生業，自耕織力田外，皆為奸利。帝王尚破家以濟國，小民為奸利，自當督其分財以佐公也。凡此皆當時財政制度之犖犖大者，皆與當時社會情況時代心理有關，所不得輕以後人之見繩前人也。〔註137〕

又如明清易代，滿洲只不過是松花江外一個小部落，明王朝怎麼就抵禦不住它、就這樣不行呢？錢穆指出，像中國這樣大的一個國家垮了臺，當然不是簡單的事情，「我們該就歷史上切實來理會」。這並不是說文化衰敗、道

---

〔註133〕錢穆：《中國文化史導論》，商務印書館1994年修訂版，第114～117頁。
〔註134〕錢穆：《中國歷代政治得失》，三聯書店2005年第2版，第24頁。
〔註135〕錢穆：《中國歷代政治得失》，三聯書店2005年第2版，第4、8頁。
〔註136〕錢穆：《秦漢史》，三聯書店2004年版，第192頁。
〔註137〕錢穆：《秦漢史》，三聯書店2004年版，第197頁。

德墮落、政府專制黑暗等等，這樣幾句空洞不著邊際的話，便能道出其中之因緣。僅從軍事這一個角度來看，當時的實際情況是：明代大體上已經過了兩三百年的太平日子，兵制方面腐化，這是很自然的一件事。兩三百年的承平日子讓人精神鬆懈，士兵也從來沒有打過仗。與滿洲戰事一起，明政府從全國各地調撥軍隊，幾十萬人集中到中央，早已是全國騷動了。而且士兵們集中到北京，路途遙遠，所費時日甚多，他們之間的風俗習慣語言面貌，都是陌生的。武庫所藏兵器服裝，不知是哪一年做好的，已經存儲了多少年了。鐵也鏽了，線也爛了。衣服大多數是臨時勉強馬虎穿上身，手上的刀鏽了鈍了，連祭旗的牛都殺不死。這都是因為和平的日子太久了，自然把戰鬥生活淡忘了。反觀滿洲軍隊，過的是騎獵生活，他們的帽子、馬褂、長袍、馬蹄袖，都可以保護他們不受風雪寒凍之苦。而明政府徵調的南方軍人，從未見過冰雪，一到關外，大風一颳，精神沮喪，怎能同滿洲軍隊對陣作戰？這些事情，我們粗略讀史是不會知道的，當年徐光啟就曾為此屢上條陳。〔註138〕錢穆指出：

> 站在歷史立場看，應該有一歷史的說法。所謂歷史的說法，便是根據歷史，把具體事實來說明。我們不要說中國民族衰老了，它的文化不行了，那些空洞話。我們要分析那時的具體事況，換言之，我們要找出歷史材料，來說明當時究竟失敗在哪裏。〔註139〕

中國傳統學術、文化是錢穆歷史研究的中心，其顯著特點是：從中國自身的知識和思想資源出發，知人論世，抉發思想產生、文獻創作時的具體背景、動機與希冀解決的問題，探討其本初的涵義，儘可能再現當時歷史的實情，努力剔除以後世人的觀念對過往歷史的想像與誤讀。

《周易》裏邊有些地方特別費解。錢穆認為，可以從《易》最初的創作意圖中解開這些謎團。《十翼》裏面說，易之興也，當殷之末世，周之盛德，當文王與紂之事。易言殷周之際，原來《周易》之作，是為了說明周得天下蓋由天命。如坤卦象辭「西南得朋，東北喪朋」、蹇卦象辭「利西南，不利東北」、解卦象辭「利西南」，這三條裏的西南東北，從來未得確解。錢穆懷疑，為什麼易辭裏只利西南不利東北，而沒有利東北不利西南的？為什麼只記西南東北兩個方位，沒有西北東南方位？原來西南指的是周，東北指的是殷，易是《周易》，

〔註138〕錢穆：《中國歷代政治得失》，三聯書店2005年第2版，第123～124頁。
〔註139〕錢穆：《中國歷代政治得失》，三聯書店2005年第2版，第125頁。

自然只利西南，不利東北了。〔註140〕又如師卦的六五爻說：「長子帥師，弟子輿屍，貞凶。」「輿屍」二字，也從來沒有確解。錢穆指出，《爾雅》解「屍」為主。《史記》記載，武王為文王木主，載以車，中軍，武王自稱太子發，言奉文王以伐，不敢自專也。長子帥師，就是《史記》所講的自稱太子發，不敢自專。輿屍，就是《史記》所講的載文王木主。可見，師卦記載著周武王伐紂的事蹟。《楚辭・天問》、《淮南子》也有武王伐紂，載屍而行的記載。所謂貞凶，武王當時確有占到凶卦的傳說。師卦的六五爻又說：「大君有命，開國承家，小人勿用。」意思明明是說周得天下是有天命的，以後小人不得有非分之想，覬覦君位。「用」字也是卜辭裏的常用字，小人勿用，就是小人不能用此卦。後來有些人解作開國承家須用君子，勿用小人，真可謂是郢書燕說了。〔註141〕

　　先秦諸子學是錢穆用力較勤、所獲較多的研究領域。錢穆一向尊崇孔子，從早年到晚年，對孔子思想作了大量研究。他強調，知人論世，孔子生活在兩千五百年前，當時的列國形勢、政治實況、社會詳情，都與兩千五百年後我們所處的時勢大相懸隔。「吾儕苟非略知孔子當年春秋時代之情形，自於孔子當時言行不能有親切之體悟。」〔註142〕如孔子少孤，《禮記・檀弓》中說他不知道父親的墓葬之處，引起後人多方疑辨。錢穆指出，懷疑孔子不應該不知道父親的墓葬之處，這是「以後代社會情況推想古代」。孔子父親去世的時候，孔子年紀尚幼，而且古人不墓祭，只是在家中祭祀神主，不赴墓地祭祀。古人墳墓不封、不樹，無可辨認。所以孔子只知道父親墓地在防，而不知道其確切所在。

　　孟子性善論，經宋代程朱推尊闡發，而後孟子性善論成為儒家定論。然而，程朱所講論的性善論，是否有當於孟子當時之真意，明清兩代，遞有爭議。尤其是顏元與戴震，二人皆攻詆程朱，是否能得孟子真義，仍然不能肯定。晚明王夫之，對此問題已有闡發，已導顏、戴先路。王夫之根據張載所論，上及《易傳》、《中庸》，來闡釋孟子性善論，是否有當於孟子當時的原本真意，顯然還是一個問題。而且王夫之援據宋儒立說，而張、程上距孟子已千餘年之久，即使《易傳》、《中庸》與《孟子》時代相近，其間也盡有違異。

---

〔註140〕錢穆：《〈易經〉研究》，《中國學術思想史論叢》第 1 卷，安徽教育出版社 2004
　　　　年版，第 168 頁。

〔註141〕錢穆：《〈易經〉研究》，《中國學術思想史論叢》第 1 卷，安徽教育出版社 2004
　　　　年版，第 168～169 頁。

〔註142〕錢穆：《孔子傳》，三聯書店 2002 年版，第 6 頁。

錢穆指出，要研究孟子性善論，最佳方法在於：

> 自當專就《孟子》原書，即就孟子所自言者，就其所用之辭語以闡
> 說孟子自有之觀念，就其所用之事證，以證孟子真實用意之所在。
> 〔註 143〕

錢穆認為，晚清陳澧《東塾讀書記》討論孟子性善論，其所用方法，較為可取。王夫之拘守舊見，認為《繫辭》為孔子作，《中庸》為子思作，孔、曾、思、孟四子之書，一脈相傳，所以，王夫之對《孟子》書自有所發揮、闡釋，但顯然並非孟子的本意、原意。錢穆舊著《孟子要略》，討論孟子性善論，即就《孟子》原書加以闡釋，其方法與陳澧相近。錢穆對名家也頗有研究，自謂較得古人之真相，而近人「又以西方邏輯及生物進化論諸說相擬，則亦貌合神離，終難逃於郢書而燕說之誚也」。〔註 144〕

錢穆善於揭示問題之間的互相牽涉與關聯，抉發問題的多種面相，善於從前人所沒有注意的舊材料中來開拓新方面。1963 年 5 月，他在新亞研究所第 45 次學術演講討論會上作關於治學方法的講演《推尋與會通》。錢穆指出，所謂「士」，即「推十合一」，學問貴能聞一知二、聞一知十、舉一反三，溫故而知新，聞後退下能細細推尋，或從反面，或從旁面，自有闡發。做學問的方法，扼要而言，就是要「推尋」，要「會通」，要「自能尋向上去」。

錢穆以自己寫作《略論魏晉南北朝學術文化與當時門第之關係》一文為例，具體說明了逐一貫串，逐一推尋的治學方法。大家普遍認為，魏晉南北朝人尚清談，看重莊老思想；當時門第有政治、經濟兩方面的背景，這都是人人皆知的。但必須由此再去「推尋」。首先第一個問題是，當時重莊老，是否便無人講孔孟？推尋之下，適得其反，當時經學卻極為盛行。為什麼莊老盛行，同時孔孟儒家及經學同樣十分盛行？此一層又須推尋下去。第二個問題是，一個家庭只依賴政治、經濟上的特殊背景，就可以維持數百年之久於不墜嗎？從常情常理上講，應該不會如此簡單。於是再來推尋。推尋之下，發現了當時門第中人都極重講「禮」。然後又問莊老反禮，當時人崇莊老、尚清談，為什麼又愛講禮？此處又需要往下推尋。錢穆說：

---

〔註 143〕錢穆：《王船山孟子性善義闡釋》，《中國學術思想史論叢》第 8 卷，安徽教育
　　　　出版社 2004 年版，第 104 頁。

〔註 144〕錢穆：《辯者言》，《中國學術思想史論叢》第 2 卷，安徽教育出版社 2004 年
　　　　版，第 290 頁。

我如此一路思，一路索。一面溫故，一面知新。乃知當時魏晉南北朝人既講經學，又更重講禮，講孝悌，講家規門風。又知魏晉南北朝人亦重史學，並重文章。凡此之類，皆與莊老思想並不在一條路上。但魏晉人重莊老，此亦是一事實。且當時復有佛教羼入。佛氏講出家，又與魏晉以下人重門第不同。如此愈尋愈複雜，於此一複雜情況中再推尋，終於得出一結論。〔註145〕

錢穆的結論就是：魏晉南北朝時代的學術思想，既尚黃老，重經史，又兼重文學，崇信佛教，這種在學術上的複雜情態，「實當就當時門第背景為中心而貫串說之，始可獲得其實情與真相」。〔註146〕今人討論這一時代的門第問題，大都只注意到他們在政治上的特種優勢，以及經濟上的特種憑藉，而未能注意當時門第中人的生活實況及其內心想像。「因此所見淺薄，無以抉發此一時代之共同精神所在」。〔註147〕要支持門第至幾百年而不敝不敗，要維持政治上的權勢與經濟上的利益，必須在上有賢父兄，在下有賢子弟。當時對人物的品題，專重其人所表現出來的某種標度與風格，舉凡儀容舉止，言辭音吐，均為人注重，是為風流。如果忽略了當時門第實際情況，而專意從老莊道家之言或其放誕簡傲之處推論，「則終無可得當時人所謂至德與風流之真相」。〔註148〕當時人所懷抱的人生理想、人物標準，仍不失為有一種深厚的儒家傳統，最多只能說是儒道合流，而非純粹的老莊行徑，則是顯而易見的。

錢穆對傳統歷史的研究，善於從當時人物、時代等多方面探尋歷史的本原，引領人們回到歷史的現場，感受當時的真情實況。不僅僅表現在制度、經濟、學術等這樣的重大問題的研究上，即使是一些細小的問題，他也能從當時人的心理、制度等多方面考察其真實狀況與多種事物之間的勾連。比如，「盧溝曉月」為什麼成為北京的八大名勝？這似乎是一個簡單的地理問題，但錢穆認為，這裏面有深厚的人文因素，必須從清代科舉制、驛站制中追尋答案。因為在清代，建都北平，全國知識分子，出京進京，絕大部分都須經

---

〔註145〕錢穆：《推尋與會通》，《學籥》，《全集》第 24 冊，第 201 頁。
〔註146〕錢穆：《略論魏晉南北朝學術文化與當時門第之關係》，《中國學術思想史論叢》
　　　　第 3 卷，安徽教育出版社 2004 年版，第 184 頁。
〔註147〕錢穆：《略論魏晉南北朝學術文化與當時門第之關係》，《中國學術思想史論叢》
　　　　第 3 卷，安徽教育出版社 2004 年版，第 144 頁。
〔註148〕錢穆：《略論魏晉南北朝學術文化與當時門第之關係》，《中國學術思想史論叢》
　　　　第 3 卷，安徽教育出版社 2004 年版，第 147 頁。

過盧溝橋。出京時是第一站，進京時是最後一站，都得在盧溝橋住宿。那時的曉月，「對中國一般士大夫知識分子心理上的影像，是特別深刻的」。這正如唐代長安「灞橋折柳」，雖和盧溝曉月時地不同，晝夜景色不同，「但同有一番很深微很廣泛的情調，與此一時代之歷史，有內在相通之呼吸」。〔註149〕

## 二、「還他一個本來面目」

　　胡適整理國故，就是要還它一個本來面目。胡適對《詩經》的研究，最為典型地反映了這一思想，我們將列專門章節展開論述。胡適是新紅學的開山，掃除了過去索隱派種種猜謎式的研究，學術界已有相當多的研究。下面，以胡適對其他幾部古典文學名著的研究說明之。

　　關於《楚辭》，胡適首先提出的問題是：屈原是誰？不但要問屈原是什麼人，並且要問屈原這個人究竟有沒有。他懷疑歷史上是否真的存在屈原其人，根據有二。其一，《史記》很多地方不很可靠，而《屈原賈生列傳》尤其不可靠。其二，傳說的屈原，若真有其人，必定不是秦漢以前人。「屈原」明明是一個理想的忠臣，但這種忠臣在漢以前是不會發生的，戰國時代不會有這種奇怪的君臣觀念。他說：「漢儒最迂腐，眼光最低，知識最陋。」漢儒把一部《詩經》都罩上了烏煙瘴氣，把一部《楚辭》也「酸化」了。傳說的屈原正是根據於一種「儒教化」的《楚辭》解釋的，這種「儒教化」的古書解釋是漢人的拿手戲，「只有那笨陋的漢朝學究能幹這件笨事！」在胡適看來，屈原是一種複合物，是一種「箭垛式」的人物。他說：

> 我想，屈原也許是二十五篇《楚辭》之中的一部分的作者，後來漸漸被人認作這二十五篇全部的作者。但這時候，屈原還不過是一個文學的箭垛。後來漢朝的老學究把那時代的「君臣大義」讀到《楚辭》裏去，就把屈原用作忠臣的代表，從此屈原就又成了一個倫理的箭垛了。

　　胡適指出，《楚辭》的註解，分漢、宋兩大派。漢儒「酸化」了《楚辭》，從東漢的王逸到宋代的洪興祖，都承認那「屈原的傳說」，處處把美人香草都解作忠君憂國的話，正如漢人把《詩三百篇》都解作腐儒的美刺一樣！宋儒自朱熹以後，逐漸推翻了那種頭巾氣的註解，打破舊說的一大部分。我們應該從朱子入手，參看各家的說法，然後比朱子更進一步，打破一切村學究的舊註，創造一種新的《楚辭》解。屈原的傳說不推翻，那麼，《楚辭》只是一

〔註149〕錢穆：《歷史與地理》，《學籥》，《全集》第 24 冊，第 243 頁。

部忠臣教科書，但不是文學。只有將這部久被埋沒、久被「酸化」的古文學名著從烏煙瘴氣裏鑽出來，從《楚辭》本身尋出它的文學意味來，它的文學價值才有恢復的希望。〔註150〕

《西遊記》是一部神話小說，胡適認為，它在文學上的價值就在於它的滑稽意味和玩世精神。寫書的人一定是一個滿肚牢騷的人，但他又是一個玩世不恭的人，所以作者雖然罵人，卻不是板著面孔罵人。他罵了你，你還覺得這是一篇非常滑稽，非常有趣，無論誰看了都要大笑的神話小說。拉長了面孔，整日說正經話，那是聖人菩薩的行為，不是人的行為。《西遊記》裏的八十一難大部分都是作者想像出來的，想出這許多的妖怪災難，想出這一大堆神話，但是，這些神話都帶著一點詼諧意味，這種詼諧裏面含有一種尖刻的玩世主義，能使人開口一笑，這一笑就把那神話「人化」了。可惜的是，幾百年來，《西遊記》被無數的道士、和尚、秀才弄壞了。他寫道：

> 道士說，這部書是一部金丹妙訣。和尚說，這部書是禪門心法。秀才說，這部書是一部正心誠意的理學書。這些解說都是《西遊記》的大仇敵。現在我們把那些什麼悟一子和什麼悟元子等等的「真詮」「原旨」一概刪去了，還他一個本來面目。〔註151〕

胡適指出，幾百年來讀《西遊記》的人都不肯領略那十分淺白的滑稽意味和玩世精神，都要妄想透過紙背去追尋那「微言大義」，把一部《西遊記》罩上了儒、釋、道三教的袍子。所以，他要考證《西遊記》幾百年來逐漸演化的歷史，指出這部書起於民間的傳說和神話，並無「微言大義」可尋；指出現在的《西遊記》的作者是一位「放浪詩酒，復善諧謔」的大文豪，他的確有「斬鬼」的清興，而決無「金丹」的道心；指出這部《西遊記》最多不過是一部很有趣味的滑稽小說、神話小說，並沒有什麼微妙的意思，最多不過有一點愛罵人的玩世主義。這點玩世主義也是很明白的，並不隱藏，我們

---

〔註150〕 胡適：《讀〈楚辭〉》，《胡適全集》第2卷，第94～100頁。梁啓超亦主張從文學角度讀《楚辭》。我國最古之文學作品，《詩經》之外，即數《楚辭》。《楚辭》是富於想像力的純文學，將情感盡情發洩。我們應該從文學角度欣賞《楚辭》，可惜後世研究《楚辭》，往往不為文學而從事文學，「謬託高義於文學以外」。當代讀者，對諸家註，「但取其名物訓詁而足，其敷陳作者之旨者，宜悉屏勿觀也」。（《要籍解題及其讀法》，陳引馳編校：《梁啓超國學講錄二種》，中國社會科學出版社1997年版，第79～80頁）
〔註151〕 胡適：《〈西遊記〉考證》，《胡適全集》第2卷，第689頁。

也不用深求。〔註 152〕

　　錢穆力圖闡發歷史上的歷史意見，而不以現代觀念解讀歷史。其所謂「虛心」的讀書法，「推尋」的研究法，都是希望走進歷史，還原歷史，抉發歷史的眞象。這與陳寅恪所謂「瞭解之同情」同一旨趣。陳寅恪在馮友蘭《中國哲學史》上冊所作的審查報告中指出：

　　　凡著中國古代哲學史者，其對於古人之學說，應具瞭解之同情，方可下筆。蓋古人著書立說，皆有所爲而發。故其所處之環境，所受之背景，非完全明瞭，則其學說不易評論，而古代哲學家去今數千年，其時代之眞相，極難推知。吾人今日可依據之材料，僅爲當時所遺存最小之一部，欲藉此殘餘斷片，以窺測其全部結構，必須備藝術家欣賞古代繪畫雕刻之眼光及精神，然後古人立說之用意與對象，始可以眞瞭解。所謂眞瞭解者，必神遊冥想，與立說之古人，處於同一境界，而對於其持論所以不得不如是之苦心孤詣，表一種之同情，始能批評其學說之是非得失，而無隔閡膚廓之論。否則數千年前之陳言舊說，與今日之情勢迥殊，何一不可以可笑可怪目之乎？但此種同情之態度，最易流於穿鑿傅會之惡習。因今日所得見之古代材料，或散佚而僅存，或晦澀而難解，非經過解釋及排比之程序，絕無哲學史之可言。然若加以聯貫綜合之搜集及統系條理之整理，則著者有意無意之間，往往依其自身所遭際之時代，所居處之環境，所薰染之學說，以推測解釋古人之意志。由此之故，今日之談中國古代哲學者，大抵即談其今日自身之哲學者也。所著之中國哲學史者，即其今日自身之哲學史者也。其言論愈有條理統系，則去古人學說之眞相愈遠。〔註 153〕

　　「此種同情之態度，最易流於穿鑿傅會之惡習」，「其言論愈有條理統系，則去古人學說之眞相愈遠」。中國哲學史研究呈現如此兩難之局，其實，任何歷史研究無不如是。胡適大膽地拋開舊註疏，把古經典從古人種種酸化、腐化的解釋中拉出來，根據古典文本自身，作出自己的理解，還原它的本來面目。但是，很顯然地，胡適所謂「本來面目」，也只是他個人對經典所作的新

〔註 152〕見胡適：《〈西遊記〉考證》，《胡適全集》第 2 卷，第 680～689 頁。
〔註 153〕陳寅恪：《馮友蘭中國哲學史上冊審查報告》，《金明館叢稿二編》，三聯書店 2001 年版，第 279～280 頁。

解，這正是錢穆所反對、所批評的以後代人觀念甚或以西方觀念論說中國古籍。舊解有可商榷之處，甚至可以完全拋棄，新解又能否「還他一個本來面目」，恐怕也是十分令人懷疑的。無論是錢穆式的虛心體察，還是胡適的新解，都只說明「歷史」有兩種：「歷史」與「寫的歷史」。馮友蘭指出，這兩種歷史「乃係截然兩事」。歷史自身，一往而永不再現，歷史家憑藉史料，能否寫出完全的「信」史與否，頗為疑問。歷史家只能盡心寫其信史，至於寫的歷史「果信與否」，「則不能保證也」。〔註154〕

# 第四節　以《詩經》研究為例

## 一、「你必須多備一些參考比較的材料」

　　胡適是現代《詩經》學的奠基人之一。他以西方語法解釋《詩經》本文；以社會學、民俗學的觀念對《詩經》主要是《國風》部分作了全新的闡釋，強調研究《詩經》，必須多準備一些「參考比較的材料」。

　　胡適自幼熟讀《詩經》，對歷代《詩經》研究逐漸產生了諸多懷疑。他在1911年4月13日日記中說，讀《詩》須「推翻毛傳，唾棄鄭箋，土苴孔疏」。胡適決心「一以己意」為《詩經》作新箋新註，自信能令《三百篇》放大光明，永永不朽。〔註155〕胡適生平第一篇論文就是研究《詩經》中的「言」字。其名著《中國哲學史大綱》對現代《詩經》學亦具有革命性影響，即以史料視詩。他在《導言》指出：「古代的書，只有一部《詩經》可算是中國最古的史料」，「《詩經》中所說的國政、民情、風俗、思想，一一都有史料的價值」。〔註156〕第二篇第一章《中國哲學結胎的時代》則引用《國風》、《小雅》中眾多詩篇，由此推斷出那時代（公元前八世紀到前六世紀）的大概情形。第二章《那時代的思潮》亦根據《詩經》中的材料，把「那時代的思潮」分為五派。

　　在《國學季刊》發刊宣言中，胡適以《詩經》研究為例，說明為什麼要整理國故以及整理國故的幾個步驟。他說：

　　　　我們應該把《詩經》這筆爛帳結算一遍，造成一筆總帳。《詩經》的

---

〔註154〕馮友蘭：《中國哲學史》上冊，華東師範大學出版社2000年版，第11〜14頁。
〔註155〕《日記》第1卷，第85頁。
〔註156〕胡適：《中國古代哲學史》，《胡適全集》第5卷，第213頁。

總帳裏應該包括這四大項：

（A）異文的校勘　總結王應麟以來，直到陳喬樅、李富孫等校勘異文的帳。

（B）古韻的考究　總結吳棫、朱熹、陳第、顧炎武以來考證古音的帳。

（C）訓詁　總結毛公、鄭玄以來直到胡承珙、馬瑞辰、陳奐，二千多年訓詁的帳。

（4）見解（序說）　總結《詩序》，《詩辨妄》，《詩集傳》，《僞詩傳》，姚際恒，崔述，龔橙，方玉潤……等二千年猜迷的帳。

有了這一本總帳，然後可以使大多數的學子容易踏進「《詩經》研究」之門：這是普及。入門之後，方才可以希望他們之中有些人出來繼續研究那總帳裏未曾解決的懸賬：這是提高。《詩經》如此，一切古書古學都是如此。〔註157〕

胡適《詩經》研究的基本特點是：完全拋開舊註疏，根據《詩經》文本自身，對詩作出自己的解釋。胡適幼年時期所讀的《四書》、《五經》一直是朱熹註，也覺得朱註比較近情入理。留美期間，當他想讀點中國書籍的時候，就讀了些宋人以前註釋的舊典籍，尤其是《十三經注疏》中的《詩經》。所以，當他接觸到毛公、鄭玄一派的註釋時，引起了極大的反感。他極力反對視《詩經》爲承載王道教化、美刺諷諫的經典，尤其反對漢人《毛詩序》美刺之說，認爲《詩經》被歷代解經者嚴重酸化和腐化，要還它一個本來面目。〔註158〕

胡適解詩論詩受到兩個方面的啓發和影響。其一，是對宋代、清代反對《詩序》學者的繼承。如宋鄭樵的《詩辨妄》、朱熹的《詩集傳》，清姚際恒的《詩經通論》、崔述的《讀風偶識》、牟庭的《詩切》等。清代學者方玉潤的《詩經原始》也頗受胡適青睞。其二，是西學的影響。

1922年4月26日，胡適到平民大學作關於《詩經》的講演，結論三條，「略與前不同」：（1）須用歌謠（中國的、東西洋的）做比較的材料，可得許多暗示。（2）須用社會學與人類學的知識來幫助解釋。（3）用文學的眼光來

〔註157〕胡適：《〈國學季刊〉發刊宣言》，《胡適全集》第2卷，第12～13頁。
〔註158〕關於胡適對《詩經》的研究，可同時參看朱金發《但開風氣——論胡適的詩經研究》，《貴州文史叢刊》2005年第2期；白憲娟《胡適的〈詩經〉研究》，《遼寧師範大學學報》2008年第1期。

讀《詩》。沒有文學的鑒賞力與想像力的人，不能讀《詩》。〔註 159〕

1925 年，胡適在武昌大學作關於《詩經》的演講，著重講述研究《詩經》的方法。第一是訓詁，用小心的精密的科學的方法，來做一種新的訓詁功夫，對於《詩經》的文字和文法上都重新註解。第二是解題，大膽地推翻二千年來積下來的附會的見解，完全用社會學的、歷史的、文學的眼光重新給每一首詩作出解釋。

在整理國故運動中，胡適提出首先要讓人能夠讀懂古籍，須從文字、文法入手進行全面整理，即「讀本式的整理」。〔註 160〕「以新文法讀吾國舊籍」，〔註 161〕從文字和文法入手整理《詩經》，是他《詩經》研究的第一步。在有關治學方法和怎樣讀書的文章、演講中，胡適經常以《詩經》爲例，說明文法研究的重要。他指出：「古人讀書，不講古文法，故能胡亂讀下去。雖極謹慎的漢學家，也實在不曾懂得《詩經》，古書眞不易讀！」〔註 162〕胡適發憤先把《詩經》中的「虛字」，其實是「關係詞」、「區別詞」、「助詞」，全部歸納出來，打破這一關之後，再研究《詩經》的文法。1922 年 9 月 1 日、4 日、5 日、9 日日記均有研究《詩經》中的「虛字」的記載。〔註 163〕他主張，在清代學者研究的基礎上，結合文法上的知識和虛字的研究，一字一句地歸納、比較，才能領略《詩經》裏面眞正的意義。他本人對《詩經》裏的「終」、「言」、「胥」、「於」、「維」等字都作過精密的研究。

對於《詩經》的解釋，胡適主要是以愛情詩視《詩》。他強調，要徹底拋棄傳統的美刺、教化之說，而代之以西方民俗學、社會學作新的解釋。1925 年 5 月 25 日，胡適在致顧頡剛信中指示，「研究民歌者甚兼讀關於民俗學的書，可得不少的暗示。」並列了兩本參考書，其一是 Westermarck:Development of maral Ideas and Practice，其二是 Habhause:Marals in Evolution。〔註 164〕他說：「這一部《詩經》已經被前人鬧得烏煙瘴氣，莫名其妙了。詩是人的性情的自然表現，心有所感，要怎樣寫就怎樣寫，所謂『詩言志』是。《詩經·國風》多是男女感

---

〔註 159〕《日記》第 3 卷，第 643～644 頁。

〔註 160〕胡適：《再談談「整理國故」》，《胡適全集》第 13 卷，第 52～53 頁。

〔註 161〕胡適：《〈詩〉三百篇言字解》，《胡適全集》第 1 卷，第 232 頁。

〔註 162〕《日記》第 3 卷，第 780 頁，1922 年 8 月 31 日。

〔註 163〕《日記》第 3 卷，第 781、786、787、792 頁。

〔註 164〕胡適：《致顧頡剛》，1925 年 5 月 25 日，耿雲志、歐陽哲生編：《胡適書信集》上冊，北京大學出版社 1996 年版，第 362 頁。

情的描寫，一般經學家多把這種普遍眞摯的作品勉強拿來安到什麼文王武王的歷史上去；一部活潑潑的文學因為他們這種牽強的解釋，便把它的眞意、完全失掉，這是很可痛惜的！」〔註165〕如對《關雎》一詩的解釋，《毛詩序》說「後妃之德也，風之始也，所以風天下而正夫婦也，故用之鄉焉，用之邦國焉」，自然爲胡適所鄙。也有人解作新婚詩。胡適認爲，這種解說也不對。《關雎》完全是一首求愛詩。描寫一位男子追求愛人，求之不得，便寤寐思服，輾轉反側，這是描寫他的相思苦情；他用了種種勾引女子的手段，友以琴瑟，樂以鐘鼓，「這完全是初民時代的社會風俗，並沒有什麼希奇。意大利、西班牙有幾個地方，至今男子在女子的窗下彈琴唱歌，取歡於女子。至今中國的苗民還保存這種風俗。」《野有死麕》詩也同樣是男子勾引女子的詩。初民社會的女子多歡喜男子有力能打野獸，所以第一章「野有死麕，白茅包之」，描寫男子打死野麕後包裹以獻女子的情形。「有女懷春，吉士誘之」便寫出他的用意了。「此種求婚獻野獸的風俗，至今有許多地方的蠻族還保存著。」〔註166〕

胡適在講演最後，總結《詩經》研究的基本方法是：

> 總而言之，你要懂得《詩經》的文字和文法，必須要用歸納比較的方法。你要懂得三百篇中每一首的題旨，必須撇開一切《毛傳》、《鄭箋》、《朱註》等等，自己去細細涵詠原文。但你必須多備一些參考比較的材料：你必須多研究民俗學，社會學，文學，史學。你的比較材料越多，你就會覺得《詩經》越有趣味了。〔註167〕

胡適後來所作的《周南新解》、《論〈野有死麕〉書》等，也是這種以民間文學視詩解詩的路數。鄙視《雅》、《頌》，視之為「貴族文學」；重視《國風》，從歷史學、民俗學角度研究《詩經》，是現代《詩經》學的一股潮流，胡適正是這股潮流的極大推動者。「古史辨派」的出現，更是對傳統《詩經》研究方法的徹底否定。〔註168〕

## 二、「讀《詩經》，便應知有風雅頌與賦比興」

錢穆對《詩經》多有論述。錢穆論詩，也強調《詩經》的史料價值，稱其

---

〔註165〕胡適：《談談〈詩經〉》，《胡適全集》第4卷，第610頁。
〔註166〕胡適：《談談〈詩經〉》，《胡適全集》第4卷，第611頁。
〔註167〕胡適：《談談〈詩經〉》，《胡適全集》第4卷，第612頁。
〔註168〕顧頡剛對《詩經》的研究，具體可參見王以憲《論顧頡剛〈詩經〉研究的方法與貢獻》一文（《江西師範大學學報》2002年第2期。

「可謂是中國古代一部史詩」，〔註169〕也主張以文學視詩。但是，他與「五四」
以後以胡適、顧頡剛等爲代表的現代詩學主流，又是同不勝異的。錢穆指出：

> 讀《詩經》，便應知有風雅頌與賦比興。不知此六義，《詩經》即無
> 從讀起。

> 近人讀《詩經》卻不然，好憑自己觀點，如神話觀，平民文學觀等，
> 那都是西方文學觀點。

> 近人讀書，好憑新觀點，有新主張。一涉傳統，便加鄙棄。讀《詩
> 經》，可以先不究風雅頌與賦比興，譬如逛羅馬，不去梵蒂岡。憑其
> 自己觀點，盡在《詩經》中尋神話，尋民間文學，《詩經》中亦非沒
> 有。〔註170〕

1960年，錢穆專門寫下《讀〈詩經〉》〔註171〕長文，刊載於《新亞學報》，
系統地闡述了他對《詩經》諸問題的認識。

研究一部著作，首先必須解決的問題是：作者是誰？創作此一作品的用
意何在？胡適認爲《詩經》是詩歌，是「西周、東周之間的無名詩人」〔註172〕
抒發內心情感的作品。錢穆始終認爲，古代學術、文化產生於上層，屬於「王
官之學」，爲當時治天下之具。那麼，《詩經》「必然與周公有關，必然與周公
之製禮作樂有關，必然與西周初期政治上之大措施有關」。這是討論《詩經》
的著眼點。

《詩經》分風、雅、頌，分別標準是什麼？錢穆認爲，雅，正也，雅、夏
字通。夏本指西方，古代西方人語音亦稱雅、夏。西周人用西周土音歌詩，即
以雅音歌詩。《詩經》所謂「雅」，來源於此。如此而言，則頌亦雅，雅亦頌，
古人每以雅頌連舉，可見雅頌所指本無多大區別。周人特意標舉其西土之音爲
雅，而將各地方言混稱爲風，可見風雅所指也沒有多大區別，古人亦常以風雅
連文。風、雅、頌分別的標準又是什麼呢？錢穆指出：「當分於其詩之用」，「頌
者，用之宗廟。雅則用之朝廷。……因詩之所用之場合異，其體亦不得不異。」

胡適最不滿漢儒酸腐之氣、解經之謬，對清代學者解經一意尊重漢儒舊

---

〔註169〕錢穆：《四部概論》，《中國學術通義》，《全集》第25冊，第5頁。
〔註170〕錢穆：《讀書與遊歷》，《中國文學論叢》，三聯書店2005年第2版，第235、
　　　　236、237頁。
〔註171〕收入《中國學術思想史論叢》第1卷，安徽教育出版社2004年版，第96～
　　　　142頁。本目此下引文，如無特別說明，均出自此文，不一一註明。
〔註172〕胡適：《〈國學季刊〉發刊宣言》，《胡適全集》第2卷，第8頁。

說也極爲不滿。而錢穆指出:「清儒治古經籍,總是尊重漢人舊說,認爲漢儒去古未遠,而且有師說相承,因此漢儒對古人的瞭解,總比後代更親切,更可靠。清儒這一番意見,實值得我們注意。」〔註173〕孔穎達《詩經正義》認爲「風雅頌者,皆是施政之名」,「風雅之詩,緣政而作。政既不同,詩亦異體」,錢穆也完全贊同此說。但是,《詩經》在內容編排上,先風,次小雅、大雅,最後才是頌,應屬後起。若以《詩經》創作而言,次第正當與現有編排相反,當先頌,次大雅、小雅,最後才是風。而論《詩經》「四始」,也當倒轉次第,「當言《清廟》爲頌始,《文王》爲大雅始,《鹿鳴》爲小雅始,《關雎》爲風始」,「而後始可明詩之四始之眞義」。

錢穆《讀〈詩經〉》一文,主要論點有二:「一是詩之興起,應在西周之初年,二是西周初年之最先詩篇,亦多與周公有關。有的是周公親作,有的是周公從者所爲。」〔註174〕《清廟》之頌、《大雅·文王之什》爲周公所作,漢儒講得非常清楚,當西周新王初建、天下一統,周公製禮作樂以謀長治久安,此即《清廟》爲頌始、《文王》爲大雅始、《鹿鳴》爲小雅始之微意所在。他說:

> 蓋周人以兵革得天下,而周公必以歸之於天命,又必以歸之於文德;故必謂膺天命者爲文王,乃追尊以爲周人開國得天下之始。而又揄揚其功烈德澤,製爲詩篇,播之弦誦;使四方諸侯來祀文王者,皆有以深感而默喻焉。夫而後可以漸消當時殷周對抗敵立之宿嫌,上尊天、下尊文王,凡皆以爲天下之斯民,而後天下運於一心,而周室長治久安之基亦於是焉奠定。

> 凡此之類,皆因事命篇,而所謂周公之以禮治天下,蓋凡遇有事,則必爲之製禮。有禮,則必爲之作樂。有樂,則必爲之歌詩。有詩,則必爲之通情好而寓教誨焉。此周公當時創製禮樂之深旨也。其如勞使臣之來,遣使臣之往,與夫燕兄弟故舊,遣戍役、勞還卒,其事不必常有。獨燕群臣嘉賓,乃常禮,又最盛大,故凡此諸詩,宜以《鹿鳴》爲首。

---

〔註173〕錢穆:《釋詩言志——讀文隨筆之一》,《中國文學論叢》,三聯書店 2005 年第 2 版,第 248 頁。

〔註174〕錢穆:《中國古代散文——從西周至戰國》,《中國學術思想史論叢》第 2 卷,安徽教育出版社 2004 年版,第 295 頁。

周公遇事必爲之製禮作樂，而婚姻乃關乎人倫大道，不可無禮，於是有《關雎》爲風始。《關雎》即使未必是周公親自創作，也一定是周公採之於南國之風，而所採用的恐怕主要是音樂節拍，其文字必有潤色修飾，或另爲創作。錢穆對「五四」以來論詩，多以《關雎》爲當時民間自由戀愛詩，甚至就是民間歌謠之說，完全不能認同。他指出：

> 《詩》不云乎，琴瑟友之，鐘鼓樂之。不僅遠在西周初年，即下值春秋之中葉、《詩三百》之時代將次告終之際，當時社會民間，其實際生活情況，曷嘗能有琴瑟鐘鼓之備？又如《葛覃》之詩，曰：言告師氏，言告言歸。當春秋時民間，又曷能任何一女子，而特有女師之制乎？故縱謂二南諸詩中，有採自當時之江漢南疆者，殆亦採其聲樂與題材者爲多；其文辭，則必多由王朝諸臣之改作潤色，不得仍以當時之民歌爲說。

錢穆認爲，詩之初興，風詩僅有二南（《周南》、《召南》），未嘗有諸國之風。詩三百篇的完成，可分爲三個時期：

> 第一期當西周之初年，其時大體創自周公。其時雖已有風雅頌三體，而風僅二南，其地位遠較雅頌爲次，故可謂是詩之雅頌時期。此時期即止於成王之末，故曰成康沒而頌聲寢也。成康以後，因無頌、因亦無雅；蓋雅頌本相與以爲用，皆所以爲治平之具、政教之本。今治平已衰，政教已熄，故成康以後、歷昭穆共懿孝夷之世皆無詩也。其第二期在屬宣幽之世，此當謂之變雅時期。其時已無頌，而繼大小雅而作者，皆列爲變雅，蓋詩本主於頌美，而今乃兼美刺，故謂之變也。豳詩之在西周初期，當附於南雅頌之末，至是乃改隸於二南而目爲變風焉，此殆因有變雅，故乃謂之變風也。其第三期起自平王東遷，列國各有詩，此時期可謂之國風時期，亦可謂之變風時期。至是則不僅無頌，而二雅亦全滅，而風詩亦變。至於益變而有商魯之頌，其實則猶之同時列國之風之變而已爾。而居然亦稱頌，則誠矣見王政之已熄也。

《詩經》創作既然分作三個時期，那麼，後人解詩理應根據其初始創作階段來論說，即周公爲平定天下、製禮作樂的苦心孤詣。《漢書·禮樂志》說：「蓋詩之體，起於美頌先德，詩之用，等於國之有史；故西周之有詩，乃西周一代治平之具、政教之典。」錢穆認爲，班固所論，可謂深得其旨。

但是，在中國歷史上，儒學有一重大轉變。即在唐以前，每以周公與孔子並尊，而自宋以後，則以孟子與孔子並尊，致使周公其人其學其功業爲後世學者所忽視，似乎已陳之芻狗，沒有深入研究的價值。時至今日，封建、宗法，成爲詬病中國傳統文化的莫大口實，而井田制則爲人所疑。〔註175〕錢穆特撰《周公與中國文化》一文，闡發周公對中國文化特質的形成、走向所起到的重大影響與貢獻。

錢穆指出：「今論周公在中國史上之主要活動，及其對於中國傳統文化之主要貢獻，則厥爲其製禮作樂之一端。」〔註176〕而所謂製禮作樂，用近代話語而言，即創建一種新的政治制度。其最要者，乃封建制度。中國歷史，正是憑藉這一制度而趨於一統。因其精義在乎尚禮治，故古人亦目之爲禮。封建制度的主要精神，寄託於宗法制。宗法制的要義，則在社會倫理的確立，而政治制度必須俯就於社會倫理而存在。這些措施，無疑奠定了中國傳統政治、社會的基本格局，並對中國文化的發展趨向具有深遠影響。「中國此下傳統政制之必首尚於禮治，必首尚於德治，又必首尚於文治，此等皆爲此下儒家論政大義所在，而其義皆在周公制禮之時，固已昭示其大綱矣。」〔註177〕研究《詩經》，必須將其置放於這樣一個大的歷史與文化背景之下，才可能真正理解其內涵。正如錢穆所言：「說到《詩》三百首，主要先該懂得風、雅、頌的分別。而詩的分別，卻分別在政治上。不懂得當時的實際政治，如何來言《詩》。」〔註178〕

《詩經》雅頌時期，與周公有莫大關聯，皆爲治平之具、政教之本。錢穆論詩，顯然是要回歸西周初建、周公平定天下的那一段歷史，以此爲出發點，討論《詩經》創作的意旨與內涵。而「五四」以後胡適等人論詩，儼然以國風爲中心，以爲是民間創作，採詩之官採集、保存，反映民俗風情、民間生活與歷史的民歌或曰民間文學。錢穆對此提出質疑：何以十二《國風》之詩，盡在平王東遷之後？錢穆認爲，合理的解釋是，「當詩之初興，其時

---

〔註175〕胡適 1919～1920 年間曾與廖仲愷、胡漢民等討論井田制有無問題，胡適認爲井田制並不存在。

〔註176〕錢穆：《周公與中國文化》，《中國學術思想史論叢》第 1 卷，安徽教育出版社 2004 年版，第 84 頁。

〔註177〕錢穆：《周公與中國文化》，《中國學術思想史論叢》第 1 卷，安徽教育出版社 2004 年版，第 88 頁。

〔註178〕錢穆：《我對於中國文化的展望》，《中國學術通義》，《全集》第 25 冊，第 375 頁。

風詩僅有二南，未嘗有諸國之風也」。採詩之官之說、孔子刪詩之說均不可信。那麼，《詩經》究竟是誰編輯、保存的呢？錢穆提出，詩本以入樂，太師樂官即是掌詩之人。另外一個事實是，當時魯宋兩國皆無風而有頌。如果認為《國風》皆起於民間，為什麼獨獨魯宋民間無詩，可見此說不通。錢穆認為，只有回歸詩之興本在雅頌，才可以解釋這個疑問。他說：「蓋魯自居為周後，當襲西周舊統；宋自負為商後，當與周為代興；故皆模效西周王室作為頌美之詩，而獨不見有風詩也。」

關於風詩之作者，錢穆再三強調：

> 國風之作者，殆甚多仍是列國之卿大夫，薰陶於西周之文教傳統者猶深，其詩之創作與流行，仍多在上不在下，實不如朱子所想像，謂其多來自民間也。

> 風詩之多出於當時列國君卿大夫士之手，仍多與當時政事有關。固不當謂風詩乃小夫賤隸、婦人女子之言，如鄭樵氏之說。而近人又輕以民間歌辭說之，則更見其無當也。

至此，關於《詩經》的作者、創作意旨、內容等，錢穆總結如下：

> 然則《詩三百》，徹頭徹尾皆成於當時之貴族階層。先在中央王室，流衍而及於列國君卿大夫之手。又其詩多於當時之政治場合中有其實際之應用。雖因於世運之隆汙，政局之治亂，而其詩之內容與風格，有不免隨之而為變者；然要之詩之與政，雙方有其不可分離之關係。故《詩三百》在當時，被目為王官之學；其傳及後世，被列為五經之一，其主要意義乃在此。此則無論如何，所不當漫忽或否認之一重要事實也。

詩與政治，既然關係如此密切，《詩經》乃一文學總集的說法，顯然是後世人們的觀念，古人絕對沒有這種想法。《詩經》可稱之為是「中國一部倫理的歌詠集」。〔註179〕當然，錢穆並不否認《詩經》終不失為中國最早的一部文學書，不僅在文學史上有其不可否認的地位，而且《詩經》本身的文學價值，也將永不磨滅，永為後人重視。因為詩三百篇，本來都是極優美的文學作品，《詩經》為中國文學鼻祖。他指出，向來經學家說《詩》，往往忽略其文學性，而以文學家眼光治《詩》，又往往忽略其政治性。「遂使《詩》學分道揚鑣，

---

〔註179〕錢穆：《中國文化史導論》，商務印書館 1994 年修訂版，第 67 頁。

各得其半、亦各失其半」，他試圖綜合此兩方面論詩。

錢穆指出，「《詩》爲中國遠古文學之鼻祖，其妙在能用比興」。詩人抒發性情，不直白而言，必須託於物起於物婉轉言說，從這裏正可以看出中國古人性情之溫柔敦厚。所謂「《國風》好色而不淫」，「《小雅》怨誹而不亂」，「哀而不傷，樂而不淫」，「溫柔敦厚詩教也」，等等，均指陳出在古詩中間「透露出來的中國古代人心中的一種境界，一種極眞摯誠篤而不偏陷的境界」。〔註180〕明白《詩經》賦比興的妙義，那麼朱熹以《國風》鄭衛之詩多爲男女淫奔之辭，其誤是顯而易見的。詞近閨房，實非男女，言在此而意在彼，其所歌詠，本不爲男女淫邪之事，而別有所懷抱，即怨與刺。近人盛讚鄭樵、朱熹，必以後起的民間文學觀念說詩，實在多見其扞格而難通。退一步而言，即使十二《國風》中，有出自民間的歌謠，亦僅至於當時「士」這一階層。某些詩篇，即使出自當時士階層之手，也不應斷爲出自民間。錢穆鄭重強調：

> 要之同爲出於其時王朝與列國卿大夫之手，最下當止於士之一階層。要之爲當時社會上層之產物，與當時政府有關，不得以民間歌謠與近人所謂平民文學之觀念相比附，此則斷斷然者。尚論中國文學史之起源，此一特殊之點，尤當深切注意，不可忽也。

錢穆時常主張，「要把中國全部文化史作背景來寫中國文學史」，〔註181〕不能截斷歷史，純以後代人觀念論詩，更遑論純以西方人觀念論詩。對近人「尊洋抑己」，錢穆在所作論姚際恒（字立方）《詩經通論》文稿中感慨至深，有不能已於言者：

> 自民初以來，提倡白話詩，則如立方所云由其辭以賞其義旨者，詩辭

---

〔註180〕 錢穆：《中國文化史導論》，商務印書館1994年修訂版，第67頁。錢穆指出，要考察中國古代人的家族觀念，最好最詳備而最可信的史料，莫如《詩經》與《左傳》。《詩經》保留了當時人的內心情感，《左傳》則保留了當時人的具體生活。《詩經》三百篇裏，極多關涉到家族情感與家族道德方面的，無論父子、兄弟、夫婦，一切家族哀、樂、變、常之情，莫不忠誠惻怛，溫柔敦厚。「這便是中國民族人道觀念之胚胎，這便是中國現實人生和平文化之眞源。儻不懂得這些，將永不會懂得中國文化」；「我們要瞭解中國人此下發展的文學與藝術之內部精神，及其標準風格，我們亦應該從《詩經》裏去探求」。（《中國文化史導論》，第54、68頁。）

〔註181〕 錢穆：《釋詩言志——讀文隨筆之一》，《中國文學論叢》，三聯書店2005年第2版，第251頁。

既所厭惡，義旨亦無可賞。而近人言文學，又特賞男女戀愛，又必尊民間草野。故既鄙斥宋儒，而又必循晦翁《集傳》而更進一層，一若凡詩均能說成是民間之自由戀愛而後快。立方所謂詩之爲用，與天地而無窮者，不三百年，而其用固已窮矣。蓋今人之尊洋抑己，更甚於乾嘉之尊漢抑宋，此皆內心鬱結，激發而爲門戶，而皆失其性靈之眞。……乾嘉以下，殆皆爲讀經人，非讀詩人。今以後人，殆亦將不能讀詩，故余讀立方之《詩經通論》而不禁有深慨也。〔註182〕

其實，當年胡適發表《談談〈詩經〉》一文，周作人立即發表評論說，胡適的某些見解太新了，正同太舊了一樣的不自然。胡適講「葛覃詩是描寫女工人放假急忙要歸的情景」，「嘒彼小星是妓女星夜求歡的描寫」，都是以今例古，與初民社會不合。而且，胡適解詩太指實，有穿鑿之嫌。周作人引用英國民間故事中「狐先生」的警語以警世人：「要大膽，要大膽，但是不可太大膽！」〔註183〕

近代西學傳入中國之初，人們往往以中學附會西學，以此來瞭解、認識與傳播西學。〔註184〕胡適在新文化運動時期提出並付諸實踐的用現代觀念詮釋傳統文化，豐富了人們理解古代典籍的視角。他主張從西學中獲得研究國故的參考比較的材料，從中得到啓發與暗示。比較誠然是學術研究的重要方法，但比較是爲了更好地認識研究的對象，而不是穿鑿傅會，任意類比，更不是寄情褒貶，評判是非。尤爲重要的是，用西學作爲參考比較的材料，與用西學裁剪中國的歷史與文化，這中間的分際究竟如何把握？

事實上，無論是錢穆的自述，還是身邊人的觀察，他並非一味冬烘，盲目排外、守舊，對西學也是有一定的瞭解和認識的。錢穆並不反對以西學來解釋中國傳統，但是，有些固然可以「中西冥符」，有些卻「未可一概而論」。〔註185〕他更多地強調中國學術的特殊性，反對以西方學術任意裁剪中國傳統。他始終堅持，中國歷史當從中國學術傳統中尋求解釋。至於如何深入這

---

〔註182〕錢穆：《續記姚立方〈詩經通論〉》，《中國學術思想史論叢》第8卷，安徽教育出版社2004年版，第183～184頁。

〔註183〕周作人：《談「談談〈詩經〉」》，《古史辨》第三冊，上海古籍出版社1982年影印版，第587～589頁。

〔註184〕筆者在《梁啓超與近代中西文化交流中的「附會」現象》（《華中師範大學學報》2002年第4期）一文中，對此作過探討。

〔註185〕錢穆：《略論中國韻文起源》，《中國文學論叢》，三聯書店2005年第2版，第102頁。

一傳統，深入這一古典世界，除了用身心性命長期浸潤於其中之外，別無他法。正如吳展良教授闡述錢穆與理學時所指出的那樣，錢穆對理學的認識，是出自生命的親切體驗。當他用現代學術語言詮解理學時，通常是將他自己長期浸潤在古文與歷史世界中之所得，「翻譯」給現代中國人聽。所以，錢穆從來不願意談方法，卻重視下工夫。〔註186〕

　　胡適、傅斯年鄙薄錢穆不懂西學，人們也往往視胡、傅爲學貫中西的大師。有趣的是，錢穆暮年評論胡適，稱其幼年即赴美留學，「於本國歷史文化、傳統舊學根柢不深」；而讀其《藏暉室日記》，「可知其西學根柢亦不深」。〔註187〕而一些與胡適有較多接觸、瞭解的後輩學人，如唐德剛就一再提到胡適治學「缺乏社會科學的訓練」。〔註188〕何炳棣回憶說，他曾再三對胡適建議，搞歷史必須借鏡西洋史的觀點、方法、選題、綜合，必須利用社會科學，有時甚至自然科學的工具。1960年8月18日，他與胡適有一次十分重要的談話。胡適嚴肅地對他說：

　　　　炳棣，我多年來也有對你不起的地方。你記得你曾對我說過好幾次，
　　　　傅孟眞辦史語所，不但承繼了清代樸學的傳統，並且把歐洲的語言、

---

〔註186〕吳展良：《學問之入與出：錢賓四先生與理學》，臺灣大學中國文學系編印：《紀念錢穆先生逝世十週年國際學術研討會論文集》，2001年。賓四先生從來不願意談方法，卻重視下工夫的觀察，見《錢穆夫人談錢穆先生》一文（《大成》第38期，香港，1976年）。

〔註187〕錢穆：《維新與守舊——民國七十年來學術思想之簡述》，《中國學術思想史論叢》第九卷，《全集》第23冊，第26頁。

〔註188〕胡適口述、唐德剛註譯：《胡適口述自傳》第十二章註一，安徽教育出版社1999年版，第312頁。唐先生指出，胡適可以用精密的方法，把古書裏的「言」字、「汝」字、「爾」字分析得頭頭是道。但是如果碰到「郡」字、「縣」字，這些與制度史、社會史有關的字，他那套「方法」便不夠用了。（第六章註二，第155頁）胡適之所以一棒把「中國文學」打成「文言」、「白話」兩大段，「便是他對中國社會經濟史毫無興趣而把中國文學史孤立了的結果」。「白話」是一種「通俗文學」。一種「通俗文學」之興起一定先要有個需要這個通俗文學的社會。這個社會之形成在歐洲歷史上便是那文藝復興前後，一時並起的以小手工業爲主體的小城邦。在城邦內聚居的小業主和技工頭形成的受有起碼教育的城市小資產階段，才是通俗文學發芽滋長的土壤。（第七章註六，第181～182頁）胡適本人回憶說，他在康乃爾大學主修是哲學，副修是英國文學和經濟，第二副修是經濟理論。詹森是專攻經濟理論的著名教授，是這一領域的泰斗。胡適上了他兩年經濟理論課，竟一無所獲。他得出結論：「要不是經濟理論這門課有問題，那就是我自己的頭腦有問題。」胡適轉學哥倫比亞大學之後就不再以經濟理論爲副修而代之以政治理論，另一副修爲「漢學」。（第101～102頁）

哲學、心理、甚至比較宗教等工具都向所裏輸入了；但是他卻未曾
注意到西洋史學觀點、選題、綜合、方法和社會科學工具的重要。
你每次說，我每次把你搪塞住，總是說這事談何容易……今天我非
要向你講實話不可：你必須瞭解，我在康奈爾頭兩年是念農科的，
後兩年才改文科，在哥大研究院念哲學也不過只有兩年；我根本就
不懂多少西洋史和社會科學，我自己都做不到的事，怎能要求史語
所做到？〔註189〕

實際上，胡適對國學所作的新解，主要有兩個方面。其一，是對《詩經》
的研究，運用社會學、民俗學的觀點，以男女愛情解《詩》。其二，用西方哲
學解釋中國哲學史。這兩個方面都曾備受爭議與非議。後來者居上，晚一輩
的學人，已經能夠較爲嫻熟地運用西方社會科學的視域、理論與方法研究中
國歷史了。如何將中西學較爲融洽地貫通起來，不至於像胡適等較早一輩學
者那樣，以西學治中學，顯得生硬、粗糙、淺薄，這是我們應該努力從事的。

---

〔註189〕何炳棣：《讀史閱世六十年》，廣西師範大學出版社 2005 年版，第 321 頁。

# 第三章　義理、考據、辭章之辨

　　承受清代考證學餘蔭，民國文史學界自始即籠罩在濃厚的考據學風之中。尤其是 20 世紀二、三十年代，在胡適倡導的科學地整理國故的運動影響之下，此風氣日盛一日。各大學不僅史學重視考據，文學、哲學各系亦有重考據之風，學者們熱衷於具體問題的考辨。胡適 1934 年 2 月 14 日日記裏說：「北大國文系偏重考古，我在南方見侃如夫婦皆不看重學生試作文藝，始覺此風氣之偏。」他認爲，大學裏中國文學系應當兼顧到三方面：歷史的；欣賞與批評的；創作的。〔註1〕任繼愈認爲，解放前的北大強調哲學史和佛教思想的研究，主持人湯用彤的佛教史著作「已足以說明他是一位史學家」，他的「史學成就」受到同行的尊重。〔註2〕民國時期，學術界儼然形成一個新學派，即以胡適、傅斯年爲代表的新考據學派（或曰史料學派），佔居了中國學術的主流。1949 年後，史料學派很快在臺灣歷史學的研究教學上，「佔有了絕對優秀與支配性的地位」，在臺灣形成「一枝獨秀的壟斷局面」。〔註3〕錢穆自居於

〔註1〕《日記》第 6 卷，第 325 頁。浦江清 1948 年 12 月 22 日日記記載，清華大學中文系師生座談會上討論課程改訂的問題，學生們認爲中國文學系課程中國學太多，文學太少。就是說近於國學系，而非文學系，他們不喜歡訓詁、考據，而他們所謂文學的觀念乃是五四以後新文學的觀念，對於古文學也很隔膜。爲愛好文藝而進中國文學系，及至弄到觸處是訓詁、考據，不免有「誤入」的感覺，簡直可以說是受騙。（《清華園日記　西行日記》（增補本），三聯書店 1999 年第 2 版，第 261～263 頁）

〔註2〕任繼愈：《湯用彤先生治學的態度和方法》，《燕園論學集》（湯用彤先生九十誕辰紀念），北京大學出版社 1984 年版，第 32、37 頁。

〔註3〕李恩涵：《1949 年後傅斯年與其史料學派對臺灣史學教研的影響》，布佔祥、馬亮寬主編：《傅斯年與中國文化：「傅斯年與中國文化」國際學術研討會論

此一主流學派的邊緣，強調義理、考據、辭章合一，直言「只此『考據』二字，怕要害盡了今天中國的學術界」，批評胡適等人重考據、輕義理和義理、考據兩分的治學思想。

# 第一節　「只此『考據』二字，怕要害盡了今天中國的學術界」

義理、考據和辭章，是中國傳統學術思想中的重要命題，尤其是義理與考據之辨，實際上是中國兩千多年來研究儒家經典兩種不同的方式，今文經學與古文經學之爭、漢學與宋學之爭，即其具體體現。降及近代，不同思想傾向和流派的學者，對這些傳統命題，作出了他們各自不同的理解和新的解釋。

## 一、錢穆：義理、考據、辭章合一

錢穆在中國學術文化史研究方面提出了許多重要思想，其中，關於義理、考據和辭章的思想是最基本和最核心的。徐國利對此作了系統研究，認為錢穆吸收、繼承了中國學術思想史上有關的思想成果，從學（科）術分類和研究方法論兩個層面，對義理、考據和辭章的內涵及其相互關係作了許多新的闡釋。〔註4〕

錢穆指出，在西方學問沒有來到中國之前，中國近千年的學術史上，有宋學與漢學兩大分野，一是義理之學，一是考據之學，而同時又另有文章之學。從學問類別上講，分成了這樣三個部門，但也可以從學問成分上講。他說：

> 任何一項學問中，定涵有義理、考據、辭章三個主要的成分。此三者，合則成美，偏則成病。如治文學，不能沒有義理。詩文寫得儘好，不合義理總不成。同時也不能無考據，一字字都該有來歷，這亦即是考據。如講史學，當然要考據，講歷史上每一事，都該有考有據，但亦不能講來無義理。又該講得清楚明白，有條理，有分寸，這即是辭章之學。所以任何一項學問，只要成其為學問，則必包括此三成分。〔註5〕

---

文集》，天津古籍出版社 2006 年版，第 106、109 頁。

〔註4〕 徐國利：《錢穆的學術史方法與史識──義理、考據與辭章之辨》，《史學史研究》2005 年第 4 期。

〔註5〕 錢穆：《史學導言》，《中國史學發微》，《全集》第 32 冊，第 43～44 頁。

　　義理、考據、辭章合一，是錢穆學術思想中最基本的，也是最爲核心的觀念。所謂義理，即是「道」，「凡有關從事學問之方向，及其所應到達之目標等」，或者說，「凡論該做何等樣學問，或論學問之意義與價值等」，都屬於「道」，或「義理」。〔註6〕錢穆指出，中國學問以人生爲本，而義理屬於做人之道，則一切學問，皆以義理爲中心，「考據應是考其義理，辭章則是義理之發揮，經濟乃義理之實際措施」。〔註7〕錢穆回顧自己讀書、治學的歷程，正是自覺地將此三者合一的過程：

> 我最先只懂讀文章，但不讀俗陋的，如《古方觀止》之類，而只依隨著文學傳統所重，讀姚惜抱所選《古文辭類纂》。但我並不能懂得姚選妙處，我想應擴大範圍，讀他所未選的，才能知其所選之用意。我乃轉讀唐、宋八家全集，乃於《王荊公集》中發現有很多好文章爲我所喜，而姚氏未選。因此悟得所謂「文人之文」與「學者之文」之分別。我遂知姚氏所選重文不重學，我自己性近或是在學不在文。我遂由荊公轉下讀朱子與陽明兩家，又上溯群經諸子。其時尚受桐城派諸家之影響，不懂得注意清儒考據。但讀至《墨子》，又發覺有許多可疑及難通處，乃知參讀清末人孫詒讓之《墨子閒詁》。從此起，再翻讀清儒對其他諸子之訓釋校訂。在此以前，我雖知姚、曾兩人都主張義理、辭章、考據三者不可偏廢之說，但我心中一向看不起訓詁考據，認爲一字經考證而衍成爲三數百字，可謂繁瑣之甚，故不加措意。至此才知我自己性之所好，不僅在文章，即義理、考據方面，粗亦能窺其門徑，識其意趣。我之聰明，雖不敢自謂於義理、考據、辭章三者皆能，但我至少於此三方面皆已能有所涉獵。〔註8〕

　　在對中國歷史和學術思想的研究中，錢穆始終貫穿了義理、考據、辭章合一的方法論。下面，即以《論語文解》爲例，具體說明之。

　　錢穆一生，尊崇孔子，許之爲中國歷史上第一聖人，孔子是中國文化的代表與象徵。1925 年，錢穆根據《論語》嘗試爲孔子作傳。1935 年出版的《先秦諸子繫年》第一卷，即孔子生平行事考辨。1963 年，又成《論語新解》。1974

---

〔註6〕 錢穆：《泛論學術與師道》，《中國學術通義》，《全集》第 25 冊，第 247 頁。
〔註7〕 錢穆：《學與人》，《歷史與文化論叢》，《全集》第 42 冊，第 152 頁。
〔註8〕 錢穆：《關於學問方面之智慧與功力》，《中國學術通義》，《全集》第 25 冊，325～326 頁。

年，又作《孔子傳》。在為該書所寫的序言中，錢穆開篇即如是說：

> 孔子為中國歷史上第一大聖人。在孔子以前，中國歷史文化當已有
> 兩千五百年以上之積累，而孔子集其大成。在孔子以後，中國歷史
> 文化又復有兩千五百年以上之演進，而孔子開其新統。在此五千多
> 年，中國歷史進程之指示，中國文化理想之建立，具有最深影響最
> 大貢獻者，殆無人堪與孔子相比倫。〔註9〕

錢穆認為，無論哪一個國家或社會，總要有幾許共通之點，為大家所共尊共信。中國自漢代開始，可以說，一部《論語》，凡讀書識字之人，無人不讀，這已經有兩千幾百年的歷史了。只是到了現在，在中國人心目中，已經沒有哪一本書該是大家都要讀的。一個民族要維持發展，沒有一本大家公認的人人必讀的書，這實在非常危險。現在的中國人，上十億人口，相互間沒有一個共通的尊信，這不是非常可怕的一件事情嗎？倘若將來的中國，要把從前的傳統接續上，再希望向下維持，至少這一部《論語》是要承認的，是大家共信共讀的一部書。〔註10〕《論語》，可以說就是中國人的聖經，是東方民族的聖經。〔註11〕

為《論語》作註解，是錢穆多年的心願。《論語》歷代註釋不絕。自明清兩代以朱熹註取士，讀《論語》必兼讀朱註。清代考據訓詁之學度越前人，朱註謬誤之處多經清儒指正。但清儒所持漢宋門戶之見過嚴，有朱註正確而清儒轉復失之者。或眾說紛紜，莫衷一是。民國年間，程樹德作《論語集釋》，徵引過繁，別擇未精。所以，在錢穆看來，《論語》雖然是一部中國人人必讀之書，《論語》註解亦代不乏人，但仍然缺少一部適合現代讀者的人人可讀之書。自1949年赴港後，錢穆即有意為《論語》作一新解，力求簡明，深入淺出，使中學生以上皆能通讀，作為《論語》的入門之書。這是他的志願所在。

《論語新解》自1952年春起草，當時力求通俗，一意用白話文寫作。但是，錢穆深感《論語》難在意蘊，不在文字。許多地方，使用通俗的白話文，難以闡釋深奧的義理。加之校務繁忙，成稿不到四分之一，即擱筆。直至1960年，錢穆赴美講學，空閒時間較多，乃全力改寫。歸港後，又陸續修訂，直至1963年在香港出版。

---

〔註9〕 錢穆：《孔子傳·序言》，三聯書店2002年版，第1頁。

〔註10〕 錢穆：《民族與文化》，《全集》第37冊，第143～145頁。

〔註11〕 錢穆：《孔子誕辰紀念講詞》，《新亞遺鐸》，三聯書店2004年版，第102頁。

錢穆撰寫《論語新解》，先列《論語》原文，然後逐字逐句解釋，再總述一章大義，最後是《論語》本文的白話翻譯。義理、考據、辭章三方面兼顧，是錢穆《論語新解》的基本著眼點和用心之處。在新亞書院的開學典禮和孔子誕辰紀念講話中，錢穆多次談及《論語》讀法。

一般認爲，讀《論語》當然應重義理。錢穆指出，做學問要逐一地累積，今天知道一件，明天知道一件，然後力求會通。讀《論語》也要一章一節，一字一句，逐一去讀，而不應該心中先橫梗著一番大道理、一項大題目，認爲細碎之處不值得理會。

錢穆指出，讀《論語》不可忽略了考據。如《爲政篇》「子曰：『人而無信，不知其可也。大車無輗，小車無軏，其何以行之哉？』」讀這一章，便須有考據名物的工夫。古代的大車小車，體制如何分別，輗和軏是車上的什麼零件？如果不明白這些，不懂得孔子的這番譬如，孔子所謂人不可無信，但爲什麼人不可無信？終究沒有懂得孔子眞義所在。錢穆在《新解》中，詳細講解了大車、輗、小車、軏，這一章的大義是：

> 此章言車之行動，在車本身既有輪，又駕牛馬，有轅與衡輗束縛之，但無輗與軏，仍不能靈活行動。正如人類社會，有法律契約，有道德禮俗，所以爲指導與約束者縱甚備，然使相互間無信心，一切人事仍將無法推進。信者，貫通於心與心之間，既將雙方之心緊密聯繫，而又使有活動之餘地，正如車之有輗軏。

白話翻譯爲：

> 先生說：「人類若相互間無信心，我不知還能做得些什麼。正如車上的轅木與橫木間，若沒有了個靈活的接榫，無論大車小車，試問如何般行進呀？」〔註12〕

又如，《八佾篇》「子曰：『禘自既灌而往者，吾不欲觀之矣。』」「或問禘之說。子曰：『不知也。知其說者之於天下也，其如視諸斯乎！』指其掌。」這兩章論及禘禮，是有關制度方面之事。「禘」究竟是什麼禮？「灌」是禘禮中怎麼樣的一個項目？爲什麼孔子看禘禮到灌以下便不願再看？要解決這一連串的問題，就需要考據。古人引經據典，對禘、灌的解釋，有四五種，我們只要肯細心耐心，把這四五種異同之說，平心研討，自然也可以明白一個大概。切不可先有一存心，認爲這些是考據，和義理不相關。其實這兩章考

---

〔註12〕錢穆：《論語新解》，三聯書店 2002 年版，第 47、48 頁。

據不明，義理終究無法明白。

　　錢穆指出，讀《論語》不可忽略了辭章，即字義、句法、章法等。如《公冶長篇》「子曰：『晏平仲善與人交，久而敬之。』」這一句中的「之」字，究竟指晏子還是其他人？到底是晏子敬人，還是人敬晏子？這就不是義理問題，而是辭章問題了。另外，《論語》有不同版本，有的本子作「晏平仲善與人交，久而人敬之」，下句多了一個「人」字，自然「之」指的是晏子，這就又牽涉到考據學上的校勘問題了。又如《雍也篇》「子見南子，子路不說，夫子矢之曰『予所否者，天厭之，天厭之。』」從來註家，對這一「矢」字均另作別解，唯獨朱子註說：「矢，誓也。」因為下文是古人常用的誓辭。清人閻若璩、近人馬建忠均總結出「凡上用『所』字下用『者』字之句，是古人之誓詞」的語法規律。南子是一個有淫行的女人，為什麼孔子去見她呢？朱熹註說：「古者仕於其國，有見其小君之禮。」這一條又是考據。

　　錢穆還從文學角度來解《論語》。如《公冶長篇》「子曰：『道不行，乘桴浮於海，從我者，其由乎！』子路聞之，喜。子曰：『由也，好勇過我，無所取材。』」這一章最後「無所取材」的「材」字費解。朱子解「材」字作「裁」字義，說子路修養不夠，還須經剪裁。錢穆認為，「此註未免太過理學氣味了」，也可以說得通，「只是違背了文理」。錢穆指出，作文必須先有「作意」，但作意不能雜，只能把一項作意來作一篇文字的中心，這樣寫下來就有了一條理路，這就是所謂文理。這一章既然是一種慨歎，下文忽然轉成教訓，短短幾十個字，就有了兩種作意，兩條理路，在文理上說就不對了。所以此處「材」字，只應解作「材料」之意。孔子說：「你能和我一同乘桴浮海，那是好極了，但我們又從何處去取為桴之材呢？」這一問，只是一句詼諧語，語意非常幽默。孔子此處正在慨歎吾道不行，而吾道不行，正為其無所憑藉，不僅無所憑藉以行道於世，即乘桴浮海亦須有憑藉。但孔子說：「我們連此憑藉也沒有呀！」這末尾一句，從詼諧之中更見其感慨之深重。〔註13〕在《新解》中，錢穆寫道：

　　　　此章辭旨深隱，寄慨甚遙。戲笑婉轉，極文章之妙趣。兩千五百年
　　　　前聖門師弟子之心胸音貌，如在人耳目前，至情至文，在《論語》
　　　　中別成一格調，讀者當視作一首散文詩玩味之。〔註14〕

---

〔註13〕錢穆：《中國文學中的散文小品》，《中國文學論叢》，三聯書店 2005 年第 2 版，
　　　　第 82～83 頁。
〔註14〕錢穆：《論語新解》，三聯書店 2002 年版，第 114 頁。

　　當然，讀《論語》主要還在研尋義理。或者有人會懷疑錢穆所講，只在考據、辭章方面來尋求義理，卻不教人徑直從義理方面來尋求，如孔子論仁論智，論道論命，論一貫忠恕，論孝弟忠信之類。錢穆認為，讀《論語》貴在讀一章即得一章之益。如果《論語》各章各節，一句一字，不去理會，求得確解，專門拈出幾個重要字面，寫出幾個大題目，如「孔子論仁」，「孔子論道」之類，隨便引申發揮，這只是發揮了自己的意見，並不會使自己真正瞭解《論語》，也不會使自己對《論語》一書有真實受用。他說：

　　　　把每一章各別分散開來，逐字逐句，用考據、訓詁、校勘乃及文章
　　　　之神理氣味，格律聲色，面面俱到地逐一分求，會通合求。明得一
　　　　字是一字，明得一句是一句，明得一章是一章。且莫先橫梗著一番
　　　　大道理，一項大題目在胸中，認為不值得如此細碎去理會。〔註15〕

　　錢穆認為，《論語》中孔子論仁論禮，有許多話只是就人、事而論，未必是具體專指某一人某一事，「但我們總不能捨卻人生實際行事來求瞭解孔子這許多話」。〔註16〕我們讀《論語》，自然應該更多的注意到《論語》中所提到的許多具體的實人和實事，卻不應該憑空思索去求瞭解，這就勢必牽涉到考據。考據工夫，「正為要確切明白得《論語》中那些實際的人事」。〔註17〕這是孔子思想及其所指示的義理的具體背景與主要對象。所以，錢穆的《論語解釋》，逐章、逐句、逐字都要解，任何一字、一句、一章，都不肯輕易放過。他認為，自古以來註《論語》，善言義理的，莫過於朱子，但朱子理學氣息太深。清儒註《論語》，又太求在考據上見長了，而忽略了《論語》本文中所涵之義理。錢穆《論語新解》，試圖綜合諸家之說，義理、考據並重。讀《論語》，每章都有一番義理，不能說孔子論仁論禮諸章才有義理可尋，其他各章可以擱置不問。

　　錢穆指出，註《論語》要講求義理，特別重要的是應當先講求《論語》原文的本義，即原始義。如講「仁」字，應看在《論語》中此字及有關此字各句應該如何講法。有了本義，才有引申義和發揮義，這些都是後人的新義，並非孔子本義。如「性」字，孔子並不講「性善論」，我們不能把孟子的說法

〔註15〕錢穆：《校慶日勸同學讀〈論語〉並及〈論語〉之讀法》，《新亞遺鐸》，三聯書店 2004 年版，第 438～439 頁。
〔註16〕錢穆：《漫談〈論語新解〉——一九六三年九月為慶祝孔誕校慶與教師節而作》，《新亞遺鐸》，三聯書店 2004 年版，第 540 頁。
〔註17〕錢穆：《漫談〈論語新解〉——一九六三年九月為慶祝孔誕校慶與教師節而作》，《新亞遺鐸》，三聯書店 2004 年版，第 541 頁。

來講孔子，當然更不能把朱子的說法來講孔子。錢穆此書，「只解本義，不及引申發揮義」。〔註18〕如《陽貨篇》「子曰：『性相近也，習相遠也。』」朱子解作「此所謂性，兼氣質而言者也。」性，兼言氣質，這是朱子自己的說法，犯了清人所謂「增字詁經」之病。「因當孔子時，根本無氣質之性與義理之性之分辨。」〔註19〕錢穆《新解》對此句的註解，只講孔子如是說，孟、荀如是說，有敘述，無判斷，沒有用引申義取代原始義。

由上可見，無論是授課、講學，還是一己著述，錢穆始終強調義理、考據、辭章三者合一。「義理」教我們德行，「辭章」培養我們的情感，「考據」增進我們的知識。必須德行、情感、知識三方面皆備，才能稱為一學人。學問皆由人做，人品高，學問境界自然隨之增高。人品低，不能期望其學問境界之高。一切知識，應以德行、情感為基本。他說：「一切考據之學，應以義理、辭章為基本。一言一行不苟且，此是義理學開始。一字一句不苟且，此是辭章學開始。」〔註20〕預備了這兩項條件，先把基礎放實放穩，才始能從事學問。

## 二、胡適：考據的「科學化」

1923 年，胡適為《科學與人生觀》作序，總結清末以來「科學」在中國思想界的位置時說：

> 這三十年來，有一個名詞在國內幾乎做到了無上尊嚴的地位：無論懂與不懂的人，無論守舊和維新的人，都不敢公然對他表示輕視或戲侮的態度。那名詞就是「科學」。〔註21〕

這股「科學化」的浪潮逐漸影響至學術界，主張用科學方法研究中國歷史，成為不可阻擋的學術新潮流。誠如許冠三所言：「從新會梁氏朦朧的『歷史科學』和『科學的歷史』觀念起，新史學發展的主流始終在『科學化』，歷來的鉅子，莫不以提高歷史學的『科學』質素為職志，儘管『科學化』的內

---

〔註18〕 錢穆：《談〈論語新解〉──一九六四年三月六日研究所第六十三次學術演講討論會》，《新亞遺鐸》，三聯書店 2004 年版，第 677 頁。

〔註19〕 錢穆：《談〈論語新解〉──一九六四年三月六日研究所第六十三次學術演講討論會》，《新亞遺鐸》，三聯書店 2004 年版，第 678 頁。

〔註20〕 錢穆：《史學導言》，《中國史學發微》，《全集》第 32 冊，第 57 頁。

〔註21〕 胡適：《〈科學與人生觀〉序》，《胡適全集》第 2 卷，第 196 頁。較早在中國輸入「科學」精神和方法的梁啟超，1923 年不禁有「今之清談談科學」之歎。（見梁啟超《中國近三百年學術史》，朱維錚校註：《梁啟超論清學史二種》，復旦大學出版社 1985 年版，第 512 頁）

容和準則恒因派別而異，且與時俱變。」〔註22〕

「科學的」新史學的構建，有兩種途徑：輸入西方的科學方法，發掘中國傳統中與科學精神相匯通的治學思想。二者的結合，就是考據的科學化。梁啓超、胡適是考據科學化極大的推動者。

1904 年，梁啓超續作《論中國學術思想變遷之大勢》中「近世之學術」部分，對清學有簡明扼要的評論，但未過多申述。他認爲，近世學術史最有特色的學人，必推顧炎武、黃宗羲、王夫之、顏元、劉獻廷五先生。他們在學術上的共同特點就是「以科學實驗爲憑藉」。有清一代三百年來所謂考證之學，其價值自有其不可誣者，「以其由演繹的而進於歸納的也」，他們「以實事求是爲學鵠，頗饒有科學的精神」。而且，對於什麼是科學的精神，在中國近代史上，梁啓超第一次作出了完整的說明：

> 善懷疑，善尋間，不肯妄徇古人之成說、一己之臆見，而必力求眞是眞非之所存，一也；既治一科，則原始要終，縱説横説，務盡其條理，而備其佐證，二也；其學之發達，如一有機體，善能增高繼長，前人之發明者，啓其端績，雖或有未盡，而能使後人因其所啓者而竟其業，三也；善用比較法，臚舉多數之異説，而下正確之折衷，四也。凡此諸端，皆近世各種科學所以成立之由，而本朝之漢學家皆備之，故曰，其精神近於科學。〔註23〕

濃墨重彩地將中國傳統的考據學與西方科學方法聯繫起來、使人熟知的學人，當推胡適。胡適晚年作口述自傳時說，杜威的名著《思維術》〔註24〕對有系統思想的分析幫助他對一般科學研究基本步驟的瞭解，也使他對我國近千年來尤其是近三百年來的「考據學」加深了理解。他說：「在那個時候，很少人（甚至根本沒有人）曾想到現代的科學法則和我國古代的考據學、考證學，在方法上有其相通之處。我是第一個說這句話的人；我之所以能說出這話來，實得之於杜威有關思想的理論。」〔註25〕事實上，東西雙方治學方

〔註22〕 許冠三：《新史學九十年・自序》，嶽麓書社 2003 年版。

〔註23〕 梁啓超：《論中國學術思想變遷之大勢》，《飲冰室合集》文集之七，中華書局 1989 年版，第 87 頁。

〔註24〕 現在一般譯作《我們怎樣思維》。

〔註25〕 胡適口述、唐德剛註譯：《胡適口述自傳》，安徽教育出版社 1999 年版，第 111 頁。1933 年，胡適寫作《四十自述》時，坦言受了梁啓超「無窮的恩惠」。20 世紀最初幾年，胡適正當少年，是「最容易受感動的時期」，「這時代是梁先生的文章最有勢力的時代」。中年的胡適追想起來，梁啓超對他的影響有兩點

法原是一致的，「就是因爲彼此都是從人類的常識出發的」。〔註 26〕還有兩門課程對他的治學方法產生影響。他在康奈爾大學研究院就讀的時候，曾選了「歷史的輔助科學」這門課，頗有收益。這是他第一次對這些「輔助歷史的科學」如語言學、校勘學、考古學、高級批判學（聖經及古籍校勘學）等略有所知。烏德瑞教授在講授「歷史哲學」一課時，總是提醒學生做研究工作在運用史料時要特別當心。〔註 27〕

胡適在讀書、學習過程中，逐漸領悟到近代以來西方的校勘學和我國近幾百年所發展出的傳統的治學方法，基本上有其相同之處。胡適個人以爲，比較妥當點的說法，「是我從考證學方面著手逐漸地學會了校勘學和訓詁學」，「由於長期鑽研中國古代典籍，而逐漸地學會了這種治學方法」。〔註 28〕

1919 年，胡適撰寫《清代漢學家的科學方法》（後改名爲「清代學者的治學方法」），認爲清代漢學家在國學研究上所以能有過人的成績，「正因爲他們用的方法無形之中都暗合科學的方法」。錢大昕的古音研究，王引之的《經傳釋詞》，俞樾的《古書疑義舉例》都是科學方法的出產品。但是，這還是「不自覺的」科學方法，我們如果能用自覺的科學方法加上許多防弊的法子，用來研究國故，將來的成績一定更大了。這篇文章的本意，「是要把『漢學家』所用的『不自覺的』方法變爲『自覺的』」。〔註 29〕通過對中國學人最爲精擅、最爲推重的治學方法的「近代化」，胡適將國人所缺乏的科學精神、科學方法輸入進來。

胡適認爲，「近三百年始有科學的、精密的、細緻的考證」。什麼是考證？他說：「考一物，立一說，究一字，全要有證據。就是考證，也可以說是證據，必須有證據，然後才可以相信。」〔註 30〕清代學術，人們一般以乾嘉

最分明，其一便是《中國學術思想變遷之大勢》一文，「給我開闢了一個新世界，使我知道《四書》、《五經》之外中國還有學術思想」，也是促使他後來做《中國哲學史》的種子。（《四十自述》，《胡適全集》第 18 卷，第 59〜62 頁）梁啓超關於漢學富於科學精神的論述，胡適應該是熟悉的。顯然，胡適不是「第一個」說這句話的人。

〔註 26〕 胡適口述、唐德剛註譯：《胡適口述自傳》，安徽教育出版社 1999 年版，第 111 頁。

〔註 27〕 胡適口述、唐德剛註譯：《胡適口述自傳》，安徽教育出版社 1999 年版，第 147 頁。

〔註 28〕 胡適口述、唐德剛註譯：《胡適口述自傳》，安徽教育出版社 1999 年版，第 146 頁。

〔註 29〕 胡適：《論國故學——答毛子水》，《胡適全集》第 1 卷，第 418、419 頁。

〔註 30〕 胡適：《考證學方法之來歷》，《胡適全集》第 13 卷，第 160 頁。

考據學或考證學概括之。關於中國考證學的起源，很多人認爲是十七世紀西
洋天主教、耶穌會教士帶到中國來的，胡適懷疑這種說法。儘管清代考證學
開山祖師顧炎武和閻若璩，都出生於利瑪竇來華以後，但說他們受到耶穌會
士的影響，證據還不充分。他指出，顧炎武考證古音，方法極其精密。比如
他證《詩經》字韻的古音，從《詩經》中找證據，這是本證；從《老子》、《易
經》、《淮南子》、《管子》、《楚辭》等書裏的古韻來證《詩經》，這是旁證。
這種方法，在顧炎武之前，陳第作過一本《〈毛詩〉古音考》，就用了這種方
法，是顧亭林的本師。此時利瑪竇雖已來華，但在短時期內陳弟受其影響，
是不可能的。顧學得自陳第，毫無問題。而在陳第之前，還有焦竑，在 1580
年就考證過《毛詩》古音。再推上去，可到宋代的朱熹。閻若璩考證《尚書》，
他的先師也來歷明白。梅鷟作過一部《〈古文尚書〉考義》，用的方法和閻氏
的一樣——找出僞造的娘家。那個時候，利瑪竇還沒有來到中國。在梅鷟之
前，可以推上去到元代的吳澄，更上可推至宋代的朱熹、吳棫，他們已經疑
惑古文《尚書》和今文《尚書》的不同，北宋的歐陽修、王安石、蘇東坡，
也曾提出過懷疑。在唐朝韓愈和柳宗元的文章中，也提出考證的問題。「總
之，這種考證方法不用來自西洋，實係地道的國貨。」〔註31〕對中國考證
學的來源，胡適的說法是：「由宋漸漸的演變進步，到了十六七世紀，有了
天才出現，學問發達，書籍便利，考證學就特別發達了，它的來歷可以推到
十二世紀。」〔註32〕

　　胡適推想，古代中國沒有自然科學，但由於應科舉考試，於做文章之外，
還須研究「判」。考試的時候，拿幾種案件，甲如何、乙如何、丙又如何，由
士子判斷是非，這樣，必須多少有一點法律的訓練。《程明道行狀》記載，程

---

〔註31〕 胡適：《考證學方法之來歷》，《胡適全集》第 13 卷，第 164 頁。
〔註32〕 胡適：《考證學方法之來歷》，《胡適全集》第 13 卷，第 164 頁。顧頡剛在 1955
　　　　年 3 月 5 日中科院召開的「胡適歷史觀點批判第一次討論會」上發言，題爲
　　　　「考據學的反封建性」，稱「考據學是中國土生土長的學問，它求眞爲目的，
　　　　以古代文獻（可能時也加上實物）爲資料，以樸素的唯物主義和形式主義的
　　　　邏輯爲方法。嚴格説來，它在中國學術史上有九百年的歷史。從它的萌芽期
　　　　説來，則已有二千餘年的歷史。」「在科學知識未傳入中國以前，考據學比較
　　　　中國原有的理學、文學、政治學等是最實事求是的學問，它提出了許多問題，
　　　　也解決了許多問題，可以説是中國的科學。」（見顧潮《歷劫終教志不灰——
　　　　我的父親顧頡剛》，華東師範大學出版社 1997 年版，第 266 頁）在爲《古籍
　　　　考辨叢刊》第一集（中華書局 1955 年版）所作的《序》裏，顧頡剛公開指出：
　　　　「『考據學』是一門中國土生土長的學問」。

顯做縣尉的時候，有聽訟的訓練，有今日的法官、律師、偵探的天才，從刑名之學得到找證據的方法。考、據、證、例、比等等，都是法律上的名詞。這方面的訓練，朱熹也有。他還有許多故事，可以證明他是受了法律的影響。他做福建同安縣主簿，知漳州，處理案件，是和考證一樣的。他主張研究古書須學法家的深刻，才能窮究得進。考證也是用法律方法，研究了一件，再研究一件。〔註33〕總而言之，自兩漢以下，文人出仕為官，必須料理民間訴訟，「這種聽訟折獄的經驗是養成考證方法的最好訓練」。試看考證學者常用的名詞，如「證據」、「左證」、「左驗」、「勘驗」、「推勘」、「比勘」、「質證」、「斷案」、「案驗」，都是法官聽訟常用的名詞，都可以指示考證學與刑名訟獄的歷史關係。所以，胡適相信，「文人審判獄訟的經驗大概是考證學的一個比較最重要的來源」。無論這種推測是否正確，「我相信考證學在今日還應該充分參考法庭判案的證據法」。〔註34〕

　　胡適指出，中國考證學的另一個重要來源是「格物窮理」的哲學思想。宋儒推崇《大學》裏的一句話「致知在格物」，對於「格物」，有不同理解，最有影響力的一種界說，是程頤、朱熹之說。他們說，「格就是到」，「格物」就是到物上去窮究物的理。說：「天下之物莫不有理，而吾心之明莫不有知。……即凡天下之物，莫不因其已知之理而益窮之，以求至乎其極。」即物窮理，是格物；求至乎其極，是致知。胡適指出：「這確是科學的目標」。〔註35〕科學最初傳入中國的時候，沒有相當的譯名，當時的學者就譯做「格致」。格致就是「格物致知」的縮寫。

　　胡適認為，12世紀宋代的「新儒學」運動，最好的表達，便是程頤所說的「涵養須用敬，進學則在致知」。〔註36〕胡適對宋儒格物致知的思想予以高度欣

〔註33〕胡適：《考證學方法之來歷》，《胡適全集》第13卷，第166～167頁。
〔註34〕胡適：《考據學的責任與方法》，《胡適全集》第13卷，第576頁。胡適在1957年7月16日補記道：「許多年來，我很相信我的『中國考證之學出於刑名之學』的說法。但我現在的看法根本不同了。我近來覺得兩千多年的文史之學，——經學，校勘本子異同之學，文字訓詁之學，史事比勘之學，——本身就是一種訓練，就是一種方法上的學習與訓練。王充、張衡、鄭玄、劉熙、杜預、郭璞，都是經生，都是考證學的遠祖。」他們身上，已經體現了「考證學的方法與精神了」。（《日記》第6卷，第284～285頁）
〔註35〕胡適：《格致與科學》，《胡適全集》第8卷，第80頁。
〔註36〕唐德剛說：「適之先生對這兩句話最為服膺，他老人家不斷向我傳教的也是這兩句話。一次我替他照像，要他在錄音機邊作說話狀。他說的便是這兩句。所以胡適之先生骨子裏實在是位理學家。他反對佛教、道教乃至基督教，都

賞，認為這「方才算是尋得了中國近世哲學的方法論」。〔註37〕尤其是朱熹，按照唐德剛的說法，胡適一輩子最佩服的「現代」學者，便是「我們徽州」的朱子了。他認為朱熹是近六百年來，影響我國學術思想最大的思想家和學問家，「他老人家就未嘗對我說過一句有關朱夫子的壞話」。〔註38〕胡適指出，宋儒是在經歷了一千年的黑暗、迷信時代之後，從中古宗教裏「滾」出來的，程顥程頤、朱熹一派認定的基本方法在格物致知。大膽的疑古，小心的考證，十分明顯的表示一種「嚴刻的理智態度，走科學的路」的方向。〔註39〕所謂「格物」，程朱一派的理解是到物上去研究物理。物必有理，要明物理，須得親自到物的本身上去研究。今天格一物，明天格一物，今天格一事，明天格一事，天下的事物，都要一個個的去格他。等到後來，知識多了，物的理積得多了，便一旦豁然貫通。〔註40〕朱熹是一個讀書極為廣博的人，他一生的精力大半都用在「讀書窮理」、「讀書求義」上。他對古代經典的解讀，就是「格物方法在經學上的應用」。〔註41〕

　　儘管宋儒格物致知的思想並沒有取得科學上的成績，但已經指明了理智主義的新路，清代近三百年的學術，自顧炎武、閻若璩至戴震、崔述、王念孫、王引之，以至孫詒讓、章太炎，「實在並不是反對朱熹和宋學」，相反可以說，「近三百年來的學者實是承繼了朱子治學的精神」。〔註42〕他們拋棄了宋儒「主敬」的宗教態度，全力走上了格物致知的路。十七、十八世紀是個

---

是從『理學』這條道路上出發的。他開口閉口什麼實驗主義的，在筆者看來，都是些表面帳。吾人如用胡先生自己的學術分期來說，則胡適之便是他自己所說的『現代期』的最後一人。」（胡適口述、唐德剛註譯：《胡適口述自傳》，安徽教育出版社 1999 年版，第 307～308 頁）

〔註37〕胡適：《清代學者的治學方法》，《胡適全集》第 1 卷，第 365 頁。

〔註38〕胡適口述、唐德剛註譯：《胡適口述自傳》第十二章註六，安徽教育出版社 1999 年版，第 316～317 頁。

〔註39〕胡適：《讀梁漱溟先生的〈東西文化及其哲學〉》，《胡適全集》第 2 卷，第 253 頁。

〔註40〕胡適：《中國哲學的線索》，《胡適全集》第 7 卷，第 470 頁。

〔註41〕胡適：《清代學者的治學方法》，《胡適全集》第 1 卷，第 368 頁。胡適在 1923 年 4 月 3 日日記裏說：中國「文藝復興時期」當自宋起。宋人大膽的疑古，小心的考證，實在是一種新的精神。「朱熹本可以作中國的培根、笛卡兒，而不幸竟成了中國的聖湯姆（St.Thomas Aquinas〔聖托馬斯‧阿奎納〕）！」（《日記》第 4 卷，第 7 頁）

〔註42〕胡適口述、唐德剛註譯：《胡適口述自傳》，安徽教育出版社 1999 年版，第 308 頁。

反理學的時期，第一流的思想家大抵都鄙棄那談心說性的理學。風氣所趨，形成了一個「樸學」時代，大家都不講哲學了。「樸學」的風氣最盛於十八世紀，延長到十九世紀的中葉。胡適指出：

> 「樸學」是做「實是求是」的工夫，用證據作基礎，考訂一切古文化。其實這是一個史學的運動，是中國古文化的新研究，可算是中國的「文藝復興」（Renaissance）時代。
>
> 這個運動的特色是沒有組織大哲學系統的野心，人人研究他的小問題，做專門的研究，或專治一部書（如《說文》），或專做一件事（如輯佚書），或專研究一個小題目（如「釋繪」）。這個時代的風氣是逃虛就實，寧可做細碎的小問題，不肯妄想組成空虛的哲學系統。〔註43〕

在胡適看來，中國舊有的學術，「只有清代的『樸學』確有『科學』的精神」，〔註44〕在《清代學者的治學方法》一文中對此作了系統論述。他認為，「樸學」大概包括四個部分：文字學，包括字音的變遷、文字的假借通轉等；訓詁學，用科學的方法，物觀的證據，來解釋古書文字的意義；校勘學，用科學的方法來校正古書文字的錯誤；考訂學，是考定古書的真偽、作者及一切關於作者的問題的學問。

具體而言，清代漢學家的方法包括以下幾個方面：（1）研究古書，並不是不許人有獨立的見解，但是每立一種新見解，必須有物觀的證據。（2）漢學家的「證據」完全是「例證」。例證就是舉例為證。（3）舉例作證是歸納的方法。舉的例不多，便是類推（Analogy）的方法。舉的例多了，便是正當的歸納法（Induction）了。（4）漢學家的歸納手續不是完全被動的，是很能用「假設」的。他們所以能舉例作證，正因為他們觀察了一些個體的例之後，腦子裏先有了一種假設的通則，然後用這通則所包涵的例子來證明同類的例子。所以，「他們的方法是歸納和演繹同時並用的科學方法」。〔註45〕比如，錢大昕研究古音學，得出「古無舌頭舌上之分」的結論，這裏面就包含了幾層的歸納和幾層的演繹。

胡適認為，清代講訓詁的方法，到王念孫、王引之父子兩人，方才完備。二王以後，俞樾、孫詒讓一班人都跳不出他們的範圍。王氏父子所著的《經傳

---

〔註43〕 胡適：《幾個反理學的思想家》，《胡適全集》第3卷，第90、91頁。
〔註44〕 胡適：《清代學者的治學方法》，《胡適全集》第1卷，第371頁。
〔註45〕 胡適：《清代學者的治學方法》，《胡適全集》第1卷，第373頁。

釋詞》，可算得清代訓詁學家所著的最有系統的書。古人註書最講不通的，就是古書裏所用的「虛字」。「虛字」在文法上的作用很大很重要，但古代沒有文法學上的名詞，一切統稱爲「虛字」（語詞，語助詞等等），已經是很大的缺點了。不料有一些學者還把這些「虛字」當作「實字」用，如「言」字在《詩經》裏常作「而」字或「乃」字解，被毛公、鄭玄等解作代名詞的「我」字，就完全講不通了。王氏父子的《經傳釋詞》完全用歸納的方法，舉出無數的例，分類排比起來，看出相同的性質，然後下一個斷案，確定他們的文法作用。

　　胡適指出，先搜集許多同類的例子，比較參看，找出一個大的通則來，這種方法，完全是歸納的方法。但是這種方法實行的時候，絕不能等到把這些同類的例子都收集齊了，然後下一個大斷案。當我們尋得幾條少數同類的例子時，我們心裏已經有了一種假設的通則。有了這個假設的通則，再遇著同類的例子，便把已有的假設去解釋他們，看能否把所有同類的例子都解釋清楚。這就是演繹的方法了。演繹的結果，如果能充分滿意，那個假設的通則便成了一條已證實的定理。胡適說：

> 這樣的方法，由幾個（有時只須一兩個）同類的例引起一個假設，
> 再來一些同類的例去證明那個假設是否眞能成立：這是科學家常用
> 的方法。假設的用處就是能使歸納法實用時格外經濟，格外省力。
> 凡是科學上能有所發明的人，一定是富於假設的能力的人。

　　漢學家的長處就在於他們有假設通則的能力，從亂七八糟的事物裏面尋出一些「類似的事物」。因爲有假設的能力，又能處處求證據來證實假設的是非，所以，「漢學家的訓詁學有科學的價值」。〔註46〕

　　清代校勘學的方法可以分爲兩個方面，第一是根據，第二是評判。根據是校勘時用來作比較參考的底本，大約有五種：根據最古的本子；根據古書裏引用本書的文句；根據本書通行的體例；根據古註和古校本；根據古韻。一般人們只覺得漢學家斤斤爭辯一字兩字的校勘，以爲「支離破碎」，毫無趣味。其實漢學家的工夫，無論如何瑣碎，卻有一點不瑣碎的元素，「就是那一點科學的精神」。〔註47〕

　　最後，胡適總結出清代學者的治學方法，只是兩點：「（1）大膽的假設，（2）小心的求證。」「假設不大膽，不能有新發明。證據不充足，不能使人

---

〔註46〕　胡適：《清代學者的治學方法》，《胡適全集》第1卷，第380頁。
〔註47〕　胡適：《清代學者的治學方法》，《胡適全集》第1卷，第387頁。

信仰。」〔註48〕胡適所理解的清代學者的治學思想，與他自己一再宣揚的十字箴言，字句完全一致，西方科學方法和中國學者的治學方法有機地融合在了一起。〔註49〕胡適說：

> 十七世紀以後的「樸學」（又叫做「漢學」），用精密的方法去研究訓詁音韻，去校勘古書。他們做學問的方法是科學的，他們的實事求是的精神也是科學的。

> 我們中國人的科學遺產只有兩件：一是程子、朱子提出的「即物窮理」的科學目標，一是三百年來樸學家實行的「實事求是」的科學精神與方法。〔註50〕

清代「漢學」，是相對於「宋學」而言的。研究清代學術，必然要牽涉及中國學術傳統中的漢宋之辨的問題。

關於漢學、宋學，胡適從歷史進化論的角度，指出它們之間的相互關係，提出宋學其實是「新漢學」，而清代的漢學其實是「新宋學」的觀點。清代樸學又叫做「漢學」，因為這個時代的學者認為漢儒「去古未遠」，故而崇信漢人過於宋學。「漢學」正是相對於「宋學」而言的。清代學者不滿意於宋代以來的性理空談，所以抬出漢儒來，想壓倒宋儒的招牌。漢學家攻擊宋代以來的學者用主觀的見解來做考古學問的方法，如隨意改古書的文字；不懂古音，用後世的音來讀古代的韻文，硬改古音為「叶音」；增字解經；望文生義，等等。宋儒憑藉漢唐的經學，加上佛家與道家的影響，參考的材料多了，他們對於古書的瞭解往往確實有超過漢唐之處。但他們的毛病在於缺乏歷史的態度。他們的思想富於自由創造的成分，確有古人所不曾道過的；但他們不認這是他們自己的創見，卻偏要說這是古經的真義，不知不覺地把他們自己的創見誤認作千餘年前孔子、孟子的真諦。後來他們的經說既成了學術思想界的無上權威，後人無法可以推翻他們。只有從歷史上立腳，指出宋明儒者生當千餘年之後，絕對不能推翻那「去古未遠」的漢儒的權威。清代的漢學運動的真意義就在於此。清代學者所以推崇漢儒，只是因為漢儒「去古未遠」，

---

〔註48〕 胡適：《清代學者的治學方法》，《胡適全集》第 1 卷，第 388 頁。
〔註49〕 唐德剛說：「胡氏治學對我國傳統治學精神的承繼，可說深入骨髓；西學對他的影響，有時反而是很表面的。」（胡適口述、唐德剛註譯：《胡適口述自傳》第二章註七，安徽教育出版社 1999 年版，第 23 頁）
〔註50〕 胡適：《格致與科學》，《胡適全集》第 8 卷，第 82 頁。

比較後代的宋明臆說爲更可信任。〔註51〕胡適指出：

> 我們今日用純粹歷史的眼光看來，只看見古今一線相承，演化不息。
> 漢儒去古未遠，保存得不少的古訓詁，有抱殘守闕之功，而他們的
> 見解實在鄙陋的可笑。……宋儒的理解能力來自中古的佛老哲理，
> 而宋儒解經的基礎工具仍然是漢唐的註疏。不過宋儒生當禪宗大行
> 之後，思想經過大解放，所以理解突過漢唐諸位學究先生，所以能
> 有深刻的了悟，能組織偉大的系統。但這正是學問進化的自然現象，
> 像堆柴一般，後來的應該在上面。……宋儒排斥漢唐，然而宋儒實
> 在是毛公、鄭玄、王弼、王肅的嫡派兒孫。清儒又排斥宋儒，然而
> 顧炎武、戴震、錢大昕也實在是朱熹、黃震、王應麟的嫡傳子孫（章
> 學誠已能見及此）。所以從歷史上看來，宋學只是一種新漢學，而清
> 代的漢學其實只是一種新宋學！〔註52〕

在大力宣揚清代學者治學的科學精神和方法的同時，胡適對清代漢學的不
足也有一定認識。胡適在《中國哲學史大綱》中提出了學術研究的一系列操作
步驟，其一是校勘，其二是訓詁，其三是貫通。「貫通便是把每一部書的內容要
旨融會貫串，尋出一個脈絡條理，演成一家有頭緒有條理的學說。」「清代的漢
學家，最精校勘訓詁，但多不肯做貫通的工夫，故流於支離碎瑣。」〔註53〕校
勘訓詁的功夫，到了孫詒讓的《墨子閒詁》，可謂最完備了。但終究不能貫通全
書，敘述墨學的旨要。直至章太炎方才於校勘訓詁的諸子學之外，開創出一種
有條理系統的諸子學。《國學季刊》發刊宣言中，胡適提出「用系統的整理來部
勒國學研究的資料」。他指出，清代學者「太注重功力而忽略了理解」。學問包
含兩個重要方面，一是材料的積聚與分析，一是材料的組織與貫通。前者全靠
精勤的功力，後者全靠綜合的理解。清儒努力做樸實的功力而力避主觀的見解。
三百年之中，除去戴震、章學誠、崔述幾個人，幾乎只有經師，而無思想家；
只有校史者，而無史家；只有校註，而無著作。清代漢學的特色是沒有組織大
哲學系統的野心，人人研究他的小問題，做專門的研究，或專治一部書，如《說

---

〔註51〕 胡適對漢學、宋學的理解，可參見《清代學者的治學方法》(《胡適全集》第 1
卷)、《費經虞與費密——清學的兩個先驅者》(《胡適全集》第 2 卷)、《幾個
反理學的思想家》，《胡適全集》第 3 卷) 等文。

〔註52〕 胡適：《費經虞與費密——清學的兩個先驅者》，《胡適全集》第 2 卷，第 76
～77 頁。

〔註53〕 胡適：《中國古代哲學史》，《胡適全集》第 5 卷，第 217 頁。

文》；或專做一件事，如輯佚書；或專研究一個小題目，如「釋繪」。「這個時代的風氣是逃虛就實，寧可做細碎的小問題，不肯妄想組成空虛的哲學系統。」〔註54〕形象地說，清朝的學者只是天天一針一針的學繡，始終不肯繡鴛鴦，或者如蠶食葉而不吐絲。所以，「他們儘管辛苦殷勤的做去，而在社會的生活思想上幾乎全不發生影響。」〔註55〕

胡適在大力表彰清代學者的科學實證精神的同時，也大力表彰那些創建自己的思想系統，尤其是反理學的思想家。如明末清初費經虞、費密父子，一面提倡實事實功，開顏李學派的先聲；一面尊崇漢儒，提倡古註疏的研究，開清朝二百餘年「漢學」的風氣，「他們真不愧為時代精神的先驅者！」〔註56〕胡適將中國近世哲學劃分為兩個時期：1050～1600 年是理學時期，1600 年至今是反理學時期。五百多年的理學，到後來只落得一邊是支離破碎的迂儒，一邊是模糊空虛的玄談。到了 17 世紀初，理學的流弊更加明顯了，於是反理學的運動興起。在破壞方面，黃宗炎、毛奇齡等打倒太極圖等等迷信的理學；費密、顏元等打倒談心說性等等玄談；顏元、戴震、袁枚等打倒一切武斷的、不近人情的人生觀。在建設方面，顧炎武、戴震、崔述等建設求知識學問的方法，顏元、戴震等建設新的哲學。〔註57〕

胡適指出，在漢學極盛的乾隆時代，學者們都只從文字訓詁和名物考證的方面做他們的樸學工作，都打定主意不談義理，不作玄談，不作建設哲學系統的夢想了。這個時代的新風氣正是章學誠嘲笑的「襞績補苴」的考據學風氣。「在這個空氣裏，只有兩個人還想建設一種新的理學：一個是程廷祚，一個是戴震。」〔註58〕而戴震，是受到了程廷祚的影響的。胡適極為推崇戴震，不僅是清代經學大師、音韻大師，清代考核之學的第一大師，而且是朱子以後的第一個大思想家、大哲學家，是二百年來思想界的「獨霸」。〔註59〕他認為，戴震在清儒中最特異的地方，就在於他認清了考據名物訓詁不是最後的目的，只是一種「明道」的方法。他不甘心僅僅做個考據家，他要做個

〔註54〕 胡適：《幾個反理學的思想家》，《胡適全集》第 3 卷，第 91 頁。

〔註55〕 胡適：《〈國學季刊〉發刊宣言》，《胡適全集》第 2 卷，第 5 頁。

〔註56〕 胡適：《費經虞與費密——清學的兩個先驅者》，《胡適全集》第 2 卷，第 93 頁。

〔註57〕 胡適：《幾個反理學的思想家》，《胡適全集》第 3 卷，第 74～77 頁。

〔註58〕 胡適：《顏李學派的程廷祚》，《胡適全集》第 8 卷，第 126 頁。

〔註59〕 胡適：《戴東原的哲學》附錄《戴東原在中國哲學史上的位置》，《胡適全集》第 6 卷，第 481 頁。

哲學家。戴震的見解，只有章學誠能夠瞭解，他實在是戴學的第一知己。「考訂只可以考訂爲目的，而不可談義理：這是當時一般學者的公共心理。只有戴震敢打破這個迷信，只有章學誠能賞識他這種舉動。」〔註60〕可惜，當時幾乎沒有真能傳授戴震思想的學人，大家仍舊埋頭做那「襞績補苴」的細碎功夫，不能繼續做那哲學中興的大事業，戴震的新理學還是沒有傳人。

由上可見，胡適對漢學和宋學均有所倡揚和批評。他倡導漢學家實事求是，重實證的科學精神和科學方法，但不滿意於清代漢學家的支離破碎，缺乏系統，更不滿意於漢代儒生的迂陋之見。他說：「我對漢學事實上不太有興趣——尤其漢人解詩——曾引起我的反感。」〔註61〕他倡導宋儒格物致知的科學方法，大膽推翻傳統、空所依傍的創新精神，但不滿意於他們的主敬主靜的宗教態度與游談無根的粗疏學風。應該說，胡適對漢學、宋學所持的是較爲理性的持平態度。

但是，盛倡考據，大力倡揚清代漢學家的科學方法，這是胡適留給當世學者和後世研究者的主要印象。「科學考訂派」、「新漢學」、「新考據學派」，等等，是人們對胡適學術傾向的最終認定。1918年，蔡元培說胡適「生於世傳『漢學』的績溪胡氏，稟有『漢學』遺傳性」；1920年，梁啓超也說：「績溪諸胡之後有胡適者，亦用清儒方法治學，有正統派遺風。」〔註62〕將考據學科學化，倡導實證精神，這是自20世紀20年代胡適發起整理國故運動、主張以科學的方法整理國故以來最鮮明的治學方法和特色。所謂科學的方法，就是「尊重事實，尊重證據」。在應用上，科學的方法就是「大膽的假設，小心的求證」。這是胡適終其一生一再宣揚的治學思想和方法。他說：「我是崇拜高郵王氏父子的一個人。」〔註63〕他任中國公學校長時，爲《吳淞月刊》所作的發刊詞裏，向學生們立下兩條戒約：第一，我們要「小題大做」，切忌「大題小做」。例如顧炎武舉160多個例子來證明「服字古音逼」，這是小題

〔註60〕胡適：《戴東原的哲學》，《胡適全集》第6卷，第405頁。
〔註61〕胡適口述、唐德剛註譯：《胡適口述自傳》，安徽教育出版社1999年版，第146～147頁。
〔註62〕蔡元培：《〈中國古代哲學史大綱〉序》，高平叔編：《蔡元培全集》第三卷，中華書局1984年版，第188頁。梁啓超：《清代學術概論》，朱維錚校註：《梁啓超論清學史二種》，復旦大學出版社1985年版，第6頁。唐德剛說：「就『無徵不信』這一治學規律來說，胡先生絕對是當代第一人。」（《三分洋貨·七分傳統》，《胡適雜憶》，廣西師範大學出版社2005年版，第39頁）
〔註63〕胡適：《發起〈讀書雜誌〉的緣起》，《胡適全集》第2卷，第18頁。

大做。若作二三百字來說「統一財政」，或是「分治合作」，那便是大題小做，於己於人都無益處。第二，我們要注意證據，跟著事實走，切忌一切不曾分析過的抽象名詞。〔註64〕胡適自稱有歷史癖，毋寧說是有考據癖。對他而言，寫考據文章，是最輕鬆，最快，也是最為拿手的。〔註65〕

梁啟超對清學〔註66〕的正統派即乾嘉考證學富於科學方法和科學精神，也曾大加發揮。他以半月之力寫成的《清代學術概論》，對清代考證學派總體特徵作了如下概括：

> 其治學根本方法，在「實事求是」、「無徵不信」。其研究範圍，以經學為中心，而衍及小學、音韻、史學、天算、水地、典章制度、金石、校勘、輯逸等等；而引證取材，多極於兩漢，故亦有「漢學」之目。當斯時也，學風殆統於一。〔註67〕

梁啟超指出，清初顧炎武、胡渭、閻若璩等學者，承晚明王學極盛而敝之後，起而矯之，直接反求之於古經，辨偽經，掃除架空之說，奠定了清學的規模。清學全盛時期的代表人物，為惠棟、戴震、段玉裁、王念孫、王引之等，梁啟超名之曰正統派，盟主當推戴震。戴震學術的最得力處，在「不以人蔽己，不以己自蔽」二語，足以代表清學的時代精神。梁啟超評論道：「蓋無論何人之言，決不肯漫然置信，必求其所以然之故；常從眾人所不注意處覓得間隙，既得間，則層層逼拶，直到盡頭處；苟終無足以起其信者，雖聖哲父師之言不信也。此種研究精神，實近世科學所賴以成立。」〔註68〕中國古書，因為古今語法不同，寫刻傳襲訛錯等，閱讀中許多地方讓人難以通其

---

〔註64〕 胡適：《〈吳淞月刊〉發刊詞》，《胡適全集》第 3 卷，第 707 頁。

〔註65〕 胡適在日記中多次記載寫文章花費時間過長，無論是中文英文，文思都很遲鈍，完全不像人們所想像的文思敏銳，下筆千言。他說：「我覺得最容易寫的文字是考據的文字，例如我寫《辯偽舉例》，一點鐘可寫一千字，比抄手還更快。」但是，材料的收集，「費了我五年多的時間！」（《胡適日記全編》第 7 卷，第 262 頁）唐德剛說：「就因為落筆千鈞，所以胡先生寫起文章來也慢得出奇。」（《三分洋貨‧七分傳統》，《胡適雜憶》，廣西師範大學出版社 2005 年版，第 38 頁）

〔註66〕 梁啟超認為，無考證學則無清學，考證學是清代學術的正統派，只有惠棟一派可稱之為「漢學」，而戴震為代表的考證學派宜稱之為「清學」。

〔註67〕 梁啟超：《清代學術概論》，朱維錚校註：《梁啟超論清學史二種》，復旦大學出版社 1985 年版，第 4～5 頁。

〔註68〕 梁啟超：《清代學術概論》，朱維錚校註：《梁啟超論清學史二種》，復旦大學出版社 1985 年版，第 28～29 頁。

文句。治學的第一步須先將此學眞相，瞭解明確，第二步才是批評其是非得失。清代考證學家，對此第一步工夫非常努力，所得不虛，能使後來者省卻精力，專門從事於第二步工作。清儒之所以能取得這樣的成績，「一言以蔽之曰：用科學的研究法而已。」王念孫、王引之父子著述，最能表現這種精神。梁啓超將他們的治學方法概括爲六點：第一，注意。第二，虛己。「空明其心，絕不許有一毫先入之見存，惟取客觀的資料，爲極忠實的研究」。第三，立說。第四，搜證。第五，斷案。第六，推論。這些正是清學異於前代之所在，「永足爲我輩程式」。〔註69〕梁啓超屢言清儒治學，「純用歸納法，純用科學精神」，而科學研究法必然都遵循這樣的幾個步驟。

　　較之《清代學術概論》，梁啓超 1923 年結撰的《中國近三百年學術史》對清學的論述就要細密得多了。但對清學主流考證學富於科學的方法和精神的基本論斷，沒有改變。他說：

　　這個時代的學術主潮是：

　　厭倦主觀的冥想而傾向於客觀的考察。〔註70〕

　　乾嘉間學者，實自成一種學風，和近世科學的研究法極相近，我們可以給他一個特別名稱，叫做「科學的古典學派」。〔註71〕

　　清儒頗能用科學精神以治學，此無論何人所不能否認也。〔註72〕

　　民國年間，將考據推向極致，形成「科學的考證學」的，是胡適的學生兼好友傅斯年。1928 年，傅斯年發表的《歷史語言研究所工作之旨趣》一文，是他留給當時和後世最爲經典的學術文獻。傅斯年提出了幾個鮮明的論點。第一歷史學不是著史，近代的歷史學只是史料學，利用自然科學供給我們的一切工具，整理一切可逢著的史料。照著司馬遷的舊公式，去寫紀表書傳，是化石的史學，能利用各地各時的直接材料，大如地方志書，小如私人日記，遠如石器時代的發掘，近如某個洋行的貿易冊，把史事無論巨細，無論單獨

〔註69〕梁啓超：《清代學術概論》，朱維錚校註：《梁啓超論清學史二種》，復旦大學出版社 1985 年版，第 38 頁。

〔註70〕梁啓超：《中國近三百年學術史》，朱維錚校註：《梁啓超論清學史二種》，復旦大學出版社 1985 年版，第 91 頁。

〔註71〕梁啓超：《中國近三百年學術史》，朱維錚校註：《梁啓超論清學史二種》，復旦大學出版社 1985 年版，第 116 頁。

〔註72〕梁啓超：《中國近三百年學術史》，朱維錚校註：《梁啓超論清學史二種》，復旦大學出版社 1985 年版，第 506 頁。

還是綜合的，條理出來，是科學的本事。科學研究中的題目是事實之彙集，因事實之研究而更產生其他的題目。第二，反對疏通，反對解釋，只要把材料整理好，則事實自然顯明。一分材料出一分貨，十分材料出十分貨，沒有材料便不出貨。存而不補，這是對於材料的態度；證而不疏，這是處置材料的手段。材料之內使它發見無遺，材料之外一點也不越過去說。第三，不做或者反對學術普及工作。歷史、語言之學反正沒有一般的用處，不是什麼經國之大業不朽之盛事，自然用不著去引誘別人也喜好這一行，只要有極少數的學究肯把他們的一生消耗到這些不生利的事物上，也就足以作爲國家崇尚學術的點綴了。文章最後，傅斯年高呼：

> 把些傳統的或自造的「仁義禮智」和其他主觀，同歷史學和語言學混在一氣的人，絕對不是我們的同志！
>
> 要把歷史學語言學建設得和生物學地質學等同樣，乃是我們的同志！
>
> 我們要科學的東方學之正統在中國！〔註73〕

傅斯年反對疏通，反對對歷史進行任何解釋。其實，他本人的歷史寫作並不見得忠實於自己的口號，他自己常作廣闊範圍的解釋工作，也不禁止史語所內史學大家陳寅恪等做此類「解釋史事」工作，〔註74〕但他的確嚴格禁止史語所年輕同仁作「疏史」、「釋史」工作。他一再強調「歷史的對象是史料，離開史料，也許成爲很好的哲學和文學，究其實與歷史無關」；〔註75〕「史料中可得之客觀知識多矣」，「本所同人之治史學，不以空論爲學問，亦不以『史觀』爲急圖，乃純就史料以探史實也」，〔註76〕等等，樹立了史語所極端重視史料、重視考據的研究風氣和學術形象。

## 三、考據之終極，「仍當以義理爲歸宿」

錢穆以考據名世，但他自稱，性好宋明理學，不喜清代乾嘉諸儒之學。當他 30 年代在北京大學等校任教時，專談學術，少涉人事，幾乎絕無宋明書

〔註73〕傅斯年：《歷史語言研究所工作之旨趣》，歐陽哲生主編：《傅斯年全集》第三卷，湖南教育出版社 2003 年版，第 3～12 頁。

〔註74〕第四章將詳細討論這些問題。

〔註75〕傅斯年：《考古學的新方法》，歐陽哲生主編：《傅斯年全集》第三卷，湖南教育出版社 2003 年版，第 88 頁。

〔註76〕傅斯年：《〈史料與史學〉發刊詞》，歐陽哲生主編：《傅斯年全集》第三卷，湖南教育出版社 2003 年版，第 335 頁。

院精神，致使外人以爲他「喜治乾嘉學」。張君勱亦稱其「從胡適之作考據之學」，傅斯年也一度對其極度激賞，奉爲座上賓。〔註77〕然而，錢穆與胡適、傅斯年漸行漸遠，治學思想上的分歧也公開化了。

1935 年，錢穆在《近百年來諸儒論讀書》一文中指出，康有爲《長興學記》分學術爲義理、經世、考據、詞章四種，而梁啓超所開列的國學基本書目前三類相當於義理、經世、詞章，偏偏缺漏考據一項。他認爲，這恰恰是「梁氏見解卓絕處」，因爲「各項學問都該要有考據，而考據不應自成爲一種學問」。〔註78〕當時學術界風氣，打著「爲學術而學術」的旗號，多數學者仍以考據訓詁爲讀書治學不二法門，其實如果一意從訓詁考據角度讀書，「其間流弊煞是不少」。最顯然的問題，「常爲忽略了書中平正通達的部分，而專從難解難考處下手」，其結果，「讀書不得大體，而流於瑣碎」。〔註79〕換言之，不注意大道理，只是在枝節上賣弄小聰明。訓詁考據之所得，並不是說錯了，只是學術未必有裨於身世，於身無益，於世無用。

1936 年，錢穆在《略論治史方法》一文中指出，治史當有一系統，否則，史料就像一堆流水帳，只見其搜之不勝搜，考之不勝考，「而歷史仍不過爲一件件事情之積疊，將終無系統可言」。治史當先務大體，先注意於全部歷史各方面，從大體上融會貫通，這樣，史料的搜羅與考訂，「不致如遊魂之無歸」。〔註80〕

對於學術界盛推的乾嘉考據之學，錢穆認爲，乾嘉之學只是盛世餘事，胡適、傅斯年等追隨歐美風尚，亦步亦趨，以乾嘉之學爲西方科學之陪臺附庸，最終落入乾嘉牢籠。在 1937 年出版的《中國近三百年學術史》中，錢穆對漢宋之學作了辨析，他與胡適等「新漢學派」的分歧就已經公開化了。錢穆批評乾嘉時期「治學者皆不敢以天下治亂爲心，而相率逃於故紙叢碎中」。〔註 81〕而此前梁啓超在同名學術著作中，以「中國的文藝復興」看待清學，視清學爲宋明理學的「反動」。錢穆主要是從宋學的角度來研究清代學術，「不

〔註77〕錢穆：《八十憶雙親師友雜憶》，三聯書店 1998 年版，第 157、168、183 頁。
〔註78〕錢穆：《近百年來諸儒論讀書》，《學籥》，《全集》第 24 冊，第 148～149 頁。
〔註79〕錢穆：《近百年來諸儒論讀書》，《學籥》，《全集》第 24 冊，第 82 頁。
〔註80〕錢穆：《略論治史方法》，《中國歷史研究法》附錄，三聯書店 2005 年第 2 版，第 132～133 頁。
〔註81〕錢穆：《中國近三百年學術史·自序》，商務印書館 1997 年版，第 3 頁。

知宋學，則亦不能知漢學，更無以平漢宋之是非」，〔註82〕因而，「該書所論清代學人，貫串著一條基本線索，就是以是否有志經世，是否心在天下治亂，爲重要準則」。〔註83〕有學者指出，從某種程度上說，錢穆與梁啓超的學術分歧比他與胡適等爲首的「新漢學」人物的學術分歧要小得多。在具體的學術觀點上錢穆處處與梁啓超立異，但他眞正要批判的靶子可能還是胡適等新漢學派人物，而不是梁啓超。〔註84〕

此後，錢穆對清代「逃避人生」的學風屢有批評，認爲乾嘉考據學「雖於學術內容有貢獻，卻於社會實際無補益」。〔註85〕他對清代經學的批評，極具典型：

> 經學本來帶宗教氣味，中寓極濃重的人生理想，但清儒經學則不然，清儒經學，其實仍還是一種史學，只是變了質的史學，是在發展路上受了病的史學。經學在外面是準則的，在內面是信仰的，因此治經學者必帶幾許宗教心情與道德情味，但清儒經學則是批評的，他們所研究的幾部經籍，只是他們批評的對象，他們並不敢批評經籍本身，卻批評那些經籍的一切版本形式與文字義訓。……他們只如史學家般爲幾部古書作校勘與註釋的整理工作。再換言之，他們只是經學，而非儒學。東漢經學還有儒生氣，清儒經學則只有學究氣，更無儒生氣。總之是不沾著人生。他們看重《論語》，但似並不看重孔子。他們只看重書本，但似不著重書本裏所討論的人生。這如何算得是經學呢？〔註86〕

---

〔註82〕 錢穆：《中國近三百年學術史·自序》，商務印書館 1997 年版，第 1 頁。

〔註83〕 鄺家駒：《追憶錢賓四師往事數則》，中國人民政治協商會議江蘇省無錫縣委員會編：《錢穆紀念文集》，上海人民出版社 1992 年版，第 25 頁。錢穆對清代學術史的研究，具體可參看陳勇《「不知宋學，則無以評漢宋之是非」——錢穆與清代學術史研究》，《史學理論研究》2003 年第 1 期。

〔註84〕 胡文生：《梁啓超、錢穆同名作〈中國近三百年學術史〉之比較》，《中州學刊》2005 年第 1 期。1988 年，錢穆說，胡適提倡以科學方法整理國故，重新抬高清代考據學家地位，輕蔑宋、明理學。但在此一方面，當時眞正作出成績的，仍屬梁啓超《清代學術概論》與《近三百年學術史》兩書，「胡適不能與之相比」。（見錢穆《談當前學風之弊》，《學籥》，《全集》第 24 冊，第 231～232 頁）

〔註85〕 錢穆：《民族與文化》，《全集》第 37 冊，第 33 頁。

〔註86〕 錢穆：《前期清儒思想之新天地》，《中國學術思想史論叢》第 8 卷，安徽教育出版社 2004 年版，第 3 頁。錢穆亦曾多次指出，其實清儒漢學，乃是反宋學，

　　錢穆在《國史大綱》「引論」中，將中國近世史學，劃分爲傳統派〔或曰「記誦派」〕、革新派〔或曰「宣傳派」〕、科學派〔或曰「考訂派」〕，胡適等新派學者既屬「科學考訂派」，亦有「革新派」的特點。錢穆對這史學三派一一加以評述，對胡適、傅斯年爲代表的科學考訂派予以激烈批評。他說：

　　　　「傳統派」主於記誦，熟諳典章制度，多識前言往行，亦間爲校勘
　　　　輯補。此派乃承前清中葉以來西洋勢力未入中國時之舊規模者也。
　　　　其次曰「革新派」，則起於清之季世，爲有志功業、急於革新之士所
　　　　提倡。最後曰「科學派」，乃承「以科學方法整理國故」之潮流而起。
　　　　此派與傳統派，同偏於歷史材料方面，路徑較近；博洽有所不逮，
　　　　而精密時或過之。二派之治史，同於缺乏系統，無意義，乃純爲一
　　　　種書本文字之學，與當身現實無預。無寧以「記誦」一派，猶因熟
　　　　諳典章制度，多識前言往行，博洽史實，稍近人事；縱若無補於世，
　　　　亦將有益於己。至「考訂派」則震於「科學方法」之美名，往往割
　　　　裂史實，爲局部窄狹之追究。以活的人事，換爲死的材料。治史譬
　　　　如治岩礦，治電力，既無以見前人整段之活動，亦於先民文化精神，
　　　　漠然無所用其情。彼惟尚實證，夸創獲，號客觀，既無意於成體之
　　　　全史，亦不論自己民族國家之文化成績也。〔註87〕

　　《國史大綱》成書倉促，但確實是錢穆多年心血所聚，其寫作意圖與旨趣，在錢穆1941年元月寫給學生李埏、王玉哲的信中可見一斑。在信中，錢穆批評近人治史，「群趨雜碎，以考核相尙，而忽其大節；否則空言史觀，游談無根」。「穆之此書，竊欲追步古人，重明中華史學，所謂『究天人之際，通古今之變，成一家之言』者。」〔註88〕這部新通史，「無疑的將以記誦、考訂派之工夫，而達宣傳革新派之目的」。他說：

　　　　此新通史應簡單而扼要，而又必具備兩條件：一者必能將我國家民

---

　　　其用意在反朱子之《四書集註》與《章句》，其内心用意則在反清廷之科舉考
　　　試，亦可謂乃是出於當時學者之民族心理。而一時學風群尊考據，鄙薄義理。
　　　其實宋儒言義理，何嘗非薄考據？而漢儒之考據，又何嘗菲薄義理？現以義
　　　理、考據分別漢、宋，「此實清儒時代風氣之偏見，而其内心深藏，實亦有一
　　　種民族感之潛意識存在」。(《文化學大義》附錄七《中西政教之分合》，《全集》
　　　第37冊，第203～204頁）
〔註87〕　錢穆：《國史大綱‧引論》，商務印書館1996年修訂第3版，第3～4頁。
〔註88〕　錢穆：《致李埏書》，1941年1月20日，《素書樓餘瀋》，《全集》第53冊，第
　　　378頁。

族已往文化演進之真相，明白示人，為一般有志認識中國已往政治、社會、文化、思想種種演變者所必要之智識；二者應能於舊史統貫中映照出現中國種種複雜難解之問題，為一般有志革新現實者所必備之參考。前者在積極的求出國家民族永久生命之泉源，為全部歷史所由推動之精神所寄；後者在消極的指出國家民族最近病痛之證候，為改進當前之方案所本。此種新通史，其最主要之任務，尤在將國史真態，傳播於國人之前，使曉然了解於我先民對於國家民族所已盡之責任，而油然興其慨想，奮發愛惜保護之摯意也。〔註89〕

錢穆批評胡適、傅斯年等重考據，輕義理，指出其標榜以科學精神、科學態度與科學方法從事考據，崇尚所謂客觀、窄而深之研究，無當於學問之大體。學問、人生分成兩橛，學問與時代脫節，學問僅僅成為學者一職業，學問是私人博取名聲與地位的憑藉。他指出，新時代需要新學術，而學術界終無創闢新路的志趣與勇氣，「高搭學者架子，揭櫫為學問而學問之旗號，主張學問自有其客觀獨立之尊嚴。學者各傍門戶，自命傳統，只求為前人學問繼續積累，繼續分析。內部未能激發個人之真血性，外部未能針對時代之真問題。」〔註90〕

1955 年，錢穆在為《新亞學報》所作的創刊辭中，對幾十年來中國學術界的諸多爭議作出了自己的評論。他認為，這些爭議，實即漢、宋之爭的變相。部分學人高抬考據，輕視義理。其口號為「以科學方法整理國故」，繼之提倡窄而深的研究，重視專門，並主張為學術而學術。反之者，提倡通學，遂有「通才」與「專家」之爭。這部分學人又主張「明體達用」，學術應以濟世，因此菲薄考據，學術最高標幟，當屬於義理之探究。錢穆認為，上述兩派之爭，平心論之，「各有立場，各有見地」。「合則兩美，分則兩損」。中國學術的健康發展，必當綜合上述兩種趨向，「會通博綜，以冶之於一爐」。

錢穆指出，考據乃「證定知識之法門」，「評判是非之準的」，考據之學，「又烏可得而非薄之？」但是，他又指出，「不當即以考據代學問」。考據僅僅是從事學問的一種方法。學問已經入門，遇有疑難，才需要考據。他說：

學問必先通曉前人之大體，必當知前人所已知，必先對此門類之知識有寬博成系統之認識，然後可以進而為窄而深之研討，可以繼續

---

〔註89〕錢穆：《國史大綱·引論》，商務印書館，1996 年修訂第 3 版，第 8 頁。
〔註90〕錢穆：《新時代與新學術》，《文化與教育》，廣西師範大學出版社 2004 年版，第 38 頁。

發現前人所未知。乃始有事於考據，乃始謂之爲學術而學術。如是者，可以守先而待後，學術傳統可以不中絕，知識實得可以不失喪。此必先有下學工夫，必先對學問有一種更深更眞切之旨義，故能不厭虛心博涉。循而久之，其心中泛起有新問題，此始爲值得考據之眞問題。

對於胡適、傅斯年等大力倡導的以科學方法整理國故，極端重考據的學風，錢穆予以激烈批評：

此數十年來，所謂以科學方法整理國故，其最先旨義，亦將對中國已有傳統歷史文化，作徹底之解剖與檢查，以求重新估定一切價值。所懸對象，較之晚明、清初，若更博大高深。而惟學無本源，識不周至。盤根錯節，置而不問。宏綱巨目，棄而不顧。尋其枝葉，較其銖兩。至今不逮五十年，流弊所極，孰爲關心學問之大體？孰爲措意於民物之大倫？各據一隅，道術已裂。細碎相逐，乃至互不相通。僅曰：「上窮碧落下黃泉，動手動腳找材料。」其考據所得，縱謂盡科學方法之能事，縱謂達客觀精神之極詣，然無奈其內無邃深之旨義，外乏旁通之塗轍；則爲考據而考據，其貌則是，其情已非，亦實有可資非難之疵病。

總之，錢穆主張，考據、義理並重，但考據之終極，「仍當以義理爲歸宿」。如此考據，才具有眞正的意義與價值。〔註91〕

在隨後的諸多講學與學術研究活動中，錢穆仍然不斷談及考據與義理之辨的問題。一方面，他也多次表示史料、考據不應輕忽，如「史料又何可輕視？」〔註92〕「考據之學有時很有趣味、很撩人！」〔註93〕但是，更多的時候，錢穆強調義理的追尋。他說：

近人治學，都知注重材料與方法。但做學問，當知先應有一番意義。意義不同，則所採用之材料與其運用材料之方法，亦將隨而不同。即如歷史，材料無窮，若使治史者沒有先決定一番意義，專一注重在方法上，專用一套方法來駕馭此無窮之材料，將使歷史研究漫無

〔註91〕以上引文均見錢穆《學術與心術》，《學籥》，《全集》第 24 冊，第 159～169頁。
〔註92〕錢穆：《張曉峯中華五千年史序》，《中國學術通義》，《全集》第 25 冊，第 171頁。
〔註93〕錢穆：《中國史學名著》，三聯書店 2005 年第 2 版，第 93 頁。

止境，而亦更無意義可言。〔註94〕

錢穆認爲，史學有三種。一是「考史」，遇到不清楚的便要考。一是「論史」，史事利害得失，該有一個評判。一是「著史」，歷史要有人寫出來。歷史事實與材料是一成不變的，而人們對歷史的認識（錢穆謂之「知識」）則是與時俱新的。「所謂歷史知識，貴能鑒古知今，使其與現代種種問題有其親切相聯之關係，從而指導吾人向前，以一種較明白之步驟。」〔註95〕遺憾的是，當今史學界治史只做「考史」工夫，而不能「論」史、「著」史。就像造房子一樣，須先有一個大結構，需要有人來計劃，至於一窗一門，小木匠即可做。一窗一門拼不成一所房子，要先有了房子的間架，再配上窗和門。大間架需要大學問，當今做學問，不先求其大者，而先把自己限制在狹窄的格局上，「僅能一段段一項項找材料，支離破碎，不成學問」。〔註96〕我們現在並不是讀史，只是在歷史裏面找材料，東找一點，西找一點，把史書當成一堆材料看。於是「只有史料，更無史學」。〔註97〕論史、著史，要看各人的眼光。外面材料是一樣的，也容易找，但是，「如何運用材料來表現出歷史上所謂一個時代的特性，這就要我們的學問」。〔註98〕沒有學問，材料不能運用，可以是些朽腐。我們讀書，要化腐朽爲神奇，不能把書只當材料讀。比如，我們讀《世說新語》，要由此瞭解這一個時代的精神。讀《高僧傳》，那麼，450 年佛教傳來的變化、佛教在中國的新歷史，都在這裏。又比如，胡適自 1943 年開始，直至 1962 年去世，始終搜集資料，重勘《水經注》一案，錢穆對此極不以爲然。他在《中國近三百年學術史》註釋中多次談到此一問題，〔註 99〕戴震謂其在四庫館校《水經注》根據於《永樂大

〔註94〕 錢穆：《中國歷史研究法・序》，三聯書店 2005 年第 2 版。
〔註95〕 錢穆：《略論治史方法》，《中國歷史研究法》附錄，三聯書店 2005 年第 2 版，第 136 頁。
〔註96〕 錢穆：《中國史學名著》，三聯書店 2005 年第 2 版，第 85～86 頁。
〔註97〕 錢穆：《中國史學名著》，三聯書店 2005 年第 2 版，第 295 頁。
〔註98〕 錢穆：《中國史學名著》，三聯書店 2005 年第 2 版，第 145 頁。
〔註99〕 「東原在四庫館，盜竊趙東潛校水經注，僞謂自永樂大典輯出，以邀榮寵，其心術可知。」（上冊第 355 頁）「實齋屢斥東原心術，今永樂大典本水經注行世，東原攘竊趙書一案坐實，大可爲實齋說添有力之佐證矣。」（上冊第 368 頁）「近人又頗推東原，而王國維氏復有聚珍本戴校水經注跋發其覆，本文見觀堂集林卷十二。至楊守敬最爲近代治水經專家，其爲水經注疏要刪，亦謂戴竊趙書，此案殆成定論。今大典水經注已由商務影印行世，孟心史告余，曾通體校讀一過，知戴竊趙書確然無疑也。」（下冊第 590 頁）現在學術

典》，那時《永樂大典》藏在內廷，非外面人可見。現在《大典》本的《水
經注》人人得見，戴震是否根據《永樂大典》來校《水經注》，這一問題極
易解決，不煩多論。他說：「我想此問題結論很簡單，已有了，也不必在此
上更多操心。」況且，如果戴震只是根據《永樂大典》來校《水經注》，又
有什麼大功績可言？戴震的功勞，是在分辨經、註，「可是校《水經注》不
僅此一點」，不能把《水經注》僅僅視爲一堆材料，「要懂得在當時中國的社
會和經濟、農業等各種歷史上的大變，都在此書中透露出」〔註100〕在他看
來，胡適花如此大氣力，重勘《水經注》一案，實已陷入煩瑣考據的泥坑。
錢穆在香港期間，胡適曾給他寫過一封信，謂其與王國維同樣未脫理學家習
氣。錢穆對此事的反應是：

> 我給他一回信說，此問題現在已都不值得講了，若得回到大陸，
> 你再高興看重這部《水經注》，不如組織一個考察團，這裏面應要
> 有史學家、地理學家、水利學家、農業家、考古學家，各方面人
> 物參加。雖然《水經注》中所記載的地方不能一一全去，幾條大
> 水像黃河、淮水、渭水等都該去跑一周。原來這條水這樣流的，
> 現在不這樣流了，原來這裏有這條水，現在沒有了，原來這裏是
> 很繁盛的大都邑，現在荒廢得變成一個小村鎮或荒地了。這項工
> 作，也像酈道元註《水經》那時，古今對照一下，可知其間有很
> 大的變動。這事不僅爲研究歷史，實對北方開發應有大用。何必
> 專爲戴東原一人斤斤辯証。〔註101〕

　　總之，我們講歷史，決不是講死歷史，似乎一切已經過去。一部中國史，
就活在今天我們中國人身上，中國人心裡。歷史是一個大現在，上包過去，
下包未來。只有這樣來學歷史、講歷史，才能懂得歷史的意義與價值。如果
有志於學歷史，「必以國家民族當前事變爲出發點」，「要有一種史學家之心情
與史學家之抱負」。〔註102〕如果不關心國家民族，不關心大群人長時期演變，
最多只能談掌故，說舊事，更無「史學精神」可言。

　　民國學術界以考證爲主流，加之趨新風氣甚重，對中國經史老輩的傳統

---

　　界一般也都認爲，胡適於酈學建樹不足稱道，於趙、戴公案也沒有取得預期
　　效果，徒增紛擾。

〔註100〕錢穆：《中國史學名著》，三聯書店2005年第2版，第140、145頁。
〔註101〕錢穆：《中國史學名著》，三聯書店2005年第2版，第141頁。
〔註102〕錢穆：《史學導言》，《中國史學發微》，《全集》第32冊，第70頁。

論述頗爲輕視。錢穆的著作，學術界往往只重視其《劉向歆父子年譜》、《先秦諸子繫年》與《中國近三百年學術史》。對於《國史大綱》、《中國文化史導論》等著作，則不免爲人忽視。因爲站在考證立場，其中誠不免有些可議之處。柳詒徵、呂思勉等學者的著作也往往被譏爲陳舊，〔註103〕持考據與義理不可偏廢的觀念的學者較少。這些老先生的著作不能以狹隘的考證觀點去挑小毛病，而是要看他們的大論斷，其中有些論斷是很有啓發性的。〔註104〕

## 四、「考史之『密』與夫論史之『疏』，兩趨極端」

在錢穆看來，在考據與義理的關係問題上，胡適是考據、義理兩分，「考史之『密』與夫論史之『疏』，兩趨極端」。〔註105〕胡適在新文化運動時期倡導科學地整理國故，小者至小，考據無關乎義理，斷斷於瑣碎問題的考辨；粗者至粗，義理不由考據而來，在對中國傳統歷史、文化所作的口號、標語式的評判之中，缺乏基本的歷史的依據。其結果，不啻是對中國傳統文化的嚴重污衊與巨大破壞。錢穆指出，所謂「義理」，並不就是如我們今天所講的「思想」。義理當然要思想，但思想並不即是義理。義理也不是西方人所講的「哲學」，雙方也有些不同。思想必須歸宿到義理，而義理，則必然歸宿到實際人生上。如今，學術界卻只重思想，不重義理。〔註106〕朱子關於「空言無實」，讀書「益加詳細」的說法，錢穆評論道，這一條極爲重要，近人多犯此病：

> 他們常譏宋儒空洞，不憑考據，空談義理。其實宋儒何嘗如此，即就朱子此一條便可見。而近人卻多犯了高心空腹，游談無根之病。即如他們批評中國文化、中國思想，其實多是空洞，不憑考據，自發議論，其病遠超宋儒之上。若論其病根所在，則正在讀書方法上。
> 〔註107〕

---

〔註103〕胡適曾評論過柳詒徵《中國文化史》一書（《胡適全集》第13卷），可見一斑。

〔註104〕楊聯陞生前常對余英時說，他每次講制度史，遇到相關的課題，總要先參考柳詒徵、呂思勉兩位先生的著作。從沈曾植的《海日樓箚叢》、章炳麟的《國家略說》（晚年講學紀錄）、柳詒徵的《中國文化史》，以及呂思勉的幾部斷代史，他都十分推重。他在清華讀書時曾聽過錢穆的中國通史課，對於錢先生全史在胸的氣概甚爲心折。（見余英時《中國文化的海外媒介》，《錢穆與中國文化》，上海遠東出版社1994年版，第183～184頁）

〔註105〕錢穆：《張曉峯中華五千年史序》，《中國學術通義》，《全集》第25冊，第183頁。

〔註106〕錢穆：《史學導言》，《中國史學發微》，《全集》第32冊，第44頁。

〔註107〕錢穆：《朱子讀書法》，《學籥》，《全集》第24冊，第31～32頁。

　　錢穆曾多次論及晚清至民國時期學術流變的歷程。道咸以降，國門洞開，在內憂外患的逼迫下，學術界走出了乾嘉考據學的牢籠，興起了經世致用之風，專講公羊春秋學。他指出，晚清今文經學仍然走錯了路，「大抵菲薄考據，而仍以考據成業」。但是，心氣浮躁，尚不如一心從事考據，所得較爲踏實。「其先特爲考據之反動，其終匯於考據之頹流」，魏源、龔自珍即爲顯例。〔註108〕清儒到道咸以下，學術走入歧途，「考據義理，兩俱無當」，「心性身世，內外落空」，「既不能說是實事求是，亦不能說是經世致用」。〔註109〕同時西學東漸，挾其萬丈狂濤，席捲而來，使人一時措手不及，內部的虛空加上了外部的衝蕩，在中國思想史上，造出了一幕彷徨、迷惑、淺薄、錯亂的悲喜劇。到康有爲的《孔子改制考》、《新學僞經考》，「眞是一派胡言」。〔註110〕既非經學，亦非史學。既非心性義理，又無當於治平實跡。僞襲考據之貌，無當考據之實。乾嘉以來考據學，至此掃地以盡。錢穆對康有爲等推孔子爲教主，以作新人才、改革政治爲讀書治學的大目標，和以經史爲根柢，以時務爲對象的治學路徑，頗多肯定。但是，由於康有爲在學術上並無深造，學術修養上沒有一種篤厚堅實的基礎，「自然不能領導後起的人來走上一條遠到的路程」，「他講學的聲光與從政的意氣同時暗澹了」。所以，康有爲在學術史上，只是轉瞬即逝的彗星而已。〔註111〕錢穆亦曾多次論及胡適、顧頡剛等古史辨派疑古辨僞之風與康有爲在思想上的承襲與延續。民初以來的學術界，以考據相號召，相標榜，在考據學的表面，內裏沿襲了晚清今文經學的精神。他說：

　　　　民初以來之學術界，則大抵沿襲晚清，以今文學家末流氣焰，而借乾嘉時代之考據訓詁爲掩護，其距離儒學大統更遠。而猖狂妄言則較康氏更甚。〔註112〕

繼今文經學之後而興起的新文化運動，令人感慨、唏噓不已：

　　　　辭章則曰白話文，掌故則曰二千年專制政治，性理則曰禮教喫人而倡非孝。其曰以科學方法整理國故，則持襲乾嘉考據以治史。乾嘉

---

〔註108〕錢穆：《中國近三百年學術史》下冊，商務印書館 1997 年版，第 590 頁。

〔註109〕錢穆：《前期清儒思想之新天地》，《中國學術思想史論叢》第 8 卷，安徽教育出版社 2004 年版，第 10 頁。

〔註110〕錢穆：《中國史學名著》，三聯書店 2005 年第 2 版，第 326 頁。

〔註111〕錢穆：《近百年來諸儒論讀書》，《學籥》，《全集》第 24 冊，第 145 頁。

〔註112〕錢穆：《中國史學名著》，三聯書店 2005 年第 2 版，第 326 頁。

以反宋，而今之考據則以反中國。遂循至於不讀書，不修身。〔註113〕

有學者指出，人們往往認為乾嘉之學與後來的今文經學不相容，必在二者間劃分楚河漢界，但實際上，即使從單純的學術來說，也應該看到乾嘉之學與晚清的今文學之間有一種連續變化的承續關係，儘管這二者間的變化是非常劇烈，甚至有衝突。而胡適，正是「把來自二者的學術精神彙聚於一身」。〔註114〕胡適一方面倡導考據之學，重視客觀性研究；一方面關心時事，高談思想文化。

青年時代，錢穆在鄉村教學、讀書時，對新文化運動十分關注。他說：

> 我常細聽和細讀近人的言論和文字，凡是主張有關改革現實的，幾
> 乎無一不牽涉到歷史問題上去。這已充分證明了新的改進不能不有
> 舊的認識。只可惜他們所牽涉到的歷史問題，又幾乎無一不陷於空
> 洞淺薄乃至於見解荒謬。這是事實。我們這一時代，是極需要歷史
> 知識的時代，而又不幸是極缺乏歷史知識的時代。〔註115〕

錢穆認為，「歷史知識」與「歷史材料」不同。歷史材料是不變的，愈積而愈多；而人們對於歷史的認識是不斷變化的，隨時變遷，與時以俱新，「應與當身現代種種問題，有親切之聯絡」，貴能鑒古而知今。所以，「歷史遂不斷隨時代之遷移而變動改寫」。〔註116〕中國舊史，固然是在不斷的改寫之中。而我們今天是中國有史以來前所未有變動最為劇烈的時代，尤其需要對歷史的新認識。我們自然可以不斷來寫新歷史，對歷史有新撰述。前人所記錄的歷史材料，未必一一有當於後人認識歷史的要求。錢穆同時指出：

> 然後人欲求歷史智識，必從前人所傳史料中覓取。若蔑棄前人史料
> 而空談史識，則所謂「史」者非「史」，而所謂「識」者無識，生乎
> 今而臆古，無當於「鑒於古而知今」之任也。〔註117〕

國史浩繁，身處大變革、大動盪的時代，在一切重新估價的呼聲之中，

---

〔註113〕錢穆：《朱九江學述》，《中國學術思想史論叢》第 8 卷，安徽教育出版社 2004 年版，第 323 頁。

〔註114〕王錦民：《中國哲學史研究》，福建人民出版社 2006 年版，第 29 頁。柳曾符亦認為，胡適學說，似重在強調證明，但其實「亦不脫劉逢祿、康有為公羊學派之影響」，「好言古籍為後人偽造」。（柳曾符：《柳詒徵與胡適》，柳曾符、柳佳編：《劬堂學記》，上海書店出版社 2002 年版，第 189 頁）

〔註115〕錢穆：《歷史教育幾點流行的誤解》，《中國歷史研究法》附錄，三聯書店 2005 年第 2 版，第 139〜140 頁。

〔註116〕錢穆：《國史大綱·引論》，商務印書館 1996 年修訂第 3 版，第 2、7 頁。

〔註117〕錢穆：《國史大綱·引論》，商務印書館 1996 年修訂第 3 版，第 2 頁。

我們更覺國史傳統不易把捉。錢穆讀書十分廣博，在他看來，新文化運動以來，以胡適爲代表的新派學者對中國傳統歷史、文化所作的研究、議論與評判，與他所瞭解的傳統歷史，往往並不相符。他說：「每讀報章雜誌，及當時新著作，竊疑其譴責古人往事過偏過激。按之舊籍，知其不然。」〔註118〕當前學術界，許多人習慣於放言高論，評判傳統文化，似乎頗有思想。但空論太多，對傳統經學、史學、文學，都不講求。這樣，縱有高論，也難有篤論。縱有創見，也難有眞見。

　　錢穆指出，近人往往根據西方歷史和文化評說中國傳統，將西方的名詞、觀念套用於中國歷史的解釋，「懶於尋國史之眞，勇於據他人之說」。〔註119〕今天我們中國人，最不懂得歷史，而又最喜歡講歷史。「革新派」從晚清至民國，大約可分三個階段：

> 所謂「革新派」之史學，亦隨時遞變。約言之，亦可分爲三期。其先當前清末葉。當時，有志功業之士所渴欲改革者，厥在「政體」。故彼輩論史，則曰：「中國自秦以來二千年，皆專制黑暗政體之歷史也。」彼輩謂：「《二十四史》乃帝王之家譜。」彼輩於一切史實，皆以「專制黑暗」一語抹殺。彼輩對當前病證，一切歸罪於二千年來之專制。……繼「政治革命」而起者，有「文化革命」。彼輩之目光，漸從「政治」轉移而及「學術思想」，於是其對國史之論鋒，亦轉集於「學術思想」之一途。故彼輩論史，則曰：「中國自秦以來二千年，思想停滯無進步，而一切事態，因亦相隨停滯不進。」彼輩或則謂：「二千年來思想，皆爲孔學所掩脅。」或則謂：「二千年來思想，皆爲老學所麻醉。」故或則以當前病態歸罪孔子，或則歸罪於老子。或謂：「二千年來思想界，莫不與專制政體相協應。」或則謂：「此二千年來之思想，相當於歐洲史之所謂『中古時期』。要之如一丘之貉，非現代之所需。」或則謂：「思想限制於文字，欲一掃中國自秦以來二千年思想之沉痼積痞，莫如並廢文字，創爲羅馬拼音，庶乎有瘳。」然待此等宣傳成功，則此等見識，亦將爲良弓之藏。繼「文化革命」而起者，有「經濟革命」。彼輩謂：「無論『政治』與『學術』，其後面常爲『社會形態』所規定。故欲切實革新政

〔註118〕錢穆：《八十憶雙親師友雜憶》，三聯書店 1998 年版，第 361 頁。

〔註119〕錢穆：《國史大綱・引論》，商務印書館 1996 年修訂第 3 版，第 22 頁。

治機構、學術內容，其先應從事於『社會經濟形態』之改造。」彼
輩對於當前事態之意見，影響及於論史，則曰：「中國自秦以來二千
年，皆一『封建時期』也。二千年來之政治，二千年來之學術，莫
不與此二千年來之社會經濟形態，所謂『封建時期』者相協應。」
正惟經濟改革未有成功，故此輩議論，猶足以動國人之視聽。……
然竟使此派論者有躊躇滿志之一日，則我國史仍將束高閣、覆醬瓿，
而我國人仍將爲無國史智識之民族也。〔註120〕

　　錢穆對晚清以來十分流行的幾種觀點大加批評，如稱中國傳統社會是封
建社會、農奴社會、專制社會，如稱中國自秦大一統之後是一封閉、保守、
停滯的社會，如稱漢武帝罷黜百家，獨尊儒術，學術定於一尊，等等，不一
而足。他認爲，這些觀點都只是一種歷史的敘述，而絕非歷史的真相。我們
於「考史」之外，亦要「論史」，但史學應重考據。如果說中國歷史兩千年來
是個專制政治，是個封建社會，但翻盡《二十五史》、《十通》，卻無此「專制
政治」、「封建社會」八個字。如果說這是新思想，但思想畢竟不是歷史。講
歷史該有考據，不能僅憑思想。我們說兩千年來中國政治是黑暗、專制政治。
「專制」二字究竟怎麼講？中國史上的政府組織及其一切制度，究竟是不是
專制？皇帝有沒有權限？一切法令又如何般建立？這些都是歷史。不能只罵
它是「封建」，是「專制」，那只是一句空話、空論。1932 年，錢穆在北大開
「中國政治制度史」選修課，系主任不同意開設。當時系務實由傅斯年幕後
主持，錢穆力爭，終於開此選修課。他回憶說：

（傅斯年）大意謂中國秦以下政治，只是君主專制。今改民國，以
前政治制度可勿再究。余謂，言實際政治以前制度可不再問。今治
歷史，以前究屬如何專制，亦當略知，烏可盡置不問。屢爭，終不
允。余言，余來任課，上古史秦漢史由學校規定，余一課任余自由
開講，不論選課人多少，余意欲開此課，學校似不宜堅拒，遂終允
之。……到時乃無人選余此課。當時法學院院長周炳霖告其同事，
學生來校只知西洋政治，不知中國政治，今文學院開此課，當令學
生前往聽講。遂有政治系全班學生來選聽此課。稍後，人益多，乃
歷史系學生前來旁聽。〔註121〕

〔註120〕錢穆：《國史大綱‧引論》，商務印書館 1996 年修訂第 3 版，第 5～6 頁。
〔註121〕錢穆：《八十憶雙親師友雜憶》，三聯書店 1998 年版，第 169～170 頁。

　　錢穆治學，十分重視「三通」，對杜佑《通典》極為欣賞，重視對傳統制度的研究。他說：「今國人不讀《三通》，又何得空談中國歷史上之一切政府立法與其制度。」〔註122〕他力排眾議，獨倡中國傳統政治非專制論。1951 年冬，應「總統府戰略顧問委員會」邀請，作「中國歷代政治得失」的演講，系統闡述了他對中國傳統政治的認識，講演詞翌年在香港自印出版。他對傳統政治的基本看法是：

> 中國自秦以下兩千年，只可説是一個君主一統的政府，卻絕不能説是君主專制。就政府組織政權分配的大體上説，只有明太祖廢止宰相以下最近明、清兩代六百年，似乎跡近君主專制，但尚絕對説不上黑暗。人才的選拔，官吏的昇降，刑罰的判決，賦稅的徵收，依然都有傳統客觀的規定，絕非帝王私意所能輕易搖動。如此般的政體，豈可斷言其是君主專制？〔註123〕

　　至於稱中國先秦以上為封建社會，但是，讀《詩經》、《左傳》諸書，其社會情況豈能與歐洲中古時期相提並論。農奴社會等名辭，古籍之中，更是找不到這樣的證據。

　　在如何對待中西文化問題上，錢穆對胡適等人提出的「打倒孔家店」、「廢除漢字」、「全盤西化」等口號，更是極力痛斥，認為這實際上一筆抹殺了全部歷史，只是信口批評，實無所謂批評。他認為：「文化是全部歷史之整體，我們須在歷史之整全體內來尋求歷史之大進程，這才是文化的真正意義。」〔註124〕講述文化問題，須從兩方面入手。「一則文化千頭萬緒，必從其各方面各部門分別探究，而認識其相互匯通，以合成一大體系。二則文化非一成不變，必從其歷史演進中分別探究其隨時因革損益，以見其全體系之進向與其利弊得失長短輕重之所在。」〔註125〕總之，談文化，必須從歷史研究入手。否則，只是肆意的批評與謾罵，只是一種「偏激的虛無主義」、「淺薄狂妄的進化觀」、「似是而非之文化自譴」。〔註126〕

---

〔註122〕錢穆：《中國歷史精神》，《中國史學發微》，《全集》第 32 冊，第 151 頁。

〔註123〕錢穆：《歷史教育幾點流行的誤解》，《中國歷史研究法》附錄，三聯書店 2005 年第 2 版，第 140 頁。

〔註124〕錢穆：《中國歷史研究法》，三聯書店 2005 年第 2 版，第 114 頁。

〔註125〕錢穆：《中華文化十二講·序》，《全集》第 38 冊，第 3 頁。

〔註126〕錢穆：「凡讀本書請先具下列諸信念」，《國史大綱》上冊，商務印書館 1996 年修訂第 3 版。

　　比如，近代人們常說，中國兩千年來閉關自守，不與外來民族相接觸，因而養成文化上的自傲自大、深閉固拒的態度。錢穆認爲，這種說法，全無根據，只是近代西洋教士與商人的讕言，並非歷史眞相。〔註127〕又如，人們常說，自漢武帝表彰六經，罷黜百家，從此學術定於一尊。此說仔細考究，殊屬非是，不知道尊孔後中國思想便無進步這句話根據的是什麼？而居然流傳得極爲普遍。一句道聽途說的話，居然成爲我們社會上共同的一個常識了。如中國傳統社會之禮制、孝等觀念，皆應從中國傳統文化的整體來作衡論，不可簡單以迷信、專制、宗法社會的渣滓遺存等視之。至於文學新舊之爭，錢穆更是明確反對以文言、白話分別新舊，舊文學又豈是封建文學、貴族文學所能誣衊。

　　1934 年，胡適在《信心與反省》一文中提出，駢文、律詩、八股、小腳、太監、姨太太、五世同居的大家庭、貞節牌坊、地獄活現的監獄、廷杖、板子夾棍的法庭，是「我們所獨有的寶貝」。〔註128〕錢穆對此說法極端不滿，多次嚴加斥責。1971 年，錢穆再度提起這篇文章，痛斥胡適「狂妄的誣蔑中國文化」：

　　　　遠在四十年左右以前，即有人講中國文化，歷舉了八項，如太監、
　　　　女人裹小腳、娶姨太太、鴉片煙、麻雀牌等，認爲這些便是中國文
　　　　化，而中國文化也不過這些。當然我們不能否認，這些都在中國社
　　　　會上出現，便是中國人生中一貌相。而且有些也經歷了相當的長時
　　　　期，如中國政府中有宦官，如中國家庭裏有妾侍，經過時期皆不短。
　　　　即如女人裹小腳，也就有一千年上下。我們不能不說在中國文化中
　　　　有此諸種現象。但我們至少要問，中國文化是不是就是這幾件？中
　　　　國人生是不是就是這幾樁？當時講這話的人，他只要我們知道中國
　　　　文化根本要不得，所以如此講。只可說乃是由意見來選定知識，不
　　　　是由知識來決定意見。我們當知，太監、姨太太並不即是中國人的
　　　　公生活。中國傳統政府，重要的不在有太監；中國傳統家庭，重要
　　　　的不在有姨太太。那能輕率憑此判定中國文化就是如此。然而講此
　　　　話的人，乃是我們四十年來中國社會乃至學術界所公認的大師，狂

〔註127〕錢穆：《歷史教育幾點流行的誤解》，《中國歷史研究法》附錄，三聯書店 2005
　　　　年第 2 版，第 141～142 頁。
〔註128〕胡適：《信心與反省》，《胡適全集》第 4 卷，第 502 頁。

妄的誣蔑中國文化，無寧在此幾十年來中國人的共同心理上，歡迎
勝過了厭棄，此是當前一大問題。我們來講中國文化，此四十年來
這一心理問題不該不注意。〔註129〕

討論文化問題，應從整個歷史全程著眼，探尋其中真正能代表文化發展、
演變的規律性的東西，而非拈出幾個聳動人心的名目，加以放大，以偏概全，
以之為中國文化的象徵。在錢穆看來，近人不讀歷史，不懂歷史，而好談歷
史，實際上不是談，而是罵。大家喜歡罵中國史，成為一時風氣，把以往歷
史一口罵盡，滿口滿腦都是空論。錢穆指出，這些極其粗糙、簡單化的對傳
統歷史、文化的評判，根本而言，就是由於學術塗地。他說：

大學教育不盡職，報章上的小品，馬路上茶館裏的談話，就成了今
天的學術思想。從圖書館或研究所埋頭苦心所得的論文著作，中國
這幾十年來少得可憐。我們是有大學而無教授；有教授而無著作；
有著作而無見解；有見解而無價值。這是近代中國一大病痛。〔註130〕

錢穆指出，作文、講話都應有所講究，要有本有據，即是考據之學；要恰
到分寸，即是辭章之學。思想均從文字說話而來，一個人的文章和講話，慢慢
到另一個人腦子裏，會變成為思想。所以，「我們用一個字，講一句話，總該有
分寸，有界限。稱讚人，不要稱讚得過了分。批評人，也不要批評得過了分。
這是講話作文的義理。」中國傳統所謂辭章之學，主張「修辭立其誠」，「直而
不肆」。說話要直固然不錯，但不該肆。肆則無忌憚，《中庸》稱之為小人。文
學辭章主要在人之「情感」，情感也不可以偏而不正。情感應該有分寸，把情感
表達在文字上，文字也該有分寸。「打倒」二字，竟然成為近代學術界最為流行
的口頭禪。如果說孔孟儒家思想有些不合時宜，這些問題應當逐項提出，研究
討論，卻不該說要打倒。何況說「打倒孔家店」，究嫌輕薄了。又說「隻手獨打」，
這將事情看得太過簡易。又說「隻手獨打孔家店的老英雄」，這就像《水滸傳》
中的語氣。「學問思想，究貴嚴肅細密，與說部中的英雄行徑不同」。〔註131〕

1958年，錢穆在向學生介紹張君勱時，特別提起1922～1923年間的「科
玄論戰」。他說，當時胡適、丁文江等曾高喊「打倒玄學鬼！」這五個字，既
非學術，又非思想，而只是一個口號，一種標語。其性質，不在討論，而在

---

〔註129〕錢穆：《中國文化精神》，《中國文化精神》，《全集》第38冊，第3～4頁。
〔註130〕錢穆：《民族與文化》，《全集》第37冊，第104頁。
〔註131〕錢穆：《史學導言》，《中國史學發微》，《全集》第32冊，第46～48頁。

攻擊。「玄學鬼」三字，則更含有輕薄之意。他們的另一口號如「打倒孔家店」，也同樣是一句輕薄而富有攻擊性的口號。「學術而出之於以輕薄的口號，則學術不能有前途。」講學術思想，大家可以來研究、討論、批評，也可以提出異見，但卻不應該用輕薄的標語口號來攻擊。學術思想並非口號，亦非群眾運動。如果稱爲學術運動，也應該在各人思想裏運動，在講壇上運動，在圖書館中埋頭研究，在學術著作上去運動。斷不可學街頭群眾，搖旗吶喊，喊「打倒」、「擁護」等口號去運動。〔註 132〕

學術研究是一件終身事業，要將整個的生命投入進去。要形成一個獨立思想，要創造一個獨立學說，往往要三五十年的沉潛功夫。可惜的是，近人往往不願作長期的、艱苦的、精深的研究，而出之以空論，卻能轟動、影響一時。錢穆認爲，胡適回國後的主要興趣，「僅在批評當時國內學術界」，而自身「思想無定向與情緒過激，非有深遠愼密之事先考慮」。〔註 133〕胡適屢言開風氣，而我們這個時代最主要的問題就在學術風氣上。學術政客化，學術大眾化，「黨同伐異」與「嘩眾取寵」，成爲這一時代學術界的新風氣。高視闊步，放言高論，到頭來一無眞實成就，這是學術界幾十年來的一大病痛，也是這幾十年來的一大壞風氣。「宣揚學術之能事，只在推翻與打倒」。學術界中人相互談論，只講某一人之思想，不問某一人之學問。只問有無思想，可以無學問。縱使有學問，如果思想態度不同，不僅不被重視，而且也必在打倒推翻之列。學術界重自我表現，從頭創造。報章雜誌，以及種種小冊子，「乃是表現此種新思想與激蕩此種新風氣之惟一新園地」，「一切都是速成與短命」，學術通俗化、速成化、淺薄化與輕狂化。〔註 134〕錢穆對此深感痛切：

> 今日國人不窺書，高下隨心，而欲上下五千載，專輒拈舉數事，標立題目，信口雌黃。古人不作，惟有恣其予奪，而史學之日趨於魯莽滅裂，其爲害於當前之人心與行事者，亦已惡果爛然，斯不可以不有人焉起而有以拯拔挽救之。此則余所謂當前史學更大一大難題

〔註 132〕錢穆：《介紹張君勱先生講詞》，《新亞遺鐸》，三聯書店 2004 年版，第 132～133 頁。

〔註 133〕錢穆：《談當前學風之弊》，《學籥》，《全集》第 24 冊，第 229～230 頁。

〔註 134〕錢穆：《學術與風氣》，《中國學術通義》，《全集》第 25 冊，第 312～313 頁。大約寫作於 1975 年的《現代中國之思想界》一文中，錢穆仍然認爲：「我一百三十年來之此一現代中國，乃絕不易找出少數能畢生潛心埋首，從事於學術思想知識方面之深沉尋究之學者，以應此一時代之需要。」(《中國學術思想史論叢》第九卷，《全集》第 23 冊，第 18 頁)

也。〔註 135〕

面對如此「一大難題」，「起而有以拯拔挽救之」。錢穆正是激於學術界此一現象，從學術、歷史研究最終轉向文化研究，「亦自國內之社會潮流有以啓之也」。其一生治學，「亦追隨時風，而求加以明證實據，乃不免向時賢稍有諫諍，於古人稍作平反，如是而已」。〔註 136〕

# 第二節　對顧炎武「博文行己」、章學誠「六經皆史」的不同認知

顧炎武、章學誠是清代著名學者，胡適、錢穆對二人均有較多研究和評論。不過，他們研究和評說的側重點、研究旨趣卻迥然有別，反映了他們對學術是否經世、考據與義理等問題的不同認知。

## 一、半個亭林，「半之中又失其半焉」

梁啓超認為，後世對顧炎武學術思想的理解，只學得了「半個亭林」，失去了經世致用的精神。錢穆則進一步指出，同時代學人如胡適等對顧炎武思想的闡發，「半之中又失其半焉」。

顧炎武，字甯人，學者尊為亭林先生。生於明萬曆四十一年（1613），卒於清康熙二十一年（1682）。明清鼎革之際是一個風起雲湧、大儒輩出的時代。顧炎武一生讀萬卷書，行萬里路，志在天下，被譽為一代學術的開派宗師。顧炎武為學，抱定經世致用的宗旨，以嚴謹精勤的學風和考證方法，廣泛涉足於多個學術領域，對整個清代學術文化的發展，具有極為深遠的影響。

如前所述，梁啓超在《論中國學術思想變遷之大勢》「近世之學術」部分，認為清代考證學富有科學的精神，但同時，他亦指出，顧炎武等五先生之學，「應用的而非理想的也」。〔註 137〕五人均抱經世之志，懷不世之才，但為時勢所限制，不得不僅以學術而著稱。他們都是時勢所造就的英雄，卓然能成一家之言。他們為學的共同特點除「以科學實驗為憑藉」外，尚有「以堅忍刻

〔註 135〕錢穆：《張曉峯中華五千年史序》，《中國學術通義》，《全集》第 25 冊，第 179～180 頁。
〔註 136〕錢穆：《八十憶雙親師友雜憶》，三聯書店 1998 年版，第 362 頁。
〔註 137〕梁啓超：《論中國學術思想變遷之大勢》，《飲冰室合集》文集之七，中華書局 1989 年版，第 79 頁。

苦爲教旨」、「以經世致用爲學統」、「以尚武任俠爲精神」。〔註138〕梁啓超在文中對顧炎武有極高評論，「言清學之祖，必推亭林」，〔註139〕是有清一代學術開山。顧炎武的《日知錄》、《天下郡國利病書》、《肇域志》、《音學五書》、《金石文字記》等，均爲清學各專門學術研究領域開闢了途徑。顧炎武學術在其身後歸然獨存。「惜存者其瑣節，而絕者其大綱；存者其形式，而絕者其精神也。」〔註140〕後世繼承、發揚的是顧炎武學術思想中的專門絕學，勤謹考證的學風和方法，而漫失了其經世致用的學術精神。

在《清代學術概論》中，梁啓超繼續「近世之學術」中的論述，將顧炎武在清代學術史上的地位清晰地勾勒出來。

梁啓超認爲，清初啓蒙期學術的代表人物，當推顧炎武、胡渭、閻若璩三人，「尤爲正統派不祧之大宗」。顧炎武所處的時代，正是晚明王學極盛而敝之後，學者習於「束書不觀，游談無根」，顧炎武等人乃起而矯之，大倡「捨經學無理學」之說，教學者擺脫宋明儒學的羈絆，直接反求之於古經。顧炎武還以史學爲根據，推之於當世之務。可以說，當時對於明學之反動，「昆山顧炎武其第一人也」。〔註141〕顧炎武可以稱作一代開派宗師，他規定了清學的研究範圍，創造、革新了清學的研究方法，梁啓超總結爲三點：貴創、博證、致用。〔註142〕對於顧炎武的經世致用思想，梁啓超評論道：

> 其所謂「用」者，果眞爲有用與否，此屬別問題。要之，其標「實用主義」以爲鵠，務使學問與社會之關係增加密度，此實對於晚明之帖括派、清談派施一大針砭。清代儒者以樸學自命以示別於文人，實炎武啓之。最近數十年以經術而影響於政體，亦遠紹炎武之精神也。〔註143〕

---

〔註138〕梁啓超：《論中國學術思想變遷之大勢》，《飲冰室合集》文集之七，中華書局1989年版，第81頁。

〔註139〕梁啓超：《論中國學術思想變遷之大勢》，《飲冰室合集》文集之七，中華書局1989年版，第82頁。

〔註140〕梁啓超：《論中國學術思想變遷之大勢》，《飲冰室合集》文集之七，中華書局1989年版，第82頁。

〔註141〕梁啓超：《清代學術概論》，朱維錚校註：《梁啓超論清學史二種》，復旦大學出版社1985年版，第7～8頁。

〔註142〕梁啓超：《清代學術概論》，朱維錚校註：《梁啓超論清學史二種》，復旦大學出版社1985年版，第9～10頁。

〔註143〕梁啓超：《清代學術概論》，朱維錚校註：《梁啓超論清學史二種》，復旦大學出版社1985年版，第10～11頁。

顧炎武為清學之祖，而精神傳於後者在其《日知錄》。《日知錄》係箚記而成。當時好學之士，每人必備一「箚記冊子」，讀書有心得處就隨時記下來。顧炎武自言，「平生之志與業」皆在《日知錄》一書。有人問他，別後一年，《日知錄》又完成了幾卷？顧炎武「早夜誦讀，反覆尋覓，僅得十餘條」。箚記的性質，與著述不同，是為收集著述的資料。而清儒最戒輕率著書，非得有十分滿意的資料，不肯刊為定本，所以往往有學者一輩子都在做收集、準備資料的工作。〔註144〕顯然，清學正統派（乾嘉考證學）只繼承了顧炎武的實證學風，其經世致用的思想，到晚清才重新得以彰顯。

在《中國近三百年學術史》中，梁啟超更加確定了顧炎武在清代學術史上「開山之祖」的地位，對其為人、治學的精神意態作了系統闡述。顧炎武在學術上的最大特色，「在反對向內的——主觀的學問，而提倡向外的——客觀的學問」。〔註145〕但他絕不是一位書呆子，他提倡窮經致用之學，並非紙上空談。梁啟超自言，「生平最敬慕亭林先生為人」，「我深信他不但是經師，而且是人師」。〔註146〕

顧炎武教人做人、治學的方法，特標「行己有恥，博學於文」兩語。他有鑒於宋明以來學者，動輒就教人以明心見性，超凡入聖。及其末流，許多人濫唱高調，自欺欺人，而行為不檢，毫無忌憚。晚明政治混濁，滿人入關，從風而靡，皆由於此，顧炎武對此有深沉之痛。所以，他強調，為學首先在為人，簡單直捷提出一個「恥」字，要保持自己的人格，用嚴正的規律規範自己的言行，用堅強的意志抵抗惡濁的社會，還要用個人的心力改造惡濁的社會。顧炎武所謂「博學於文」的「文」字，梁啟超解作「事物之條理」。「博學於文」的意思就是，人生哲學（性）、宇宙原理（天道），都散寄於事物條理（文章）之中。我們做學問，最要緊的是用客觀工夫，講求事物條理，越詳博越好。顧炎武讀書，並不是專讀古書，他非常注意當時的記錄；又不僅僅向書籍中討生活，十分重視實地調查。我們仔細閱讀《日知錄》論制度、風俗各條，就可以看出許多資料，並不是專門從書本上得來。就這一點而論，

〔註144〕梁啟超：《清代學術概論》，朱維錚校註：《梁啟超論清學史二種》，復旦大學出版社1985年版，第51頁。
〔註145〕梁啟超：《中國近三百年學術史》，朱維錚校註：《梁啟超論清學史二種》，復旦大學出版社1985年版，第156頁。
〔註146〕梁啟超：《中國近三百年學術史》，朱維錚校註：《梁啟超論清學史二種》，復旦大學出版社1985年版，第155頁。

後來的古典考證學家，「只算學得『半個亭林』罷了」。對於顧炎武學術思想，
梁啓超作了比較客觀、全面的概括：

> 要之，亭林在清學界之特別位置，一在開學風，排斥理氣性命之玄
> 談，專從客觀方面研察事務條理。二曰開治學方法，如勤搜資料，
> 綜合研究，如參驗耳目聞見以求實證，如力戒雷同剽說，如虛心改
> 訂不護前失之類皆是。三曰開學術門類，如參證經訓史跡，如講求
> 音韻，如說述地理，如研精金石之類皆是。獨有生平最注意的經世
> 致用之學，後來因政治環境所壓迫，竟沒有傳人。他的精神，一直
> 到晚清才漸漸復活。至於他的感化力所以能歷久常新者，不徒在其
> 學術之淵粹，而尤在其人格之崇峻。我深盼研究亭林的人，勿將這
> 一點輕輕看過。〔註147〕

顧炎武的經世致用之學，人格之偉大，是他留給後世最為重要的思想和
精神遺產，梁啓超寄望於研究者「勿將這一點輕輕看過」，而以胡適為代表的
後來的研究者，卻將這一點「輕輕放過」。在胡適對中國古代學術思想的諸多
闡發中，顧炎武僅僅是以清代考證學的開山這一形象出現的。顧炎武在故國
傾覆、天崩地解的巨變中，懷抱「天下興亡，匹夫有責」的信念，奔走大江
南北，倡導「博學於文，行己有恥」。學術所以經世，這是顧炎武治學的基本
目的和特色。而這一切，胡適似乎都視而不見。他將顧炎武塑造成中國考證
學的大師。儘管對乾嘉學者支離破碎、缺乏系統的治學方法有所批評，但胡
適的側重點、著力點仍然還是在於對清代學者治學的科學精神和方法的宣
揚，而顧炎武正是清代漢學在治學領域、治學方法諸多方面的開創者。

胡適指出，明末清初以來是反理學的時期。反理學的運動有兩個方面，
一是打倒（破壞）。打倒太極圖等等迷信的理學，打倒談心說性等等玄談，打
倒一切武斷的、不近人情的人生觀。一是建設。建設求知識學問的方法，建
設新哲學。顧炎武、顏元、戴震、吳稚暉四位，可為代表。〔註148〕

胡適認為，顧炎武深受亡國之痛的刺激，決心要研究有實用的學術。他
的宗旨只有兩條，一是實學，一是實行。他所謂的「博學於文」，並不專指文
學，乃是包括一切文物「自一身以至於天下國家」，都在學術研究的範圍之內。

---

〔註147〕梁啓超：《中國近三百年學術史》，朱維錚校註：《梁啓超論清學史二種》，復
旦大學出版社 1985 年版，第 165 頁。
〔註148〕胡適：《幾個反理學的思想家》，《胡適全集》第 3 卷，第 76～77 頁。

所以他最注重研究國家典制、郡國利病、歷史形勢、山川險要、民生狀況，他希望拿這些實學來代替那言心言性的空虛之學。顧炎武在經學方面，也開創了一個新的局面。他反對主觀的解說，提倡一種科學的研究法，教人從文字聲音入手，「讀九經自考文始，考文自知音始」。所謂「考文」，就是校勘之學；所謂「知音」，就是音韻訓詁之學。清朝一代近三百年中的整理古書，全靠這幾種工具的發達。胡適說：「在這些根本工具的發達史上，顧炎武是一個開山的大師。」〔註149〕他用證據來考訂古書，是學術史上的一大進步。這就是科學的治學方法，科學態度只是一句話：「拿證據來！」顧炎武為了研究「服」字的古音，從傳世的古代有韻的作品裏找到 162 條證據，這是胡適屢屢提及的例子。〔註150〕顧炎武為了考究一個字的古音而去尋求 162 個證據，這種精神是自古以來不曾有過的，我們不能不說這是一個新時代了。總之，胡適認為，十七、十八世紀是個反理學的時期，第一流的思想家大都鄙棄談心說性的理學。風氣所趨，形成了一個「樸學」時代。「樸學」的風氣最盛於十八世紀，延長到十九世紀的中葉。「樸學」是做「實是求是」的工夫，用證據作基礎，考訂一切古文化。其實這是對中國古文化的嶄新研究，「可算是中國的『文藝復興』（Renaissance）時代」。〔註151〕

在胡適看來，中國這三百年的樸學都是科學方法的結果。顧炎武、閻若璩的方法，同伽利略、牛頓的方法是一樣的，他們都能把他們的學說建築在證據之上。戴震、錢大昕的方法，同達爾文、巴斯德的方法，也是一樣的，他們都能大膽地假設，小心地求證。顧炎武、閻若璩是中國這三百年的樸學的開創者，在治學上運用了很精密的科學方法，「亭林、百詩之風」造就了三百年的樸學。〔註152〕胡適在大學講授的「清代思想史」課程時，概括清代思想的四個大趨勢：實用主義、反玄學的運動、考證的精神、歷史的研究。而這四種趨勢，可以借清學的開山祖師顧炎武的一生來說明，他最能代表清代思想的種種特點。〔註153〕

1959 年 7 月，胡適在夏威夷大學主辦的第三屆「東西方哲學家會議」

---

〔註149〕胡適：《幾個反理學的思想家》，《胡適全集》第 3 卷，第 79 頁。
〔註150〕在《治學的方法與材料》、《中國哲學裏的科學精神與方法》等文中，胡適多次以此舉例說明顧炎武科學的態度和方法。
〔註151〕胡適：《幾個反理學的思想家》，《胡適全集》第 3 卷，第 90 頁。
〔註152〕胡適：《治學的方法與材料》，《胡適全集》第 3 卷，第 133 頁。
〔註153〕胡適：《清代思想史》，《胡適全集》第 8 卷，第 192 頁。

上宣讀論文《中國哲學裏的科學精神與方法》。這篇文章正是對前兩次會議東方哲學「天然阻止科學發達」論的答覆，也是胡適一生對中國思想裏的科學精神與方法的估量的一個總結。胡適把他所見的近八百年來中國思想裡的科學精神與方法的發達史大概論述了一遍。這個歷史由宋代理學開其端緒，二程、朱熹提出了「格物致知」的理想，這個高大的理想最終退縮到書本的研究，形成了考據或考證的方法。這種方法由考訂一部分經書的眞僞和年代，發展到音韻的系統研究，這個方法還應用到文史的其他許多方面，如校勘學、訓詁學、史學、歷史地理學、金石學等，造就了一個考據的時代。總之，中國古代「傳下來一個科學的傳統，冷靜而嚴格的探索的傳統，嚴格的靠證據思想，靠證據研究的傳統，大膽的懷疑與小心的求證的傳統」，這當然是「一個偉大的科學精神與方法的傳統」。〔註 154〕在這個傳統的形成過程中，顧炎武是極其重要的一環，是從程朱的「格物致知」到清代考據學的中間人物。〔註 155〕

就這樣，胡適塑造出一個與西方科學精神、科學方法相匯通的中國形象。傅斯年也公開宣稱：「我們宗旨第一條是保持亭林、百詩的遺訓。」〔註 156〕在胡適等新考據學派心中，顧炎武成爲乾嘉漢學和中國考據學的象徵和最佳的代表人選。這一切，引起了錢穆的極大不滿。

錢穆指出，顧炎武論學宗旨，不外「行己有恥」、「博學於文」兩句話。在明末清初的亂局中，顧炎武持守嚴正，人格俊偉，「使三百年後學者讀之，如承面命，何其感人之深耶！」〔註 157〕爲一輩高談身心性命的人樹立了堅實的模範。顧炎武論史尤重風俗，認爲天下治亂興亡，本於風俗，而風俗盛衰，由於一二賢知之士的導引。天下興亡，匹夫有責。這就是顧炎武所倡導的「行己有恥」之教。然而，顧炎武當年已稱狷介，與世不諧，及其身後，更難得解人。錢穆不勝感慨：

> 然三百年來，亭林終不免以多聞博學見推，是果爲亭林之辱歟！亭林地下有知，客死之魂，不知又將於何歸依？今謂亭林乃清學開山，亦僅指其多聞博學，而忘其「行己有恥」之教者，豈不更可痛之甚

---

〔註 154〕 胡適：《中國哲學裏的科學精神與方法》，《胡適全集》第 8 卷，第 513 頁。

〔註 155〕 胡適：《中國哲學裏的科學精神與方法》，《胡適全集》第 8 卷，第 507～510 頁。

〔註 156〕 傅斯年：《歷史語言研究所工作之旨趣》，歐陽哲生主編：《傅斯年全集》第三卷，湖南教育出版社 2003 年版，第 8 頁。

〔註 157〕 錢穆：《中國近三百年學術史》上冊，商務印書館 1997 年版，第 139 頁。

耶！〔註158〕

　　錢穆肯定顧炎武對清代漢學在治學方法和精神上的巨大影響，諸如「爲後人指示途轍」，「提供以後考證學者以幾許重要之方法」〔註159〕等。但是，對梁啓超視顧炎武爲清代考證學的開山，清初漢學興起全出於對明末王學的反動等論說，提出異議。漢學明人已導其先路，實可溯源於明代楊愼、陳第諸人。「清初經史之學，牧齋不能絕無影響」，〔註160〕「經學即理學」之說實乃錢謙益遺說，不由顧炎武首創。清代漢學之興，「乃有激於當世之時文舉業」，〔註161〕是對八股文的反動。

　　錢穆認爲，顧炎武最重要的著作，當推《日知錄》。其最所用意之處，在第十三卷論風俗，即「行己有恥」之教，但已不爲後世所重。至於該書論撥亂滌汙，講求治國之道，以求行諸當世，後儒更是捨棄不談。顧炎武受宋明理學精神薰染，又不尙心性空談，「可謂內聖外王，體用兼備之學也」。他的政治主張，多半集中在《日知錄》第八至十二卷。其論政多著眼於風俗人心，與第十三卷諸條精意相通，「此點尤爲亭林論政特色」。政治上的主要論點，是郡縣分權與地方自治主張。〔註162〕而清儒最重視《日知錄》的地方，「在其成書之方法，而不在其旨義」，〔註163〕即所謂「纂輯」。顧炎武編寫《肇域志》，曾經翻閱志書一千餘部，可見其勤於鈔書精神，《日知錄》鈔書工夫尤爲精細。如果說清代經學皆自抄書功夫中得來，也未嘗不可。這就是所謂「纂輯」之學。纂輯之風，明代中葉已盛，至清代而精卓。錢穆指出：「近世盛推清代漢學家尙證據，重歸納，有合於歐西所謂科學方法者。其實此風源於明代，由一種分類抄書法，而運用之漸純熟，乃得開此廣圍也。」〔註164〕近人群推顧炎武爲漢學開山，「其語要非亭林所樂聞也。」〔註165〕然而，顧炎武論學，如「捨經學無理學」，「著書不如抄書」等，斬釘截鐵，嚴正峻偉，與其個人人格行誼交相輝映。他治學所採用的方法，也足爲後人打開無數門徑，顯示出領袖一代學風的精神與氣魄。

　　梁啓超認爲清代考證學只算學得了「半個亭林」，而在錢穆看來，此一半

〔註158〕錢穆：《中國近三百年學術史》上冊，商務印書館1997年版，第145頁。
〔註159〕錢穆：《中國近三百年學術史》上冊，商務印書館1997年版，第148頁。
〔註160〕錢穆：《中國近三百年學術史》上冊，商務印書館1997年版，第153頁。
〔註161〕錢穆：《中國近三百年學術史》上冊，商務印書館1997年版，第156頁。
〔註162〕錢穆：《中國近三百年學術史》上冊，商務印書館1997年版，第161～162頁。
〔註163〕錢穆：《中國近三百年學術史》上冊，商務印書館1997年版，第159頁。
〔註164〕錢穆：《中國近三百年學術史》上冊，商務印書館1997年版，第174頁。
〔註165〕錢穆：《中國近三百年學術史》上冊，商務印書館1997年版，161頁。

之中又失其半：

> 蓋亭林論學，本懸二的：一曰明道，一曰救世。其爲《日知錄》，又
> 分三部：日經術，治道，博聞。後儒乃打歸一路，專守其「經學即
> 理學」之議，以經術爲明道。餘力所匯，則及博聞。至於研治道，
> 講救世，則時異世易，繼響無人，而終於消沉焉。若論亭林本意，
> 則顯然以講治道救世爲主。故後之學亭林者，忘其「行己」之教，
> 而師其「博文」之訓，已爲得半而失半。又於其所以爲博文者，棄
> 其研治道、論救世，而專趨於講經術、務博聞。則半之中又失其半
> 焉。且所失者胥其所重，所取胥其所輕。〔註166〕

## 二、「六經皆史料」乎？

　　章學誠，字實齋，生於清乾隆三年（1738），卒於嘉慶六年（1801），是清代中期著名的史學理論家。但直到近代，經梁啓超、胡適等人的大力表彰，其人其學才爲世所重。近人對其思想抉發比較多的有方志學理論、紀事本末體，而爭議最大的當屬「六經皆史」之論。

　　胡適1921年在一次講演中，提出研究國故的方法，第一點就是歷史的觀念，「我們看舊書，可當他做歷史看」。他將「六經皆史」解作「六經皆歷史」，並進一步發揮，不僅六經，一切舊書——古書，「都是史也」。把舊書當做歷史看，看它好到什麼地步，或是壞到什麼地步，這是研究國故方法的起點，是「開宗明義」第一章。〔註167〕

　　1920年冬，胡適讀到日本學者編撰的《章實齋先生年譜》，深感慚愧。第二年春，胡適病臥家中，把《章氏遺書》仔細閱讀了一遍，做了一部詳細的章學誠年譜，1922年由商務印書館出版。這部《年譜》區別於舊式流水帳式的年譜，重在表明章學誠的學問思想及其所處的學術環境和學術交往。胡適將章學誠著作中的重要思想、觀點按年代先後分別錄入譜中，清晰地顯示章學誠學術思想發展的脈絡，進行客觀的分析和評價。胡適自信，這些做法，「也許能替《年譜》開一個創例」〔註168〕梁啓超評價說：「胡適之之實齋譜，不惟能擷譜主學術之綱要（吾尚嫌其未盡），並及時代思潮」，是「近代學術界一盛飾也」。〔註169〕

〔註166〕錢穆：《中國近三百年學術史》上冊，商務印書館1997年版，160～161頁。
〔註167〕胡適：《「研究國故」的方法》，《胡適全集》第13卷，第48頁。
〔註168〕胡適：《〈章實齋年譜〉自序》，《胡適全集》第2卷，第183頁。
〔註169〕梁啓超：《中國近三百年學術史》，朱維錚校註：《梁啓超論清學史二種》，復

胡適認爲，章學誠「六經皆史」一語，儘管出現在《文史通義》第一篇《易教》第一句，但是，百餘年來，「實無人深懂其所涵之意義」。要懂得這句話的涵義，必須理解章學誠《報孫淵如書》的意思。章學誠說：「愚之所見，以爲盈天地間，凡涉著作之林，皆是史學。六經特聖人取此六種之史以垂訓者耳。子集諸家，其源皆出於史。」在這裏，胡適十分明確地將章學誠「六經皆史」之論解作「六經皆史料」。他說：

> 我們必須先懂得「盈天地間，一切著作，皆史也」這一句總綱，然
> 後可以懂得「六經皆史也」這一條子目。「六經皆史也」一句孤立的
> 話，很不容易懂得；而《周易》一書更不容易看作「史」，故先生的
> 《易教》篇很露出勉強拉攏的痕跡。其實先生的本意只是說「一切
> 著作，都是史料」。如此說法，便不難懂得了。先生的主張以爲六經
> 皆先王的政典；因爲是政典，故皆有史料的價值。〔註170〕

因爲胡適的大力倡導，章學誠漸漸爲人所知，隨著《章氏遺書》的出版，爲大家提供了研究資料的便利，章學誠之學一時成爲「顯學」。更因爲胡適等人大力提倡實證研究，極端重視史料，逐漸形成將包括六經在內的一切古代典籍均當作史料看待的學術趨向。梁啓超在《清代學術概論》和《中國近三百年學術史》中，對章學誠學術思想未作過多闡述，只是指出，他是清代學術全盛期與蛻分期之間的一位重要人物，不屑屑於考證之學，與正統派相異。《文史通義》爲乾嘉以後思想解放的源泉，「實爲晚清學者開拓心胸，非直史家之傑而已」。〔註171〕對章氏「六經皆史」之說，梁啓超亦未作過多評論。但在他晚年一系列的講學活動和著述中，擴充史料的範圍，視六經爲史料，是其史學思想的重要方面。

1921 年，梁啓超在南開大學講授「中國歷史研究法」時，對「史料」作了如下定義：「史料者何？過去人類思想行事所留之痕跡，有證據傳留至今日者也。」〔註172〕他提出，以舊史作史料讀，那麼，不僅這數萬卷史書皆史料，「舉凡以文字形諸記錄者，蓋無一而不可於此中得史料也」。但凡「以文字形

　　　旦大學出版社 1985 年版，第 479 頁。
〔註170〕胡適：《章實齋先生年譜》，《胡適全集》第 19 卷，第 145 頁。
〔註171〕梁啓超：《清代學術概論》，朱維錚校註：《梁啓超論清學史二種》，復旦大學
　　　出版社 1985 年版，第 57 頁。
〔註172〕梁啓超：《中國歷史研究法》，《中國歷史研究法》（外二種），河北教育出版社
　　　2000 年版，第 49～50 頁。

諸記錄」的，不僅是一般所講的史書，就是經書、子書，也都是史料。梁啓
超舉例說：

> 群經之中如《尚書》，如《左傳》，全部分殆皆史料，《詩經》中之含
> 有史詩性質者亦皆屬純粹的史料，前既言之矣。餘如《易經》之卦
> 辭爻辭，即殷周之際絕好史料；如《詩經》之全部分，如《儀禮》，
> 即周代春秋以前之絕好史料。因彼時史跡太缺乏，片紙隻字，皆爲
> 瓌寶，抽象的消極的史料，總可以向彼中求得若干也。以此遞推，
> 則《論語》、《孟子》，可認爲孔孟時代之史料；《周禮》中一部分，
> 可認爲戰國史料；二戴《禮記》，可認爲周末漢初史料。至如小學類
> 之《爾雅》、《說文》等書，因其名物訓詁以推察古社會之情狀，其
> 史料乃益無盡藏也。〔註173〕

對於經學，梁啓超強調，要「用新史家的眼光去整理他」。〔註174〕比如，
關於禮學的研究，他說：

> 禮學的價值到底怎麼樣呢？幾千年很瑣碎很繁重的名物（宮室、衣
> 服、飲食之類，）制度（井田、封建、學校、軍制、賦役之類，）
> 禮節（冠婚喪祭之類，）勞精敝神去研究他，實在太不值了。雖然，
> 我們試換個方向，不把他當做經學，而把他當做史學，那麼，都是
> 中國法制史、風俗史……史……史的第一期重要資料了。〔註175〕

1926～1927年間，梁啓超在清華學校講授「中國歷史研究法」，對章學誠
「六經皆史」之論作出了「什麼地方都是史料」的解釋：

> 他不注意史料的審查和別擇，因爲前人已講得很清楚；他專提倡保
> 存史料的方法。他以爲史部的範圍很廣，——如六經皆史——什麼
> 地方都是史料，可惜極易散失，所以主張中央和地方都應有保存史
> 料的機關，中央攬總，府、州、縣各設專員。關於這種制度和方法，
> 他講得很精密。〔註176〕

---

〔註173〕梁啓超：《中國歷史研究法》，《中國歷史研究法》（外二種），河北教育出版社
2000年版，第64頁。

〔註174〕梁啓超：《中國近三百年學術史》，朱維錚校註：《梁啓超論清學史二種》，復
旦大學出版社1985年版，第313頁。

〔註175〕梁啓超：《中國近三百年學術史》，朱維錚校註：《梁啓超論清學史二種》，復
旦大學出版社1985年版，第313頁。

〔註176〕梁啓超：《中國歷史研究法補編》，《中國歷史研究法》（外二種），河北教育出
版社2000年版，第340頁。

　　錢穆對胡適、梁啓超「六經皆史料」的解釋頗不以爲然。他指出，章學誠在當時及其身後，並不曾特別受人重視。近代學人都很看重他，但也僅僅是震於其名，而並沒有去深究其實，不懂得章氏爲學之眞，「如梁任公、胡適之，沒有得要領，這是很可惜的事」。〔註177〕錢穆之不能苟同梁啓超、胡適，在於對「六經皆史」的「史」字究竟作何理解。他認爲，梁啓超、胡適都看錯了。梁啓超曾說，賣豬肉鋪櫃上的帳簿也可作史料，用來研究當時的社會經濟或其他情況。這豈是章學誠立說的原義？章學誠在《文史通義》裏特地寫了一篇文章《史釋》，正是來解釋這個「史」字的，並不像梁、胡諸氏之所說，近人只有王國維有篇文章叫《釋史》，解釋得準確。對於章學誠「六經皆史」的理解，錢穆指出：

> 在我認爲，研究他的學問，該看重他講古代學術史，從《漢書·藝文志》入門，然後才有「六經皆史」一語。他說：「六經皆先王得位行道、經緯世宙之跡，而非託於空言」，這是說，六經只是古代在政治一切實際作爲上所遺下的一些東西，並不是幾部「空言」義理的書。我們也可以改說，六經都是「官書」。也可說，六經都是當時衙門裏的檔案。或說是當時各衙門官吏的必讀書。這幾句話，也就是《漢書·藝文志》所謂的「王官之學」。〔註178〕

　　總之，按照錢穆的理解，章學誠所謂「六經皆史」，殊不如我們所想像，認爲六經皆可作史料看。「六經皆史」之「史」字，係指當時的官書而言。章學誠的本意，只說六經都是當時的王官學而已。

　　1917年，胡適寫了一篇文章《諸子不出於王官論》，認爲諸子之學是時代的要求，並不從王官之學來。他說：「諸子之學皆春秋戰國之時勢世變所產生」，「諸子自老聃、孔丘至於韓非，皆憂世之亂而思有以拯濟之，故其學皆應時而生，與王官無涉。」〔註179〕

　　錢穆始終反對胡適之說，認爲古代學在上層，爲貴族階級所專有。中國自春秋戰國以來，舉凡政治社會學術思想諸方面，都走上了一個急劇變動的狀態，最引人注目的，則是社會學術之勃興，即「王官之學散而爲諸子」。其後著錄於《漢書·藝文志》的諸子書籍，凡七十九家，一千二百四十三篇，

---

〔註177〕錢穆：《中國史學名著》，三聯書店2005年第2版，第317頁。
〔註178〕錢穆：《中國史學名著》，三聯書店2005年第2版，第303頁。
〔註179〕胡適：《諸子不出於王官論》，《胡適全集》第1卷，第250頁。

而詞賦兵法之類尙未計算在內，可見其著述之豐富。〔註180〕錢穆指出，大概而言，古代學術，只有一個「禮」。古代學者，只有一個「史」。〔註181〕史官隨著周天子封建與王室衰微，而逐漸分佈流散到列國，於是，王官之學漸漸流散到民間來，成爲新興的百家。「官」的意思爲公，「家」的意思爲私。所謂百家之言，就是民間私議，與後世所謂「成家」、「專家」不同。「王官」是貴族學，「百家」是民間學。其中的關鍵人物就是百家之先的儒家的創始人孔子。孔子是「開始傳播貴族學到民間來的第一個」，是「開始把古代貴族宗廟裏的知識來變換成人類社會共有共享的學術事業之第一個」。〔註182〕可見，百家之言就是在王官之學裏產生出來的。只不過，不能像《漢書・藝文志》那樣拘泥以求，說成儒家言出於這一個王官，道家言出於那一個王官。〔註183〕胡適既然提倡章學誠史學，卻又主張諸子不出於王官，那麼章學誠六經皆史一語就無處可講。一方面提倡章學誠史學，一方面又要推翻《漢書・藝文志》，「實把章實齋最有心得的在古代學術史上提出的精要地方忽略了」。〔註184〕

錢穆對章學誠素有研究，1937 年出版的《中國近三百年學術史》第九章以一整章節的篇幅對章學誠學術思想作了系統闡發。該書「自序」中錢穆指出，得君行道，以天下爲己任，是爲宋明學者之職志。而乾嘉學者群趨訓詁考訂，以排斥、詆毀宋學爲門面。章學誠在乾嘉考據學極盛之時，獨持異論，奮起糾繆繩偏，提出「六經皆史，皆先王之政典」的命題。顯然，錢穆對「六經皆史」的理解是：六經所以經世。六經既然是先王政典，其內容關涉國計民生，六經自然蘊含經世致用、治國平天下的道理。

章學誠在《文史通義・易教上》提出「六經皆史也」，「皆先王之政典也」；「六經皆先王得位行道，經緯世宙之跡，而非託於空言。」在《經解上》提出「古之所謂經，乃三代盛時典章法度見於政教行事之實，而非聖人有意作爲文字以傳後世也。」錢穆認爲，此等處正是章學誠「六經皆史」論要旨之所在。「苟明《六經》皆史之意，則求道者不當捨當身事物、人倫日用，以尋之訓詁考訂，而史學所以經世，固非空言著述，斷可知矣。」〔註185〕其後，

〔註180〕錢穆：《秦漢史》，三聯書店 2004 年版，第 4～5 頁。
〔註181〕錢穆：《國史大綱》上冊，商務印書館 1996 年修訂第 3 版，第 94 頁。
〔註182〕錢穆：《國史大綱》上冊，商務印書館 1996 年修訂第 3 版，第 100 頁。
〔註183〕錢穆：《中國史學名著》，三聯書店 2005 年第 2 版，第 127 頁。
〔註184〕錢穆：《中國史學名著》，三聯書店 2005 年第 2 版，第 304 頁。
〔註185〕錢穆：《中國近三百年學術史》上冊，商務印書館 1997 年版，第 432 頁。

在附注中，錢穆又指出，晚清學者包世臣、魏源、龔自珍等均曾受章學誠影響，承其思想緒餘，至公羊今文經學興起，其實與六經皆史之意相通。他評論道：

> 近人誤會「六經皆史」之旨，遂謂「流水帳簿盡是史料」。嗚呼！此豈章氏之旨哉！〔註186〕

錢穆認為，章學誠的治學思想正是建立在「六經皆史」論的基礎之上。其論學，「徹頭徹尾主本當身事物實用，所謂學以經世，即空思義理，仍屬無當」。〔註187〕而當時經學家風氣，則專尚考據，沒有思想與義理，「徵實太多，發揮太少」。章學誠對此譏之為「有如桑蠶食葉，而不能抽絲」(《與汪龍莊書》，《文史通義》外篇三)，博誦強識、輯逸搜遺不足以為學，直斥這種學術為「竹頭木屑之偽學」(《與邵二雲書》，《文史通義》外篇三)。

錢穆對梁啓超、胡適等以符合科學方法盛推清代漢學也不以為然，而章學誠論學，正是對漢學流弊之救正，與漢學家惟訓詁考據是務的治學思想有別，錢穆認為，這正是章學誠學術思想中最有價值的地方。他說：

> 近人言治學方法者，率盛推清代漢學，以為條理證據，有合於今世科學之精神，其說是矣；然漢學家方法，亦惟用之訓詁考釋則當耳。學問之事，不盡於訓詁考釋，則所謂漢學方法者，亦惟治學之一端，不足以竟學問之全體也。實齋論學，頗主挽當時漢學家過甚之偏，其所以詔學者以治學之方法者，亦自與漢學家之訓詁考據惟務者有異，此亦實齋論學至有價值之一節也。〔註188〕

1966年，錢穆在致余英時信函中，指導其戴震、章學誠研究，仍然認為章氏史學一大長處，「在其指導人轉移目光治現代史，留心當代政制，此乃其『六經皆史論』之應有涵義，亦是其六經皆史論之主要涵義」。〔註189〕按照錢穆的理解，章學誠論說「六經皆史」，因為古代經學都是王官之學，反映的是政府衙門裏的實際政治問題。而我們現代的歷史研究，絕對與現實政治、外交、國家、社會、民生沒有絲毫關係，只寫一些小文章，考據一些小問題，把史書看成為一堆材料。章學誠反對的就是這一點。章學誠在許多文章中，

---

〔註186〕錢穆：《中國近三百年學術史》上冊，商務印書館1997年版，第433頁。
〔註187〕錢穆：《中國近三百年學術史》上冊，商務印書館1997年版，第434頁。
〔註188〕錢穆：《中國近三百年學術史》上冊，商務印書館1997年版，第444頁。
〔註189〕錢穆：《致余英時書》，1966年11月17日，《素書樓餘瀋》，《全集》第53冊，第447頁。

對當時的考據之風進行激烈的批評，批判漢學家脫離現實，盲目考訂的學風。

章學誠「六經皆史」之「史」字究作何解，學術界是有爭議的。有的理解為具有經世致用內含的「歷史」，有的理解為「歷史資料」，有的認為二者兼具。〔註190〕「六經皆史」說的本意究竟為何，學術界似乎也難得確解。〔註191〕但是，近代以來，人們對「六經皆史」的理解，顯然有從「六經皆歷史」到側重「六經皆史料」的轉變，賦予它過多的「現代」意涵。這些理解，是否關乎章學誠的本意，倒成為次要問題。正如有的學者所指出的那樣，章學誠「六經皆史」說留給後世的最大遺產是，「為中國近代學術思想史最為重要的『大事因緣』——『經學的史學化』提供了不可或缺也許還是別無選擇的和最為合體的觀念構架或概念工具」；「集中反映了經學的衰敗及其主導地位被史學取代，而經典自身不能不以『史料』的身份寄人籬下於『史學』的歷史命運」。〔註192〕20世紀以後，經學權威失落，經學已經從學術中心急劇邊緣化。〔註193〕六經其實都是史書，記載著過去的歷史。隨著梁啟超、胡適等人大力表彰清代漢學家的考據方法，傅斯年等多方挖掘歷史資料，在極端重視考據的民國史學界，六經被視為政府檔案資料，「淪落」為考證歷史問題的「史料」。

清代漢學家整理舊學，經學是其研究的重點。但是，正如胡適所指出的，研究的範圍太狹窄了，「一切古學都只是經學的丫頭！」〔註194〕他提出，要「用歷史的眼光來擴大國學研究的範圍」，顯然，這仍然是視一切古書都是歷史的觀點。他說：

> 中國的一切過去的文化歷史，都是我們的「國故」；研究這一切過去的歷史文化的學問，就是「國故學」，省稱為「國學」。〔註195〕

胡適對清代漢學家整理舊學的成績有相當多的肯定，但並不滿意。梁啟超對清代漢學家的成績也有「稍為不滿意的」地方：「他們有時拘守漢儒說太

〔註190〕 詳見倉修良、葉建華《章學誠評傳》，南京大學出版社1996年版，第174頁。

〔註191〕 具體可參閱余英時《章學誠的「六經皆史」說與「朱、陸異同」論》（《論戴震與章學誠》（三聯書店2000年版）、劉巍《章學誠「六經皆史」說的本源與意蘊》（《歷史研究》2007年第4期）等文。

〔註192〕 劉巍：《經典的沒落與章學誠「六經皆史」說的提升》，《近代史研究》2008年第2期。

〔註193〕 具體詳見羅志田《清季民初經學的邊緣化與史學的走向中心》，《權勢轉移：近代中國的思想、社會與學術》，湖北人民出版社1999年版。】

〔註194〕 胡適：《〈國學季刊〉發刊宣言》，《胡適全集》第2卷，第4頁。

〔註195〕 胡適：《〈國學季刊〉發刊宣言》，《胡適全集》第2卷，第7頁。

過」；「關於校勘文字，時或缺乏判斷的勇氣」；「關於研究制度，好引異代之書強為比附」，「這類都是多數清儒公共的毛病。」〔註196〕清代風尚所趨，人人爭言經學，講得越精細，越繁重，越令人頭痛，其結果，「還是供極少數人玩弄光景之具」，「豈非愈尊經而經愈遭殃嗎？」所以，經學研究在清末已起反動，「現在更不消說無人過問了」。〔註197〕

胡適、梁啓超都希望開創經學研究的新路，使人人應讀的經書部分讓人人能讀。但是，被胡適視為「始創新經學的大師」、「近代一個學問最博而方法最縝密的大師」，說話「最有分寸」、「最有斤兩」的王國維就曾說過：

> 《詩》、《書》為人人誦習之書，然於六藝中最難讀。以弟之愚暗，於《書》所不能解者殆十之五；於《詩》，亦十之一二。此非獨弟所不能解也，漢魏以來諸大師未嘗不強為之說，然其說終不可通。以是知先儒亦不能解也。〔註198〕

1935年，新史學的重鎮傅斯年說：

> 經過明末以來樸學之進步，我們今日應該充分感覺六經之難讀。漢儒之師說既不可恃，宋儒的臆想又不可憑，在今日只有妄人才敢說詩書全能瞭解，有聲音、文字、訓詁訓練的人是深知「多見闕疑」、「不知為不知」之重要性的。……六經雖在專門家手中也是半懂半不懂的東西，一旦拿來給兒童，教者不是渾沌混過，便要自欺欺人，這樣的效用究竟是有益於兒童的理智呢，或是他們的人格？〔註199〕

六經在專門家手中也是半通不通的東西！胡適高度肯定傅斯年敢於說出這樣的事實。「在今日妄談讀經，或提倡中小學讀經，都是無知之談，不值得通人的一笑」。自民國學校廢止了讀經的功課，經書「漸漸歸到專門學者的手裏」，「受科學的整理」，走上了科學的路。也許二、三十年後，我們才可以真正的說懂得了經學。〔註200〕

---

〔註196〕梁啓超：《中國近三百年學術史》，朱維錚校註：《梁啓超論清學史二種》，復旦大學出版社1985年版，第302～303頁。

〔註197〕梁啓超：《中國近三百年學術史》，朱維錚校註：《梁啓超論清學史二種》，復旦大學出版社1985年版，第329頁。

〔註198〕王國維：《與友人論詩書中成語書》，《觀堂集林》卷二，上海古籍書店 1983年據商務印書館1940年版影印。

〔註199〕傅斯年：《論學校讀經》，歐陽哲生主編：《傅斯年全集》第五卷，湖南教育出版社2003年版，第46～47頁。

〔註200〕胡適：《我們今日還不配讀經》，《胡適全集》第4卷，第573頁。

　　六經既然是半通不通的東西，所謂「大義」，又何處可寄存？胡適倡導以科學的精神和方法來研究包括六經在內的國故，自然將國故視爲獨立於研究者之外的客觀的研究對象，祛除了長期以來籠罩在六經之上的神聖性和神秘性，也剔除了研究者的主觀情感，學問只在求眞，所謂「爲學問而學問」，六經在失卻其神聖性、神秘性後，成爲專家手中的客觀研究對象，被當作「歷史」──「史料」來處理，就是理之所至、勢所必然的了。「六經皆史料」終至於成爲民國史學界一句響亮的口號。

　　然而，「六經皆史料」的口號，迷失了六經中所蘊含的經世致用的精神和對國計民生的關切。錢穆所要反對的，正是這種學術風氣。學當經世，學以致用，是他治學的基本宗旨。錢穆並不反對搜羅一切資料以資考證，他所反對的，是以考據爲學術研究之能事。他主張，一切考據，仍當以義理的追尋爲終極目標。

　　考據與義理的分歧，是學術界研究錢穆與傅斯年等新考據學派（或曰科學史學派）的關係時，討論得比較多的問題。如陳勇認爲，在抗戰之前，錢穆主要是以考據家的面目出現在當時的中國學術界的，他的學術貢獻主要在考據上。他的治學方法和宗旨，與新考據派確有許多相通之處，新考據派也視錢穆爲同道。身處考據中心之地北平的錢穆，對主流學界的考據學風不乏稱讚之辭，1933 年 2 月爲《古史辨》第四冊撰寫的序言即爲顯例。當時對考據學風的批評也大有人在。錢穆對這些批評言論，如考據僅是整理舊知，無所新創；考據瑣碎，無關學問大體；考據尚懷疑破壞，不能尊信守常；考據無用，等等，一一加以反駁，聲稱這些批評的言辭均「不足爲考據病」。〔註 201〕這與他後來對考據學風的強烈批評，適成鮮明的對照。民族危機的刺激促使錢穆的治學方向發生了重要轉變，由疑古到信古，由做漢學到講宋學，由歷史研究開始轉向文化研究，由考據轉向義理的探尋。他徹底完成治學方向轉變的標誌是《國史大綱·引論》的發表。〔註 202〕

　　實際上，民族危機以及相伴而生的文化危機並非始於 1931 年。錢穆生於 1895 年，即《馬關條約》臺灣割讓日本之年，其一生即常在此內憂外患之困境中。錢穆自問，愛國熱忱，自幼年迄於晚年，從未後人。截然以 1931 年國

〔註 201〕《錢序》，《古史辨》第四冊，上海古籍出版社 1982 年影印版，第 5 頁。
〔註 202〕陳勇：《錢穆與新考據派關係略論──以錢穆與傅斯年的交往爲考察中心》，《上海大學學報》（社會科學版）2007 年第 5 期。

難或 1937 年抗戰軍興作爲錢穆學術轉向的動因和界限，似乎並不恰當，以此作爲錢穆與胡適、傅斯年等學術觀點不合的時間界限，更不適合。1935、1936 年，錢穆即開始對胡適等新派學人進行公開批評，顯然是蓄之已久，思考多年的成熟見解。至於錢穆 1933 年爲《古史辨》第四冊序言裏對考據學所作的辯護，也不可作爲錢穆同意胡適、傅斯年學術研究只當求眞，不當經世、不追求義理的觀點。錢穆並不菲薄考據，他主張考據與義理合一，考據以義理爲歸宿，義理當以考據爲基礎。他所反對的，是考據與義理兩分。

胡適發起「整理國故」運動的初衷，是要價值重估、再造文明。而實際上，他在學術上眞正取得實績較少非議的，還是所謂「科學的整理國故」，即考據之學。誠如歐陽哲生所言：「胡適強調歷史考證在研究中國歷史中的特殊作用，其所進行的『整理國故』實際上亦是以史料的考訂、整理爲主，屬於微觀史學的範疇。它主要依賴於從遙遠的故紙堆裏尋找歷史證據，對浩如煙海的歷史資料進行甄別辨認，不可能進行高層次的歷史哲學思辨，更欠缺在宏觀上整體駕馭中國歷史的能力，這就很難說達到了『價值重估』的要求。」〔註203〕更何況，自抗日戰爭全面爆發後，胡適赴美從事外交活動，卸任後一頭鑽進《水經注》的迷案之中不能自拔。雖然他一再解釋這是爲了指示一個作學問的方法，但難免於「玩物喪志」的質疑與嘲笑。正如梁實秋所言：「像胡先生這樣一個人，用這麼多工夫，做這樣的工作，對於預期可能得到的效果，是否成比例，似不無疑問，不止我一個人有這樣的想法。」〔註204〕「盡走偏僻的老路」，這似乎是胡適一生治學的癖好。唐德剛評論說，胡適的治學方法只是集中西「傳統」方法之大成，「他始終沒有跳出中國『乾嘉學派』和西洋中古僧侶所搞的『聖經學』（Biblical Scholarship）的窠臼」。〔註205〕胡適的治學大體上是以「整理國故」爲主的，離開古籍，正如他自己所說的，「胡適之就『繳械』了！」〔註206〕

另外，我們還應看到，胡適、傅斯年是新考據學派的領袖人物，但二人

---

〔註203〕歐陽哲生：《自由主義之累：胡適思想的現代闡釋》，上海人民出版社 1993 年版，第 175～176 頁。

〔註204〕梁實秋：《懷念胡適先生》，收入羅爾綱《師門五年記·胡適瑣記》（增補本），三聯書店 1998 年版，第 324～325 頁。

〔註205〕胡適口述、唐德剛註譯：《胡適口述自傳》第六章註二，安徽教育出版社 1999 年版，第 155 頁。

〔註206〕唐德剛：《「我的朋友」的朋友》，《胡適雜憶》，廣西師範大學出版社 2005 年版，第 173 頁。

　　還是有所區別的。將考據之學推向極端，重視史料而反對對史料的疏通、解釋的，是傅斯年，以至於人們往往將他所領導的史語所稱爲史料學派。胡適推崇考據之學，他所欣賞的是通常所謂以小見大，從大處著眼，從小處入手。據嚴耕望回憶，楊聯陞曾稱述一個史學工作者的成就，說「充實而有光輝」；又曾轉述胡適稱讚同一個人的成績說「精細而能見其大」。嚴先生認爲，這兩句話的內涵不完全相同，但意境實際上很相近。就這兩句話分析起來，「見其大」可謂爲「光輝」的一面，而「精細」尤爲「充實」的最基本條件；所以楊聯陞的話似乎可以涵蓋胡適的話，即「充實而有光輝」。〔註207〕錢穆對新考據學派考據學的批評，更多的時候當爲直接針對傅斯年及其史語所中諸人。他對胡適批評最多的，是義理（思想）不由考據中來。

---

〔註207〕嚴耕望：《治史經驗談》，《治史三書》，遼寧教育出版社 1998 年版，第 61 頁。嚴先生本人是錢穆培養出來的學生，又得到傅斯年、胡適的高度欣賞。他去世之後，學術界即以「充實而有光輝」稱述他，一本紀念他的文集名爲「充實而有光輝──嚴耕望先生紀念文集」（臺灣稻禾出版社 1997 年出版）。

# 第四章　考據方法：批評與論爭

　　錢穆以《劉向歆父子年譜》一文震動學壇，以堅實的考據，否定了劉歆偽造諸經的說法。該文獲得胡適、顧頡剛、傅斯年當時學界的「三大老闆」的高度欣賞，並因此進入北大史學系任教。然而，錢穆與胡適新史學派諸人，在治學思想、治學方法上是同不勝異的，在考據問題上，他們不僅僅是在上一章所述考據與義理之辨上存在重大分歧，而且，在考據方法上，也存在明顯的差異。

## 第一節　對胡適等「以新奇資料相炫」的考據方法的批評

　　錢穆對胡適等人考據方法的批評，首先關乎考據的基本要素——資料的選擇與運用。錢穆批評他們「覓人間未見書」，以新奇資料相炫，片面地追求資料的新穎與奇異，以至於依賴珍本秘籍、人間罕見、稀見之書與地下挖掘，而對基本典籍的閱讀不夠，對文獻的理解也往往發生錯誤。

### 一、材料與新學術

　　王國維總結有清一代之學，以「大」、「精」、「新」三字概括之：「國初之學大，乾嘉之學精，道咸以降之學新。」〔註1〕清代咸豐、同治以後至民國年間，史學之「新」表現為兩個方面，一是學術觀念的革新，一是新材料的發

---

〔註1〕　王國維：《沈乙庵先生七十壽序》，《觀堂集林》卷二十三，《王國維遺書》，上海古籍書店1983年據商務印書館1940年版影印。

現，從而在諸多方面開創了學術研究的新領域。王國維明確指出：「古來新學問起，大都由於新發見。」〔註2〕胡適於 20 世紀 20 年代發起整理國故運動，主張「用歷史的眼光來擴大國學研究的範圍」。我們現在要擴充國學的領域，中國一切過去的文化、歷史，都是我們的「國故」，要打破一切的門戶成見，拿歷史的眼光來整統一切。〔註3〕近代以來，歷史研究所使用的材料極大地豐富起來。原因之一是材料上的新發現，諸如甲骨文、漢晉簡牘、敦煌卷子、內閣大庫檔案等等，原因之二在於觀念的更新使材料的範圍無限拓展，諸如「六經皆史料」、歌謠研究、風俗調查等。胡適、傅斯年等新史學派極為重視發掘新材料，注意文獻資料的殷勤搜求與不同版本的比較研究，將材料視為學術研究的前提甚至學術研究的全部。

1952 年 12 月，胡適在臺灣大學的一次演講中，提到一件趣事。1928 年間，他與傅斯年一北一南，各自發表了一篇重要文章《治學的方法與材料》、《中央研究院歷史語言研究所工作旨趣書》，其基本精神是相通的，可謂不謀而合，即「那是特別提倡擴大研究的材料的範圍，尋求書本以外的新材料的」。〔註4〕胡適的文章《治學的方法與材料》大意是：材料可以幫助方法；材料不夠，可以限制做學問的方法；材料的不同，又可以使做學問的結果與成績不同。他說：「科學的方法，說來其實很簡單，只不過『尊重事實，尊重證據』。在應用上，科學的方法只不過『大膽的假設，小心的求證。』」〔註5〕

傅斯年「旨趣書」一文，在學術界具有更為廣泛、更為久遠的影響力。「近代的歷史學只是史料學，利用自然科學供給我們的一切工具，整理一切可逢著的史料」；「我們宗旨第一條是保持亭林、百詩的遺訓」，「宗旨第二條是擴張研究的材料」，「第三條是擴張研究的工具」；「一分材料出一分貨，十分材料出十分貨，沒有材料便不出貨」；「我們最要注意的是求新材料」；「我們不是讀書的人，我們只是上窮碧落下黃泉，動手動腳找東西！」〔註6〕等等，這些標語口號式的語言，直至今日，仍然被人們一再提及，以之為研究民國學

---

〔註2〕 王國維：《最近二三十年中中國新發見之學問》，《靜安文集續編》，《王國維遺書》，上海古籍書店 1983 年據商務印書館 1940 年版影印。

〔註3〕 胡適《〈國學季刊〉發刊宣言》，《胡適全集》第 2 卷，第 7 頁。

〔註4〕 胡適：《治學方法》，《胡適全集》第 20 卷，第 675 頁。

〔註5〕 胡適：《治學的方法與材料》，《胡適全集》第 3 卷，第 132 頁。

〔註6〕 傅斯年：《歷史語言研究所工作之旨趣》，歐陽哲生主編：《傅斯年全集》第三卷，湖南教育出版社 2003 年版，第 3～12 頁。

人治學思想的重要文獻。

胡適、傅斯年、顧頡剛這三位民國新學術的代表人物，在他們的學術研究與活動中，倡導新材料，廣泛搜集材料以資考證，是其基本特點。

胡適傾力所做的考證工作，主要集中在三個領域：古典小說、禪宗史、《水經注》。他的古典小說研究，基本上是考證小說的作者及其生平、不同版本的比較、故事的流傳與演變等問題。1920 年，胡適發表《水滸傳考證》，考察了《水滸傳》故事流傳、演變及成書的歷史過程，即從宋代民間的「宋江故事」，到宋元之際龔開的「宋江三十六人像贊」、《宣和遺事》，發展到文學巨著《水滸傳》。他對其他小說如《三國志演義》、《西遊記》、《三俠五義》等也都作了詳細考證，總結出古典小說「滾雪球」式的歷史演進的基本範式。胡適後來曾說：

> 民國九年（1920 年）七月，我開始寫《水滸傳考證》的時候，參考的材料只有金聖歎的七十一回本《水滸傳》、《征四寇》及《水滸後傳》等，至於《水滸傳》的一百回本、一百一十回本、一百一十五回本、一百廿回本、一百廿四回本，還都沒有看到。等我的《水滸傳考證》問世的時候，日本才發現《水滸》的一百一十五回本及一百回本、一百一十回本及一百廿回本。同時我自己也找到了一百一十五回本及一百廿四回本。做考據工作，沒有書是很可憐的。〔註7〕

在胡適的影響之下，「開了搜求《水滸傳》版本的風氣」，《水滸傳》陸續發現了許多古本。1929 年，在為一百二十回本《忠義水滸傳》作序時，他說：「十年之中，居然有許多古本出現，這是最可喜的事。」胡適期待著有一天真郭本出現，「我們對於《水滸傳》的歷史的種種假設的結論，就可以得著更有力的證實了」。〔註8〕

對《紅樓夢》的考證是胡適小說考證的巔峰之作。從 1921 年發表《紅樓夢考證》開始直至晚年，胡適始終關注《紅樓夢》研究工作。胡適認為，研究《紅樓夢》必須解決兩個問題：作者與版本。他首先考證作者曹雪芹及其家族的基本情況。經河南一位張先生指點，他找到了楊鍾羲的《雪橋詩話》及《八旗文經》，以及有關愛新覺羅宗室敦誠、敦敏的記載，知道曹雪芹名霑，號雪芹，是曹寅的孫子；接著，他又找到了《八旗人詩鈔》、《熙朝雅頌集》，找到敦誠、敦敏兄弟贈送曹雪芹的詩，又找到敦誠的《四松堂集》，是

---

〔註7〕 胡適：《找書的快樂》，《胡適全集》第 20 卷，第 755 頁。
〔註8〕 胡適：《百二十回本〈忠義水滸傳〉序》，《胡適全集》第 3 卷，第 433、468 頁。

一本清鈔未刪底本，其中有挽曹雪芹的詩，內有「四十年華付杳冥」句，落款爲甲申（即乾隆甲申廿九年，公元 1764 年）。從這裡可以知道曹雪芹去世的年代，他的年齡爲四十歲左右。1927 年，胡適以重金購得一部乾隆甲戌《脂硯齋重評石頭記》，是現今發現的《紅樓夢》最早寫本，對《紅樓夢》研究具有重要價值。1948 年 12 月，胡適飛離北平，「只帶出了先父遺稿的清抄本和這個甲戌本《紅樓夢》」。〔註 9〕裏面有「壬午除夕，書未成，芹爲淚盡而逝。甲午八月淚筆」的句子，指出曹雪芹逝於乾隆廿七年冬，即 1763 年 2 月 12 日。胡適在版本研究方面，指出了程甲本和程乙本的區別，並認爲市面上流行諸本，除戚本外，都是以程甲本作底本的。通過多種版本的比較，得出曹書未盡而逝，後四十回係高鶚續寫的結論。胡適曾經苦口婆心地勸誡作家蘇雪林「聽聽老師的好心話吧」，不要輕易寫談《紅樓夢》的文字，因爲她「沒有耐心比較各種本子，就不適宜於做這種文字」。他在信中寫道：

> 你連戚本都沒有校過，又不曾比勘俞平伯的彙校本，千萬不可用庚
> 辰本的「別字，錯字，及不通文句」來說，「當亦出於曹雪芹手筆」！
> 你沒有做過比勘本子的工夫，那有資格說這樣武斷的話！難道別本
> 上的不「別」字，不「錯」字，「通」的文句就不「出於曹雪芹手筆」
> 了嗎？〔註 10〕

胡適對《醒世姻緣傳》的考證，更是典型地反映了他的治學思想與方法。〔註 11〕亞東圖書館標點重印《醒世姻緣傳》以供出版，請胡適作序介紹，首先就遭遇了「作者是誰」的問題。胡適決定擱筆，考證出作者才能寫作這篇序言。根據《醒世姻緣傳》的具體情節、結構，他做出大膽假設，該著與《聊齋志異》中江城的故事極爲相似，作者可能是蒲松齡或蒲松齡的朋友。隨後

---

〔註 9〕 胡適：《影印乾隆甲戌〈脂硯齋重評石頭記〉的緣起》，《胡適全集》第 12 卷，第 493～494 頁。

〔註 10〕 胡適：《復蘇雪林》，1961 年 10 月 4 日，耿雲志、歐陽哲生編：《胡適書信集》下冊，北京大學出版社 1996 年版，第 1692、1693 頁。

〔註 11〕 羅爾綱說，《醒世姻緣傳考證》「最足以代表適之師的考證方法」。「如果我的工作還有一點學術上的意義，如果我還說得上是適之師的一個門弟子，那麼，我做學問的態度和方法，便是在這一年裏親承師教讀了《蒲松齡的生年考》和《醒世姻緣傳考證》兩篇考證得來的。」（羅爾綱：《師門五年記·胡適瑣記》（增補本），三聯書店 1998 年版，第 16 頁）胡適自己也認爲，這次考證「可以做思想方法的一個實例」。（《〈醒世姻緣傳〉考證》，《胡適全集》第 4 卷，第 353 頁）

他「小心地求證」了六七年。這一考證，具體地反映了胡適在多方協助之下，廣爲搜集證據的過程。〔註12〕

胡適在研究禪宗史時，發現諸多疑點。1930 年，他爲《神會和尚遺集》作序時說：

> 民國十三年，我試作《中國禪學史》稿，寫到了慧能，我已很懷疑了；寫到了神會，我不能不擱筆了。我在《宋高僧傳》裏發現了神會和北宗奮鬥的記載，又在宗密的書裏發現了貞元十二年敕立神會爲第七祖的記載，便決心要搜求關於神會的史料。但中國和日本所保存的禪宗材料都不夠滿足我的希望。我當時因此得一個感想：今日所存的禪宗材料，至少有百分之八九十是北宋和尚道原、贊寧、契嵩以後的材料，往往經過了種種妄改和僞造的手續，故不可深信。我們若要作一部禪宗的信史，必須先搜求唐朝的原料，必不可輕信五代之後改造過的材料。〔註13〕

胡適遍尋史料，把中國保存的資料和日本出版的《大藏經》、《續藏經》搜查之後，終於找出了有關神會的史料，但十分有限。當時胡適認定新材料就是向敦煌所出的寫本裏去搜求。1926 年，他利用赴歐出席中英庚款全體委員會議之機，查閱倫敦大英國博物館、巴黎國立圖書館所藏的敦煌卷子，發現了三種神會的語錄，還有神會的《顯宗記》以及一些極重要的禪宗史料。回國時，路過東京，又得知矢吹慶輝從倫敦影得敦煌本《壇經》，這也是禪宗史的重要材料。胡適依據這些資料，對神會的生平和禪法作了考察，肯定了他在禪宗史上的重要地位，並認爲他是《壇經》的作者，而不是傳統所說的慧能。當時北宗神秀勢力大盛，神會在滑臺之會上取得「先聲奪人」的重大勝利，以「頓悟」說對北宗主張「漸修」的工夫發起革命。這位禪宗史上被埋沒千年的偉大人物，「幸而他的語錄埋藏在敦煌石窟裏，經過九百年的隱晦，還保存二萬字之多，到今日從海外歸來，重見天日，使我們得重見這位南宗的聖保羅的人格言論，使我們得詳知他當日力爭禪門法統的偉大勞績，使我們得推翻道原、契嵩等人妄造的禪宗僞史，而重新寫定南宗初期的信史：這豈不是我們治中國佛教史的人最

〔註12〕 胡適 1927 年 8 月 11 日致錢玄同信中說：「小說考證，我真幹不了了。此事本應該由一般朋友大家分任，人任一部書，則輕而易舉。我做了幾部最容易做（因爲材料多）的小說的考證。材料沒有了，考證也做不出了。如《醒世姻緣》便是一例。」（見《胡適書信集》上冊，第 397 頁）
〔註13〕 胡適：《〈神會和尚遺集〉序》，《胡適全集》第 4 卷，第 313 頁。

－213－

應該感覺快慰的嗎？」〔註14〕

　　胡適認為，禪宗史在唐宋以後有大量改纂，必須發掘唐以前的寫本，其來源有二：一是敦煌卷子，一是唐朝時日本僧人和留學生帶往日本的古寫本。為此，他還多次鼓勵、敦促日本學界展開這一方面的調查和研究。1959 年 5 月 30 日在致日本學者入矢義高的信中，明確地「提出一個問題，表示一個希望，希望貴國的佛教史家能在日本各大寺的經藏裏『大索』一番」。如果能夠尋找到晚唐時期請來日本的《六祖壇經》、神會的《南宗定是非論》、《問答雜徵義》（語錄）、《禪要》諸寫本，可以同敦煌出土的《壇經》、《南宗定是非論》、《問答雜徵義》、《頓悟無生般若頌》各種寫本相比勘，「這豈不是世間第一大快事！」〔註15〕 11 月 16 日，胡適又在復入矢義高的信裏說，唐代傳入到日本的資料的儲藏中心必是在奈良、京都一帶，這一帶古寺的經藏是不公開的。「正是因為這些古寺的經藏是不公開的，我深信一千多年前入唐求法的幾位大師的許多中國佛教史料很可能還保存在貴國，很可能將來出來的史料還超過我們現在的夢想！千萬請公努力！」〔註16〕

　　關於重勘《水經注》一案，1952 年 12 月，胡適在臺灣大學文學院演講時說：

> 講到《水經注》，是一個校勘學。校勘學有一個原則，就是用古本來校，要想法子找古本，最好是原本。如果找不到原本，要找最古的抄本刻本。

　　為了弄清真相，胡適積極搜求各種《水經注》版本和有關資料。他說：

> 我為了這個問題，在外國把所有的材料都翻了，但找到的材料很少，三十五年回國，想在國內大登廣告找材料，所以船到中國，還沒有進口，新聞記者乘海關汽艇到了船上問我：「胡先生有什麼話說。」我就告訴他，「這幾年幹《水經注》這個案子。」我說這個話的目的，是請他們代我登廣告。不錯，第二天各報都把我的話登出來了，大家便知道胡適之弄《水經注》，所以一到上海，一個朋友把他看到的《水經注》告訴我，那個朋友也把他收藏的《水經注》給我看，問

〔註14〕 胡適：《〈神會和尚遺集〉序》，《胡適全集》第 4 卷，第 314～315 頁。
〔註15〕 胡適：《致入矢義高》，1959 年 5 月 30 日，耿雲志、歐陽哲生編：《胡適書信集》下冊，北京大學出版社 1996 年版，第 1404 頁。
〔註16〕 胡適：《復入矢義高》，1959 年 11 月 16 日，耿雲志、歐陽哲生編：《胡適書信集》下冊，北京大學出版社 1996 年版，第 1442～1443 頁。

我：「你看到這個本子沒有？」很短的時間，全上海所藏的《水經注》，
我都看到了。到北平，也是這樣。於是各地的《水經注》都跑到我
這裏來了。〔註17〕

胡適搜集的《水經注》版本之多，可謂前無古人。1947 年 3 月 27 日日記
記載：「凡《水經注》的刻本，除宋元刻本外，我全收得了。」〔註18〕1948 年
12 月，他在北京大學舉行過「《水經注》版本展覽」，共展出各種版本《水經
注》9 大類，41 種。

傅斯年自 1928 年擔任中央研究院歷史語言研究所所長一職，直至 1950
年逝世，其治學思想、治學方法對 20 世紀 30～40 年代中國文史學界的影響
不在胡適之下。而且，傅斯年更多的是以一位學術組織者、學術活動家的身
份出現。在他的有力組織之下，殷墟考古發掘得以順利展開，為中國古史研
究提供了實物資料；金石學與文獻資料相結合，為古史研究開拓了新方向；
明清檔案資料的保護、整理，也取得了很大成績。1949 年後，史語所遷臺，
傅斯年任職臺灣大學校長，大量網羅大陸地區原北大等高校著名學者到臺大
任教，將大陸時期重視史料、強調實證的學風移植到臺灣地區。直至 1960 年
代中期以後，這種局面才漸漸發生變化。

顧頡剛除以新觀念治古史，形成「古史是層累地造成的」的古史辨派之
外，他還將歷史研究從上層轉移到民間，從文獻資料轉移到歌謠、風俗調查，
成為中國民俗學的開創者。1927 年，他為中山大學赴杭州購書，計劃購買圖
書資料有 16 類：經史子集及叢書、檔案、地方志、家族志、社會事件之記載、
個人生活之記載、帳簿、中國漢族以外各民族之文籍、基督教會出版之書籍
及譯本書、宗教及迷信書、民眾文學書、舊藝術書、教育書、古存簡籍、著
述稿本、實物之圖像。誠如他的女兒所評論的：他「是為學界開新風氣的」。
赴杭州之前，顧頡剛曾作《國立廣州中山大學購求中國圖書計劃書》說明購
書的宗旨和內容：

以前人看圖書是載聖人之道的，……所以藏書的目的是要勸人取它
作道德和文章的。現在我們的目的是在增進知識了，我們要把記載
自然界和社會的材料一齊收來，……使得普通人可以得到常識，專

─────────────

〔註17〕 胡適：《〈水經注〉考》，歐陽哲生主編：《胡適文集》第 12 冊，北京大學出版
社 1998 年版，第 168、170～171 頁。
〔註18〕 《日記》第 7 卷，第 651 頁。

門家也可以致力研究。這一個態度的改變，是從懨懨無生氣的，和民眾不發生關係的圖書館改作活潑潑的，供給許多材料來解決現代發生的各種問題的圖書館的大關鍵。

到了杭州，江浙一帶的書商和舊藏家紛紛來接洽。顧頡剛覺得自己與他們總有一層隔膜。他在 6 月 27 日致傅斯年的信中說：

> 杭州，據書坊中人的眼光看來，是沒有好書的。他們所謂好書，是指版本書，價錢大的書。我所謂好書是史料。杭州是一個舊文化中心，書鋪中所藏，沒有名氣的人的詩文集甚多，八股文及一切科舉用書也甚多。……我們要收「個人生活之記載」，日記尺牘等是很難收到的，詩文集卻是個人生活之記載，我們用歷史的眼光看去，差不多一部詩文集就是一部自傳。我想這類東西，要收索性收一個全。收得多了，我們照地域，照年代來分，倒也可以幫助地方志及各種歷史的研究。科舉文字及一切讀本書，我們將來可以成立一個「舊教育文庫」。這類東西，花錢甚廉，……我新近花了十元，收了兩部「夾帶」，抄滿了八股文，是寫在綢上，縫在衣裏的。字字細密，看著可驚。

顧頡剛又親自到舊藏家及小書攤上去尋得不少雜誌、日報、家譜、帳簿、日記、公文、職員錄、碑帖……等等；還有醫卜星相的書，從前雖不入藏書家的收藏範圍，但因有人信仰，這類專家往往有豐富的收藏，所以也居然買到許多秘本。至於民眾文學書，上海灘上石印小本的勢力遠至全國，顧頡剛也買了一個全份。共計買書約 12 萬冊，56000 餘元。當然，顧頡剛「購書的宗旨也不是中大同事都能認可的，故而那時有人說他將有用之錢買無用之物」。〔註19〕1928 年 7 月，胡適在上海東方圖書館主辦的圖書館暑期補習班演講，提出「雜貨店的收書法」，就是無書不收的收書法。「不論甚麼東西，如果是書，就一律都要」。他大力稱讚顧頡剛購買圖書的方法，是用歷史家的眼光來收書，材料不在乎好壞，破銅爛鐵，都有用處。〔註20〕

以胡適、傅斯年、顧頡剛為代表的民國新學人，提倡實證研究，多方搜求地上的文獻資料，大力發掘地下的實物資料，廣泛徵集民間的口頭資料，大大豐富了歷史研究的材料，開拓了歷史研究的新領域，使民國年間的學術

---

〔註19〕 以上引文均見顧潮：《歷劫終教志不灰——我的父親顧頡剛》，華東師範大學出版社 1997 年版，第 117～119 頁。

〔註20〕 胡適：《中國書的收集法》，《胡適全集》第 13 卷，第 98～108 頁。

界呈現出一派嶄新氣象。

## 二、「覓人間未見書」

　　廣泛徵集史料的新的學術研究風氣興起，流風所及，其流弊也逐漸顯露，引起了學術界某些學人的警惕和隱憂。國學根柢深厚的一批學人，對這一學術研究新潮流或多或少，或明或暗地予以批評和譴責，尤以 1950 年代後錢穆的批評最多，也最為激烈。他特別批評胡適等新派學者「覓人間未見書」，以新奇資料相炫。

　　錢穆以考據名世，其成名作《劉向歆父子年譜》，針對經學史上特別是清末康有為以來所持的劉歆偽造諸經的說法予以批駁。錢穆以史治經，本著「經學上之問題，同時即為史學上之問題」的原則，以年譜的著作形式具體排列了劉向、劉歆父子生卒、任事年月及新莽朝政，「實事既列，虛說自消」，以堅實的證據證明了康有為所力主的劉歆偽造諸經之說「其不可通者二十有八端」。何祐森指出：

> 向歆年譜解決了近代學術史上的一大疑案，而這部書根據的僅僅只是一部漢書，很多非有新資料不能著書立說的人，一定認為這是一件不可思議的事。一部漢書，人人可讀，未必人人會讀，一部古書，人人能讀，未必人人願讀。〔註21〕

　　《先秦諸子繫年》是一部專門為諸子的生卒行事作考辨的考據著作，歷時 10 餘年完成，1935 年底由商務印書館出版。錢穆在《自序》中說：

> 余草《諸子繫年》，始自民國十二年秋。積四五載，得《考辨》百六十篇，垂三十萬言。一篇之成，或歷旬月，或經寒暑。少者三四易，多者十餘易，而後稿定。自以創闢之言，非有十分之見，則不敢輕於示人也。藏之篋笥者又有年，雖時有增訂，而見聞之陋，亦無以大勝乎其前。〔註22〕

　　錢穆認為，昔人考論諸子年世有三大缺陷：各治一家，未能通貫；詳其著顯，略其晦沉；依據史籍，不加細勘。《先秦諸子繫年》即以諸子之書，還考諸子之事。該著博徵典籍，以子證史，或諸子互證，或以《紀年》與《史

----

〔註21〕何祐森：《錢賓四先生的學術》，朱傳譽主編：《錢穆傳記資料》，臺灣天一出版社 1979 年版，第 25 頁。

〔註22〕錢穆：《先秦諸子繫年‧自序》，商務印書館 2001 年版，第 21 頁。

記》、《戰國策》對勘，輯佚掇墜，辨僞發覆。錢穆自信，此書略勝前人，首先在於：「余之此書，上溯孔子生年，下逮李斯卒歲。前後二百年，排比聯絡，一以貫之。如常山之蛇，擊其首則尾應，擊其尾則首應，擊其中則首尾皆應。以諸子之年證成一子，一子有錯，諸子皆搖。用力較勤，所得較實。」〔註23〕

《繫年》博徵典籍，但屬於「新奇」材料的唯有《竹書紀年》。晉武帝太康年間汲郡發現了先秦時魏國史書《竹書紀年》，後佚失。《今本竹書紀年》爲後人搜輯。錢穆早年在無錫購得朱石曾《古本竹書紀年存眞》一部，取以校王國維所校本，乃知王校多誤，朱本甚有價值，特撰一文《王氏古本竹書紀年輯校補正》，先行刊佈。錢穆認爲，《史記》多誤，以《紀年》訂《史記》之誤，是《繫年》一大特色。錢穆一生治學，皆以普通資料鉤稽排列，貫串會通，唯一搜羅的「新奇」資料即爲《竹書紀年》。據其晚年回憶：「余於明代以下各家校刊《竹書紀年》，搜羅殆盡。專藏一玻璃書櫃中。」好友湯用彤羨慕不已，也專意搜羅《高僧傳》一書，「遇異本即購」，「自謂亦幾無遺漏矣」。〔註24〕

錢穆的考證，所使用的資料，都是常見、習見之書，以普通資料貫串會通，解決了學術史上的一些大問題。在他看來，有新奇資料可資運用，固然可佳。如果沒有新奇資料，一樣有學問可做，而且，做學問首先並不倚靠新奇資料。對新派學者片面追求、依賴新奇資料以資考據的做法，深不以爲然，也是可以想見的了。

早在30年代，錢穆任教北大，成爲與胡適一樣叫座的著名教授。錢穆承擔了一門中國上古史課程。據他晚年回憶，有人來信，責問他「不通龜甲文，奈何靦顏講上古史」。錢穆將此信公之於講堂，「謂余不通龜甲文，故在此堂上將不講及。但諸君當知，龜甲文外尚有上古史可講。諸君試聽，以爲如何。」〔註25〕1939年，錢穆發表《國史大綱·引論》，一一點評當時各主要學術流派，是錢穆對胡適、傅斯年爲代表的「科學考訂派」所作的公開批評。1949年後，錢穆對胡適爲代表的新史學派展開了激烈批評。他認爲，胡適等人倡導的整理國故運動，菲薄傳統文化，輕乎學術大體，最終成績只限於細碎考據。又因爲重視專家之學，學問未曾入門，急於研究、寫作和發表。於是，追求材料的完備與新奇成爲學術研究的首要工作。他說：

〔註23〕錢穆：《先秦諸子繫年·自序》，商務印書館2001年版，第21頁。
〔註24〕錢穆：《八十憶雙親師友雜憶》，三聯書店1998年版，第188頁。
〔註25〕錢穆：《八十憶雙親師友雜憶》，三聯書店1998年版，第163頁。

書籍只當是一堆材料，已不成為一種學問之對象。……遂一意於材料中找罅縫，尋破綻，覓間隙，一若凡書盡不足信，苟遇可信處，即是不值學問處，即是無可再下工夫處。故其工夫著意處，盡在找前人之罅縫與破綻與間隙。最好是書有不可信，否則覓人間未見書，此所謂未經發現之新材料。因謂必有新材料，始有新學問。此乃以考據代學問，以鑽隙覓間尋罅縫找漏洞代求知識。……心術已非，而學術隨之。遂若一堆材料，一項方法，拈得一題目，證成一破綻，即是大發現、大學問。此其從事學問之本無甚深旨義，其所潛心考據之必無甚大關係，亦不問可知。〔註26〕

民國年間興起的治學新風尚，在錢穆眼中，其病在於「懶且躁」。錢穆此一認識，與晚清學者陳澧（1810～1882 年，字蘭甫，人稱東塾先生）極為相通。錢穆撰寫《中國近三百年學術史》時，將陳澧列為專章，介紹、評論其學術思想。在《近百年來之讀書運動》這篇文章中，也對陳澧的讀書、治學思想作了重點介紹。

陳澧講學，主漢、宋兼採，認為當時經學家專務訓詁考據而忽忘義理，故兼採宋儒以資救正。陳澧主張讀經當求義理，義理必於經書中求之，故勸人讀註疏。陳澧認為，當時學者之病，「在懶而躁，不肯讀一部書，此病能使天下亂」。錢穆對此評論道：

故我謂當時學者之懶且躁，至於不肯讀一部書，實當時之實病，亦即此見東塾之苦心也。當時學者即若是其懶且躁，至於不肯讀一部書，而專涉獵小節，尋其碎義，不問其平正通達之大意，而惟擇取難解難詳之訓詁考據，以見己長而求勝乎古人，縱博學而全不知服善。此其病中於心術，而害及人才。故東塾論學，常求一反其弊，歸本乎心術、人才以通乎世道。

凡此云云，皆深砭乎當時之懶且躁，不肯讀一部書，而務於碎義以求勝古人者，而特舉讀註疏以示例。今善推東塾之意，特謂未有不肯細心讀一部書，專摘小節以難前人，而可以謂之學。則真學者自必細心讀書，求其大體，而其本在乎服善，在乎虛心向學，而無先以求勝乎前人之心。如是而心術正，學風變，而人才自此出，世運

〔註26〕錢穆：《學術與心術》，《學籥》，《全集》第 24 冊，第 165～166 頁。

自此轉。此東塾提倡新學風之微旨也。〔註27〕

陳澧指承的晚清學界風氣，與錢穆眼中的民國學界風氣何其相似乃爾！錢穆將陳氏許之爲「近百年來提倡新的讀書運動之第一人」。〔註28〕陳澧對當時學術風氣的批評，在錢穆心中，激起了強烈共鳴：

> 讀書多半是爲了作文，作文最好是出奇的發見與創闢。書本似乎只是學者作文時所運用之材料，讀書似乎只爲是臨文時作參考。有人從大體上作大義之融會與玩味，則反目爲空洞或腐敗。喜鶩新知，懶鑽舊義。極其所至，最多也只還是何休武庫之矛戟，而非鄭玄宗廟之禮器。（此亦陳澧語，見讀書記鄭學卷。）雖則其所考索的內容，與乾嘉經學已有不同，然就種種方面看，今天學術界的風氣與路徑，卻還是乾嘉舊轍。大體上，陳澧所謂「懶與躁」的心病，似乎仍是深深埋在我們的身裏。而世道衰亂，我們學術界也還不得不負相當的責任。〔註29〕

學問未曾入即求出，忙於研究，其結果，讀書只是翻書找材料，一部一部的書變成了一條一條的材料，更有甚者，專意找古人的錯誤紕漏之處，以自鳴高，或刻意追求偏僻、新奇資料以求一鳴驚人。錢穆指出：

> 依照上述風氣，讀書只會愈讀愈生僻，絕不會耐心去讀人人必讀之書。只會愈讀愈疏略，決不會讀到熟讀成誦。讀書的成績，只是一批批的論文和著作，專家和發現，卻不會從讀書中造成對政治、社會、民族、文化有力量有效益的學者。〔註30〕

這樣的讀書、治學風氣，其結果必然是古書不明，小學不振。不肯讀基本書，在閱讀材料的過程中，也往往誤解字句意義而發生錯誤。或者讀書粗心，自以爲是驚人的重大發現，實際上早已被人道及。這樣的問題，在錢穆等國學根柢紮實的學者看來，胡適等新派學者所在多有。

胡適考論中國初期禪宗史的文章，錢穆肯定其「根據敦煌寫卷，頗有發現」，但「亦多持論過偏處，尤其是關於神會和《壇經》一節」。錢穆指出：

> 胡氏不僅認爲《六祖壇經》的重要部分是神會所作，抑且認爲《壇

---

〔註27〕錢穆：《中國近三百年學術史》下冊，商務印書館 1997 年版，第 684～685、686 頁。

〔註28〕錢穆：《近百年來諸儒論讀書》，《學籥》，《全集》第 24 冊，第 80 頁。

〔註29〕錢穆：《近百年來諸儒論讀書》，《學籥》，《全集》第 24 冊，第 91～92 頁。

〔註30〕錢穆：《近百年來諸儒論讀書》，《學籥》，《全集》第 24 冊，第 153 頁。

經》裏的思想，亦即是神會的思想，故謂神會乃「新禪學的建立者」。

又說：「凡言禪皆本曹溪，其實皆本於荷澤。」這一斷案，實在很大
膽，可惜沒證據。〔註31〕

在錢穆看來，胡適所謂「更無可疑的」、「最顯明的」、「很顯明的」幾條
證據，其實都靠不住。特別是胡適根據韋處厚《興福寺大義禪師銘》，以為是
「一個更無可疑的證據」，其實是誤解文義。他說：

> 韋文之意，習徒迷真，橘柘變體，竟成《壇經》傳宗，乃指曹溪以
> 下，專宗《壇經》，成為教外之別傳者。其謂習徒，乃指曹溪南宗，
> 決不指神會，更主要者，當如馬祖之流。……是謂惟神會能承襲惠
> 能。……而胡氏乃謂《壇經》成於神會之習徒，又謂《壇經》乃神
> 會所假託捏造，豈不誤解之甚乎。〔註32〕

錢穆對胡適為《水經注》翻案也頗不以為然，多次明確指承戴震竊全、
趙之書。1969～1971 年間，錢穆為文化學院（即今中國文化大學）歷史研究
所博士班講授《中國史學名著》，還提起胡適在抗戰時期發表過的幾篇文章，
中間有一篇說，他的朋友丁山告訴他全祖望七校《水經注》靠不住，其實在
王先謙《合校水經注》的例言裏就說過了，所以王氏合校全沒有引用全祖望。
王先謙既已如此說了，何待再要胡先生的朋友丁山，「可見和我同一時代的學
術界，實在讀書粗心，已遠不能和我們稍前一代的人比了。」〔註33〕1946 年
10 月 21 日，胡適訪柳詒徵，閱《水經注》。柳詒徵在善本閱覽室招待胡適一
行。柳氏日記記載，胡適逐卷指定其假定之說，皆得趙氏原本印證，「意甚得」，
「然讀濟濕之濕字作驟音，殊可駭歎，大學校長以考證校勘自矜，乃讀別字，

〔註31〕 錢穆：《神會與〈壇經〉》，《中國學術思想史論叢》第 4 卷，安徽教育出版社
　　　　2004 年版，第 85 頁。

〔註32〕 錢穆：《神會與〈壇經〉》，《中國學術思想史論叢》第 4 卷，安徽教育出版社
　　　　2004 年版，第 86 頁。

〔註33〕 錢穆：《中國史學名著》，三聯書店 2005 年第 2 版，第 141 頁。有些問題前人
　　　　已經指出，胡適自以為是自己的大發現，這樣的情況也不是個案。如他考證
　　　　陶弘景《真誥》有抄襲《四十二章經》之處，自以為經過了 1400 年沒有被人
　　　　偵探出來。後經陳寅恪提示，這個問題朱熹已經指出過。胡適檢出《朱子語
　　　　類》的「老氏」、「釋氏」兩卷查看，在「釋氏」一卷中（卷百二六）檢得這
　　　　一條。他想，《四庫提要》也許有考證《真誥》的話，因檢《提要》子部道家
　　　　類《真誥》條（卷一四六）下，果然引用了《朱子語錄》，《提要》又引用了
　　　　黃伯思《東觀餘論》對此問題的討論。（見胡適《陶弘景的〈真誥〉考・後記》，
　　　　《胡適全集》第 4 卷，第 186～188 頁）

不亦羞當世之士乎」。〔註34〕

　　1919～1920 年間，胡適與廖仲愷、胡漢民、朱執信等人書信往還，討論「井田制」的有無。《孟子·滕文公上》最早記載了這一制度，胡適對此提出懷疑，把這方面的種種史料，依照出現時間先後，排列成一個井田制演變的沿革史。由此認為，井田制是孟子憑空虛造出來的，「我以為大概井田論是到漢代方才完備的，懂得以上所述種種井田論的沿革線索，方才可以明白井田的話是漢代的有心救世的學者，依據孟子的話，逐漸補添，逐漸成為『像煞有介事』的井田論。井田論的史料沿革弄明白了，一切無謂的爭論都可以沒有了。」〔註35〕當年參與討論的還有呂思勉，對胡適所論提出質疑。後來，呂思勉在指導學生治學時，就曾以胡適為例，「甚至連字句都解釋錯了，往往鬧成笑柄」。他說：

> 如胡適之，昔年疑井田制度時，稱之為豆腐乾式，將昔人設法之談（設法，謂假設平正之例），認為實事，已可笑矣，猶可說也。後乃誤古書之方幾裡者為幾方裡。不但振振有辭，且於紙角附以算式。逮為胡漢民指出，乃曰：我連《孟子》都忘了。其實此乃根本沒有懂，無所謂忘也。旋又據今日之經緯度而疑《漢書·西域傳》載各國道里為不實，作為古書數字不確之證。不知《漢書》所載者，乃人行道里；經緯度兩點間之直線距離，則昔人謂之天空鳥跡；截然兩事，明見《尚書·禹貢疏》。不讀《禹貢疏》，甚而至於不讀《孟子》，本皆無足為奇；然欲以史學家自居而高談疑古則繆矣。其說皆見昔年之《建設雜誌》。〔註36〕

　　張蔭麟曾批評顧頡剛的「疑古」思想，並未廣求證據而擅下斷案，立一臆說，凡不與吾說合者則皆偽之。不僅如此，最令人駭異的是，顧頡剛對於古籍中的「淺白之句」，「竟未能通其義」。如《詩經·商頌》裏有「邦畿千里，肇域彼四海」之句，顧頡剛解釋說，看四海僅僅千里，那時天下是這樣的小。張蔭麟指出：

〔註34〕柳曾符：《柳詒徵與胡適》，柳曾符、柳佳編：《劬堂學記》，上海書店出版社2002 年版，第 188 頁。

〔註35〕胡適：《致胡漢民、廖仲愷》，1920 年 1 月 9 日，耿雲志、歐陽哲生編：《胡適書信集》上冊，北京大學出版社 1996 年版，第 231 頁。

〔註36〕呂思勉：《中國史籍讀法》，《呂著史學與史籍》，華東師範大學出版社 2002 年版，第 99 頁。

此段全文云：「邦畿千里，維民所止，肇域彼四海。四海來假，來假
祁祁，景員維河。」說文：「畿天子千里地；以遠近言之則言畿。」
然則畿乃國境之一部分而非其全部也。此言四海，非指四海之本身，
乃指四海以內之一切國，（故云「來假」）四海正與邦畿相對，謂邦
畿以外，四海諸國皆來朝獻也。若以邦畿與四海爲一，則不獨文字
上無詁，且原文竟不可通矣。〔註37〕

　　學界如此風氣，在錢穆看來，根本而言是「心術」問題。心術已非，須
大力救正不可。「學問非以爭奇而炫博，非以鬭勝而沽名」。〔註38〕讀書必須
從容含玩，通曉前人著述大體，在長時間和大量的閱讀中，自然能夠發現問
題，做出精深的研究；而不應該急於著述，更不應以新奇資料取巧、炫耀於
人。錢穆 1955 年爲《新亞學報》所作的創刊辭《學術與心術》，集中反映了
錢穆的讀書、治學思想：

　　最先必誘導學者以虛心眞切從事於學問，必督責學者以大體必備之
　　知識。其次始能自運思想，自尋考據，孜孜於爲學術而學術，以趨
　　向於專門成業之一境。其最後造詣，乃有博大深通，登高四顧，豁
　　然開朗，於專門中發揮出絕大義理，羅列出絕大考據。其所得將不
　　限於其所專業。如是之學，乃始爲天壤間所不可少。

　　故學問必先通曉前人之大體，必當知前人所已知，必先對此門類之
　　知識有寬博成系統之認識，然後可以進而爲窄而深之研討，可以繼
　　續發現前人所未知。乃始有事於考據，乃始謂之爲學術而學術。如
　　是者，可以守先而待後，學術傳統可以不中絕，知識實得可以不失
　　喪。此必先有下學工夫，必先對學問有一種更深更眞切之旨義，故
　　能不厭虛心博涉。循而久之，其心中泛起有新問題，此始爲値得考
　　據之眞問題。〔註39〕

　　錢穆對學生的指導，在在體現了這一治學思想。他一再告誡學生，求學
不可太急，做學問是一輩子的事。他說：

　　若爲著述而始讀書，那讀書所得的印象決不會很深，因爲他早已心

---

〔註37〕 張蔭麟：《評顧頡剛〈秦漢統一之由來和戰國人對於世界之想像〉》，張雲台編：
　　　《張蔭麟文集》，教育科學出版社 1993 年版，第 154 頁。
〔註38〕 錢穆：《學術與心術》，《學籥》，《全集》第 24 冊，第 167 頁。
〔註39〕 錢穆：《學術與心術》，《學籥》，《全集》第 24 冊，第 168、166 頁。

傲氣浮，他所讀的書籍，只當成他一己著述的材料看，決不肯虛心
靜氣浸入書籍的淵深處。繼此而往，讀書工夫，便會漸漸地變成爲
翻書。〔註40〕

今天大家讀白話文，在學術上夠標準的著作不多，大家只是隨便翻，
不懂得用心，都是一目十行地看過去，我們稱之曰「翻書」，又或說
「查書」，所查又稱是參考書，沒有說「讀」書，這樣總不行。〔註41〕

錢穆教導學生要耐心、虛心讀書，而讀書首先在於識字。中國向來是文
教之邦，最懂得使用文字。從小孩起，便訓練他一字字、一句句的讀，每個
字都有其意義與價值，都有用。現在我們變了，文字生吞活剝。他唯恐大學
生、研究生讀書，不會一字一句地讀，因此也不會一心一意讀，不會正襟危
坐凝神靜氣讀。這樣只會讀報章小說，讀報章也只喜歡讀小新聞，不會讀大
新聞。如此下去，如何能讀文讀史，乃至讀一切眞有價值的書？進入大學學
習文史專業，第一本領要訓練自己能讀書，要能一字字一句句地讀。這些話
只是些大實話，卑之無甚高論，可絕不能輕忽。他說：「一切考據之學，應以
義理、辭章爲基本。一言一行不苟且，此是義理學開始。一字一句不苟且，
此是辭章學開始。」〔註42〕

錢穆指出，清代學人花了大工夫講小學，到今天，這一點遺產可惜又都丟
掉了。自從發現了甲骨文，大家爭著來研究，其實基本工夫仍應在許愼《說文》，
否則就無法來研究甲骨文。今天我們只要聽說到甲骨文，就認爲有莫大價值，「卻
不再有人能把我們今天的新知識、新觀念，再來接著清代人的舊工夫，來研究
中國文字，這眞是很可惜的」。文字不明，一切書本都不明，這是今天讀中國文
史書的最大缺點。讀書讀不到深處，正因爲對書中每一個字的正確意義不清楚。
〔註43〕從早年到晚年，錢穆對王國維的甲骨文研究始終加以推許，在他看來，
王國維「實治斯學最有成就之大師也」。王國維「就經傳之舊文，與新出之史料，
爲深邃綿密之研究，其於經、史二學，裨益尤多」。〔註44〕

20世紀20、30年代，重視專家之學，成名成家的浮躁風氣在學術界蔓延。
因爲基礎不寬不實，學者們往往藉助於新奇稀見的資料以取勝。學術界部分

〔註40〕 錢穆：《近百年來諸儒論讀書》，《學籥》，《全集》第24冊，第154頁。
〔註41〕 錢穆：《中國史學名著》，三聯書店2005年第2版，第72頁。
〔註42〕 錢穆：《史學導言》，《中國史學發微》，《全集》第32冊，第54、57頁。
〔註43〕 錢穆：《中國史學名著》，三聯書店2005年第2版，第246～247頁。
〔註44〕 錢穆：《國學概論》，商務印書館1997年版，第328頁。

學者也對此有所批評，這種批評往往是不公開的，局限於私人間的議論。如史學家陳垣對此學風內心裏頗不以爲然。胡適、傅斯年對陳垣均極表尊敬與欽服，今人亦以同屬「新考據學派」視之。但究其實，他們是有相當大的差別的。陳垣最重史料搜集，至以「竭澤而漁」相比況。誠如嚴耕望所言，陳垣「往往能得世所罕見，無人用過的史料，做出輝煌的成績，如《明季滇黔佛教考》即爲佳例」。〔註45〕但其所謂「竭澤而漁」，是在充分使用普通資料的基礎上，再擴大搜求的範圍，對相關的史料儘量「一網打盡」。據陳垣的學生牟潤孫回憶，1932 年燕大國學研究所碩士畢業以後，他進了輔仁附中，一直做了 4 年國文教員。他寫道：

> 先師時時對我說不能教國文，如何能教歷史？國文不通的人，如何能讀史書？……先師又時時以教學相長勉勵我，要我好好備課。說：「講國文要好好去研究訓詁，更要緊的是讀音，讀錯了字則無從追改。」經過了四年時間，在陳先生不時訓誨之下，我對於要講的文章，每個字的讀音、訓詁，以及文章的結構組織，都仔細用功夫去追求，它的效果眞是很大，當時對於學生起了什麼作用，我不知道。我自己則因此改變了囫圇吞棗、不求甚解、匆匆翻書的壞習慣。以後遇見要精讀的書，肯去細心體會，養成一字一句讀書的習慣，其基礎確是在這四年裏養成的。

> 一字一句細心讀一部書，說來很平常，作考據而急功近利，希望速成的人，多數辦不到。只是翻書查書找材料，趕快寫論文以圖發表成名，誰耐心去作笨功夫？此風民國以後爲最甚，我就是這樣寫了幾篇文章考進燕大國學研究所的。先師深知當時風氣之惡劣，也瞭解當時我的學問不夠堅實，所以用這樣方法來糾正我引導我。教人用極平常的方法，而其影響則極爲巨大。不鼓勵年輕人亂寫論文，而要他們用功打好治學的根基，是先師與當時某些在高級學府執教文史的時髦人不相同之處。

> 先師要我作學術研究，但一再告誡我不可亂發表文章。說：「寫學術文章，不可不力求愼重，對一個問題沒研究成熟，就拿出去發表，將來極可能有悔其少作之感。」這話確有至理，尤其民國以後，許

---

〔註45〕嚴耕望：《治史答問》，《治史三書》，遼寧教育出版社 1998 年版，第 178 頁。

多人憑著一時的靈感，或抓著少許稀見的史料，討論一些狹窄而瑣
細的問題，這樣的人竟憑一篇文章，一躍而登龍門，成為學者，如
果要他去教國文，可能念錯字，講歷史則不易抓著系統。先師大約
甚不以這個風氣為然，不過口頭則很少表示。〔註46〕

錢穆的好友蒙文通也曾說，讀書貴能鑽進去，並不在於讀罕見的書，要能
在常見書中讀出別人讀不出來的問題。他還說，教書，即使是教中學，也對做
學問大有好處，他自己就教過 8 年中學。平時讀書中遇到細小問題，常常不予
注意，疏忽過去，而教書就不行了，教中學就更不行了。細小問題也必須要注
意、要搞清楚。自己搞不清楚，如何能把學生教清楚？這樣就養成讀書要細緻
的習慣，這些細小之處，常常也會給我們提出一些重要問題。〔註47〕

任繼愈評論湯用彤治學態度與方法時，也提出新奇資料與普通資料的問
題。他說：

在舊中國，從事考據之學的，不少人喜歡引用一些別人看不到的材
料藉以抬高身價，沾沾自喜。湯先生和幾位有成就的歷史學者，如
陳寅恪先生、陳垣先生卻不是這樣。他們主要依據是《五經》、《二
十四史》、《高僧傳》、《資治通鑑》、《大藏經》等，都是擺在大路邊
上，人人易見的資料。他的立論也平易樸素，從不自詡有什麼驚世
駭俗的偉大發現。他的著作平實中見功力，經得起時間的考驗……
內行人都佩服他的文章古樸、厚重、典雅、平實、寓高華於簡古，
深具漢魏風骨。〔註48〕

20 世紀 30～40 年代後，儘管有部分學人的批評、努力，然而，風尚所趨，
時流眾勢所積，學術界的治學風氣發生了巨變，無可挽回。以致於像呂思勉（字
誠之）這樣國學根柢極為深厚、用力極勤的學者，也不免被人輕忽。嚴耕望說：

近代史學研究，特別重視新史料——包括不常被人引用的舊史料。
史學工作者向這方面追求，務欲以新材料取勝，看的人也以是否用
新材料作為衡量史學著作之一重要尺度。而誠之先生的重要著作主

---

〔註46〕牟潤孫：《勵耘書屋問學回憶——陳援庵先生誕生百年紀念感言》，陳智超編：《勵
耘書屋問學記：史學家陳垣的治學》（增訂本），三聯書店 2006 年版，第 72 頁。

〔註47〕蒙文通：《治學雜語》，蒙默編：《蒙文通學記》（增補本），三聯書店 2006 年
版，第 2、13 頁。

〔註48〕任繼愈：《湯用彤先生治學的態度和方法》，《燕園論學集》（湯用彤先生九十
誕辰紀念），北京大學出版社 1984 年版，第 46 頁。

要取材於正史，運用其他史料處甚少，更少新的史料。這一點也是
他的著作被低估的一個原因。〔註49〕

## 三、讀人人必讀之書

錢穆對學術界急於著述且以新奇資料相炫的考據方法的批評，其實質在
於對中國傳統文化的堅守與護持。

錢穆認為，從前人提出讀書法，要在「存大體」、「玩經文」。這六個字即
是初學讀書的最好指導。「讀後常置心中，即是『存』。讀了再讀，即是『玩』。
此是初學入門工夫，萬萬不宜忽略。」〔註50〕而應「存」、應「玩」的書籍，

---

〔註49〕嚴耕望：《通貫的斷代史家——呂思勉》，《治史三書》，遼寧教育出版社 1998
年版，第 182 頁。鄧廣銘在《懷念我的恩師傅斯年先生》一文中說：「在我們
的必修課程當中有先秦史和秦漢史，是由同一位先生講授的，他的講授，雖
也有其精彩獨到之處，然而他的材料的來源，總是從書本到書本，從正史到雜
史，等等。然而傅先生在其所開設的先秦史和秦漢史的專題講授兩門課程中，
卻不但顯示了他對古今中外學術的融會貫通，而且顯示了他對中外有關文獻資
料與新舊出土的多種考古資料的融會貫通。他所談及的課題，既多是開創性
的，在舊有的史學論著中不曾有人談及的，且多是具有綱領性的，其中包涵
了極豐富的內容，都可以分別展開作為個體研究的子目。雖然也有人認為他的
講課頭緒紛繁，忽此忽彼，有似脫韁之馬，難以跟蹤（無法記筆記），然而這
卻正是其他教授不可企之處。唯其是開創性的新意之多，通過傅先生的講
述，就不但使得『周雖舊邦，其命維新』，而是把由夏朝以至春秋戰國，全都
重塑在一個嶄新的氛圍和場景之上了。如他所號召的那樣，他真正做到了『承
受了現代研究學問的最適當的方法，開闢了這些方面的新世界』。」（見鄧小南、
劉隱霞編《鄧廣銘學術文化隨筆》，中國青年出版社 1998 年版，第 229 頁）
鄧廣銘此處所說的這位先生即指錢穆。大學畢業後，他曾給錢穆做過一年的助
教，整理中國通史的材料。此文中，貶錢揚傅之意甚為明顯。有意思的是，鄧
廣銘大學讀書期間，曾與傅斯年的侄子傅樂煥寫信給胡適，談到史學系二年級
的同學開級友會的成立會，孟森教授以為中國的史書，現在所出的各種教科書
幾無一種可看，以此事勖勉大家。他們希望仿照劍橋大學的《世界史》，在中
國也試作一下這樣的通史運動。大體的辦法是，仿照此前的中國通史分請專家
擔任之例，「由北大的師生發起，作為這運動的核心，規定一個完善的中國通
史分題細目，然後再去特約各題的專門學者負責撰稿」。他們請求胡適「作這
運動的盟主，起而主持這件事」，願意「效些私役之勞」。（見《傅樂煥、鄧廣
銘致胡適》，1933 年 5 月 30 日，中國社會科學院近代史研究所中華民國史組編：
《胡適來往書信選》中冊，中華書局 1979 年版，第 213～214 頁）胡適 1943
年 1 月 4 日日記中也曾說，中國至今沒有一部可讀的「本國通史」，深覺慚愧。
「我自己久有此志願，總不得工夫實行。」（《日記》第 7 卷，第 490 頁）
〔註50〕錢穆：《關於學問方面之智慧與功力》，《中國學術通義》，《全集》第 32 冊，
第 324 頁。

也是學問入門之書，是人人必讀之書。「換言之，即是去讀學術傳統方面所公認的第一流之書」。〔註51〕

　　1923 年，胡適爲清華大學即將出國留學的學生擬了一份《一個最低限度的國學書目》，梁啓超極不以爲然，乃撰寫《國學入門書要目及其讀法》。1935年，錢穆在《近百年來之讀書運動》中對梁氏書目極爲欣賞，「實已掩有近百年來陳、曾、張、康諸家（筆者按：指陳澧、曾國藩、張之洞、康有爲）之長處而無其短疵」，其間儘管有小小值得商榷之處，但仍然「不失爲指導現在青年的一個良好的方案」。錢穆認爲，梁啓超所擬書目更爲重要的精神，在脫去教人做一專家，而提出「凡屬中國人都要讀的」這一層，是「處處站在重視中國文化的立場而爲中國讀書人說話」，他「只爲一般中國人介紹一批標準的有意義有價值的中國書，使從此認識了解中國文化的大義和理想，而可能在目前中國的政治、社會各方面都有其效益與影響」。梁啓超的書目，是站在普通讀書人的基礎上，讀幾許普通必讀之書，「涵養情趣，要在下意識裏得著根柢」，「徹底瞭解他，仗他常常給我們的光明」。錢穆指出：

> 要讀梁氏五項《書目》，全不能先存一個著述之念在胸中。最好是爲著自己的身心修養，及文學的欣賞，情趣之陶寫，以及留心政治、文獻、思想上諸要項而去讀書。即不然，在少年而斐然即有述作之思的人，亦應劃一部分時間與精神，超然在其著述之外，而潛心去讀與自己的著述絕然無關的書。如此纔能開拓心胸，增長智慧。若是爲了著書而讀書，則仍不免爲八十年前陳澧之所深斥，結果還是不肯從頭讀一部書，其禍只使天下亂。〔註52〕

　　梁啓超與胡適開列的國學基本書目形成強烈反差，其中所反映的問題是：什麼是中國文化的基本典籍？現代中國人應該閱讀哪些基本典籍？閱讀基本典籍應該懷抱怎樣的態度？其實質是如何對待中國傳統文化的問題。梁啓超認爲胡適的書目，「從一方面看，嫌他罣漏太多；從別方面看，嫌他博而寡要，我認爲是不合用的」。〔註53〕1954 年，呂思勉也對此有過評論，他說：

---

〔註51〕 錢穆：《關於學問方面之智慧與功力》，《中國學術通義》，《全集》第 32 冊，第 323 頁。

〔註52〕 以上引文均見錢穆《近百年來諸儒論讀書》，《學籥》，《全集》第 24 冊，第 147～156 頁。

〔註53〕 梁啓超：《評胡適之的〈一個最低限度的國學書目〉》，《國學入門書要目及其讀法》附錄三，《飲冰室合集》專集之七十一，中華書局 1989 年版，第 32 頁。

大抵指示初學門徑之書，愈淺近、愈簡易愈好，惟不可流於陋耳。陋非少之謂，則不陋非多之謂。世惟不學之人，喜撐門面，乃臚列書名，以多爲貴，然終不能掩其陋也。當 1923，1924 年時，胡適之在北京，曾擬一《最低限度的國學書目》，臚列書名多種，然多非初學所可閱讀；甚至有雖學者亦未必閱讀，僅備檢查者。一望而知爲自己未曾讀過書，硬撐門面之作。梁任公評之云：「《四史》《三通》等，中國的大學問都在此中，這書目一部沒有；卻有《九命奇冤》。老實說，《九命奇冤》，我就是沒有讀過的。我固然深知我學問的淺陋，然說我連最低限度都沒有，我卻不服。」……眞可發一噱。任公亦自擬一通，就好得多。〔註54〕

錢穆這樣的傳統學人，始終堅持，十三經、二十四史、三通這些典籍，是治國學的基本書籍，是「幾部極大的人人必讀之書」，「是此下學術界知識分子應該去翻到的書」。〔註55〕然而，民國新史學界呈現出「史料的儘量擴充與不讀二十四史」現象，擯棄正史而不讀，專向經史典籍以外尋找材料。〔註56〕民國新史學的重鎮、新考據學派的代表人物傅斯年考證明成祖生母問題時，典型地反映出這一傾向。

1932 年，傅斯年讀《廣陽雜記》等書，發覺明成祖生母頗有可疑之處。回想起 1929 年冬天，北平一家書肆求售一抄本，皆明人筆記，其中有一節，記載明成祖生母事甚詳，大意謂成祖與周王係一母所生，皆非馬皇后之子。可惜當時沒有購買此書，哪家書肆所售，已不復記憶。原抄錄自何種書，亦未記下。傅斯年極爲自責，在撰寫《明成祖生母記疑》一文時，特意記下此事：

　　自己抄寫不勤，史料輕輕放過，實不可自恕，記之以志吾過耳。〔註57〕

承陳寅恪提示，《明詩綜》、《陶庵夢憶》等亦有相同記載，傅斯年又增加材料，主要根據《南京太常寺志》以及南京奉先殿神位順序等資料考證，成祖生母實爲碩妃，不爲高后。碩妃是否爲高麗女子，有其可能，而不必果然。但按

---

〔註54〕呂思勉：《中國史籍讀法》，《呂著史學與史籍》，華東師範大學出版社 2002 年版，第 96～97 頁。

〔註55〕錢穆：《中國史學名著》，三聯書店 2005 年第 2 版，第 161、162 頁。

〔註56〕羅志田：《史料的儘量擴充與不看二十四史——民國新史學的一個詭論現象》，《歷史研究》2000 年第 4 期，收入《近代中國史學十論》，復旦大學出版社 2003 年版。

〔註57〕傅斯年：《明成祖生母記疑》，歐陽哲生主編：《傅斯年全集》第三卷，湖南教育出版社 2003 年版，第 167 頁。

照姓氏而言應該是一外國人。成祖爲元順帝遺腹子之說，乃妄人之談，敵國之語，殊不足道。吳晗作《明成祖生母考》，支持傅斯年的觀點，李晉華作《明成祖生母彙考》，後改爲《明成祖生母問題彙證》。1936 年，傅斯年爲李文作跋，重申己說。這一次，他又作了自我批評：

> 數年前，余以此一舊作請教於孟森先生（心史），孟先生來書云，夏嗛父已言之，特援證未如此豐實耳。余急檢《明通鑒》，則夏嗛父詳論此事於其「義例」中，夏氏不特以爲成祖非高后親生，並於此處見成祖將《太祖實錄》一改再改之用意，尤爲特識。其所根據之最重要資料即《明史·黃子澄傳》一節，余所據爲質信者也。作此一題，並《明通鑒》亦不檢查，殊爲不妥。雖夏嗛父書成於近代，非直接史料，亦非當年記錄，然如此謹嚴有法度之書，非清代官書或《明鑒》之比，固不容忽之也。此余之疏也。〔註58〕

考證明成祖生母問題，不讀《明通鑒》，不檢查《明史》，這樣的疏漏出於史料學派鉅子之手，著實令人難解。經孟森提示，傅斯年檢查《明史》，有所發現。成祖與周王同母，《明史》有直接記載；其與懿文異母，則暗示於《明史》。一見於《黃子澄傳》，一見於《周王傳》，「據此可知《明史》表面上雖從《實錄》及玉牒，猶暗記燕非嫡出一事於傳中也」。〔註59〕

朱希祖堅持明成祖生母爲馬皇后，不同意出於碩妃之說。傅斯年評論道：

> 朱先生深信《明史》，深信《明實錄》，此自爲史學家特正之立場。然私書不盡失之誣，官書不盡免於諱。〔註60〕

對於官書、私書之辨，傅斯年指出：

> 大凡官書失之諱，私記失之誣。明國史略成祖之生母，諱也。明野史謂成祖爲元孽，誣也。成祖愈諱言其生母，私家愈侈言其眞父。此猶官報與謠言，各有所缺。後之學者，馳騁於官私記載之中，即求斷於諱誣二者之間。史料不可一概論，然而此義是一大端矣。〔註61〕

---

〔註58〕 傅斯年：《跋〈明成祖生母問題彙證〉並答朱希祖先生》，歐陽哲生主編：《傅斯年全集》第三卷，湖南教育出版社 2003 年版，第 249～250 頁。

〔註59〕 傅斯年：《跋〈明成祖生母問題彙證〉並答朱希祖先生》，歐陽哲生主編：《傅斯年全集》第三卷，湖南教育出版社 2003 年版，第 250 頁。

〔註60〕 傅斯年：《跋〈明成祖生母問題彙證〉並答朱希祖先生》，歐陽哲生主編：《傅斯年全集》第三卷，湖南教育出版社 2003 年版，第 250 頁。

〔註61〕 傅斯年：《明成祖生母記疑》，歐陽哲生主編：《傅斯年全集》第三卷，湖南教育出版社 2003 年版，第 175 頁。

傅斯年、吳晗均認為，朱希祖「過信官書」。朱希祖在辯駁文章中，對此也做了辯解。自己並非非官書不取，傅斯年也不是非私書小說不取。他指出：「《明實錄》是官書，對於清代忌諱之處不可信，對於明初皇室之事，已無忌諱，有鑒別眞僞之自由，亦非全不可信也。」朱希祖強調，自己在文章中，不信官書，而採用私書以補充《明史》的資料所在多有。「總之判別是非眞僞，全恃憑證，官書私書，無所偏倚也。」〔註62〕

嚴耕望說：「新的稀有難得的史料當然極可貴，但基本功夫仍在精研普通史料。」〔註63〕這樣的治學態度與方法，應該是最爲可取的。與錢穆、呂思勉、史學二陳等這樣的學者相比，胡適、傅斯年爲代表的新史學派，對傳統典籍的閱讀和熟悉程度略遜一籌，但其實他們對傳統典籍所下的功夫仍然是十分驚人的。〔註64〕而在錢穆的考證學中，不免一定程度上存在著輕視、忽略新材料的問題，存在一定的局限。〔註65〕但是，讀人人必讀之書，讀中國傳統文化的基本典籍，讀後常存心中，反覆把玩、欣賞，不知不覺進入潛意識之中。在這樣一個讀基本書的基礎之上，再選定題目，搜尋材料，成一專家，這不僅僅是做專家還是成一通人之辨，這更是關乎中華文化存亡續絕的大問題。「你是一個中國人！」1986年，92歲高齡的錢穆告別杏壇的最後一課，對世人如此殷殷告誡。這是每一個中國人，尤其是文史學界的研究者、工作者、學習者應該記取的。

## 第二節　想像與考證

陳勇指出，錢穆與傅斯年在治史理論和方法上存在分歧，其中一點就是純客觀的實證研究與史家的主觀推想。傅斯年主張追求一種排除史家主觀的絕對客觀的實證研究。錢穆認爲歷史研究固然應該從歷史材料入手作客觀的

---

〔註62〕　朱希祖：《再駁明成祖生母爲碩妃說》，《朱希祖文存》，上海古籍出版社2006年版，第302頁。

〔註63〕　嚴耕望：《治史經驗談》，《治史三書》，遼寧教育出版社1998年版，第23頁。

〔註64〕　如何茲全回憶20世紀30年代北大史學系學習的情景時說：「老一代的學者，學問根基都很紮實，重要古籍都能上口背誦。傅先生講課引用古書，要找出出處，常常整篇整篇地背誦。背了半天，不在這篇又背另篇。我們都佩服他記憶力驚人。」（見何茲全《愛國一書生　八十五自述》，華東師範大學出版社1997年版，第51頁。）

〔註65〕　陳其泰主編：《20世紀中國歷史考證學研究》，北京師範大學出版社2005年版，第281～283頁。

實證研究，但他並不排斥史家的主觀推想亦爲治史一重要方法，比較重視史家的主觀想像和推測對於歷史研究的重要性。〔註66〕

　　實際上，錢穆與傅斯年對歷史研究中實證與想像的認識分歧頗有代表性。胡適、傅斯年等新史學派自 20 世紀 20 年代開始，倡導「科學的整理國故」運動，要建立「科學的東方學之正統」，強調史料挖掘與實證精神。傅斯年說：

> 一分材料出一分貨，十分材料出十分貨，沒有材料便不出貨。兩件事實之間，隔著一大段，把他們聯絡起來的一切涉想，自然有些也是多多少少可以容許的，但推論是危險的事，以假設可能爲當然是不誠信的事。所以我們存而不補，這是我們對於材料的態度；我們證而不疏，這是我們處置材料的手段。材料之內使它發見無遺，材料之外我們一點也不越過去說。〔註67〕

> 本所同人之治史學，不以空論爲學問，亦不以「史觀」爲急圖，乃純就史料以探史實也。史料有之，則可因鉤稽有此知識，史料所無，則不敢臆測，亦不敢比附成式。此在中國，固爲司馬光以至錢大昕之治史方法，在西洋，亦爲軟克、莫母森之著史立點。史學可爲絕對客觀者乎？此問題今姑不置答，然史料中可得之客觀知識多矣。〔註68〕

胡適說：

> 我們沒有什麼共同的歷史觀。但我們頗盼望我們自己能夠努力做到一條方法上的共同戒律：「有幾分證據，說幾分話。」有五分證據，只可說五分的話。有十分證據，才可說十分的話。〔註69〕

表面上看，胡適、傅斯年似乎完全拒絕、排斥想像在歷史研究中的運用，與錢穆在歷史研究中比較多的運用想像大相徑庭。

## 一、古史之「眞相」與古史之「想像」

　　在錢穆的歷史研究中，當史料不足時，有時可以適當運用合乎情理的想

---

〔註66〕陳勇：《錢穆與新考據派關係略論──以錢穆與傅斯年的交往爲考察中心》，《上海大學學報》（社會科學版）2007 年第 5 期。

〔註67〕傅斯年：《歷史語言研究所工作之旨趣》，歐陽哲生主編：《傅斯年全集》第三卷，湖南教育出版社 2003 年版，第 10 頁。

〔註68〕傅斯年：《〈史料與史學〉發刊詞》，歐陽哲生主編：《傅斯年全集》第三卷，湖南教育出版社 2003 年版，第 335 頁。

〔註69〕胡適：《〈文史〉的引子》，《胡適全集》第 13 卷，第 586 頁。

像對過去的歷史加以闡明和解釋。他指出：

> 古史之眞相爲一事，某一時代人對古史之想像爲又一事。當知某一
> 時代人一種活潑之想像，亦爲研究某一時代之歷史者一極端重要之
> 事項也。〔註70〕

錢穆性喜山川，一生遊興極濃，「遊歷亦如讀史，尤其是一部活歷史」，
〔註71〕而歷史貫穿過去、現在與未來，在遊歷中，可以想像先人創造歷史
的精神與歷程，加深對歷史的體驗，更有利於對歷史的把捉。關於中國文明
的起源，他認爲中國古代文化孕育於北溫帶黃河兩岸的大平原，以農業爲主
要生活，我們如果遊覽西安、洛陽、安陽、商丘以及濟南、曲阜諸平原曠野，
「溯大河，歷廣土，茫茫乎，蒼蒼乎，徘徊俯仰之間，必能想像我民族先民
偉大創基之精神於依稀彷彿中也」。〔註72〕

一般認爲，世界四大文明發源地皆因農業而興，而農業皆因河流灌溉便
利而引起。錢穆認爲這一說法「夷考其實，則頗不然」。首先我們要注意到，
中國北方黃河平原所處緯度較高，其土壤、氣候、雨量，顯然與古埃及、巴
比倫、印度有別。而中國史家，由於誤認古代黃河流域農業，應該與古埃及
巴比倫印度大體相似，於是懷疑古代黃河流域，與後世相比較，其氣候溫度
要高，雨量亦較爲豐富。「其實此項推想，殊無堅明之證據」，「實未見中國古
代河域，其氣候雨量，有與後世甚相違異之跡象」。〔註73〕

錢穆認爲：「關於中國遠古之農事傳說，大率皆指山耕，而此項傳說，屢見
於先秦典籍，實不可謂無可信之價值也。」〔註74〕古代典籍多有古代北方人營
窟穴居的記載，而且，根據中國古文字，亦可以推想古人日常生活和經濟活動。
他在《中國古代山居考》一文中指出：「就中國文字體制，可以推詳中國古代之
人民生活，及其經濟情形，而中國遠古文化之原始眞相，乃有實跡可尋。其事
關係匪細。」〔註75〕錢穆考察古籍中所出現的穴、窟、空、室、穹、窆、宋、

〔註70〕錢穆：《〈崔東壁遺書〉序》，《中國學術思想史論叢》第 8 卷，安徽教育出版
　　　　社 2004 年版，第 287 頁。
〔註71〕錢穆：《八十憶雙親師友雜憶》，三聯書店 1998 年版，第 200 頁。
〔註72〕錢穆：《國史大綱》上冊，商務印書館 1996 年修訂第 3 版，第 29 頁。
〔註73〕錢穆：《中國古代北方農作物考》，《中國學術思想史論叢》第 1 卷，安徽教育
　　　　出版社 2004 年版，第 1 頁。
〔註74〕錢穆：《中國古代北方農作物考》，《中國學術思想史論叢》第 1 卷，安徽教育
　　　　出版社 2004 年版，第 2 頁。
〔註75〕錢穆：《中國古代山居考》，《中國學術思想史論叢》第 1 卷，安徽教育出版社

夏、廣、廠、丘、虛、嶽、阜、陵、阿、陸、阪、原、衍、京、師、宣、索、典、方、祊、民等字，皆與古人山居有關，而許慎《說文解字》對於文字構造與古人穴居的關係，每每不能有所發明，因而誤解字義。如果直探本初，瞭解先民山居的歷史，對這些字的本義及其相關意義就會有更好的理解了。當然，錢穆自己也承認，有的解釋，近乎「臆測」，但「或可聊備一說也」。〔註76〕

　　古人山居，故而山耕。神農氏又稱烈山氏，所謂烈山，即焚山而耕。錢穆在《中國古代北方農作物考》一文中指出：「大抵中國古代農業，其最先主要者，在山耕與旱作物，最早最普遍種植者當為稷，黍次之，梁又次之，麥稻更次之。」〔註77〕古代北方農作物以稷為主，所以遠古農業的發明者，以及後代農業主管，均稱為「稷」。稷又作為五穀總稱。到了殷代盤庚以後，北方農業，已是黍稷並重，為主要的農作物，均屬高地旱耕之品。

　　遠古時代先民的生活狀況，是農耕與遊牧並存。當時中原的西部，正是所謂的黃土區，適宜農業的發展。當時中原的東部，還是沼澤地帶，直到西周和春秋時代，依然還是著名的狩獵地區。「或許中國古代的農業文化，有漸漸由西部黃土地區向東部沼澤地區而發展的趨勢」，錢穆提出，「我們不妨設想，中國古代東方平原沼澤地帶的農耕事業，或是隨著夏王朝之勢力東伸而漸漸傳播的」。〔註78〕

　　關於中國文字的產生，錢穆認為，文字起於八卦。「八卦之用，蓋為古代之文字」。〔註79〕我們不妨想像，遠古先民為解決現實生活中的問題劃線記事：

> 八卦之興，本在遊牧之世。今設推想，有一隊牧人，遠出遊牧，路經山野，其地旱峋，遍覓水泉，得之山上。方此隊人將次他去，顧念同族後隊，接踵便至，乃於山下顯處，作一記號「䷒」，山上有澤；或「䷂」，山下有泉；則後隊到此，便知水在山上，逕自攀登。而其時民智淺陋，彼見卦象可以告我以外物，以謂必有類我而神明者主之，而敬畏之心漸起。循而久之，牧隊將發，戲為占問，如得

2004 年版，第 73 頁。

〔註76〕 錢穆：《中國古代山居考》，《中國學術思想史論叢》第 1 卷，安徽教育出版社 2004 年版，第 80 頁。

〔註77〕 錢穆：《中國古代北方農作物考》，《中國學術思想史論叢》第 1 卷，安徽教育出版社 2004 年版，第 31 頁。

〔註78〕 錢穆：《中國文化史導論》，商務印書館 1994 年修訂版，第 55、56 頁。

〔註79〕 錢穆：《國學概論》，商務印書館 1997 年版，第 3 頁。

「☲」卦，則謂外出不利，雷雨將至。如得「☵」卦，則謂水草豐美，盡利前往。後人以拆字驗吉凶，即占卦之變相。敬惜字紙，虔事符籙，則先民以八卦爲神物之遺意也。〔註80〕

有關秦漢之際文字的興廢，錢穆不同意王國維戰國文字分爲東西兩種之說。王國維認爲，籀文爲周、秦間西土文字，古文爲周、秦間東土文字。〔註81〕錢穆指出，戰國時文字已有小篆、隸書，文字分爲今文、古文。古文「即宣王以下東周相傳之文字」，今文「則六國以來新興之文字」。〔註82〕而今文因爲交通頻繁，各國文字並沒有太大差別。文字形體，歷時遷變，而字體劇變，往往是因爲使用驟然興盛的緣故。古代學在王官，文字爲少數人使用。戰國時期，文化下移，王官學變爲百家言。「文字之使用既繁，字體之遷改自速。故古今文字之異體，實由於當時社會貴族平民學術升降一大關鍵而起。」錢穆指出：「今推而論之，六國新文，流用民間，其對古文體之改易必多」，「七國文字，同爲時體，雖有異形，實無大乖異也」。〔註83〕秦一統天下之後，書同文，「六國之文，以同時相通而見存，東周之文，以異時相隔而見廢，亦至易想見之事也」。〔註84〕以上幾例，證明錢穆治史，不完全排斥想像。

## 二、胡適、傅斯年「沒有證據不說話」？

在胡適這裏，想像，更準確的說應該是「假設」，在歷史研究中也具有十分重要的位置。不過，想像在歷史研究中的步驟、作用與錢穆所理解的迥然不同。

胡適自稱是實驗主義的信徒，但他實際上是將實驗主義化約爲一種方法。〔註85〕胡適一生在多種場合，對杜威的實驗主義的方法論作過多次闡述，

---

〔註80〕錢穆：《國學概論》，商務印書館 1997 年版，第 4 頁。

〔註81〕王國維：《戰國時秦用籀文六國用古文說》，《觀堂集林》卷七，《王國維遺書》，上海古籍書店 1983 年據商務印書館 1940 年版影印。

〔註82〕錢穆：《國學概論》，商務印書館 1997 年版，第 73 頁。

〔註83〕錢穆：《秦漢史》，三聯書店 2004 年版，第 33～34 頁。

〔註84〕錢穆：《國學概論》，商務印書館 1997 年版，第 75 頁。

〔註85〕余英時指出：「胡適思想中有一種非常明顯的化約論（reductionism）的傾向，他把一切學術思想以至整個文化都化約爲方法。」（《中國近代思想史上的胡適——〈胡適之先生年譜長編初稿〉序》，《現代危機與思想人物》，三聯書店 2005 年版，第 161 頁）胡適自己也明確的講：「實驗主義自然也是一種主義，但實驗主義只是一個方法，只是一個研究問題的方法。他的方法是：細心搜求事實，大膽提出假設，再細心求實證。一切主義，一切學理，都只是參考

內容基本相同，即思想的「五步驟」。在《實驗主義》這篇文章中，有完整、系統的說明：

> 杜威說的思想是用已知的事物作根據，由此推測出別種事物或真理的作用。這種作用，在論理學書上叫做「推論的作用」（Inference）。推論的作用只是從已知的物事推到未知的物事，有前者作根據，使人對於後者發生信用。這種作用，是有根據有條理的思想作用。這才是杜威所指的「思想」。

> 杜威論思想，分作五步說：（一）疑難的境地；（二）指定疑難之點究竟在什麼地方；（三）假定種種解決疑難的方法；（四）把每種假定所涵的結果，一一想出來，看那一個假定能夠解決這個困難；（五）證實這種解決使人信用；或證明這種解決的謬誤，使人不信用。〔註86〕

胡適指出，杜威一系的哲學家論思想的作用，最注意「假設」。但是，這假設「究竟是否真實可靠，還不能十分確定，必須有實地的證明，方才可以使人信仰；若不能證實，便不能使人信用，至多不過是一個假定罷了。已證實的假設，能使人信用，便成了『真理』」。〔註87〕所謂實驗的方法，就是「一切學說理想，一切知識，都只是待證的假設，並非天經地義」；「一切學說與理想都須用實行來試驗過；實驗是真理的唯一試金石。」〔註88〕正是在這樣一種思想和方法的指導之下，胡適提出了著名的十字箴言：「大膽的假設，小心的求證。」任何假設和想像，必須經過嚴格的、合乎邏輯的證明，才能被認定為事實或真理。否則，只能是一種假說。他說：

> 假設不大膽，不能有新發明。證據不充足，不能使人信仰。

> 如果一個假設是站在很充分的理由上面的，即使沒有旁證，也不失為一個很好的假設。但他終究只是一個假設，不能成為真理。後來有了充分的旁證，這個假設便陞上去變成一個真理了。〔註89〕

長期以來，我們所熟悉的是胡適、傅斯年富有科學精神的實證主義的治學思想與方法，但是，在那些口號標語式的語言背後，如果我們完整的閱讀

---

的材料，暗示的材料，待證的假設，絕不是天經地義的信條。」（《我的歧路》，《胡適全集》第 2 卷，第 469 頁）
〔註86〕 胡適：《實驗主義》，《胡適全集》第 1 卷，第 306、307 頁。
〔註87〕 胡適：《實驗主義》，《胡適全集》第 1 卷，第 310 頁。
〔註88〕 胡適：《杜威先生與中國》，《胡適全集》第 1 卷，第 361～362 頁。
〔註89〕 胡適：《清代學者的治學方法》，《胡適全集》第 1 卷，第 388、390 頁。

了他們的全部學術研究作品，不難發現，他們並非如他們所公開宣示的那樣，沒有證據不說話。相反，沒有證據或證據不足時，「想像」登場了。

《說儒》是胡適極爲重要的一篇學術論文，對這篇文章，他自己也十分看重，甚至頗爲得意。寫作過程，在其日記中有多次記載。1934 年 3 月 14 日日記，「擬作《原儒》一文，未動手」。15 日記，「動手作一文——《說儒》」，17 日、20 日，4 月某日、15 日、28 日、29 日，5 月 7 日均有記載。5 月 19 日，「寫完《說儒》」。〔註 90〕在這年年終總結裏，他寫道：

> 在學問方面，今年的最大成績要算《說儒》一篇。這篇文字長約五萬字，費了我兩個多月的工夫才得寫成。此文的原意不過是要證明「儒」是殷商民族的教士，其衣服爲殷衣冠，其禮爲殷禮。但我開始寫此文之後，始知道用此「鑰匙」的見解，可以打開無數的古鎖。越寫下去，新意越多，故成績之佳遠出我原意之外，此中如「五百年必有王者興」的民族懸記，如孔子從老聃助葬於黨巷之毫無可疑，皆是後來新添的小鑰匙，其重要不下於原來掘得的大鑰匙。
>
> 這篇《說儒》的理論大概是可以成立的，這些理論的成立可以使中國古史研究起一個革命。但有些人——少年人居多！——一時大概不會接受這些見解。如劉節先生……如林志鈞先生（宰平），如馮友蘭先生，如顧頡剛先生，大概都不肯接受。
>
> 奇怪的很，一般老輩學者，如陳垣先生，如張元濟先生，如高夢旦先生，倒是都很熱心的贊成我此文的。
>
> 無論如何，我寫《說儒》的兩個月是很快活的時期。有時候從晚上九點直寫到次日的早上三四點，有時候深夜得一新意，快活到一面寫，一面獨笑。依文字論，這篇有幾段文字是我很用氣力做的，讀起來還不壞。〔註 91〕

他在《胡適論學近著》的「自序」中說：

> 《說儒》一篇提出中國古代學術文化史的一個新鮮的看法，我自信這個看法，將來大概可以漸漸得著史學家的承認，雖然眼前還有不少懷疑的評論。〔註 92〕

---

〔註 90〕《日記》第 6 卷，第 347、348、349、365、367、375、376、380、384 頁。
〔註 91〕《日記》第 6 卷，第 424～425 頁。
〔註 92〕胡適：《自序》，《胡適全集》第 4 卷，第 1 頁。

　　《說儒》的主要內容和觀點是：論儒是殷民族的教士，他們的衣服是殷服，他們的宗教是殷禮，他們的人生觀是亡國遺民的柔遜的人生觀。論儒的生活：他們的治喪相禮的職業。論殷商民族亡國後有一個「五百年必有王者興」的預言，孔子在當時被人認為應運而生的聖者。論孔子的大貢獻：把殷商民族的部落性的儒擴大到「仁以為己任」的儒，把柔懦的儒改變到剛毅進取的儒。論孔子與老子的關係，論老子是正宗的儒。〔註93〕

　　該文發表後，引起了極大關注，贊成、反對者大有人在。錢穆、馮友蘭、郭沫若均曾撰文反駁。錢穆當時在北大任教，晚年對此事有如下回憶：

> 在彼撰稿時，屢為余道其意。余隨時告以己意。如是者數次。適之說儒終於成篇，文長五萬字，仍守其初意不變。其說既與余上古史堂上所講意義大相背馳，諸生舉適之此文設問。余遂於堂上明白告諸生，余所持與適之說儒不同之所在。諸生或勸余為文駁論。余告諸生，學問貴自有所求，不應分心與他人爭是非。若多在與他人爭是非上分其精力，則妨礙了自己學問之進步。《孟子》一書，只在申孔，不在闢墨。遇兩說異同，諸生貴自有折衷。並余已將今天堂上所講，一一告之適之，不煩再為文辯論。遂拒不為。諸生乃浼余助教賀次君即就余講堂所講撰一文，刊之北大史系同學在天津《益世報》所主辦之副刊上。適之見之，大不悅，但亦未撰文反駁。主編此副刊之同學乃欲次君別為一文自解說，次君拒之，謂所辯乃本錢師之說，不能出爾反爾。不得已，主編此副刊之同學乃自為一啟事，解說此事。自後余來香港，某君在《港大學報》上刊一文，專為討論適之說儒。余始別為一小篇，追憶前說，則已上距當時十年外矣。

　　錢穆的批評文章《駁胡適之說儒》，1954年刊載於香港大學《東方文化》一卷一期。針對胡文的幾個主要論點，一一批駁，即駁最初儒皆殷人皆殷遺民之說，駁儒是柔懦之人為亡國遺民忍辱負重的柔道觀說，駁儒為殷遺民穿戴殷代古衣冠習行殷代古禮說，駁儒以相喪為本業及孔門師弟子皆為殷儒商祝之說，駁老子是一個老儒是一個殷商老儒之說，指出胡適立說之無據、無稽。如胡文稱最初儒皆殷人皆殷遺民，錢穆認為，孔子是殷人，不能證明儒者皆屬殷遺民。孔子弟子分佈，以魯為最多，衛次之，齊又次之，而宋人最少。胡文引傅斯年之說，以魯為殷遺民之國。但是孔子魯國弟子中，可以確

---

〔註93〕 胡適：《說儒》，《胡適全集》第4卷，第1頁。

知有並非殷遺民的。因爲魯地有殷遺民，豈能說魯國儒生都是殷遺民。〔註94〕

　　陳來曾評論《說儒》一文是「胡適平生論學文當中特別優美而富於想像力」〔註95〕之作。的確，與胡適慣常寫作的考證文章相比較，《說儒》一文的風格迥然異趣。據筆者不完全統計，在這篇長約 5 萬字的文章中，胡適所下的結論裏，使用「推測」2 次，「推想」2 次，「推知」1 次，「猜想」2 次，「假設」1 次。使用「大概」這樣的詞語竟然高達 16 次之多，使用「大約」1 次，「也許」5 次。現詳細敘述如下。

　　首先，胡適探討「儒」字的意義。他認爲，凡從需之字，大都有柔弱或濡滯之義。因爲凡從耎之字，皆有弱義。大概古時「需」與「耎」是同一個字，「儒」字從需而訓柔，似非無故。他說：「大概最古的儒，有特別的衣冠，其制度出於古代，而其形式——逢衣，博帶，高冠，摺笏——表出一種文弱迂緩的神氣，故有『儒』之名。」〔註96〕從古書所記的儒的衣冠上，我們又可以推測到儒的歷史的來歷。胡適說：

　　　　從儒服是殷服的線索上，我們可以大膽的推想：最初的儒都是殷人，都是殷的遺民，他們穿戴殷的古衣冠，習行殷的古禮。這是儒的第二個古義。〔註97〕

　　周滅商之後，最大的問題是鎮撫殷民的問題。在周初幾百年之間，東部中國的社會形勢是一個周民族成了統治階級，鎮壓著一個下層被征服被統治的殷民族。這形勢頗像後世東胡民族征服了中國，也頗像北歐的民族征服了羅馬帝國。這種奴隸的生活是可以想見的。胡適引用西方的歷史作比較、觀照，認爲文化高的被征服者最終征服了文化低的征服者：

　　　　我們知道，希臘的知識分子做了羅馬戰勝者的奴隸，往往從奴隸裏爬出來做他們的主人的書記或家庭教師。北歐的野蠻民族打倒了羅馬帝國之後，終於被羅馬天主教的長袍教士征服了，倒過來做了他們的徒弟。殷商的知識分子，——王朝的貞人，太祝，太史，以及貴族的多士，——在那新得政的西周民族之下，過的生活雖然是慘

---

〔註94〕 錢穆：《駁胡適之說儒》，《中國學術思想史論叢》第 2 卷，安徽教育出版社 2004 年版，第 121～122 頁。

〔註95〕 陳來：《說說儒——古今原儒說及其研究之反省》，《原道》第 2 輯，團結出版社 1995 年版，第 319 頁。

〔註96〕 胡適：《說儒》，《胡適全集》第 4 卷，第 8 頁。

〔註97〕 胡適：《說儒》，《胡適全集》第 4 卷，第 8～9 頁。

痛的奴虜生活，然而有一件事是殷民族的團結力的中心，也就是他
們後來終久征服那戰勝者的武器，——那就是殷人的宗教。〔註98〕

這種宗教需用一批有特別訓練的人。這一些人和他們的子孫，就在那幾
百年之中，自成了一個特殊階級。他們就是「儒」。儒是柔懦之人，不但指那
逢衣博帶的文縐縐的樣子，還指那亡國遺民忍辱負重的柔道人生觀。胡適指
出，柔遜為殷人在亡國狀態下養成的一種遺風，與基督教不抵抗的訓條出於
亡國的猶太民族的哲人耶穌，似有同樣的歷史原因。不但柔道的人生觀是殷
士的遺風，儒的宗教也全是「殷禮」，三年之喪的制度即是重要例證。

至於孔子以前的儒的生活是怎樣的？胡適「疑心《周易》的『需』卦，
似乎可以給我們一點線索」。〔註99〕這個卦好像是說一個受壓迫的人，不能前
進，只能待時而動，以免陷於危險；當他需待之時，別的事不能做，最好是
自糊其口，故需為飲食之道。這就很像殷商民族亡國後的「儒」了。關於《周
易》製作的時代，胡適認為，《繫辭傳》有一處推測作《易》年代，完全是根
據於《易》的內容的一種很明顯的人生觀，全書處處表現一種憂危的人生觀，
「我們從這一點上也可以推測《易》的卦爻辭的製作大概在殷亡之後，殷民
族受周民族的壓迫最甚的一二百年中」。一切儒，無論君子儒與小人儒，生活
的路子是一樣的。他們都靠他們的禮教的知識為衣食之端，他們都是殷民族
的祖先教的教士，行的是殷禮，穿的是殷衣冠。在那殷、周民族雜居已六七
百年，文化的隔離已漸漸泯滅的時期，他們不僅僅是殷民族的教士，竟漸漸
成了殷、周民族共同需要的教師了。

儒的職業需要博學多能，故廣義的「儒」為術士的通稱。但這個廣義的，
來源甚古的「儒」，怎樣變成了孔門學者的私名呢？一個重要的原因是殷遺民
的民族運動，孔子的成績「也只是這個五六百年的歷史運動的一個莊嚴燦爛
的成功」。胡適說：

> 在那殷商民族亡國後的幾百年中，他們好像始終保存著民族復興的
> 夢想，漸漸養成了一個「救世聖人」的預言，這種預言是亡國民族
> 裏常有的，最有名的一個例子就是希伯來（猶太）民族的「彌賽亞」
> （Messiah）降生救世的懸記，後來引起了耶穌領導的大運動。這種
> 懸記（佛書中所謂「懸記」，即預言）本來只是懸想一個未來的民族

---

〔註98〕 胡適：《說儒》，《胡適全集》第 4 卷，第 15～16 頁。
〔註99〕 胡適：《說儒》，《胡適全集》第 4 卷，第 23 頁。

英雄起來領導那久受亡國苦痛的民眾，做到那復興民族的大事業。
但年代久了，政治復興的夢想終沒有影子，於是這種預言漸漸變換
了內容，政治復興的色彩漸漸變淡了，宗教或文化復興的意味漸漸
加濃了。猶太民族的「彌賽亞」原來是一個復興英雄，後來卻變成
了一個救世的教主，這是一變；一個狹義的，民族的中興領袖，後
來卻變成了一個救度全人類的大聖人，這一變更遠大了。我們現在
觀察殷民族亡國後的歷史，似乎他們也曾有過一個民族英雄復興殷
商的懸記，也曾有過一個聖人復起的預言。〔註100〕

　　胡適認為，一切奧秘就在《詩經・商頌》的《玄鳥》篇，此詩舊說以為
是祀高宗的詩。但舊說總無法解釋詩中的「武丁孫子」，也不能解釋那「武丁
孫子」的「武王」。其實此詩乃是一種預言，這個未來的「武王」，就是殷民
族懸想的中興英雄。但世代久了，這個無所不勝的「武王」始終沒有出現，
於是這個民族英雄的預言漸漸變成了一種救世聖人的預言。我們可以猜想那
個民間預言的形式大概是說：「殷商亡國後五百年，有個大聖人出來。」《孟
子》裏「五百年必有王者興」之言乃是古來一句流行的預言。胡適指出，孔
子壯年時，已被一般人認作那個應運而生的聖人了。這個假設可以解決《論
語》裏許多費解的談話。孔子的談話裏也時常顯出他確實有點相信他是受命
於天的樣子。《檀弓》記孔子將死的一段，也應該如此讀。胡適用充滿感性的
筆調寫道：

> 在那「明王不興，天下其孰能宗予」的慨歎裏，我們還可以聽見那
> 「五百年必有王者興」的古代懸記的尾聲，還可以聽見一位自信為
> 應運而生的聖者的最後絕望的歎聲。同時，在這一段話裏，我們也
> 可以看見他的同時人，他的弟子，和後世的人對他的敬仰的一個來
> 源。〔註101〕

　　孔子的歷史大貢獻在於，他認清了那六百年殷、周民族雜居、文化逐漸
混合的趨勢，他打破了殷、周文化的藩籬，打通了殷、周民族的畛域，把那
含有部落性的「儒」抬高了，放大了，重新建立在六百年殷、周民族共同生
活的新基礎之上。他做了那中興的「儒」的不祧的宗主，他也成了「外邦人
的光」。孔子把那有部落性的殷儒擴大到那「仁以為己任」的新儒，把那亡國

〔註100〕胡適：《說儒》，《胡適全集》第 4 卷，第 42 頁。
〔註101〕胡適：《說儒》，《胡適全集》第 4 卷，第 50 頁。

遺民的柔順取容的殷儒抬高到那弘毅進取的新儒。這是「振衰而起儒」的大事業。〔註102〕

　　陳平原指出：「如果因爲胡適總講『有幾分證據，說幾分話』，就相信他沒講過外行話或沒『大題小作』過，那未免太天眞了。」「有趣的是，提倡做學問應『小題大做』的胡適，其實也是『大題小作』的好手。翻開胡適著作目錄，一個突出印象是，題目小者小得驚人，題目大者也同樣大得驚人。」〔註103〕《說儒》這篇文章，呈現出來的還不僅僅是說外行話、大題小作的問題，而是在沒有充分證據的情況下，根據西方歷史、文化發展中的一些現象，從中獲得啓發，來想像、猜測中國歷史與文化的問題。

　　同樣地，史料學派鉅子傅斯年在歷史研究中，也比較多的運用了主觀想像。這一現象，已經引起了學術界的注意。2004 年 8 月，在山東聊城舉行的「傅斯年與中國文化」國際學術研討會上，王汎森說：

> 其實已經有許許多多的人敏感地發現傅先生本人的歷史寫作並不見得忠實於自己的口號，他那幾篇膾炙人口的古史論文，早已運用了大量的歷史想像與歷史解釋，「史學即史料學」毋寧是他行文時慣用的矯枉務必要過正的手法。

　　耿雲志在總結發言中說：

> ……學者都不拘泥「史學就是史料學」的字面意義，不做絕對化的理解，認爲傅先生這種提法是有所針對，有所寄託而發。……另外，從傅先生本人的史學實踐來看，也不是像人們通常按字面上理解的那樣把史學就是理解成爲史料學。無論他做的古史研究，還是他做的一些近代史的研究，都是有理解，有推論。由此可見，我們對一種學派治學的理論方法的概況，大概都不應該太強調字面的意義。
>
> 〔註104〕

---

〔註102〕 胡適：《說儒》，《胡適全集》第 4 卷，第 71 頁。
〔註103〕 陳平原：《中國現代學術之建立——以章太炎、胡適之爲中心》，北京大學出版社 1998 年版，第 124、125 頁。
〔註104〕 王汎森：《重讀傅斯年先生〈歷史語言研究所工作之旨趣〉》，耿雲志：《總結發言》（根據 2004 年 8 月 27 日上午閉幕會上的錄音整理），布佔祥、馬亮寬主編：《傅斯年與中國文化：「傅斯年與中國文化」國際學術研討會論文集》，天津古籍出版社 2006 年版，第 33～34、453 頁。王爾敏也指出，若沉下心情單純思考「史學便是史料學」這一命義，顯然它是反映時代思潮的一個信仰。這個命義的廣大背景，是民國初年以來的思潮主流泛科學主義。這一思潮影

　　何茲全認爲，《民族與古代中國史》一書，是傅斯年生前未能完成的一部講中國古代史的專著。但就 5 篇已發表的文章《論所謂五等爵》、《姜原》、《大東小東說》、《夷夏東西說》、《周東封與殷遺民》來看，「篇篇都有精意，篇篇都有創見，篇篇都是有突破性、創始性的第一流的好文章」。這一本未完成的書之已完成的幾篇文章，已足以使傅斯年坐上 20 世紀中國史學大師的寶座，享有大師的榮譽。〔註 105〕在這些代表傅斯年學術成就的名篇中，他多次使用了「合理之想像」這一研究方法。

　　《論所謂五等爵》撰於 1930 年 1 月。傅斯年認爲，《周禮》上所說的「五等爵」制一與《尚書》不合，二與《詩經》不合，三與金文不合，「四以常情推之亦不可通」。〔註 106〕他依據文獻和金文資料，對周代諸侯國之爵名、地望進行全面統計，其結論爲：五等爵「本由後人拼湊而成，古無此整齊之制」。〔註 107〕

　　《姜原》撰於 1930 年 2 月，對於姜之世系、族系、地望等問題作了研究。傅斯年根據《左傳》、《國語》、《詩經》等有關記載，證明姜乃四嶽之後，乃戎姓之部落。從《詩·大雅·生民》「厥初生民，實爲姜嫄」以及《詩·魯頌·閟宮》「赫赫姜嫄，其德不回」等詩句來看，「周以姬姓而用姜之神話，則姬周當是姜姓的一個支族，或者是一更大之族之兩支」。〔註 108〕這一年，傅斯年爲董作賓《新獲卜辭寫本後記》寫了長篇跋語，再度申述周族出於西戎的說法。他認爲，《左傳》、《國語》有很多古代民族族姓國別的記載，「乃是些絕好的古史材料」。〔註 109〕根據這些資料和《史記》、《詩經》的記載來看，周族的先世有稱皇僕、差弗、公非，「僕」、「弗」、「非」三字，皆似一音之轉。他說：

　　　　響到史學界，則成就爲科學派史學。若詳慎思考，「史學便是史料學」一語，不過是一個強調之口號。這句話本來不合邏輯，偏偏竟成爲一時代講究科學學者們奉作信條，正足見出科學主義者完全志在信仰，若眞講求科學，此語絕難疏通。（《史學方法》，廣西師範大學出版社 2005 年版，第 121～122 頁）

〔註 105〕何茲全：《傅斯年的史學思想和史學著作》，《歷史研究》2000 年第 4 期。
〔註 106〕傅斯年：《論所謂五等爵》，歐陽哲生主編：《傅斯年全集》第三卷，湖南教育出版社 2003 年版，第 24 頁。
〔註 107〕傅斯年：《論所謂五等爵》，歐陽哲生主編：《傅斯年全集》第三卷，湖南教育出版社 2003 年版，第 45 頁。
〔註 108〕傅斯年：《姜原》，歐陽哲生主編：《傅斯年全集》第三卷，湖南教育出版社 2003 年版，第 47～48 頁。
〔註 109〕傅斯年：《〈新獲卜辭寫本後記〉跋》，歐陽哲生主編：《傅斯年全集》第三卷，湖南教育出版社 2003 年版，第 126 頁。

僕之一音，固吐蕃語中男子之號。我們固不能憑著這個，斷定他的
種族是當和現在所謂印度支那語系者一類，猶之乎不能依據羌姜同
字，而羌中之部落有吐蕃族，以斷定姜姓也是印度支那族類，一個
樣。不過，《詩經》、《史記》所載周先世的地名人名，多是單音詞，
大約總當是說一種印度支那語的人了。〔註110〕

至於殷公殷王所踐履的土地爲「夷境」，「亦可推想知之」〔註111〕傅斯年
最後總結說：

以上論殷爲戎姓而其土地人民則爲夷之一說，在今日雖不能以爲定
論，然看來已很像一個甚顯然的設定。〔註112〕

《大東小東說》撰於 1930 年 2 月，傅斯年對周初的分封制發表了新的見
解。《詩經・小雅・大東》篇序云：「東國困於役而傷於財，謂大夫作是詩以
告病焉。」第二章有「小東大東，杼柚其空」之句。他認爲，大東小東係地理
名稱。《魯頌・閟宮》有「奄有龜蒙，遂荒大東」句，已明指大東所在，即泰
山以南、以東地區。而小東當指今山東濮縣河北濮陽大名一帶，即秦漢以來
所謂東郡之所在。此一地名與周初封國關係甚大。傅斯年指出，《詩》、《書》
所載周之功業，乃太王至宣王數百年經營之結果，後人誤認爲宣王以後的齊、
魯、燕就是周初的封國，實爲不妥。他對周初東方封國作了研究，認爲齊、
魯、燕出封時都在成周東南，後來才遷至今山東、河北一帶。〔註113〕

《夷夏東西說》發表於 1933 年初。傅斯年作出「設定」，東漢以後的中
國史，常常分南北，「但這個現象不能倒安在古代史上」。東漢以前，政治的
演進，由部落到帝國，「是以河，濟，淮，流域爲地盤的」。在這片大地中，
地理的形勢只有東西之分，並無南北之限。先秦史上大體「有東西不同的兩
個系統」。「這兩個系統，因對峙而生爭鬥，因爭鬥而起混合，因混合而文化
進展。夷與商屬於東系，夏與周屬於西系。」〔註114〕他在這篇文章中還提出

〔註110〕 傅斯年：《〈新獲卜辭寫本後記〉跋》，歐陽哲生主編：《傅斯年全集》第三卷，
湖南教育出版社 2003 年版，第 134 頁。
〔註111〕 傅斯年：《〈新獲卜辭寫本後記〉跋》，歐陽哲生主編：《傅斯年全集》第三卷，
湖南教育出版社 2003 年版，第 143 頁。
〔註112〕 傅斯年：《〈新獲卜辭寫本後記〉跋》，歐陽哲生主編：《傅斯年全集》第三卷，
湖南教育出版社 2003 年版，第 144 頁。
〔註113〕 傅斯年：《大東小東說——兼論魯燕齊初封在成周東南後乃東遷》，第 54～63
頁。
〔註114〕 傅斯年：《夷夏東西說》，歐陽哲生主編：《傅斯年全集》第三卷，湖南教育出

商族起源於東北說，「渤海與古兗州是其建業之地」。傅斯年所根據的資料主要是《詩經・商頌》，另有幾條證據，其中之一就是依據王國維考證王恒與有易有一段相殺的故事。殷先王世系中較早的王恒、王亥、上甲微三世既然都與有易發生關係，王恒並且被有易虜去作牧夫，那麼此時殷先公國境，必然與有易毗連，即必然在今河北省境北部或中部。〔註115〕

　　《周東封與殷遺民》約寫於 1930 年冬或 1931 年春，發表於 1934 年。該文通過對「亳社」、「三年之喪」之制的研究，認爲：周初東封諸侯國，統治者部族不僅人數少，而且文化落後；而被統治的殷遺民人數眾多，文化發達，民間長期保持著殷人傳統的信仰和習俗。他還進一步指出，「孔子所代表之儒家，其地理的及人眾的位置在何處，可以借此推求。」「孔子儒家與殷商有一種密切之關係，可以曉然。」〔註116〕這篇文章曾就正於胡適，得到胡適的大力欣賞，並大加發揮，「於同一道路上作成豐偉之論文」，〔註117〕對《說儒》一文的產生有重要啓發。〔註118〕

## 三、「史法上一個重要問題」

　　張蔭麟曾探討過歷史資料的限制問題，提出了「史法」上的一個重要問題。歷史逝去，永不再現，「吾人僅能從其所留之痕跡而推考之」。〔註119〕他總結歷史資料所受的限制有 15 種，分爲兩大類，第一類爲「絕對之限制」，包括「觀察範圍之限制」、「觀察人之限制」、「觀察地位之限制」、「觀察時之情形之限制」、「知覺能力之限制」、「記憶之限制」、「記錄工具之限制」、「觀察者之道德之限制」、「證據數量之限制」、「傳訛」、「亡佚」等情形。第二類爲「相對之限制」。他說：「絕對之限制，使吾人對於史跡不能得理想之記錄。

　　　　版社 2003 年版，第 181～182 頁。
〔註115〕傅斯年：《夷夏東西說》，歐陽哲生主編：《傅斯年全集》第三卷，湖南教育出版社 2003 年版，第 182～192 頁。
〔註116〕傅斯年：《周東封與殷遺民》，歐陽哲生主編：《傅斯年全集》第三卷，湖南教育出版社 2003 年版，第 239～245 頁。
〔註117〕傅斯年：《周東封與殷遺民》，歐陽哲生主編：《傅斯年全集》第三卷，湖南教育出版社 2003 年版，第 239 頁。
〔註118〕鄧廣銘認爲，胡適主要是受了此文的啓發才寫了《說儒》的。（見《胡著〈說儒〉與郭著〈駁說儒〉平議》註釋 2，耿雲志、聞黎明編：《現代學術史上的胡適》，三聯書店 1993 年版，第 9 頁）
〔註119〕張蔭麟：《論歷史學之過去與未來》，張雲台編：《張蔭麟文集》，教育科學出版社 1993 年版，第 129 頁。

相對之限制，使既得之記錄復失其本來面目，或不得其真正之意義與價值。」
〔註 120〕

張蔭麟又曾談到「史法上一個重要問題」，他說：

老實說吧，我們研究先秦史所根據的資料，十分之九是間接的孤證，
若以直接見證之不謀的符合為衡，則先秦史根本不能下筆……凡治
先秦史的人大都遇著這個困難：於一大堆作者人格、時地很模糊的
間接孤證，吾人既不能完全不信，又不能完全相信，到底拿什麼做
去取的標準呢？〔註 121〕

古史研究史料不足，並且現存數量有限的史料中可信度也並不高。胡適、
傅斯年關注的重心是如何辨別史料和發掘、發現新材料。在 20 世紀學術史上，
胡適在《中國哲學史大綱》中第一次明確提出了辨別史料的問題，在 20 年代
的整理國故運動中，更是以辨別、整理資料為首務。傅斯年執掌的史語所，
亦以發現、發掘新材料為首要工作。傅斯年認為，「古代歷史多不可靠」，於
是「不能不靠古物去推證」。研究古代史必須藉重於考古，「捨從考古學入手
外，沒有其他的方法」。〔註 122〕

但是，正如李泉指出的那樣，傅斯年的先秦史研究存在不少缺陷，往細
微處看，不免粗疏。如關於燕、齊、魯諸國初封地的論證，多以漢代地名為
據，臆作推測。關於大東小東的論說，亦無充分證據。這與他豪放的性格，
好為宏論的文風有關。但我們還應注意到，「在證據不足時好作推測，這種情
況在本世紀（筆者按：指 20 世紀）20〜30 年代的許多學術著作中都不同程度
地存在著，顧頡剛是這樣，胡適是這樣，郭沫若也是這樣。當時新史料發現
甚少且缺乏研究，舊史料蕪雜而未作認真清理；史家要破舊論，立新說，多
就大處著眼，而與（筆者按：似應為「於」）細微處有所忽略，於史料缺乏處
強予推論。時代造就了這樣的治學作風，我們無須苛求於史家本人。」〔註 123〕

歷史研究必須是實證的，必須有堅強有力的證據。但是，歷史記載永遠

---

〔註 120〕張蔭麟：《論歷史學之過去與未來》，張雲台編：《張蔭麟文集》，教育科學出
版社 1993 年版，第 144 頁。

〔註 121〕張蔭麟：《評馮友蘭〈中國哲學史〉上卷》，張雲台編：《張蔭麟文集》，教育
科學出版社 1993 年版，第 294 頁。

〔註 122〕傅斯年：《考古學的新方法》，歐陽哲生主編：《傅斯年全集》第三卷，湖南教
育出版社 2003 年版，第 88〜90 頁。

〔註 123〕李泉：《傅斯年學術思想評傳》，北京圖書館出版社 2000 年版，第 184 頁。

都是殘缺的，片段的，零碎的，而人們追求和希望復原的是整個的歷史事實。這就決定了歷史研究離不開想像和推斷，以彌補史料的缺漏和不足。不僅如此，我們甚至可以說，歷史研究自始至終貫穿著人們的想像。王爾敏指出：

> 史學研究，學者自接觸史料起，即無時不以想像爲其取材、選題、分析、判斷與解釋之工具。即使處理單純史料，亦必多少取借想像之力。甚至考證辨僞，亦不能完全擺脫想像。蓋凡爲研究學問，如被發現其成爲問題而須加以解決者，其啓念之始，即是依據想像而產生。就實質言之，所有學問，無不如斯。〔註124〕

傅斯年明確反對疏通，反對對歷史資料的解釋。他說：「兩件事實之間，隔著一大段，把他們聯絡起來的一切涉想，自然有些也是多多少少可以容許的，但推論是危險的事，以假設可能爲當然是不誠信的事。所以我們存而不補，這是我們對於材料的態度；我們證而不疏，這是我們處置材料的手段。材料之內使它發見無遺，材料之外我們一點也不越過去說。」〔註125〕何茲全評論道：

> 這話也是有問題的。人世間，人與自然之間，人與人之間，事物與事物之間有著千絲萬縷的聯繫。這種聯繫有的看不見摸不著，但聯繫確實是存在的。兩種事物之間可能隔著一大段，把它們聯繫起來的設想和推論，不但沒有危險，反而能看到、看透事物的眞情深意。就歷史學家來說，陳寅恪先生就是最顯著的一例。陳寅恪善於把一些看來好像全無聯繫的材料組織起來，發現出一些重要現象，解決些重要歷史問題。陳寅恪先生的高明就在這裏，他很多獨到的見解都是從事物的聯繫上發現的。就是傅斯年先生，他的高明處也是在這裏。他在文章中也是常常把中間隔著一大段的兩種事實甚或多種事實，用設想或推論聯繫到一起而發現更多更高的認識的。〔註126〕

胡適與傅斯年略有不同。他一方面強調實證研究，一方面也還是主張對歷史作出「解釋」。甚至，胡適也曾提出歷史需要想像力。他在《國學季刊》發刊宣言中說：

〔註124〕王爾敏：《史學方法》，廣西師範大學出版社2005年版，第180頁。
〔註125〕傅斯年：《歷史語言研究所工作旨趣》，歐陽哲生主編：《傅斯年全集》第三卷，湖南教育出版社2003年版，第10頁。
〔註126〕何茲全：《傅斯年的史學思想和史學著作》，《歷史研究》2000年第4期。

> 歷史家需要有兩種必不可少的能力：一是精密的功力，一是高遠的
> 想像力。沒有精密的功力，不能做搜求和評判史料的工夫；沒有高
> 遠的想像力，不能構造歷史的系統。〔註127〕

據 1921 年 8 月 13 日日記記載，胡適與顧頡剛略談編《中國歷史》的事
時說：

> 做歷史有兩方面，一方面是科學——嚴格的評判史料，——一方面
> 是藝術——大膽的想像力。史料總不會齊全的，往往有一段，無一
> 段，又有一段。那沒有史料的一段空缺，就不得不靠史家的想像力
> 來填補了。有時史料雖可靠，而史料所含的意義往往不顯露，這時
> 候也須靠史家的想像力來解釋。整理史料固重要，解釋（……）史
> 料也極為重要。中國止有史料——無數史料，——而無有歷史，正
> 因為史家缺欠解釋的能力。〔註128〕

不過，胡適在治學方法上津津樂道的還是強調實證的實驗主義的態度與
方法，反對任何合乎情理的推斷與想像。如討論古史問題時，他對劉掞藜的
根本態度與方法提出質疑。劉掞藜對待古史的方法是：參之以情，驗之以理，
斷之以證。胡適認為，「斷之以證」固然很好，但「情」是什麼？「理」又是
什麼？這裏面「頗含有危險的分子」。實際上，我們有許多後起的成見，久而
久之便成了情與理，自以為「度之以情」，而不知只是度之以成見。至於「驗
之亦理」，那就更危險了。歷史研究者只應該從材料裏，從證據裏，去尋出客
觀的條理。如果我們先存一個「理」在腦中，用理去「驗」事物，那樣的「理」
往往只是一些主觀的意見。〔註129〕

如果嚴格地按照胡適、傅斯年所公開宣示的那樣，有幾分證據說幾分話，
有一分材料出一分貨，沒有材料不出貨，史料相對更加殘缺的先秦史研究，
幾乎無法展開，胡適的《說儒》、傅斯年的《中國古代和民族史》也根本無法
撰寫。可實際上，他們不但寫了，而且大量運用了「大膽而合理」的「想像」。

往者不可諫，來者猶可追。張蔭麟曾提出實行「歷史訪員制」。為了給後世
免除史料缺漏之憾，使將來的歷史成為一門科學，使後人獲得理想的史學知識，
必須從現在做起，產生真正的「現代史家」或「歷史訪員」，「各依科學方法觀

---

〔註127〕胡適：《〈國學季刊〉發刊宣言》，《胡適全集》第 2 卷，第 14 頁。
〔註128〕《日記》第 3 卷，第 431 頁。
〔註129〕胡適：《古史討論的讀後感》，《胡適全集》第 2 卷，第 106～108 頁。

察記錄現在人類活動之一部分」；「此等歷史訪員，更須組織學術團體，以相協助，並謀現代史料之保存」。〔註 130〕此種倡議，當然只是一種理想，無法實際運作。有意識、有組織的保存史料，現代人們固然有此明確認識，也開展過一些工作。然而，歷史事項千頭萬緒，流落人間者，只是泰山一毫毛，歷史記載似乎永遠都不可能是完整的、全面的。「歷史是推理之科學」，〔註 131〕對於歷史，我們所可能探知的只是一個一個的具體知識或事實，要將這一個一個的「點」，貫串成「線」，甚至形成「面」，這就必然需要推斷與想像。探究歷史，企圖復原歷史的全貌，只是人類永恆而又永遠無法企及的希望。對過往歷史的想像，永遠都不會停歇。

## 第三節　有關「思想線索研究法」的論爭

　　錢穆、胡適在考據方法上，尚有對「思想線索研究法」的不同認識與論爭。所謂「思想線索研究法」，是指每一種思想的產生都有它特定的時代背景，每一種思想的產生、發展、演變都有一定的次序和線索，那麼，我們可以根據思想產生的時代背景和發展、演變的線索以及文體、文字等，考證作者、著作年代等問題。這種方法，實際上是胡適首先明確提出和採用的。錢穆受其影響，認為這是一個比較可靠而可以少錯誤的新方法，並始終堅持這一考據方法。但是，胡適很快發現這一方法的危險性，提出了質疑。

### 一、「一個比較可靠而可以少錯誤的新方法」

　　胡適在 1919 年出版的《中國哲學史大綱》中，提出撰寫中國哲學史，首先必須辨別史料的問題。他認為，中國人作史，最不講究史料。神話官書，都可以作史料，全不問這些材料是否可靠。史料如果不可靠，所作的歷史便無信史的價值。在他看來，中國中世和古代哲學史，都存在材料眞僞的問題。他說：

> 大致看來，近世哲學史料還不至有大困難。到了中世哲學史，便有
> 大困難了。漢代的書，如賈誼的《新書》，董仲舒的《春秋繁露》，
> 都有後人增加的痕跡。又加王充的《論衡》，是漢代一部奇書，但其
> 中如《亂龍篇》極力為董仲舒作土龍求雨一事辯護，與全書的宗旨

---

〔註 130〕張蔭麟：《論歷史學之過去與未來》，張雲台編：《張蔭麟文集》，教育科學出版社 1993 年版，第 148 頁。
〔註 131〕王爾敏：《史學方法》，廣西師範大學出版社 2005 年版，第 92 頁。

恰相反。篇末又有「《論衡》終之，故曰『亂龍』。亂者，終也」的話，全無道理。明是後人假造的。此外重複的話極多。偽造的書定不止這一篇。

中古哲學史料最不完全。我們不能完全恢復魏晉人的哲學著作，是中國哲學史最不幸的事。到了古代哲學史，這個史料問題更困難了。表面上看來，古代哲學史的重要材料，如孔、老、墨、莊、孟、荀、韓非的書，都還存在。仔細研究起來，這些書差不多沒有一部是完全可靠的。大概《老子》裏假的最少。《孟子》或是全真，或是全假（宋人疑《孟子》者甚多）。依我看來，大約是真的。稱「子曰」或「孔子曰」的書極多，但是真可靠的實在不多。《墨子》、《荀子》兩部書裏，很多後人雜湊偽造的文字。《莊子》一書，大概十分之八九是假造的。《韓非子》也只有十分之一二可靠。此外如《管子》、《列子》、《晏子春秋》諸書，是後人雜湊成的。《關尹子》、《鶡冠子》、《商君書》，是後人偽造的。《鄧析子》也是假書。《尹文子》似乎是真書，但不無後人加入的材料。《公孫龍子》有真有假，又多錯誤。〔註132〕

胡適認為，先秦諸子哲學史史料問題最多，必須細心辨別。比如，他斷定《管子》一定不是管仲所作，乃是後人把戰國末年一些法家和儒家的議論（如《內業篇》，如《弟子職篇》），加上一些道家的議論（如《白心》、《心術》等篇），還有許多夾七夾八的話，並作一書。又偽造了一些桓公與管仲問答諸篇，雜湊了一些記管仲功業的幾篇，於是附會為管仲所作。他立說的依據即是「思想線索」。《左傳》記載公元前 536 年，子產鑄刑書，叔向極力反對。過了 20 幾年，前 513 年，晉國也作刑鼎、鑄刑書，孔子也極不贊成。這些事情都在管仲死後 100 多年。如果管仲生時已經有了那樣完備的法治學說，為什麼百餘年後，賢如叔向、孔子，竟無一毫法治觀念？為什麼子產答叔向書，也只是說「吾以救世而已」？為什麼不能利用百餘年前已發揮盡致的法治學說？「這可見《管子》書中的法治學說，乃是戰國末年的出產物，決不是管仲時代所能突然發生的」；「全書的文法筆勢也都不是老子、孔子以前能產生的」。〔註133〕胡適指出：

老子之前，忽然有《心術》、《白心》諸篇那樣詳細的道家學說；孟

---

〔註132〕胡適：《中國古代哲學史》，《胡適全集》第 5 卷，第 203、204 頁。
〔註133〕胡適：《中國古代哲學史》，《胡適全集》第 5 卷，第 206～207 頁。

子、荀子之前數百年，忽然有《內業》那樣深密的儒家心理學；法
家之前數百年，忽然有《法法》、《明法》、《禁藏》諸篇那樣發達的
法治主義。若果然如此，哲學史便無學說先後演進的次序，竟變成
了靈異記，神秘記了！

管仲生當老子、孔子之前一百多年，已有那樣規模廣大的哲學。這
與老子以後一步一步、循序漸進的思想發達史，完全不合。故認《管
子》為真書，便把諸子學直接間接的淵源系統一齊推翻。〔註134〕

至於如何考辨史料的真僞，胡適提出了幾種方法。第一，史事。書中的
史事，是否與作書的人的年代相符。如不相符，即可證那一書或那一篇是假
的。第二，文字。一時代有一時代的文字，不致亂用。第三，文體。一個時
代有一個時代的文體，一個人也有一個人的文體。如《管子》那種長篇大論
的文體，決不是孔子前一百多年所能作的。後人儘管仿古，古人決不仿今。
第四，思想。凡是著書立說成一家之言的人，其思想學說，總會有一個系統，
決不致於有大相矛盾衝突之處。所以看一部書裏的學說是否能連絡貫串，也
可以幫助證明真僞。思想進化有一定的次序，一個時代有一個時代的問題，
就會產生那個時代的思想。如《墨子》《經‧上下》、《經說‧上下》、《大取》、
《小取》等篇，所討論的問題，乃是墨翟死後百餘年才發生的，決非墨翟時
代所能提出，可見這 6 篇決不是墨子自己做的。而且，一種重要的新學說產
生以後，決不會完全沒有影響。如果管仲時代已經有《管子》書中的法治學
說，決不會二三百年中沒有法治觀念的影響。〔註135〕

胡適提出的這些考辨方法，可以概括爲「思想線索研究法」。他在這本著
作中，大量地運用了這些方法，考辨文獻的真僞、作者與著作年代。如論《列
子》不可信，但《楊朱篇》比較可信，可以代表楊朱學說。他說：

《列子》的第七篇名爲《楊朱篇》，所記的都是楊朱的言語行事。
《列子》這部書是最不可信的。但是我看這一篇似乎還可信。其
中雖有一些不可靠的話，大概是後人加入的，但這一篇的大體似

〔註134〕胡適：《中國古代哲學史》，《胡適全集》第 5 卷，第 208 頁
〔註135〕胡適：《中國古代哲學史》，《胡適全集》第 5 卷，第 209～210 頁。胡適認爲，
　　　　《墨子》裏的這 6 篇文章就是《莊子‧天下篇》所說的「別墨」做的。因爲這
　　　　6 篇中的學問，決不是墨子時代所能發生的，其中的思想和惠施、公孫龍的話
　　　　最爲接近。惠施、公孫龍的學說差不多全在這 6 篇裏面。所以他提出這 6 篇是
　　　　惠施、公孫龍時代的「別墨」做的。（《胡適全集》第 5 卷，第 350～352 頁）

乎可靠。……書中論「名實」的幾處，不是後世所討論的問題，
確是戰國時的問題。……以上三種理由，雖不甚充足，但當時實
有這一種極端的爲我主義，這是我們所公認的。當時實有楊朱這
個人，這也是我們所公認的，所以我們不妨暫且把《楊朱篇》來
代表這一派學說。〔註 136〕

如論《大學》、《中庸》兩部書都是孟子、荀子以前的儒書。他說：

我這句話，並無他種證據，只是細看儒家學說的趨勢，似乎孟子、
荀子之前總該有幾部這樣的書，才可使學說變遷有線索可尋。不
然，那極端倫常主義的儒家，何以忽然發生了一個尊崇個人的孟
子？那重君權的儒家，何以忽然生出一個鼓吹民權的孟子？那儒
家的極端實際的人生哲學，何以忽然生出孟子和荀子這兩派心理
的人生哲學？若《大學》、《中庸》這兩部書是孟子、荀子以前的
書，這些疑問便都容易解決了。所以我以爲這兩部書大概是前四
紀的書，但是其中也不能全無後人加入的材料（《中庸》更爲駁
雜）。〔註 137〕

胡適所主張的「思想線索研究法」來源於杜威的思想方法。他認爲，杜
威的實驗主義「給了我們一個哲學方法，使我們用這個方法去解決我們自己
的特別問題」。方法之一就是歷史的方法——「祖孫的方法」。胡適指出：

他從來不把一個制度或學說看作一個孤立的東西，總把他看做一
個中段：一頭是他所以發生的原因，一頭是他自己發生的效果；
上頭有他的祖父，下頭有他的孫子。捉住了這兩頭，他再也逃不
出去了！這個方法的應用，一方面是很忠厚寬恕的，因爲他處處
指出一個制度或學說所以發生的原因，指出他的歷史的背景，故
能瞭解他在歷史上占的地位與價值，故不致有過分的苛責。一方
面，這個方法又是最嚴屬的，是帶有革命性質的，因爲他處處拿
一個學說或制度發生的結果來評判他本身的價值，故最公平，又
最屬害。這種方法，是一切帶有評判（Critical）精神的運動的一
個重要武器。〔註 138〕

---

〔註 136〕胡適：《中國古代哲學史》，《胡適全集》第 5 卷，第 342 頁。
〔註 137〕胡適：《中國古代哲學史》，《胡適全集》第 5 卷，第 431 頁。
〔註 138〕胡適：《杜威先生與中國》，《胡適全集》第 1 卷，第 361 頁。

這種「歷史的方法」，又稱作「歷史演進的方法」，胡適有時又將其稱之為「剝皮」的方法。〔註139〕在胡適的學術研究中被廣泛應用，最為突出的是古典小說考證和井田制研究。這種方法是用一種動態的發展的眼光來認識歷史，可以釐清一個事件或一種思想、一種制度在歷史中的發展演變過程。〔註140〕「思想線索研究法」即承此而來。

胡適的《中國哲學史大綱》在當時學術界風行一時，他的一些學術觀點在社會上產生了重大反響。其時正在中學任教的錢穆也頗受其思想的影響。1928 年，錢穆作關於《易經》研究的演講。他認為，《易經》是中國一部最古最神秘的書，也是一部最易引起人們研究的興味而最不易得到研究結果的書。無論是漢儒的方士易，還是宋儒的道士易，還是現今的博士易，都是不可靠的。他們《易經》研究之所以錯誤、不可靠，是因為他們研究方法的失敗。錢穆要提出一個研究《易經》的新方法，比較可靠少錯誤的方法。這種方法，來源於胡適：

> 《易經》決不是一時代一個人的作品，而是經過各時代許多人的集合品。我們並可以說《易經》裏的《十翼》，是最後加入的東西。我們可以說其是《易經》完成的第三期。次之卦辭爻辭，是《易》的第二期。其餘只剩八八六十四卦，便是《易經》最先有的東西，是《易》的第一期。我們現在借用近人胡適之所稱剝皮的方法，先把《易經》裏的第三期東西剝去，再把他第二期東西也剝去，單只研究《易經》第一期裏面的東西。把第一期的《易》研究清楚了，再研究第二期。把第二期的東西弄清楚了，再來研究第三期。把《易經》成立次第依著歷史的分析的方法去研究，這是我今天要提出的一個比較可靠而可以少錯誤的新方法。〔註141〕

錢穆認為，八卦只是一種文字，只是遊牧時代的一種文字。從八卦重疊而成六十四卦，不可不說是一個大進步。初民愚昧，以為卦中有神，遇有疑惑，便乞靈卦神，這就是占卦的起源。有了占，就有了辭。辭的起源，是從占卜者口裏記下來的話。《周易》上下傳裏還保留著不少古初卜辭遺留下的痕

---

〔註139〕胡適：《古史討論的讀後感》，《胡適全集》第 2 卷，第 104 頁。

〔註140〕詳見董恩強：《新考據學派：學術與思想》（1919～1949）》，華中師範大學 2006 年博士論文，第 96～97 頁。

〔註141〕錢穆：《〈易經〉研究》，《中國學術思想史論叢》第 1 卷，安徽教育出版社 2004 年版，第 159～160 頁。

跡，《十翼》卻完全是後人造作。研究《易經》，「應該用歷史的眼光分析的方法去加以研究，其道理也就在這些處。」比如，卦辭裏的「貞」字很常見。據《說文》，貞，問也。易辭裏的「貞」字，都應該作貞問解。《十翼》裏忽然造出「元亨利貞」的四德來，毫無根據。〔註142〕

## 二、「這個方法是很有危險性的」

　　胡適《中國哲學史大綱》出版後，引發了孔子、老子時代先後問題的討論。〔註143〕按照《史記》等典籍的記載，老子與孔子同時，並年長於孔子，孔子曾向老子問學。《老子》一書是老子自著。胡適在《大綱》裏平視孔墨老莊，按年代順序將老子作爲中國哲學史上的第一位哲學家，擺在了孔子前面。梁啓超與胡適展開辯論，並於1922年11月在《晨報》上刊發《論〈老子〉書作於戰國之末》一文，認爲將老子放在孔子之前，有6點可疑。要點是《史記》記載不合情理，取材於《莊子》，而《莊子》所載大部分是寓言，不能作信史看；從思想系統論，老子的話太激烈、太自由了，不大像春秋時人的語言；從文字語氣上論，「王侯」、「王公」、「取天下」、「萬乘之君」、「仁義」等語，不是春秋時人所有的。〔註144〕胡適在日記中，記下了梁啓超的6點批評，並逐一作了答辯。他堅持認爲，《老子》雖不可全信，但亦非作僞者所能爲。「即以文字論，此等短語，應在這個長篇散文未成立時代；中多韻文，亦似是散文與韻文過渡時代的產物。以思想系統而論，這部書的大旨決無可疑。」〔註145〕

　　1923年2月，顧頡剛申援梁啓超的觀點，另外舉出兩點證明。其一，《老子》是經體，戰國前期，不會有此類著作。其二，老子痛恨聖智，實在因爲戰國後期，社會上受遊士的損害重極了，才有這種呼聲。在春秋末年及戰國初期，也是不會有的。〔註146〕錢穆始終關注著北方學者的這場討論，1923年

---

〔註142〕錢穆：《〈易經〉研究》，《中國學術思想史論叢》第1卷，安徽教育出版社2004年版，第162～166頁。

〔註143〕詳見熊鐵基等：《二十世紀中國老學》第三章，福建人民出版社2002年版。

〔註144〕梁啓超：《論〈老子〉書作於戰國之末》，《古史辨》第四冊，上海古籍出版社1982年影印版，第305～307頁。

〔註145〕《日記》第3卷，第572～574頁，1921年3月6日。

〔註146〕顧頡剛：《論〈詩經〉經歷及〈老子〉與道家書》，《古史辨》第一冊，上海古籍出版社1982年影印版，第56頁。關於「經體」，顧頡剛說：「戰國後期，因爲遊學之風極盛，誦習簡編，要求簡練易記，所以大家作『經』。墨家有《墨經》，《荀子》上引有《道經》，《韓非子》上有《內外儲說》之經。《老子》之文與此同類當爲好言道妙之士所作之經。若戰國前期，則尚不會有此類著

夏秋間完成《關於〈老子〉成書年代之一種考察》，但直至 1930 年才公開發表。1932 年，錢穆又撰成《再論〈老子〉成書年代》一文，續加論述。

　　1931 年，馮友蘭《中國哲學史》出版，這是繼胡適之後又一部中國哲學史研究的大著。馮友蘭將孔子擺在了中國哲學史開端的位置，老子置於孟子之後。其依據主要是：孔子之前，無私人著述之事，故《老子》不能早於《論語》；《老子》之文體，非問答體，故應在《論語》、《孟子》後；《老子》之文，爲簡明之經體。〔註147〕胡適與之展開了論辯。1932 年，顧頡剛也發表了《從〈呂氏春秋〉推測〈老子〉之成書年代》的長篇論文，認爲《呂氏春秋》所引的書目常常標出書名或人名，但該書「簡直把《老子》五千言的三分之二都吸收進去了，但始終不曾吐出這是取材於《老子》的」。顧頡剛「於是作了一個大膽的假設：在《呂氏春秋》著作時代，還沒有今本《老子》存在」，老聃本人是戰國中葉楊朱、宋鈃以後的人。〔註148〕

　　錢穆 1930 年後赴北平任教多年，與胡適當面討論過老子年代問題。1931 年 3 月 17 日胡適致書錢穆，內中說道：

　　　　去年讀先生的《向歆父子年譜》，十分佩服。今年在《燕京學報》第

　　　　七期上讀先生的舊作《關於〈老子〉成書年代之一種考察》，我覺得

　　　　遠不如《向歆譜》的謹嚴，其中根本立場甚難成立。

胡適認爲，錢穆此文的根本立場是「思想上的線索」。但思想線索實不易言。而且，錢穆對於古代思想的幾個重要觀念，不曾弄明白，故此文頗多牽強之論。〔註149〕

　　顧頡剛邀約錢穆一同赴胡適家中拜訪。錢穆回憶，「此日則盡談了一些老子問題」，「適之謂天下蠢人恐無出芝生（筆者按：馮友蘭字）右者」。〔註150〕胡適日記記載：「頡剛與郭紹虞、錢賓四來談。賓四費了許多年的工夫著了一部《諸子繫年考辨》，凡幾十萬言。老子的移後是其中的一個要點，故他今天仍爭辨《老子》不會出於戰國以前。」〔註151〕

　　　　作。」（第 56 頁）。
〔註147〕馮友蘭：《中國哲學史》上冊，華東師範大學出版社 2000 年版，第 130 頁。
〔註148〕顧頡剛：《從〈呂氏春秋〉推測〈老子〉之成書年代》，《古史辨》第四冊，上海古籍出版社 1982 年影印版，第 462～520 頁。
〔註149〕耿雲志、歐陽哲生編：《胡適書信集》上冊，北京大學 1996 年版，第 542 頁。
〔註150〕錢穆：《八十憶雙親師友雜憶》，三聯書店 1998 年版，第 159 頁。
〔註151〕《日記》第 6 卷，第 101 頁，1931 年 3 月 22 日。

1933 年，胡適撰寫了討論考證學方法論的文章《評論近人考據〈老子〉年代的方法》。他聲稱，近十年來，有好幾位他「最敬愛的學者」懷疑老子這個人和那部名為《老子》的書的時代。他並不反對這種懷疑的態度，只盼望懷疑的人能舉出充分的證據來，使人心悅誠服的把老子移後，或把《老子》書移後。「但至今日，我還不能承認他們提出了什麼充分的證據」。〔註 152〕主張老子或《老子》晚出的學者的論證方法，胡適歸納為兩種類型。第一種是從「思想系統」或「思想線索」上，證明《老子》之書不能出於春秋時代，應該移在戰國晚期。梁啓超、錢穆、顧頡剛都曾有這種論證。胡適說：

> 這種方法可以說是我自己「始作俑」的，所以我自己應該負一部分
> 的責任。我現在很誠懇的對我的朋友們說：這個方法是很有危險性
> 的，是不能免除主觀的成見的，是一把兩面鋒的劍可以兩邊割的。
> 你的成見偏向東，這個方法可以幫助你向東；你的成見偏向西，這
> 個方法可以幫助你向西。如果沒有嚴格的自覺的批評，這個方法的
> 使用決不會有證據的價值。〔註 153〕

胡適指出，思想線索是最不容易捉摸的。如王充在 1800 多年前，已有了很有力的無鬼之論，而 1800 年來，信有鬼論者何其多也！如荀卿已說「天行有常，不為堯存，不為桀亡」，而西漢的儒家大師斤斤爭說災異，舉世風靡，不以為妄。又如《詩經》的小序，經宋儒的攻擊，久已失其信用，而幾百年後的清朝經學大師又都信奉毛傳及序，不復懷疑。這種史事，以思想線索來看，都難以解釋。〔註 154〕而且，一個人自身的思想也往往不一致，不能依一定的線索去尋求。胡適坦承，十幾年來，自己稍稍閱歷世事，深知天下事原來並不是這樣簡單。「我們明白了這點很淺近的世故，就應該對於這種思想線索的論證稍稍存一點謹慎的態度。尋一個人的思想線索，尚且不容易，何況用思想線索來考證時代的先後呢？」〔註 155〕

主張老子或《老子》晚出的學者的論證方法的第二種類型，是用文字、術

---

〔註 152〕胡適：《評論近人考據〈老子〉年代的方法》，《胡適全集》第 4 卷，第 114 頁。

〔註 153〕胡適：《評論近人考據〈老子〉年代的方法》，《胡適全集》第 4 卷，第 117 頁。

〔註 154〕胡適：《評論近人考據〈老子〉年代的方法》，《胡適全集》第 4 卷，第 119 頁。

〔註 155〕胡適：《評論近人考據〈老子〉年代的方法》，《胡適全集》第 4 卷，第 120 頁。

語、文體等等來證明《老子》是戰國晚期的作品。這個方法，自然是很有用的，「但這個方法也是很危險的」。其一，我們不容易確定某種文體或術語起於何時；其二，一種文體往往經過很長期的歷史，而我們也許只知道這歷史的某一部分；其三，文體的評判往往不免夾有主觀的成見，容易錯誤。〔註156〕

最後，胡適重點討論了顧頡剛用《呂氏春秋》引書的「例」來證明呂不韋著書時《老子》還不曾成書這種考證方法的危險性。其一，替古人的著作做「凡例」，那是很危險的事業，是勞而無功的工作。其二，顧頡剛說《呂氏春秋》「簡直把《老子》五千言的三分之二都吸收進去了」，簡直是駭人聽聞。胡適自然也曾熟讀五千言，但他讀《呂氏春秋》時，從不感覺「到處碰見」《老子》。他認為，顧頡剛斷章取義，強力牽合，在一本大著作裏，挑出一些零碎的句子，指出某句與某書「義合」，這是犯了「有意周內」的毛病了。〔註157〕

胡適所批評的「思想線索研究法」是20世紀20～30年代史學界考辨先秦諸子、上古史時頗為流行的一種考證方法。胡適本人於1919年出版的《中國哲學史大綱》對此作了詳細論述，顯然，這是進化論思想在學術研究中的影響和應用。〔註158〕其後，梁啟超在清華等學校講學中，也把以辨別思想、文字、文體等作為考辨古書真偽的有效方法，向學生詳加說明。1927年講授「古書真偽及其年代」，梁啟超所理解的「進化原理」是黑格爾式的「正——反——合」：

> 黑格爾 Hegel 論哲學的發達，要一正，一反，一和，思想然後進步。
> 一人作正面的主張，如墨子的非攻、兼愛，一人作反面的攻擊，如
> 管子對於非攻兼愛批評得很厲害；一人提出幾個問題，如儒家的仁

〔註156〕胡適：《評論近人考據〈老子〉年代的方法》，《胡適全集》第4卷，第120～121頁。

〔註157〕胡適：《評論近人考據〈老子〉年代的方法》，《胡適全集》第4卷，129～132頁。

〔註158〕不過，與此同時，胡適在1919年2月《每週評論》第7號上有一篇調侃文字，說明胡適此時就已發覺「文學上的考據不是一件容易下手的事」。他在報上看見一首二十四韻的長律，起首的九韻拿去給朋友看，請他們猜猜這是哪一朝代的詩人作的。大家都說，這一定是翰苑詞臣的元旦應制詩了。但這年代可不容易確定。有的人說，好像是清雍正乾隆極盛時代的詩。只是「方隅宵制夏」一句又不大像。還有「堯宮謙避席」一句又好像是太上皇還在的詩。那一定是嘉慶年間的元旦應制詩了。胡適聽了他們的考據，幾乎把肚子都笑痛了。原來這首詩乃是當今大詩翁樊樊山做的中華民國八年「元旦大總統招集四照堂，即席賦呈二十四韻」。(《文學的考據》，《胡適全集》第12卷，第25～26頁。)

和仁義，一人根本不贊成仁和仁義的價值；然後後代的人，又從而折衷調和之，學術自然一天天的發達了。沒有墨家的主張，管子的意見無所附麗；沒有儒家的見解，老子的批評，也就是無的放矢。如果說管子在墨家之前，老子在儒家之前，是反乎思想進步的常軌。〔註159〕

梁啓超介紹了辨別僞書及考證年代的方法，具體有名詞、文體、文法、音韻、思想等方面。關於「文體」，他說：

> 這是辨僞書最主要的標準。因爲每一個時代的文體各有不同，只要稍加留心便可分別。即使甲時代的人模仿乙時代的文章，在行的人終可看出。譬如碑帖，多見多臨的人一看便知是某時代的產物。譬如詩詞，多讀多做的人一看便知是某時代的作品。造僞的人無論怎樣模仿，都不能逃眞知灼見者的眼睛。

> 這種用文體辨眞僞或年代的工作，在辨僞學中很發達。……僞《古文尚書》最初何以有人動疑，也因爲《大誥》《洛誥》《多士》《多方》太佶屈聲牙，而《五子之歌》《大禹謨》卻可歌可誦，二者太懸殊了。如果後者確是夏初的作品，這樣文從字順，而前者是商、周的作品反爲難讀，未免太奇怪了。〔註160〕

梁啓超把從思想上辨別古書眞僞看做「很好的標準」，包括四個方面。其一，從思想系統和傳授家法辨別。如《禮記‧曾子問》所記孔子、老子問答的話，和《老子》五千言不相容。《曾子問》裏的老聃是講究禮儀小節的人，而做五千言的老子說「夫禮者忠信之薄而亂之首也」。《老子》五千言決非孔子問禮的老聃做的。如《起信論》、《楞嚴經》是假的，最主要的根據還是思想上根本和佛經不相容。其二，從思想和時代的關係辨別，思想的發生是有一定的次序的。孔子最大的功勞就在發明「仁」字，孟子最大的功勞就在發明「義」字。自此以後，一般人始知「仁義」的重要，而《老子》拚命攻擊仁義。從這一點，我們就可以斷定《老子》不但晚於孔子，而且更在孟子之後。其三，從專門術語和思想的關係辨別。其四，從襲用後代學說辨別。〔註161〕

---

〔註159〕梁啓超：《古書眞僞及其年代》，陳引馳編校：《梁啓超國學講錄二種》，中國社會科學出版社 1997 年版，第 141 頁。

〔註160〕梁啓超：《古書眞僞及其年代》，陳引馳編校：《梁啓超國學講錄二種》，中國社會科學出版社 1997 年版，第 181 頁。

〔註161〕梁啓超：《古書眞僞及其年代》，陳引馳編校：《梁啓超國學講錄二種》，中國

　　但是，正如胡適所指出的那樣，依據思想、文字、文體等考辨眞僞的方法，是一面雙刃劍，帶有很強的主觀隨意性。以梁啓超、胡適辨《牟子·理惑論》是否爲僞書爲例，梁斷其爲僞，他說：「此書文體，一望而知爲兩晉六朝鄉曲人不善屬文者所作，漢賢決無此手筆，稍明文章流別者，自能辨之。」〔註162〕然而，經周叔迦和胡適考證，證明該書是漢末的作品，決無可疑。胡適指梁啓超的「辨僞」，未免太粗心，「殊爲賢者之累」。「任公大概先存僞書之見，不肯細讀耳。」同是這篇文字，胡適讀來，「文字甚明暢謹嚴，時時作有韻之文，也都沒有俗氣」，「此書在漢魏之間可算是好文字」，結論完全相反。〔註163〕這說明用「文體」考證的不確定性，我們對文體的考證價值應持一種敬愼的、戒懼的、保留的態度。胡適指出：

　　梁先生論《牟子》的話，最可以表明一般學者輕易用文體作考證標準的危險。他們預先存了一種主觀的謬見，以爲「漢賢」應該有何種「手筆」，兩晉人應該作何種佳文，六朝人應該有何種文體，都可以預先定出標準來。這是根本的錯誤。我們同一時代的人可以有百十等級的「手筆」；同作古文，同作白話，其中都可以有能文不能文的絕大等差。每一個時代，各有同樣的百十等級的手筆。班固與王充同時代，然而《論衡》與《漢書》何等不同！《論衡》裏面也偶有有韻之文，比起《兩都賦》，又何等不同！所謂「漢賢手筆」，究竟用什麼作標準呢？老實說來，這種標準完全是主觀的。完全是梁先生或胡某人讀了某個作家而懸想的標準。這種標準是沒有多大可靠性的。

　　總而言之，同一個時代的作者有巧拙的不同，有雅俗的不同，有拘謹與豪放的不同，還有地方環境（如方言之類）的不同，決不能由我們單憑個人所見材料，懸想某一個時代的文體是應該怎樣的。〔註164〕

　　而在梁啓超看來，這種從文體辨別僞書的方法，眞是「妙不可言」：

　　眞的講，像這種從文體辨僞書的方法，眞妙的很，卻難以言傳。但

社會科學出版社 1997 年版，第 184～188 頁。

〔註162〕梁啓超：《牟子理惑論辨僞》，《佛教之初輸入》附錄三，《飲冰室合集》專集之五十二，中華書局 1989 年版，第 11 頁。

〔註163〕胡適：《論〈牟子理惑論〉——寄周叔迦先生書兩封》，《胡適全集》第 4 卷，第 163、164 頁。

〔註164〕胡適：《評論近人考據〈老子〉年代的方法》，《胡適全集》第 4 卷，第 121～122、123 頁。

這個原則是顛撲不破的。如看字看畫看人的相貌，有天才或經驗的人暗中自有個標準，用這標準來分別眞僞年代或種類。這標準十分可靠，但亦不可言說，只有多經驗。經驗豐富時，自然能用。我自己對於碑帖便有這種本領……〔註165〕

一種方法，如此美妙，卻又不可言說。這種方法的應用，存乎一心，完全出於應用者的直覺和體悟，其可靠性，不得不令人懷疑了。

## 三、「每一家之思想，則必前有承而後有繼」

儘管胡適對「思想線索研究法」作了反省和批評，錢穆卻不爲所動，認爲「每一家之思想，則必前有承而後有繼」。在老子年代、老莊先後、禪宗史研究等方面，仍然堅持這種研究方法。

關於老子年代問題的討論，錢穆晚年回憶此事，似乎仍然耿耿於懷：

適之後爲文一篇，專論老子年代先後，舉芝生（按：即馮友蘭）頡剛與余三人。於芝生頡剛則詳，於余則略。因芝生頡剛皆主老子在莊子前，余獨主老子書出莊子後。芝生頡剛說既不成立，則余說自可無辯。然余所舉證據則與芝生頡剛復相異，似亦不當存而不論耳。

〔註166〕

錢穆回憶，他與胡適討論老子年代問題，「絕不止三數次」。他曾質問胡適，《中國哲學史大綱》主張思想必有時代背景，與中國古人所謂「知人論世」的思想相合。既然主張老子早於孔子，那麼老子應在春秋時代，其思想、言論自然是根據當時的時代背景而發，《大綱》卻爲何根據《詩經》來討論其思想背景？即使根據《詩經》來論時代背景，也不應當泛泛地說樂天派悲觀派等人生觀是老子思想的起源。因爲樂天、悲觀等人生觀，歷代皆有，不能說明老子思想爲何興起於春秋時代。並且老子之外，孔子、墨子各家思想，亦各有其時代背景，《大綱》卻以思想承思想，不再討論各家思想的時代背景。胡適對錢穆的第一個問題作了回答，因爲其時錢穆的《劉向歆父子年譜》未出，一時誤於今文家言，遂不敢信用《左傳》，只信用《詩經》，此是當時之失。對於錢穆的第二個問題，胡適始終沒有回答。從此以後，「適之見余，再

---

〔註165〕 梁啓超：《古書眞僞及其年代》，陳引馳編校：《梁啓超國學講錄二種》，中國社會科學出版社 1997 年版，第 182 頁。

〔註166〕 錢穆：《八十憶雙親師友雜憶》，三聯書店 1998 年版，第 159 頁。

不樂意討論老子」。〔註167〕

與一些思想史家主張老子先於莊子不同，錢穆把莊子放在老子之前，稱莊子是道家鼻祖、大宗師。學術界一般都認爲：莊子思想源於老子，莊子對傳統思想持批評態度，而獨推崇老子。持這種觀點的人大都依《史記》有關老莊的記載爲立論的標準，而沒有從比《史記》更早的諸子書和先秦思想發展大流出發探討莊子思想淵源。與此不同，錢穆對《史記》有關老莊的記載產生懷疑，在《先秦諸子繫年》中，對《史記》所傳老子姓氏故里事業及其子孫後裔，作了辨證。在《國學概論》第二章中，將老子思想歸入荀子韓非晚周一期共同論列。

《關於〈老子〉成書年代之一種考察》文章開始處，錢穆說明此文「自古代學術思想之系統著眼」，其考證方法是：

> 大凡一學說之興起，必有此一學說之若干思想中心，而此若干思想中心，決非驟然突起。蓋有對其最近較前有力之思想，或爲承襲而闡發，或爲反抗而排擊，此則必有文字上之跡象可求。《老子》一書，開宗明義，所論曰「道」與「名」，此爲《老子》書中二大觀念。就先秦思想史之系統，而探求此二大觀念之所由來，並及其承前啓後遞嬗轉變之線索，亦未始不足以爲考察其成書年代之一助。且一思想之表達與傳佈，又必有所藉以表達與傳佈之工具。如其書中所用之主要術語，與其著書之體裁與作風，皆是也。此等亦皆不能逃脫時代背景之影響與牢籠，則亦足爲考定書籍出世年代之一助也。〔註168〕

錢穆主要從「哲學思想之系統」立論，從《老子》中的「道」與「名」兩個概念的發展演變爲線索，來論證《老子》一書係晚出於《莊子》。他認爲，《論語》言道，僅言人事，墨子言義不言道，至《莊子》論道，乃與老子有同樣見解。然《莊子》中的道，有「與論語素樸之義爲近，與老子深遠之旨爲遠」。因此，莊子論道，是由孔墨向《老子》過渡的一個中間環節。以「名」而言，孔子首言正名，然其所指不過君臣父子間之名分；墨辯論名，乃指凡名實之名，至莊子則謂名字言說均不足以言眞理，其意不過爲儒墨兩家作一調人。至老子則息爭之事匪急，而認道之心方眞，故曰「道隱無名」。據此，

〔註167〕錢穆：《八十憶雙親師友雜憶》，三聯書店1998年版，第165～166頁。
〔註168〕錢穆：《關於〈老子〉成書年代之一種考察》，《莊老通辨》，三聯書店2002年版，第22頁。

錢穆斷定《老子》後於《莊子》。〔註169〕

　　《再論〈老子〉成書年代》一文，從三個方面對上文加以補充論說。他先從《老子》書中「對政治社會所發種種理論而推測其歷史背景，則其書應屬戰國晚年作品」。其書中有「不尚賢」的主張，「春秋中葉，列國行政，本不以尚賢爲體。老子著書，何乃遽倡不尚賢之論乎？」而書中凡言及從政者，均不似春秋時的貴族世襲制，春秋貴族世襲制「既不由功立而始進，亦不以功成而許退」，而《老子》中有「功遂身退」等語，皆出自戰國中晚期遊士陞沉之際。春秋時期政治對象之中心，在貴族階級內部自身，與全民無預，《老子》一書「乃多言治天下，少言治國」，「其言治天下，又必以民事爲要歸」，「此豈果天子諸侯卿大夫封建制度未破，貴族世襲制度未壞，國之大事，專在禮樂征伐，惟祀與戎之際之所能與知乎？」其次，從學術思想系統言之，「先秦顯學，實惟儒墨兩家」，「在儒墨之初期，其議論大體，歸於反抗當時貴族階級之矯僭，而思加以改革。儒義緩和，可稱右派。墨義激進，當爲左派。墨主兼愛，論其思想底裏，亦爲反對當時貴族階級之特權」。「墨子主兼愛，一變而爲惠施之萬物一體論。又轉化而爲莊周之物化論，以及公孫龍之惟名論。莊周公孫龍之說，又合併而成老子之虛無論。」有人心欲寡不欲多之說的宋銒是墨學晚起一大師，而《老子》言人生涉世之道，大抵從宋銒而來，故「疑《老子》書出宋銒公孫龍同時稍後之說也」。最後，按文學進化的順序，是詩、史、論三個階段，《老子》文體屬「論」，而結句成章，又間之以韻，是韻化之論文，其體頗見於《莊子》，而《荀子》益多有。而且，《老子》文字文句，時襲《莊子》，則其書之晚出可知。據此三點，錢氏重申老在莊後的觀點。〔註170〕

　　錢穆對老出於莊後這一觀點，續有論列。1947年寫作《三論〈老子〉成書年代》，1957年寫作《〈老子〉書晚出補證》等文，是對上述兩篇文章的進一步補充論證，均收入《莊老通辨》一書。本書專爲討論莊、老兩家思想，而辨訂其先後，1957年10月由香港新亞書院研究所初版發行。1971年，又在臺北再版發行。後又補入3篇，全書共18篇，交臺北三民書局出版。與此書互相發明參證的，有《先秦諸子繫年》、《國學概論》、《中國思想史》、《墨子》、《惠施、

〔註169〕錢穆：《關於〈老子〉成書年代之一種考察》，《莊老通辨》，三聯書店 2002年版，第23～55頁。
〔註170〕錢穆：《再論〈老子〉成書年代》，《莊老通辨》，三聯書店2002年版，第56～93頁。

公孫龍》等著作。錢穆始終堅持《老子》是戰國一部晚出之書，不僅在《論語》後，還應在《莊子》後。《老子》書中的許多重要觀點，幾乎全從《莊子》引伸而來。「只因其文辭簡賅，故使人更覺很像是義蘊深玄」。〔註171〕《老子》有小國寡民，老死不相往來的思想，正是戰國戰亂連年，在上者勤於干戈、在下者亟於遷徙的現實反映。〔註172〕

錢穆所用的方法，仍然是「探尋其書中之思想線索」。何謂「思想線索」？他指出：

> 每一家之思想，則必前有承而後有繼。其所承所繼，即其思想線索也。若使此一思想在當時，乃爲前無承而後無繼，則是前無來歷，後無影響。此則決不能巋然顯於世而共尊之爲一家言。故知凡成一家言者，則必有其思想線索可尋。〔註173〕

不僅在孔老、老莊先後問題上，而且在其他諸多先秦、秦漢間典籍的考訂上，錢穆始終堅持思想線索研究法。除上述胡適所總結、批評過的思想、制度的發展、演變，文字、文體、術語的考察這樣兩種類型外，尚有從時代背景考察思想的產生與年代一種類型。

錢穆較多地從文體演進的角度考訂古籍眞僞與年代。他說：

> 文體衍進，自有步驟，中間必經時間醞釀。文學上一種新體裁之出現，並不容易，並非可以突然而來。諸位認識得此一點，自然可以信我從文體衍進來辨別古書眞僞及成書年代先後之一點，決非純憑主觀臆測，而實是確切有據。〔註174〕

錢穆認爲，講到中國文學，講到文體問題，必須要注意韻文、散文之別。韻文始自《詩經》，散文始自《尚書》，《詩》、《書》爲中國古代經籍兩大要典。中國古代散文，主要應起於西周，且與周公有重大關係。後代散文章法、句法、字法有許多從西周書諸篇衍變遞化而來。自西周書以下至鐘鼎文，用字造句，終不失爲一種上古文面目。但《春秋》的用字造句，則面目一新，驟然看上去簡直與後代人用字造句沒有重大區別。此下中國散文用字造句並沒有大的變化，中國散文字句結構及其運用，可以說已由《春秋》定了體。如果我們拿《左

---

〔註171〕錢穆：《中國思想史》，《全集》第 24 冊，第 65 頁。
〔註172〕錢穆：《秦漢史》，三聯書店 2004 年版，第 48 頁。
〔註173〕錢穆：《莊老通辨‧自序》，三聯書店 2002 年版，第 8 頁。
〔註174〕錢穆：《中國古代散文——從西周至戰國》，《中國學術思想史論叢》第 2 卷，安徽教育出版社 2004 年版，第 304 頁。

傳》和《公羊》、《穀梁》就其文字衍進上仔細比較，應該是《公羊》最先，《穀梁》次之，《左傳》最後。三傳同記一事，很多情況下可以說是《左傳》抄襲了《公》、《穀》。錢穆指出，中國古代散文，留存至今的，其時代順序是：最早是西周書，與周公有重大關係。繼之是孔子《春秋》，又繼之是孔門弟子後學所記，如《論語》、《檀弓》，又如《公羊》、《穀梁》、《國語》，最後才是《左傳》。中國古代散文的形式也是逐步演進的，其順序是：最先只是辭，如孔子《春秋》。下面衍進到章，如由《論語》到《孟子》。下面再衍進到篇，此一階段，由《墨子》、《莊子》衍進到《荀子》。僅僅從這一點來看，《老子》、《中庸》的成書年代，當然不是遠在春秋之前或是春秋戰國之際所能有。而《左傳》中有許多長篇記事和長篇議論，自然也不能在孔子之前。〔註175〕另外，一般認為《大學》成於曾子、有子門人之手。顧炎武《日知錄》有一處曾就《爾雅》所說「茲，斯，此也」一語，統計《論語》用「斯」字70次，但不用「此」字。《檀弓》用「斯」字53次，用「此」字只1次。《大學》用「此」字19次。錢穆引用顧炎武所作的統計，認為《論語》和《檀弓》年代相近，《大學》則成書較晚，不出於曾子、有子門人之手。〔註176〕

從思想、制度的產生、演變的角度考訂古籍的眞偽與年代，也是錢穆運用得比較多的一種方法。錢穆主張，辨偽不該過分，但有許多古籍眞偽還是應該考辨。比如《尙書》，今文28篇裏就有很多不可信。他認為《尙書》中最可靠的只是《西周書》，虞、夏、商書都有問題，只有《西周書》或許才是《尙書》的原始材料、原始成分。《尙書》第一篇《堯典》就不可全信。《堯典》記載，堯傳天下於舜，舜命九官，其中大有疑問。首先是年代問題。禹是夏代之祖，契是商代之祖，棄是周代之祖，此刻都在舜下面變成同時的同僚。更重要的是，舜時已有一個宰相，又有管土地、管農業、管教育、管司法、管工業、管畜牧、管樂、管納言的，共九職，這是中國古代一個極像樣、極有組織、有規模的行政院。倘若堯、舜時期中國中央政府已有那麼九部大臣，為什麼下面夏、商、周三代，乃至於春秋、戰國下及秦漢卻都沒有？這不是歷史上一大退步嗎？舜時大臣分九職，為什麼下面從來沒有？僅僅憑這一點，從舜到秦兩千年的歷史，

---

〔註175〕錢穆：《中國古代散文——從西周至戰國》，《中國學術思想史論叢》第2卷，安徽教育出版社2004年版，第294～295、302、306頁。

〔註176〕錢穆：《中國古代散文——從西周至戰國》，《中國學術思想史論叢》第2卷，安徽教育出版社2004年版，第301頁。

變得無法講、講不通。所以我們只能說《堯典》是戰國人僞造的，舜官九職，是戰國末年人的理想政府、託古改制。〔註177〕

比如，《禹貢》也決不是夏禹時代的書，而應該是戰國時代的書。如《禹貢》裏劃分荊州、兗州、豫州等九州，爲什麼這九州字樣不見於夏代、商代、周代，直到春秋時代也沒有，到了戰國初期還沒有。是什麼人把禹分九州的制度廢掉了呢？爲什麼有此九州而從來沒有其他書用這「九州」的字眼呢？錢穆認爲，僅此一例，便可見《禹貢》不是一篇可靠的書。〔註178〕

錢穆從政治和行政區劃制度的演變線索考辨《堯典》、《禹貢》內容的眞僞，其據以研究的「基準」〔註179〕是《左傳》。他指出，《左傳》是中國最早的最詳密的編年史。《左傳》對這240年有極精詳極完備的記載，我們能把這240年認識了，根據這認識往上推，我們便可以研究中國古代史。他說：

> 我們要研究中國古史，應該把《左傳》做一個我們對歷史的基本知
> 識，即一個標準的看法。從此推到上邊去，可以不會大錯。
>
> 如我講今文《尚書》也有假的，《堯典》是假的，《禹貢》是假的，
> 爲何如此判斷？只要讀《左傳》，把《左傳》裏各國的政府組織，官
> 制等都弄清楚，那麼怎能在兩千年前的中國早有了這樣進步的舜的
> 時代的政府組織呢？爲什麼四千年前中國政府高明到這樣，在什麼
> 時候又退步墮落下來，到春秋時代又是這個樣子的呢？我們應有一
> 講法，即是說這《堯典》裏講的靠不住，《堯典》是戰國人的僞書。
>
> 又如講《禹貢》，我們看過全部《左傳》裏的地理，怎麼那時人沒有
> 《禹貢》九州觀念呢？我們便可判《禹貢》是僞書。〔註180〕

錢穆還從文字、術語、文體等角度考辨《堯典》、《禹貢》的眞僞。《堯典》篇首有「玄德升聞」四字，舜之德被堯所知，但爲什麼稱「玄德」呢？「玄德」兩字連用，在古書中極爲少見。「玄德」二字，只可用老子書來講，不能用孔孟之書來講。錢穆懷疑是戰國末年人看過《老子》，來僞撰《堯典》，才用了「玄德」二字。這說明，「可憑文字使用來衡定年代」。〔註181〕其中又有「涉方乃死」一句，僅憑這一個「死」字，錢穆便覺得《堯典》是後人作品，「想必到了《論

〔註177〕錢穆：《中國史學名著》，三聯書店2005年第2版，第8頁。
〔註178〕錢穆：《中國史學名著》，三聯書店2005年第2版，第9頁。
〔註179〕錢穆：《中國史學名著》，三聯書店2005年第2版，第46頁。
〔註180〕錢穆：《中國史學名著》，三聯書店2005年第2版，第47、45～46頁。
〔註181〕錢穆：《中國史學名著》，三聯書店2005年第2版，第9頁。

語》、《孟子》以後，大家只用一死字也用慣了，所以僞造《堯典》的作者也隨手用了死字，而孔子《春秋》則依然用了崩薨卒諸字」。〔註 182〕另外，從文體來看，《禹貢》也必定爲戰國末年書。〔註 183〕

前述錢穆對胡適禪宗史研究的批評，依賴新奇資料，創爲新說，卻誤解資料的字面意義。錢穆對胡適禪宗史研究的批評尚不止此。錢穆旁治佛學。1944 年春臥病成都，讀書消遣，讀完了《朱子語類》。夏天，避暑灌縣靈岩山，借閱《指月錄》。冬天，又臥病，偶然想起胡適此前編纂的《神會和尚遺集》，借來翻閱。錢穆連續撰寫三篇論禪宗與理學的文章，闡發禪學與宋明理學的關係。又撰《神會與〈壇經〉》，對胡適新說予以駁正。

胡適對禪宗史所作的系列研究，著重發掘神會這一位「偉大人物」。他說：「神會是南宗的第七祖，是南宗北伐的總司令，是新禪學的建立者，是《壇經》的作者。在中國佛教史上，沒有第二人比得上他的功勳之大，影響之深。這樣偉大的一個人物，卻被埋沒了一千年之久，後世幾乎沒有人知道他的名字了。」〔註 184〕而在錢穆看來，胡適「凡言禪皆本曹溪，其實皆本於荷澤」這一斷案，實在很大膽，可惜沒有證據。

錢穆指出，胡適作此大膽的翻案文章，其間最大動機，恐怕是胡適發現了《壇經》和《神會語錄》有很多相同之處。胡適認爲，《壇經》是神會所作，至少其重要部分是神會作的。如果不是神會作的，便是神會的弟子採取他的語錄裏的材料作成的。但後一說不如前一說近情理，因爲《壇經》中確實有很精到的部分，不是門下小師所能造作的。胡適說：

> 我信《壇經》的主要部分是神會所作，我的根據完全是考據學所謂
> 「內證」。《壇經》中有許多部分和新發現的《神會語錄》完全相同，
> 這是最重要的證據。〔註 185〕

但是，經錢穆考察，留存至今的《神會語錄》，尚無一種可以斷定爲神會自撰。而且，《神會語錄》與《六祖壇經》「有顯相衝突處」。〔註 186〕錢穆質疑：

〔註 182〕錢穆：《中國史學名著》，三聯書店 2005 年第 2 版，第 64 頁。
〔註 183〕錢穆：《〈西周書〉文體辨》，《中國學術思想史論叢》第 1 卷，安徽教育出版社 2004 年版，第 151 頁。
〔註 184〕胡適：《〈神會和尚遺集〉序》，《胡適全集》第 4 卷，第 314 頁。
〔註 185〕胡適：《菏澤大師神會傳》，《胡適全集》第 4 卷，第 305 頁。
〔註 186〕錢穆：《神會與〈壇經〉》，《中國學術思想史論叢》第 4 卷，安徽教育出版社 2004 年版，第 90 頁。

為什麼神會寫語錄時，下筆凝煉，到了晚年，再「七拼八湊」塡入《壇經》時，下筆卻又如此繚繞？仔細閱讀《壇經》與《神會語錄》，就會發現二者皆非慧能與神會手筆，都是相當一段時期內由多人纂集而成。但是，「由此兩書還可辨出慧能與神會當日精神意境之皎然不同處」，「如何卻隨便說《壇經》是神會晚年用他的語錄拼湊而成？」〔註187〕對此問題，錢穆主張還是應該回到歷史傳統與歷史常識方面來認識：

> 我們儘不妨再回到歷史傳統與歷史常識方面來，慧能到底是南宗開
> 山，是新禪宗的創立者。神會到底是慧能門下，他不過到北方去放
> 了一大炮，把南宗頓義在北方宣揚。正如陽明門下有一泰州，泰州
> 在北方宣揚王學，成績沒有神會大，但泰州後來自成一學派卻勝過
> 了神會。神會在當時雖則放了一大炮，究因他太過大驚小怪，轉爲
> 多數人不滿，亦如泰州當時亦爲一般人不滿。而後來神會不能如泰
> 州樣自成一學統，因此漸漸爲人所遺忘。直到最近，敦煌古物出現，
> 神會當時一大炮的聲威，始再爲世所知，這是胡氏的功績。只可惜
> 胡氏又爲他所發現太過渲染了，卻如我們驟見《王心齋集》，卻說《陽
> 明傳習錄》乃王艮捏造，這到底是一種戲論。〔註188〕

胡適認爲，神會的教義在當時是一種革命，用頓悟來打倒漸修，用無念來打倒一切住心入定求佛作聖等等妄念，用智慧來解除種種無明的束縛。但事過境遷之後，革命已經成功了，後人回頭來看當時革命大將慧能、神會的言論思想，反而覺得他們的議論平淡尋常，沒有多少東西可以滿足人們的希冀。這種心理，在宗密的著作裏可以看出。宗密自稱是荷澤法嗣，但他對於神會的教義往往感覺一種訥訥說不出的不滿足。宗密在《大疏鈔》裏說，頓悟是不夠的，頓悟之後仍須漸修，這便是革命之後的調和論了。〔註189〕

與胡適所論相反對，錢穆認爲，《壇經》與《語錄》理論上的「大不同處」在頓漸問題上。《壇經》六祖明明說：「法無頓漸，人有利鈍。」顯然，慧能還是頓漸兼修，並不爭其是非。神會則意在爭傳統，便兼顧不得兩面，竟斥神秀「法門是漸」了。如果《壇經》是「神會傑作」，「對頓漸理論便不如此持平」。

---

〔註187〕錢穆：《神會與〈壇經〉》，《中國學術思想史論叢》第 4 卷，安徽教育出版社
　　　　2004 年版，第 101 頁。
〔註188〕錢穆：《神會與〈壇經〉》，《中國學術思想史論叢》第 4 卷，安徽教育出版社
　　　　2004 年版，第 103 頁。
〔註189〕胡適：《菏澤大師神會傳》，《胡適全集》第 4 卷，第 294～295 頁。

〔註190〕神會明宗旨，辨是非，硬分南頓北漸，明顯違背了慧能、神秀的本意。其後宗密《圓覺大疏鈔》亦兼採頓漸，且於修習諸緣有極深工夫。他說：

> 菏澤特七宗之一，宗密縱所深尊，然局此一宗，宗密亦不以爲然。蓋宗密上承神會由教通宗之旨，而不爲《壇經》之傳宗，惟於神會爲又一轉手。而胡氏不知，乃謂南宗革命事業，後來只靠馬祖、石頭荷擔。到德山、臨濟而極盛。德山、臨濟都無一法與人，只教人莫向外求，無事休息去，這才是神會當日革命的深意，不是宗密一流學究和尚所能瞭解。不知馬祖、石頭、德山、臨濟正都是《壇經》傳宗，直承慧能，與神會有別。教人休息去，即教人在諸緣上自修習。此層細讀《壇經》自知。宗密之爲學究和尚，正承神會之爲知解和尚來。而在知解上，較神會更進一層。胡氏於此昧然，宜乎其無往而不誤。〔註191〕

這是錢穆研究唐代禪宗問題的第一期，「此後即放棄不理」。1963 年在香港，「又閑翻佛書」，撰成《讀〈六祖壇經〉》等數篇，這是錢穆研究唐代禪宗問題的第二期。〔註192〕這次專辨《壇經》的版本問題。

胡適認爲，《壇經》的普通傳本都是契嵩以後又經後人增改過的。流傳至今的只有兩個本子是契嵩以前的古本，其一是敦煌的不分卷寫本，其二是北宋初年惠昕改訂的二卷十一門本。敦煌本的祖本很古，這個祖本大概成於神會和尚未死之前。〔註193〕敦煌寫本《壇經》，是現存《壇經》最古之本，其書成於神會或神會一派之手筆。〔註194〕錢穆考察了《壇經》的兩種版本，一爲法海集記的敦煌本，一爲明代宗寶編本。「兩本詳略懸殊。然多顯有後人竄入，非原始《壇經》之眞相。」如敦煌本既然是法海集記，不當自稱「上座」。〔註195〕

1969 年冬，錢穆在臺北善導寺講演《六祖壇經》大義，「信胡氏之說者

---

〔註190〕錢穆：《神會與〈壇經〉》，《中國學術思想史論叢》第 4 卷，安徽教育出版社
2004 年版，第 110 頁。慧能傳菏澤神會、南嶽懷讓、青原行思等，神會傳磁
州智如和尚、磁州傳南印唯忠和尚，南印傳遂州道圓，道圓傳宗密。南嶽傳
馬祖，其後開出潙仰宗、臨濟宗；青原傳石頭希遷，其後開出曹洞宗等。

〔註191〕錢穆：《神會與〈壇經〉》，《中國學術思想史論叢》第 4 卷，安徽教育出版社
2004 年版，第 112 頁。

〔註192〕錢穆：《序》，《中國學術思想史論叢》第 4 卷，安徽教育出版社 2004 年版。

〔註193〕胡適：《〈壇經〉考之二——記北宋本的〈六祖壇經〉（跋日本京都堀川興聖寺
藏北宋惠昕本〈壇經〉影印本）》，《胡適全集》第 4 卷，第 331～341 頁。

〔註194〕胡適：《菏澤大師神會傳》，《胡適全集》第 4 卷，第 269 頁。

〔註195〕錢穆：《讀〈六祖壇經〉》，《中國學術思想史論叢》第 4 卷，安徽教育出版社
2004 年版，第 120 頁。

紛起討論」。錢穆又陸續撰文，這是他討論唐代禪宗問題的第三期。胡適已於 1962 年辭世，楊鴻飛力主胡適之說，臺灣學術界、佛學界紛紛加入了這場討論。〔註 196〕

　　錢穆在這次講演中指出，唐宋以後中國學術思想史上有兩大偉人，對中國文化有極大影響，一為唐代禪宗六祖惠能，一為南宋儒家朱熹。惠能是唐代禪宗的開山祖師，朱子則是宋代理學集大成者，一儒一釋，「開出此下中國學術思想種種門路，亦可謂此下中國學術思想莫不由此兩人導源」。晉宋間人竺道生是第一個提倡頓悟的。所謂「頓悟」，簡單地用 8 個字概括，即「義由心起，法由心生」。此前佛門僧眾，只知著重文字，宣講經典，老在心外兜圈子，忽略了自己根本的一顆心。直到不識一字的惠能出現，才將竺道生此一說法付之實現。錢穆此番所講將偏重於惠能之「修」，不像一般人只來談他的頓悟說。「若少注意到他的修，無真修，又豈能有真悟？此義重要，應大家注意。」〔註 197〕

　　六祖慧能係一不識字之人，其創立禪家南宗頓教，實際上遙符南朝晉宋間高僧竺道生頓悟之義。生公倡「一闡提人皆得成佛」說，孤明先發，此一辯論起於《大涅槃經》。六祖曾於無盡藏口誦中獲聞《大涅槃經》，後來又參印宗之講會。六祖所言見佛性，本諸《涅槃》。其言定慧等，亦出《涅槃》。錢穆批評胡適道：

> 近人胡適見《神會語錄》亦言定慧等，因疑《壇經》此等處皆神會所造。不知六祖與《涅槃經》有因緣，豈無盡藏與印宗之故事皆出神會捏造乎。又若出神會捏造，何為獨捏造六祖與法海之兩偈，法海固是《壇經》著錄人也。

> 胡氏不察，乃謂《定慧品》有人教坐，看心觀靜，不動不起，此種禪出自北宗門下的普寂，可知此種駁議，不會出於慧能生時，乃是神會駁斥普寂的話，不知普寂、降魔等教人凝心入定，住心看淨，起心外照，攝心內證，此皆遠有來歷。胡氏於佛門故事不細查考，猶可說，乃既盛推神會，而不細看宗密之書，則不得不謂是一大輕率也。〔註 198〕

〔註 196〕詳見陳勇《錢穆傳》，人民出版社 2001 年版，第 290 頁。
〔註 197〕錢穆：《〈六祖壇經〉大義》，《中國學術思想史論叢》第 4 卷，安徽教育出版社 2004 年版，第《中國學術思想史論叢》第 4 卷，第 131～139 頁。
〔註 198〕錢穆：《記〈壇經〉與〈大涅槃經〉之定慧等學》，《中國學術思想史論叢》第 4 卷，安徽教育出版社 2004 年版，第 141～142、142～143 頁。

　　就像討論上古史，必須以《左傳》爲「基準」一樣，錢穆認爲，討論禪宗史，也必須有一個「基準」，即六祖慧能與《壇經》。他說：

　　研討唐代禪宗思想，必以六祖慧能爲其先後轉捩之中心人物。六祖以前雖經衣缽相傳，要可謂之是舊禪。六祖以後，諸宗競起，始爲新禪。新禪諸祖師之思想義理，皆可於《壇經》溯其源。若在《壇經》以前，已有此後新禪諸祖師之意見，又爲之詳闡細述，一若成爲《壇經》思想之所從出，實則乃《壇經》思想盛行以後所僞託。若於此不加辨別，則一部唐代禪宗思想史全成顛倒紊亂，將難條理，而此後新禪諸祖師血脈精神所在，亦均無可把握矣。〔註199〕

　　錢穆認爲，《壇經》「基準」既定，以其思想、內容爲線索，可以考定其他佛門典籍的眞僞，「不煩多爲文字版本之辨證也」。〔註200〕如《壇經》重在捨棄經論直指本心，而《修心要論》則重在就此本心再於經論求證說，「此在思想路線之進展上，孰在前，孰在後，自可不煩深辨而知」。〔註201〕《修心要論》、《達摩和尙觀心破相論》、《最上乘論》諸書中觀念，多出自《六祖壇經》擺棄經論，直指心性，新禪諸宗既盛以後，才開始流傳，成爲佛門中一種普遍討論的話題。如果在弘忍時（《最上乘論》）或達摩東來時（《修心要論》、《觀心破相論》），已經有人提出此等話題，那麼此等話題又從何而來？如果這些是人人早已討論的話題，慧能只不過以一不識字之人略有所聞而已，「《壇經》所云，轉成無聊，不致轟動一世」。〔註202〕

　　錢穆指出，在禪宗思想史上，《壇經》以前所傳語言著作，出後人僞託，可資辨訂者非常之多。而他所根據的還是以文字來考訂思想先後。他說：

　　余辨《莊》、《老》先後，辨《孟子》、《中庸》先後，皆頗用此例。辨禪宗思想演進脈絡，此例仍可援用。〔註203〕

〔註199〕錢穆：《讀〈少室遺書〉》，《中國學術思想史論叢》第4卷，安徽教育出版社2004年版，第144頁。

〔註200〕錢穆：《讀〈少室遺書〉》，《中國學術思想史論叢》第4卷，安徽教育出版社2004年版，第152頁。

〔註201〕錢穆：《讀〈少室遺書〉》，《中國學術思想史論叢》第4卷，安徽教育出版社2004年版，第148頁。

〔註202〕錢穆：《讀〈少室遺書〉》，《中國學術思想史論叢》第4卷，安徽教育出版社2004年版，第149頁。

〔註203〕錢穆：《讀寶誌〈十四科頌〉》，《中國學術思想史論叢》第4卷，安徽教育出版社2004年版，第156頁。

如寶志《十二時頌》，錢穆考訂斷爲後人僞託。其中有「祖師」、「超釋迦，越祖代」等語，顯然不是南朝蕭梁時代禪宗未確立時所使用的語言。寶志《十四科頌》從其內容上來看，亦是禪宗大盛之時，同樣可疑。志公又有《大乘贊》十首，也可斷定是後人僞託。〔註204〕

## 四、「史學可爲絕對客觀者乎？」

上述錢穆、胡適之間圍繞著孔老先後、禪宗史等問題所展開的批評與論爭，其實質是歷史研究過程中史家的主觀與客觀的問題。人們似乎一般都認爲，史家研究歷史應該力求客觀、中立，但我們必須追問的是：史家研究歷史是否眞正能夠做到客觀、中立？

「史學可爲絕對客觀者乎？」傅斯年沒有回答這個問題，他只是說：「史料中可得之客觀知識多矣。」〔註205〕胡適似乎從來沒有提出過這樣的問題，但他提出要「科學的」整理國故。錢穆說：

> 我們寫歷史，必須先經過一番主觀的觀察，即對此史實的看法，直到對此史實之意義有所「瞭解」以後，才能寫成歷史。世界上絕無有純客觀的歷史。因我們絕不能把過去史實全部記載下來，不能不經過主觀的觀察和瞭解而去寫歷史。若僅有觀察而無瞭解，還是不能寫歷史。我們必須對史實之背景意義有所瞭解，並有了某種價值觀，才能拿這一觀點來寫史。故從來的歷史，必然得寓褒貶，別是非，絕不能做得所謂純客觀的記載。〔註206〕

錢穆此處所涉及的是兩個問題。其一，歷史記載是有限的；其二，面對有限的歷史記載，史家須對其作一番主觀的考察與瞭解，然後才能撰寫歷史。第一個問題，即是上一節「考證與想像」中所討論的。錢穆明確提出，史家

---

〔註204〕錢穆：《讀寶誌〈十四科頌〉》，《中國學術思想史論叢》第4卷，安徽教育出版社2004年版，第154～156頁。

〔註205〕傅斯年：《〈史料與史學〉發刊詞》，歐陽哲生主編：《傅斯年全集》第三卷，湖南教育出版社2003年版，第335頁。

〔註206〕錢穆：《中國史學之精神》，《中國史學發微》，《全集》第32冊，第32頁。關於「主觀」與「客觀」的問題，錢穆有一段話，也一併抄寫在這裏：「天下也從無絕對的純客觀。觀的本身出發點則早已是主觀的了。即如自然科學，也不能有絕對的純客觀。一切自然科學所發現之種種眞理，其實全本於人的立場而創建，而闡述。因此近代西方思想家，也有不主用客觀字，而改用主客互觀字。」（《心與性情與好惡》，《中國學術思想史論叢》第2卷，安徽教育出版社2004年版，第87頁）

可以合理地運用推斷與想像。胡適、傅斯年雖然公開宣示沒有材料不說話，但實際上，他們同樣大量運用了「大膽而合理」的「想像」。第二個問題討論起來就要複雜得多了。

胡適指出，「思想線索研究法」是一把可以兩面割的雙刃劍，研究「思想系統」、「思想線索」的人往往帶有主觀先見，所謂仁者見仁智者見智，缺乏客觀的依據。這固然是一種清醒之論。但是，思想史研究，哪怕是諸如生平年歷、著作時代、禪宗歷史等這樣似乎屬於「客觀」的領域的問題，也不能撇開思想的理解和研究。錢穆在《評胡適與鈴木大拙討論禪》一文中，對胡適思想史的研究方法作了系統批評。他說：

> 胡適對中國禪學，並無內在瞭解，先不識慧能、神會與其思想之內在相異，一意從外在事象來講禪學史，是其病痛所在。不僅講禪學犯此病，其講全部中國思想史，幾乎全犯此病。

> 胡氏又提出當時禪宗祖師們的一套困學教育法，認爲這方法以不說破爲原則，可分三階段。鴛鴦繡出憑君看，莫把金針度與人。禪師們在第一階段時，不把事情用和平語言解釋，鼓勵沙彌去自己思考，自己發現。第二階段則是禪師們的機鋒與棒喝。於是轉入第三階段，由沙彌們去行腳。用此來說禪宗發展史，乃只是外皮形相，並未觸及禪學思想之內在深處。而且胡氏以僞撰與捏造來說神會，與以不說破來說整體的禪師說教，似乎都是以一種不正常乃至不良的心理和行爲來解釋轟動一世的思想，與其解釋儒家思想，正犯了同樣相似的大病。〔註207〕

錢穆指出，研究禪宗歷史，必須將禪學史與以前的儒道思想史和以後的理學思想史一併研究，理解了儒道思想和理學思想，才能更好地理解禪學思想，也可以從禪學思想中更好地理解儒道思想與理學思想。只有把禪學放在中國佛學史、中國思想史中來研究，才能獲得一個恰當的地位。〔註208〕胡適研究禪宗史，可惜他並不瞭解禪，鈴木大拙也不瞭解禪學史和中國思想史，所以他們的討論，「都嫌不深入」，〔註209〕還待後繼學者的努力。

---

〔註207〕錢穆：《評胡適與鈴木大拙討論禪》，《中國學術思想史論叢》第4卷，安徽教育出版社2004年版，第190、191～192頁。

〔註208〕錢穆：《評胡適與鈴木大拙討論禪》，《中國學術思想史論叢》第4卷，安徽教育出版社2004年版，第199頁。

〔註209〕錢穆：《評胡適與鈴木大拙討論禪》，《中國學術思想史論叢》第4卷，安徽教

　　胡適的考證，適合具體歷史事實如版本、人物的生平行事等方面。一旦超越了這樣的具體史實的範圍，需要對某些較爲宏大的問題作出解釋和闡明，尤其是思想史的研究，其考證功夫似乎就無所施其技了。胡適指出思想線索研究法由於研究者的主觀性而帶來的不確定性，因而要愼之又愼，以致於排斥對思想的理解和分析，顯然也是行不通的。錢穆對胡適考據、思想分爲兩橛的批評，自在情理之中。

　　不僅思想史的研究，必須首先參透思想本身，離不開對思想的分析與把握，即使在那些主觀性不強、相對更容易保持「客觀」、「中立」的領域，在嚴謹的考證背後，似也無法完全擺脫研究者的個人主觀的意識。上一節裏何茲全提到的陳寅恪的考證方法，似乎在此處有進一步分析的必要。比較胡適、陳寅恪這兩位考據名家，二人的差別是十分明顯的。陳寅恪的考證，頗爲世人推崇。季羨林回憶大學時代聽課感受時說：

> 我旁聽了寅恪先生的「佛經翻譯文學」。參考書用的是《六祖壇經》……寅恪師講課，同他寫文章一樣，先把必要的材料寫在黑板上，然後再根據材料進行解釋、考證、分析、綜合，對地名和人名更是特別注意。他的分析細入毫髮，如剝蕉葉，愈剝愈細愈剝愈深，然而一本實事求是的精神，不武斷，不誇大，不歪曲，不斷章取義。他彷彿引導我們走在山陰道上，盤旋曲折，山重水復，柳暗花明，最終豁然開朗，把我們引上陽關大道。讀他的文章，聽他的課，簡直是一種享受，無法比擬的享受。在中外眾多學者中，能給我這種享受的，國外只有亨利希・呂德斯（Heinich luidum），在國內只有陳師一人。他被海內外學人公推爲考證大師，是完全應該的。〔註210〕

　　一般情況下，胡適考證時使用的資料，意思明確、清楚，把一條條的資料聯繫起來，形成證據鏈，考證的工作即告完成。而在筆者看來，陳寅恪考證歷史問題時，往往喜歡探究資料「顯白」之外的「隱秘」，即史料的記載者欲言又止、欲言未言的東西，或其中所隱含的言外之意、話外之音。〔註211〕

---

育出版社 2004 年版，第 196 頁。
〔註210〕季羨林：《回憶陳寅恪先生》，《朗潤園隨筆》，上海人民出版社 2000 年版，第 393 頁。
〔註211〕筆者對陳寅恪學術作品閱讀不多，只是有那麼一種「感覺」。此處得益於同事沈志安先生的進一步說明。他還說，陳寅恪不滿現實而又充滿了無奈，學術研究和詩文寫作中往往有所寄託，他又主張對古人學說應具「瞭解之同情」，

如唐高祖起兵太原時，曾稱臣於突厥，而太宗又為此事謀主，十餘年後，雪此奇恥，但史家記載諱飾。陳寅恪特為拈出此一重公案，認為相關歷史記載十分微妙，深堪玩味，從中可「推知」、「推論」此一史實。〔註212〕

嚴耕望比較史學二陳，更為推崇陳垣的考證，不但結論精確，能給讀者增加若干嶄新的歷史知識，而且亦易於追摩仿學。他說：

> 考證之術有述證與辯證兩類別、兩層次。述證的論著只要歷舉具體史料，加以貫串，使史事真相適當的顯露出來。此法最重史料搜集之詳贍，與史料比次之縝密，再加以精心組織，能與（筆者按：疑為「於」）紛繁中見其條理，得出前所未知的新結論。辯證的論著，重在運用史料，作曲折委蛇的辨析，以達成自己所透視所理解的新結論。此種論文較深刻，亦較難寫。……寅恪先生的歷史考證側重後者，往往分析入微，證成新解，故其文勝處往往光輝燦然，令人歎不可及。但亦往往不免有過分強調別解之病，學者只當取其意境，不可一意追摩仿學；淺學之士若一意追摩，更可能有走火入魔的危險。〔註213〕

胡適晚年對陳寅恪「就是記性好」〔註214〕的私下議論，不也反映出他對這位考據大師的保留態度嗎？

胡適對「思想線索研究法」或挖掘隱含的「思想」的考據法頗不以為然，因為面對同樣的問題，論者往往受主觀成見的左右，見仁見智，眾說紛紜。如關於孔老先後問題的討論，1958年，《中國哲學史大綱》更名為《中國古代哲學史》在臺北出版，胡適在自序中寫道：

> 有一天，我忽然大覺大悟了！我忽然明白：這個老子年代的問題原來不是一個考證方法的問題，原來只是一個宗教信仰的問題！像馮友蘭先生一類的學者，他們誠心相信，中國哲學史當然要認孔子是開山老祖，當然要認孔子是「萬世師表」。在這個誠心的宗教信仰裏，孔子之前當然不應該有一個老子。在這個誠心的信仰裏，當然不能

這樣的學者往往喜歡挖掘、探究史料中隱秘的含義，以致強為別解。這樣做有時是很危險的。胡適的考證，相較而言，又顯得比較淺薄。

〔註212〕陳寅恪：《論唐高祖稱臣於突厥事》，《寒柳堂集》，三聯書店 2001 年版，第 108～121 頁。

〔註213〕嚴耕望：《治史答問》，《治史三書》，遼寧教育出版社 1998 年版，第 178 頁。

〔註214〕何炳棣：《讀史閱世六十年》，廣西師範大學出版社 2005 年版，第 322 頁。

承認有一個跟著老聃學禮助葬的孔子。

真是白費心思，白費精力了。〔註215〕

又如 20 世紀二、三十年代，胡適、梁啓超、錢穆對戴震的研究有相當大的學術分歧，對戴震的學術淵源也有不同認識。〔註216〕胡、梁將戴震定位於「反理學」的思想主線上，認爲戴震思想淵源於反理學的顏李學派。錢穆反對「反理學」之說，認爲與其說戴震受顏李的影響，不如說較易受惠於毛西河、王船山、惠棟，戴震論性寧可遠尋淵源於荀子而不必近求之於顏李。他說：

> 然思想之事，固可以閉門造車，出門合轍，相視於莫逆，相忘於無形者。王船山論道器，論自然與成性，論懲忿窒欲，陳乾初論天理從人欲中見，論擴充盡才後見性善，其可與東原說相通者，亦夥矣，未必東原定見王、陳書也。學者於交遊誦讀間，固可以多方啓發，自得深造，不必堅執一二端，以臆定其思想淵源之所自。惟謂東原遊揚州，見惠定宇，而論學宗旨稍變，其爲《原善》，或頗受定宇《易微言》影響，則差近實耳。
>
> 惠、戴至近，何必遠尋之顏、李耶？且惠氏論學，主尊古，故頗引周、秦諸子，謂猶足與經籍相證。今考東原思想，亦多推本晚周，雖依孟子道性善，而其言時近荀卿。〔註217〕

在禪宗史研究方面，胡適坦承，自己對佛家的宗教哲學兩方面都沒有好感。事實上，他對整個的印度思想——從遠古的《吠陀經》時代，一直到後來的大乘佛教，都缺少尊崇之心。他一直認爲佛教在中國自東漢到北宋千年的傳播，對中國的國民生活是有害無益，而且爲害至深且巨的。他說：

> 我把整個佛教東傳的時代，看成中國的「印度化時代」（Indianization period）。我認爲這實在是（中國文化發展上的）大不幸也！這也是我研究禪宗佛教的基本立場。〔註218〕

---

〔註215〕胡適：《〈中國古代哲學史〉臺北版自記》，《胡適全集》第 5 卷，第 538～539 頁。

〔註216〕詳見劉巍《二三十年代清學史整理中錢穆與梁啓超胡適的學術思想交涉——以戴震研究爲例》，《清華大學學報》（哲學社會科學版）1999 年第 4 期。

〔註217〕錢穆：《中國近三百年學術史》上冊，商務印書館 1997 年版，第 393～394 頁。

〔註218〕胡適口述、唐德剛註譯：《胡適口述自傳》，安徽教育出版社 1999 年版，第 289 頁。

　　這就是胡適研究禪宗歷史的預設立場。在這樣的思想指導之下，禪宗或曰佛教裏面百分之九十，甚或百分之九十五，「都是一團胡說、偽造、詐騙、矯飾和裝腔作勢」，神會自己就是個大騙子和作偽專家。〔註219〕所有這些，都說明追尋思想淵源的不確定性與濃厚的主觀色彩。

　　從以上所論可見，錢穆始終堅持思想線索研究法，胡適自30年代對此方法作了反省和批評之後，始終保持戒懼態度，否定思想線索研究法的有效性。然而，歷史並非如此簡單化地呈現在我們面前。1933 年，胡適說：「我至今還不曾尋得老子這個人或《老子》這部書有必須移到戰國或戰國後期的充分證據。在尋得這種證據之前，我們只能延長偵查的時期，展緩判決的日子。」〔註220〕1954 年，胡適在臺灣大學作《中國古代政治思想史的一個看法》的演講，犯了「老毛病」，說不考據，忍不住又談考據了，提起了這椿舊案。在他看來，幾十年過去了，「我的許多朋友」，「從梁任公先生到錢穆、顧頡剛、馮友蘭諸先生」，仍然沒有提供足夠的證據，「我覺得老子這個人的年代和《老子》這本書的年代，照現在的材料與根據來說，還是不必更動」。〔註221〕此時，胡適對《老子》這部書的看法，提出了另外一種比較通行的考據方法，即「從一個人的著作中考據另一個人」：

> 我們考證一部書的真假，從一個人的著作中考據另一個人，並不是我一個人的辦法。譬如希臘古代在哲學方面有許多著作，後來的人考據哪幾部著作是真的，哪幾部著作是假的，用什麼標準呢？文字當然是

---

〔註219〕唐德剛說，胡適談宗教有個不可補救弱點，這弱點正是他「整理國故」弱點的反面。在「整理國故」內，他的「科學」還不太夠；在「整理佛教」裏，他的「科學」又太多了點。「學問」和「宗教」是兩個時時有邊界糾紛的大國，但他二位並不是一樣東西。搞學問重在「學」、重在「識」；搞宗教重在「信」、重在「悟」。尤其是佛教，如果一位學者，既不信又不悟而偏要在「思想」上去碰它，那就只能搞點佛教的「史實」（factual history）來消遣消遣了。從「學問」上去看，胡先生倒的確把一部「禪宗史」弄到前空古人的程度。可是他就不能談「禪」，要談也不深。他歡喜談《六祖壇經》，但是兜來兜去則是《壇經史》。《壇經》本身是個什麼東西，對他倒是次要的。一個學者，斷不可以處理「學問」的方法，去處理「宗教」。宗教是另有一番境界的。胡適是最高明的「入世的學者」，他老人家哪裏能談禪！（胡適口述、唐德剛註譯：《胡適口述自傳》第十章註五，安徽教育出版社 1999 年版，第 260～263 頁）

〔註220〕胡適：《評論近人考據〈老子〉年代的方法》，《胡適全集》第 4 卷，第 139 頁。

〔註221〕胡適：《中國古代政治思想史的一個看法》，《胡適全集》第 8 卷，第 451～452 頁。

一種標準；但是重要的，就是如果要辨別柏拉圖著作的眞僞，須看柏
拉圖的學生亞利斯多德是否曾經引過他老師的話，或者看亞利斯多德
是否曾提到柏拉圖某一部書裏的話。這是考據的一種方法。〔註222〕

胡適認爲，《老子》這部只有五千字左右的書，裏邊有四五個眞正有創造
的基本思想，後來也沒有人能有這樣透闢的觀念，我們沒有理由把它放得太
晚。「在思想上他的好幾個觀念，可說是影響了孔子」。比如孔子說：「天何言
哉？四時行焉；百物生焉；天何言哉？」這就是自然主義的哲學，來源於老
子。孔子說「以德報怨」，完全是根據老子所說的「報怨以德」。諸如此類的
話還有很多，比如「犯而不校」就是老子提倡的一個很基本的觀念，就是所
謂的「不爭主義」，亦即是「不抵抗主義」。〔註223〕

胡適此處所謂「從一個人的著作中考據另一個人」的考據方法，從孔子
的思想考據老子的年代，究其實質，不仍然是「思想線索研究法」嗎？

實際上，沒有人可以完全擺脫思想的影響與束縛。張蔭麟說，史家解釋
歷史現象，「必以其時代所公認或其個人所信仰之眞理爲標準」。而人類知識，
與時俱進，「而史家莫能逃此限制也」。〔註224〕何茲全評論傅斯年史學思想時
亦持同樣觀點：

主張史學即史料學、一分材料一分貨的，主要是反對預先在腦子裏有
個理論或方法。這種反對是沒有用的。從古以來，人人都有自己的思
想，也就是他的理論。人在和客觀實體的接觸中都有反映。他對客觀
的反映，就是他從客觀中取得的「理論」（意識）。這「理論」再回到
他處理和客觀實體的接觸時，就成爲他的「方法」。幾千年來人類從
和客觀實體的接觸及和人群自我的接觸中，不斷提高自己的認識，也
就是不斷提高自己的理論。人和人的接觸中，人和社會的接觸中，不
可能沒有自己的理論。反對研究歷史先在腦子裏有個方法和理論的
人，其實自己也是先在腦子裏已有他自己的方法和理論的，只是各人
腦子裏的方法和理論不同，有先進、落後，正確（或部分正確）、錯
誤的區別而已。傅斯年何嘗沒有他自己的理論。〔註225〕

---

〔註222〕胡適：《中國古代政治思想史的一個看法》，《胡適全集》第8卷，第453頁。
〔註223〕胡適：《中國古代政治思想史的一個看法》，《胡適全集》第8卷，第453頁。
〔註224〕張蔭麟：《論歷史學之過去與未來》，張雲台編：《張蔭麟文集》，教育科學出
版社1993年版，第145頁。
〔註225〕何茲全：《傅斯年的史學思想和史學著作》，《歷史研究》2000年第4期。

既然主觀不可避免，那麼歷史，除去史料的考訂與辨偽之外，就真成了「任人打扮的小姑娘」〔註226〕了嗎？歷史的真實性就是永遠不可能、也不必追尋的嗎？余英時如是說：

> 我勸青年朋友們暫且不要信今天從西方搬來的許多意見，說什麼我們的腦子已不是一張白紙，我們必然帶著許多「先入之見」來讀古人的書，「客觀」是不可能的等等昏話。正因為我們有主觀，我們讀書時才必須盡最大的可能來求「客觀的瞭解」。事實證明：不同主觀的人，只要「虛心」讀書，則也未嘗不能彼此印證而相悅以解。如果「虛心」是不可能的，讀書的結果只不過各人加強已有的「主觀」，那又何必讀書呢？〔註227〕

歷史學所謂「追求客觀真實」絕難與自然科學所謂追求客觀真實相同，追求歷史真實的絕對客觀是不可能的，而只能是「相對客觀的真實」，我們所可能建立的是「相對客觀的歷史學」。「史料處理」只是史學研究的一部分；歷史研究於處理史料之外，「解釋」必不可少；雖然因為歷史學者的觀點與所受的訓練不同，對同一史事的解釋也互不相同，但這可以使史事的種種面相得以分別呈現，而完全無損於「歷史事實」的追求。

---

〔註226〕《新民週刊》2005年第51期刊登謝泳的文章說，「歷史是個小姑娘，可以任人打扮」這句話在上世紀50年代批判胡適的時候，流行極廣，可謂婦孺皆知。然而，胡適實際上從來就沒有說過那樣的話。那句話是由另外的話變化過來的，而且與胡適的原意恰好相反。50年代批判胡適的時候，好多人並不是不知道這句話的原意，但多數作了故意的曲解。那句話是胡適介紹詹姆士的實在論哲學思想時說的。原話是：「實在是我們自己改造過的實在。這個實在裏面含有無數人造的分子。實在是一個很服從的女孩子，他百依百順的由我們替他塗抹起來，裝扮起來。」「實在好比一塊大理石到了我們手裏，由我們雕成什麼像。」（《實驗主義》，《胡適全集》第1卷，第298頁）

〔註227〕余英時：《怎樣讀中國書》，《錢穆與中國文化》，上海遠東出版社1994年版，第311～312頁。

# 結　語


　　錢穆不認同胡適所代表的中國現代學術的發展道路，屹立於此一主流之邊緣。二人學術思想之異實即中西文化思想之異。錢穆對治學思想與方法的討論，對中國歷史與文化的研究，很大程度上是「因病立方」，針對當時流行的種種思想與觀點而論。伴隨著中國現代化的推進，學術轉型成一不可阻遏之潮流。錢穆所倡導的讀書、治學方式儘管已是無可奈何花落去，但對現代學術有重要的糾偏作用，許多思想仍然值得我們珍視。

## 一、中西文化思想之異

　　錢穆與胡適都有強烈的現實關懷意識，面對中國三千年未有之變局，希望以自己獨特的方式，為中國發展尋找適合的新路。新文化運動以後，中國思想丕變，西化思潮以沛然莫能禦之之勢席捲而來，在人們思想上掀起狂濤巨浪。錢穆、胡適在治學思想與方法上有著絕大分歧，實即中西文化思想之異。

　　錢穆回憶，他年方十歲時，體育教師錢伯圭即告以我們此後應該學習歐洲英法諸國，使其幼小的心靈倍受震撼。他畢生從事學問，皆受此一番話啓發而來。「東西文化孰得孰失，孰優孰劣，此一問題圍困住近一百年來之全中國人，余之一生亦被困在此一問題內。」〔註1〕文化的時代性與民族性、文化的一般性與特殊性，是近代以來中西文化論爭的核心內容。一般而言，主張學習西方以實現國家現代化的學人，更多的強調文化的時代性和一般性，認為人類社會的發展是趨同的，各民族的文化之別是時代之別；以東方文化為本位的學人，更多的強調文化的民族性與特殊性，在現代化過程中必須保持

---

〔註1〕　錢穆：《八十憶雙親師友雜憶》，三聯書店 1998 年版，第 46 頁。

本民族的文化特色。胡適、錢穆是上述兩方面頗具代表性的學人。

求變是近代歷史的共同要求，有「和平穩健派」、「激烈急進派」之分，要求變革較少的人往往就被我們視作保守主義者。他們求新而不肯棄舊，要吸收西方新的文化而不失故我的認同，即陳寅恪所謂「一方面吸收輸入外來之學說，一方面不忘本來民族之地位」。錢穆對中國文化知之深，愛之切。中國歷史時間之綿延，空間之廣闊，並世無匹，自有其獨特之處，自有其光明面。人們可以說他頑固，但他絕不是悲觀，他堅信中國歷史和文化必將復興。他畢生辛苦備嘗，筆耕不輟，著述、教學不斷，與西化潮流相抗爭，堅信中國文化必有其再現光輝與發揚之日。持守中國傳統文化，凸顯中國文化的特殊性，是錢穆中西文化觀的基本內容。他崇敬國家民族之傳統文化，「類同宗教信仰」，「其對中國文化頌贊容有過分處，對西方文化批評容有偏激處」。〔註2〕其一生，始終思考著一個中心問題：在歐風美雨的侵襲下，中國傳統文化如何延續、傳承與更新，如何讓全社會保持一種共尊共信之心。錢穆對「傳統」二字格外鍾情，任何一個國家、一個民族，必然有它的傳統，絕不會憑空產生，平地拔起。他強調，尊重傳統，並非守舊，「各自傳統之下，不妨有各自的新」。〔註3〕

## 二、因病立方

錢穆生在國魂飄失的歷史時代。為了匡正偏頗、補救時弊，喚醒國魂，他對中國歷史文化，闡其精微而棄糟粕於不論，通其大體而置細節於不顧，自有其不得不然之處。他說，你們大家儘在那裏講中國壞處，我不得不來多講一些中國的好處。如果說我平生講話，多講了中國的好處，那也只是因病立方。〔註4〕錢穆對中國歷史和文化的研究，來源於當時維新派意見。他說：「余之所論每若守舊，而余持論之出發點，則實求維新。」〔註5〕辛亥以還，提倡新學乃時代風氣，人人慕效西化，卻很少真實西化的學者。首先就不肯

---

〔註2〕 《出版說明》，《中華文化十二講》，《全集》第 38 冊。

〔註3〕 錢穆：《中國歷史上的傳統政治》，《國史新論》，三聯書店 2001 年版，第 133 頁。

〔註4〕 錢穆：《中國史學名著》，三聯書店 2005 年第 2 版，第 282～283 頁。

〔註5〕 錢穆：《國史新論‧再版序》，三聯書店 2001 年版。余英時說明錢穆治史的動機與方向，亦認為，錢穆承繼了清末學人的問題，但是並沒有接受他們的答案，「他的一生便是為尋求新的歷史答案而獨闢蹊徑」。（《一生為故國招魂——敬悼錢賓四師》，《錢穆與中國文化》，上海遠東出版社 1994 年版，第 23～24 頁）

埋頭做翻譯工作，其次是不肯專就西方學術中一家一派篤信好學，遑論上自希臘，下至近代，綜括西歐各國。不肯低頭做西方一弟子，卻想昂首做中國一大師。倡言開風氣，卻不肯沉潛鑽研，做一老實、真實的學者。〔註6〕

　　在錢穆看來，胡適所倡導的治學思想與方法，完全背離了中國學術的大傳統。中國傳統學術以人為中心，士人當為社會的領導力量，讀書治學的最高理想是做一「君子」。學當經世致用，以家國天下為己任。中國傳統重通人之學，需要多年的努力，閱讀基本典籍，才始談得上做學問。現代人不經勤學，不讀基本典籍，即可成一專家，或依賴新奇資料以資考證，或借鏡西學，對傳統所作的新解，不符合歷史情實。更有甚者，不讀中國書，不沉潛治學，借用西方一二名詞、概念，對中國歷史肆意議論、批評與謾罵。不幸的是，

〔註6〕 胡適交遊廣泛，性喜「談天」，並非錢穆那樣的學問中人。他在1921年7月9日日記中寫道：「我近來做了許多很無謂的社交生活，真是沒有道理。我的時間，以後若不經濟，都要糟蹋在社交上了！」（《日記》第3卷，第366頁）胡適1926年日記最末記載，約略統計，全年用此冊子的日子只有193日，而有記的宴會（飯局與茶會）共計191次。「平均每日有一次宴會，真不知糟蹋了多少可寶貴的光陰！」（《日記》第4卷，第478頁）1950年代胡適流寓美國期間，與之交往頗多的唐德剛回憶，許多人都笑胡適是紐約的中國「地保」。途過紐約的中國名流、學者、官僚、政客等一定要到胡家登門拜訪，加之胡適生性好熱鬧，來者不拒，見者必談。他的紐約寓所，簡直是個「熊貓館」，終日「觀光之客」不絕。（見唐德剛《「我的朋友」的朋友》，《胡適雜憶》，廣西師範大學出版社2005年版，第157～158頁）唐先生說，「『談』政治原是胡先生的最大嗜好」，平時很少聽到胡先生和他同輩的朋友或訪客們談過多少學問，他們所談所論的幾乎全是政治，而且多半是雞毛蒜皮的政治，「學問似乎只是他老人家教導後輩的東西」。（見《「不要兒子，兒子來了」的政治》，《胡適雜憶》，廣西師範大學出版社2005年版，第19頁）趙元任夫人楊步偉回憶，他們聯繫大學請胡適講學，哪裏知道「他被客人來的連預備的工夫全沒有」。「上了講臺，拿了一摞稿子，翻來翻去的老找不著要講的地方，給我在下面看的急死了」。楊步偉建議他凡是有演講的日子拒絕一切客人來坐談，可是胡適十次有九次說的好。半學年的日子真快，一轉眼就過去了。（《一個女人的自傳》，嶽麓書社1987年版，第430～431頁）何炳棣說，1958年12月曾在胡適家中做客6日。某晚稍閒，他問胡適：「胡先生，據我揣測，您生平醒的時間恐怕三分之二都用在會客，對不對？」胡適沉思片刻，說這估計大概與事實相差不遠。（《讀史閱世六十年》，廣西師範大學出版社2005年版，第319頁）1920年9月，胡適在北大開學典禮上演講指出，現今學術界有一種新的要求，但並沒有什麼新文化，自己被人稱作「新文化運動」的領袖，也感覺十分慚愧。他希望北大的教師與學生，從淺薄的「傳播」事業，回到一種「提高」的研究工夫，「去切切實實的求點真學問」。（《提高與普及》，《胡適全集》第20卷，第66～69頁）胡適自己做過、也指導別人做過一些翻譯工作，但顯然是十分不夠的。

這種傾向居然成為時代風氣與潮流。

學問之事，貴能孤往。為學要在自己性情上有自得，不要在外面追摹時代風氣。這是錢穆一向倡導的學術精神，也是他一生治學的主要特點。獨樹一幟、孤軍奮鬥、不計毀譽，雖千萬人吾往矣。一代大學者，每每與其同時代之時風眾勢不相並立。真正的大學者，必能超越流俗，違抗時代風氣，而有所建立，並能轉移一代風氣。錢穆不再沉默，不再局限於內心的不滿，他心中鼓動著一股對抗時流的力量，他不再坐視近代以來人們對中國歷史和文化的種種誣妄，不再坐視中國學術傳統的淪喪，他公開站出來批評近代以來學術研究上的種種問題，而胡適正是這一時代新風氣、新潮流的代表人物。

「予豈好辯哉，予不得已也！」錢穆也不願辯。即使對胡適等人批評剴切，他也不是放言高論，破口謾罵。其實，他用不著同別人辯論，他只要寫出幾部像樣的著作，將中國學術、歷史和文化的真相抉發出來，就足以論證自己的看法了。從某種角度來講，錢穆是十分幸運的，他得享高壽，耄耋之年筆耕不輟，學術生命之火依然旺盛。他對自己的幾部大著作傳世，有絕對的自信。

20 世紀 30 年代是中國學術的黃金時代。僅就錢穆所結交之人，南北著名學者，「同對適之有反對感」。〔註7〕如能有較長一段時期安定生活，或許可以對我民族文化傳統作較深一層切磋、認識與研究。不幸日寇入侵，抗戰軍興，一輩學者播遷流離，無遑在學術上作深一層研討。後更政治巨變，兩極對立，或尊蘇，或尊美，民族歷史文化大傳統反置之不論不議之列。百年來的中西文化論爭，竟成一不完而完之局。錢穆不禁有「天不佑我中華」之歎。

## 三、錢穆治學思想的迴響

學術轉型是中國現代化過程中不可阻遏之潮流。中國必須現代化，由傳統文化的一統天下走向中西文化的衝突與融匯，西方學術的體系與內容徹底地改變了中國傳統學術。四部之學逐漸為七科之學所取代，學人的知識結構、生活方式發生了重大變化，學術研究的職業化、體制化、專門化改變了學術研究的對象與宗旨，學者務為專家而非傳統之「士」，通人之學再也難以企及；用西方學術作為瞭解、研究中學的新的視域，也成為潮流。胡適正是順應了這一歷史發展的潮流，從而奠定了在中國現代學術史上的「領袖」與「大師」

---

〔註7〕 錢穆：《維新與守舊——民國七十年來學術思想之簡述》，《全集》第 23 冊，
　　　第 29 頁。

的地位。胡適切近，相對可以追摹；錢穆高遠，現代人已不可能做到。錢穆的時代已經永遠逝去，錢穆這樣的學者不可能出現了。

　　但是，錢穆的治學思想與方法對現代學術發展有重要的糾偏作用。相對而言，錢穆對胡適等科學史學派或曰新考據學派思想與方法的批評，獲得了較多的響應。1990 年 1 月，錢穆去世前幾個月，嚴耕望前去晉謁，不想先生當時神智極清醒的問了兩個有意義的問題。其一爲「現在學術界對於我治學的看法如何？」嚴耕望回答說，「三四十年前，考證派正盛，先生獨持異議，強調通識的治史方法，與時風迥異，所以當時雖然一般社會人群與部分青年學人心向先生的論點，但主流的史學界卻似頗抗拒。現在潮流已有轉變，觀點與方法論漸與先生接近。最近趨勢，更強調運用社會科學理論來治中國史，觀點雖與先生不同，但重視有系統的通識，卻與先生路線暗合；所以有不少講思想史、講方法論的青年學人對於先生極爲推崇。」錢穆高興的微笑。〔註 8〕胡適、傅斯年大力倡導的科學考據之學，1949 年後退居臺灣，在臺灣文史之學的教學與研究上佔居絕對支配性的地位。自 20 世紀 60 年代中期以後，新一代史學研究者成長起來，漸趨成熟，更多地借鑒西方社會科學理論與方法來研究歷史，終成臺灣史學主流。1949 年後，中國大陸地區在文化、教育、學術等各方面均發生了重大變化。20 世紀 90 年代以後，大陸地區史學界基本拋棄了過去習慣的空洞論述，轉向實證化，甚至有人提出了「回到乾嘉」、「回到傅斯年」的口號，同時亦強調研究者對歷史的主觀釋讀。〔註 9〕胡適、傅斯年所謂科學的整理國故、客觀史學，毋寧是科學信仰下的一種刻意張揚。追求史學絕對客觀眞實實屬不可能之事，在實證研究的基礎之上，結合思想與時代，加以適當的解釋與分析，甚至合理的推斷與想像，似乎更能反映人們對歷史的追求。

　　錢穆是寂寞的，晚年更甚。金耀基說，自從結識錢先生後，總覺得他是很寂寞的，他曾說很少有可以談話的人了。他與當代的政治社會氣候固不相侔，與當代的學術知識氣候也有大隔。他的寂寞主要靠讀書、靠做學問來消解，與古人爲友。

〔註 8〕　嚴耕望：《錢穆賓四先生與我》下篇《從師問學六十年》，《治史三書》，遼寧教育出版社 1998 年版，第 278～279 頁。
〔註 9〕　對大陸地區史學界現狀的認識，許紀霖認爲，到 1990 年代，「乾嘉傳統已經無可爭議地成爲當代中國史學的主流」（《沒有過去的史學危機》，《讀書》1999 年第 7 期），羅志田則不認同這一看法（《乾嘉傳統與九十年代中國史學的主流》，《開放時代》2000 年第 1 期）。

　　早在 1955 年，錢穆即曾感慨，以他從事教研 30 年的個人經驗來看，在大學教學 20 餘年，10 年以前編撰的講義，現在已無法講。甚至 30 年以前在中學任教時所編撰的講義，現在在大學講堂上，有些處也無法講。不可否認的事實是，中國人文傳統的閱讀、研究到今天「已衰落到驚人的地步」，「今天的知識分子對於中國人文傳統大概只有一個抽象的觀念」，〔註10〕一般大概只停留於「教科書」或「研究著作」上所作的戴上「五四」眼鏡之後的論述。尤其在大陸地區，不可忽視的現實是：我們對傳統典籍的生疏。在沒有私學、家學的背景下，知識傳承唯有仰賴於學校教育。而學校教育中傳統典籍的閱讀是十分欠缺的，人們對傳統文化和典籍的瞭解基本上來源於教科書，讀書變成了讀教科書。我們似乎正是王陽明所譏敗光祖產、一貧如洗，空留下老祖宗帳簿的不肖子孫。

　　在整個社會包括學術界越來越功利化的今天，中國大陸史學界所呈現的真實現狀往往是：不讀基本典籍，急於「搞研究」，全力尋找別人沒有做過的題目，沒有使用過的材料，尤其是檔案和海外資料，加上新的解讀，敷衍成文，名利雙收。而一些堅持坐冷板凳，重視學術積累的學者，則往往是學術名利場中的失意者。錢穆所批評的學風，於今為烈。

　　錢穆所倡導的讀書、治學方式已成明日黃花？我們只能哀歎無可奈何花落去？他從來不會如此悲觀。每個時代都會有讀書種子，像他那樣，讀人人必讀之書，用全部的身心浸潤其間。拋開今人、近人的「教科書」和「研究著作」，回歸中華文化的幾部基本元典，自己去閱讀，去體悟，是每一個中國人為中國人之所在。

---

〔註10〕余英時：《中國近代思想史上的激進與保守——香港中文大學廿五週年紀念講座第四講（一九八八年九月）》《錢穆與中國文化》，上海遠東出版社 1994 年版，第 219～221 頁。

# 參考文獻

## （一）資料類

1. 《錢賓四先生全集》，臺北聯經出版事業公司，1998 年。
2. 鄭大華整理：《胡適全集》，安徽教育出版社，2003 年。
3. 曹伯言整理：《胡適日記全編》，安徽教育出版社，2001 年。
4. 耿雲志、歐陽哲生編：《胡適書信集》，北京大學出版社，1996 年。
5. 中國社會科學院近代史研究所中華民國史組編：《胡適來往書信選》，中華書局，1979 年。
6. 胡頌平編著：《胡適之先生年譜長編初稿》，臺北聯經出版事業公司，1984 年。
7. 胡頌平編著：《胡適之先生晚年談話錄》，臺北聯經出版事業公司，1984 年。
8. 張君勱：《中國專制君主政制之評議》，弘文館出版社，1986 年。
9. 李振聲編：《錢穆印象》，學林出版社，1997 年。
10. 中國人民政治協商會議江蘇省無錫縣委員會編：《錢穆紀念文集》，上海人民出版社，1992 年。
11. 《錢穆先生八十歲紀念論文集》，新亞研究所，1974 年。
12. 朱傳譽主編：《錢穆傳記資料》，臺北天一出版社，1979 年。
13. 羅爾綱：《師門五年記·胡適瑣記》（增補本），三聯書店，1998 年。
14. 胡適口述、唐德剛註譯：《胡適口述自傳》，安徽教育出版社，1999 年。
15. 唐德剛：《胡適雜憶》，廣西師範大學出版社，2005 年。
16. 洪治綱主編：《顧頡剛經典文存》，上海大學出版社，2003 年。
17. 《中國現代學術經典·顧頡剛卷》，河北教育出版社，1996 年。

18. 顧頡剛撰、王煦華導讀：《秦漢的方術與儒生》，上海古籍出版社，1998年。

19. 顧頡剛：《當代中國史學》，遼寧教育出版社 1998 年。

20. 《古史辨》第一、二、三、四冊，上海古籍出版社影印，1982 年。

21. 歐陽哲生主編：《傅斯年全集》，湖南教育出版社，2003 年。

22. 高平叔編：《蔡元培全集》，中華書局，1984～1989 年。

23. 陳平原、鄭勇編：《追憶蔡元培》，中國廣播電視出版社，1997 年。

24. 《錢玄同文集》，中國人民大學出版社，1999 年。

25. 沈永寶編：《錢玄同印象》，學林出版社，1997 年。

26. 蔣夢麟：《西潮‧新潮》，嶽麓書社，2000 年。

27. 洪曉斌編：《丁文江學術文化隨筆》，中國青年出版社，2000 年。

28. 湯志鈞編：《康有為政論集》，中華書局，1981 年。

29. 康有為：《新學偽經考》，中華書局，1953 年。

30. 《康有為全集》3，上海古籍出版社，1992 年。

31. 王栻主編：《嚴復集》，中華書局，1986 年。

32. 孫應祥、皮後鋒編：《嚴復集》補編，福建人民出版社，2004 年。

33. 蔡尚思、方行編：《譚嗣同全集》，中華書局，1981 年增訂本。

34. 梁啟超：《飲冰室合集》，中華書局，1989 年。

35. 湯志鈞編：《章太炎政論選集》，中華書局，1977 年。

36. 朱維錚、姜義華編註：《章太炎選集》（註釋本），上海人民出版社，1981年。

37. 傅傑編校：《章太炎學術史論集》，中國社會科學出版社，1997 年。

38. 李妙根編選：《國粹與西化──劉師培文選》，上海遠東出版社，1996 年。

39. 鄔國義、吳修藝編校：《劉師培史學論著選集》，上海古籍出版社，2006年。

40. 章太炎、劉師培等：《中國近三百年學術史論》，上海古籍出版社，2006年。

41. 陳寅恪：《金明館叢稿初編》，三聯書店，2001 年。

42. 陳寅恪：《金明館叢稿二編》，三聯書店，2001 年。

43. 《陳寅恪集‧寒柳堂集》，三聯書店，2001 年。

44. 《陳寅恪集‧書信集》，三聯書店，2001 年。

45. 《陳寅恪集‧詩集》，三聯書店，2001 年。

46. 蔣天樞：《陳寅恪先生編年事輯》，上海古籍出版社，1997 年。

47. 徐葆耕編選：《會通派如是說 吳宓集》，上海文藝出版社，1998 年。

48. 吳學昭整理：《吳宓日記》，三聯書店，1998 年。

49. 吳學昭整理：《吳宓自編年譜》，三聯書店，1995 年。

50. 黃興濤譯：《辜鴻銘文集》，海南出版社，1996 年。

51. 《王國維遺書》，上海古籍書店 1983 年據商務印書館 1940 年版影印。

52. 《王國維文集》，中國文史出版社，1997 年。

53. 長春市政協文史和學習委員會編：《羅振玉王國維往來書信》，東方出版社，2000 年。

54. 《中國現代學術經典‧陳垣卷》，河北教育出版社，1996 年。

55. 柳曾符、柳定生選編：《柳詒徵史學論文集》，上海古籍出版社，1991 年。

56. 柳曾符、柳定生選編：《柳詒徵史學論文續集》，上海古籍出版社，1991 年。

57. 柳曾符、柳佳編：《劬堂學記》，上海書店出版社，2002 年。

58. 陳引馳編校：《陶鴻慶學術論著》，浙江人民出版社，1998 年。

59. 周文玖選編：《朱希祖文存》，上海古籍出版社，2006 年。

60. 《呂思勉論學叢稿》，上海古籍出版社，2006 年。

61. 呂思勉：《為學十六法》，中華書局，2007 年。

62. 張雲台編：《張蔭麟文集》，教育科學出版社，1993 年。

63. 張蔭麟：《素癡集》，百花文藝出版社，2005 年。

64. 周忱編選：《張蔭麟先生紀念文集》，漢語大詞典出版社，2002 年。

65. 李妙根編選：《為政尚異論——章士釗文選》，上海遠東出版社，1996 年。

66. 《郭沫若全集》歷史編，人民出版社，1982～1985 年。

67. 任建樹等編：《陳獨秀著作選》，上海人民出版社，1993 年。

68. 高瑞泉編選：《向著新的理想社會——李大釗文選》，上海遠東出版社，1995 年。

69. 楊深編：《走出東方——陳序經文化論著輯要》，中國廣播電視出版社，1995 年。

70. 陳序經：《東西文化觀》，中國人民大學出版社，2004 年。

71. 陳序經：《中國文化的出路》，中國人民大學出版社，2004 年。

72. 陳序經：《文化學概觀》，中國人民大學出版社，2005 年。

73. 溫儒敏、丁曉萍編：《時代之波——戰國策派文化論著輯要》，中國廣播電視出版社，1995 年。

74. 潘乃谷、潘乃和選編：《潘光旦選集》，光明日報出版社，1999 年。

75. 林語堂：《聖哲的智慧》，陝西師範大學出版社，2002 年。

76. 林語堂：《生活的藝術》，華藝出版社，2001 年。

77. 林語堂著、郝志東、沈益洪譯：《中國人》，學林出版社，1994 年。

78. 高瑞泉編選：《理性與人道——周作人文選》，上海遠東出版社，1994 年。

79. 《周作人文選：自傳‧知堂回想錄》，群眾出版社，1998 年。

80. 黃開發編：《知堂書信》，華夏出版社，1995 年。

81. 熊十力：《十力語要》，中華書局，1996 年。

82. 湯一介編選：《湯用彤選集》，天津人民出版社，1995 年。

83. 賀麟：《文化與人生》，商務印書館，1988 年。

84. 李維武編：《徐復觀文集》，湖北人民出版社，2002 年。

85. 徐復觀著、陳克艱編：《中國知識分子精神》，華東師範大學出版社，2003 年。

86. 徐復觀著、陳克艱編：《中國學術精神》，華東師範大學出版社，2003 年。

87. 徐復觀著、胡曉明、王守雪編：《中國人的生命精神：徐復觀自述》，華東師範大學出版社，2003。

88. 殷海光：《中國文化的展望》，上海三聯書店，2002 年。

89. 羅榮渠主編：《從「西化」到現代化——五四以來有關中國的文化趨向和發展道路論爭文選》，北京大學出版社，1990 年。

90. 馮友蘭：《三松堂自序》，人民出版社，1998 年。

91. 馮友蘭：《中國哲學史》，華東師範大學出版社，2000 年。

92. 《蒿廬問學記：呂思勉生平與學術》，三聯書店，1996 年。

93. 陳智超編：《勵耘書屋問學記：史學家陳垣的治學》（增訂本），三聯書店，2006 年。

94. 陳智超編註：《陳垣來往書信集》，上海古籍出版社，1990 年。

95. 蒙默編：《蒙文通學記》（增補本），三聯書店，2006 年。

96. 何茲全：《愛國一書生——八十五自述》，華東師範大學出版社，1997 年。

97. 楊樹達：《積微翁回憶錄 積微居詩文鈔》，上海古籍出版社，2006 年。

98. 楊逢彬整理：《積微居友朋書簡》，湖南教育出版社，1986 年。

99. 何炳棣：《讀史閱世六十年》，廣西師範大學出版社，2005 年。

100. 蕭公權：《問學諫往錄》，學林出版社，1997 年。

101. 《蔣廷黻回憶錄》，嶽麓書社，2003 年。

102. 浦江清：《清華園日記 西行日記》（增補本），三聯書店，1999 年第 2 版。

103. 《竺可楨日記》第一冊（1936～1942），人民出版社，1984 年。

104. 楊步偉：《一個女人的自傳》，嶽麓書社，1987 年。

105. 王叔岷：《慕廬憶往——王叔岷回憶錄》，中華書局，2007 年。

106. 何兆武口述、文靖撰寫：《上學記》，三聯書店，2006 年。

107. 曹聚仁：《文壇五十年》，東方出版中心，2006 年第 2 版。

108. 費孝通：《師承·補課·治學》，三聯書店，2002 年。

109. 季羨林著、王岳川編：《學問人生——季羨林自述》，山東友誼出版社，2006 年。

110. 季羨林：《朗潤園隨筆》，上海人民出版社，2000 年。

111. 《燕園論學集》（湯用彤先生九十誕辰紀念），北京大學出版社，1984 年。

112. 張岱年：《直道而行》，大眾文藝出版社，2006 年第 2 版。

113. 《春風燕子樓——左舜生文史箚記》，學林出版社，1997 年。

114. 陳平原、夏曉虹編：《北大舊事》，三聯書店，1998 年。

115. 桑兵、張凱、於梅舫編：《近代中國學術批評》，中華書局，2008 年。

116. 桑兵、張凱、於梅舫編：《近代中國學術思想》，中華書局，2008 年。

117. 方玉潤：《詩經原始》上下，中華書局，1986 年。

## （二）研究著作類

1. 嚴耕望：《治史三書》，遼寧教育出版社，1998 年。

2. 余英時：《錢穆與中國文化》，上海遠東出版社，1994 年。

3. 鄧爾麟：《錢穆與七房橋世界》，社會科學文獻出版社，1995 年。

4. 郭齊勇、汪學群：《錢穆評傳》，江西百花洲文藝出版社，1995 年。

5. 汪學群：《錢穆學術思想評傳》，北京圖書館出版社，1998 年。

6. 楊承彬、鄭大華、戴景賢：《胡適·梁漱溟·錢穆》，臺灣商務印書館，1999 年更新版。

7. 陳勇：《錢穆傳》，人民出版社，2001 年。

8. 陳勇：《國學宗師錢穆》，北京大學出版社，2007 年。

9. 徐國利：《錢穆史學思想研究》》，臺灣商務印書館，2004 年。

10. 臺灣大學中國文學系編：《紀念錢穆先生逝世十週年國際學術研討會論文集》，2001 年。

11. 《錢賓四先生百齡紀念會學術論文集》，香港中文大學新亞書院，2003 年。

12. 韓復智編著：《錢穆先生學術年譜》，「國立」編譯館，2005 年。

13. 陸玉芹：《未學齋中香不散：錢穆和他的弟子》，廣州教育出版社，2007 年。

14. 《胡適與近代中國》，臺北時報文化出版公司，1991 年。

15. 耿雲志、聞黎明編：《現代學術史上的胡適》，三聯書店，1993 年。

16. 歐陽哲生：《自由主義之累：胡適思想的現代闡釋》，上海人民出版社，1993 年。

17. 〔美〕格里德著、魯奇、王友琴譯：《胡適與中國的文藝復興——中國革命中的自由主義（1917～1937）》，江蘇人民出版社，1996 年。

18. 逯耀東：《胡適與當代史學家》，臺北東大圖書公司，1998 年。

19. 周質平：《胡適與中國現代思潮》，南京大學出版社，2002 年。

20. 張曉唯：《蔡元培與胡適（1917～1937）——中國文化人與自由主義》，中國人民大學出版社，2003 年。

21. 徐雁平：《胡適與整理國故考論——以中國文學史研究爲中心》，安徽教育出版社，2003 年。

22. 余英時：《重尋胡適歷程 胡適生平與思想再認識》，廣西師範大學出版社，2004 年。

23. 章清：《「胡適派學人群」與現代中國自由主義》，上海古籍出版社，2004 年

24. 〔美〕周明之著、雷頤譯：《胡適與中國現代知識分子的選擇》，廣西師範大學出版社，2005 年。

25. 羅志田：《再造文明的嘗試：胡適傳（1891～1929）》，中華書局，2006 年。

26. 桑逢康：《胡適在北大》，文化藝術出版社，2007 年。

27. 顧潮編著：《顧頡剛年譜》，中國社會科學出版社，1993 年。

28. 顧潮：《歷劫終教志不灰——我的父親顧頡剛》，華東師範大學出版社，1997 年。

29. 顧潮編：《顧頡剛學記》，三聯書店，2002 年。

30. 劉俐娜：《顧頡剛學術思想評傳》，北京圖書館出版社，1999 年。

31. 李泉：《傅斯年學術思想評傳》，北京圖書館出版社，2000 年。

32. 石興澤：《學林風景——傅斯年與他同時代的人》，河南人民出版社，2005 年。

33. 〔美〕費俠莉：《丁文江 科學與中國新文化》，新星出版社，2006 年。

34. 楊正典：《嚴復評傳》，中國社會科學出版社，1997 年。

35. 蔣廣學：《梁啓超和中國古代學術的終結》，江蘇教育出版社，2001 年。

36. 張灝：《梁啓超與中國思想的過渡》，新星出版社，2006 年。

37. 張朋園：《梁啓超與民國政治》，吉林出版集團有限責任公司，2007 年。

38. 張朋園：《梁啓超與清季革命》，吉林出版集團有限責任公司，2007 年。

39. 黃克武：《一個被放棄的選擇：梁啓超調適思想之研究》，新星出版社，2006 年。

40. 李茂民：《在激進與保守之間：梁啓超五四時期的新文化思想》，社會科學文獻出版社，2006 年。

41. 王汎森：《章太炎的思想及其對儒學傳統的衝擊》，臺北時報文化出版公司，1985 年。

42. 唐文權、羅福惠：《章太炎思想研究》，華中師範大學出版社，1986 年。

43. 陳平原：《中國現代學術之建立——以章太炎、胡適之爲中心》，北京大學出版社，1998 年。

44. 汪榮祖：《康章合論》，新星出版社，2006 年。

45. 李帆：《章太炎、劉師培、梁啓超清學史著述之研究》，商務印書館，2006 年。

46. 牛潤珍：《陳垣學術思想評傳》，北京圖書館出版社，1999 年。

47. 蔣天樞：《陳寅恪先生編年事輯》，上海古籍出版社，1997 年。

48. 張傑、楊燕麗：《解析陳寅恪》，社會科學文獻出版社，1999 年。

49. 汪榮祖：《史家陳寅恪傳》，北京大學出版社，2005 年。

50. 劉克敵：《陳寅恪和他的同時代人》，文化藝術出版社，2006 年。

51. 沈衛威：《回眸「學衡派」》，人民文學出版社，1999 年。

52. 袁英光、劉寅生：《王國維年譜長編》，天津人民出版社，1996 年。

53. 孫永如：《柳詒徵評傳》，百花洲文藝出版社，1993 年。

54. 張耕華：《人類的祥瑞：呂思勉傳》，華東師範大學出版社，1998 年。

55. 王永太：《鳳鳴華岡——張其昀傳》，浙江人民出版社，2006 年。

56. 王德勝：《宗白華評傳》，商務印書館，2001 年。

57. 李洪岩：《錢鍾書與近代學人》，百花文藝出版社，2007 年。

58. 謝保成：《郭沫若評傳》，百花洲文藝出版社，1995 年。

59. 余英時：《士與中國文化》，上海人民出版社，1987 年。

60. 余英時：《中國思想傳統的現代詮釋》，江蘇人民出版社，1998 年。

61. 余英時：《現代危機與思想人物》，三聯書店，2005 年。

62. 余英時：《文史傳統與文化重建》，三聯書店，2004 年。

63. 余英時：《論戴震與章學誠》，三聯書店，2000 年。

64. 洪湛侯：《詩經學史》上下冊，中華書局，2002 年。

65. 黃俊傑：《中國孟學詮釋史》，社會科學文獻出版社，2004 年。

66. 倉修良、葉建華《章學誠評傳》，南京大學出版社，1996 年。

67. 陳祖武、朱彤窗：《曠世大儒——顧炎武》，河北人民出版社，2000 年。

68. 洪修平：《中國禪學思想史綱》，南京大學出版社，1994 年。

69. 劉起釪：《古史續辨》，中國社會科學出版社，1991 年。

70. 湯志鈞：《近代經學與政治》，中華書局，1989 年。

71. 羅檢秋：《近代諸子學與文化思潮》，中國社會科學出版社，1997 年。

72. 朱維錚：《求索眞文明——晚清學術史論》，上海古籍出版社，1996 年。

73. 朱維錚：《走出中世紀》（增訂本），復旦大學出版社，2007 年。

74. 朱維錚：《走出中世紀二集》，復旦大學出版社，2008 年。

75. 牟潤孫：《海遺雜著》，香港中文大學出版社，1990 年。

76. 王汎森：《中國近代思想與學術的系譜》，河北教育出版社，2001 年。

77. 鄭大華：《民國思想家論》，中華書局，2006 年。

78. 鄭大華：《民國思想史論》，社會科學文獻出版社，2006 年。

79. 羅志田：《權勢轉移——近代中國的思想、社會與學術》，湖北人民出版社，1999 年。

80. 羅志田主編：《20 世紀的中國：學術與社會·史學卷》，山東人民出版社，2001 年。

81. 羅志田：《國家與學術：清季民初關於「國學」的思想論爭》，三聯書店，2003 年。

82. 羅志田：《近代中國史學十論》，復旦大學出版社，2005 年。

83. 羅志田：《近代讀書人的思想世界與治學取向》，北京大學出版社，2009 年。

84. 桑兵：《晚清民國的國學研究》，上海古籍出版社，2001 年。

85. 桑兵：《晚清民國的學人與學術》，中華書局，2008 年。

86. 卞孝萱：《現代國學大師學記》，中華書局，2006 年。

87. 陳以愛：《中國現代學術研究機構的興起——以北大研究所國學門爲中心的探討》，江西教育出版社，2002 年。

88. 左玉河：《從四部之學到七科之學——學術分科與近代中國知識系統之創建》，上海書店出版社，2004 年。

89. 左玉河：《中國現代學術體制之創建》，四川人民出版社，2008 年。

90. 左玉河：《移植與轉化：中國現代學術機構的建立》，大象出版社，2008 年。

91. 劉龍心：《學術與制度 學科體制與現代中國史學的建立》，新星出版社，2007 年。

92. 邱為君:《戴震學的形成》,新星出版社,2006 年。

93. 張廣智、張廣勇:《史學,文化中的文化——文化視野中的西方史學》,浙江人民出版社,1990 年。

94. 韓震:《西方歷史哲學導論》,山東人民出版社,1992 年。

95. 許蘇民:《歷史的悲劇意識》,上海人民出版社,1992 年。

96. 何兆武:《歷史理性批判散論》,湖南教育出版社,1994 年。

97. 汪榮祖:《史學九章》,三聯書店,2006 年。

98. 許冠三:《新史學九十年》,嶽麓書社,2003 年。

99. 王爾敏:《史學方法》,廣西師範大學出版社,2005 年。

100. 王爾敏:《20 世紀非主流史學與史家》,廣西師範大學出版社,2007 年。

101. 張豈之主編:《中國近代史學學術史》,中國社會科學出版社,1996 年。

102. 麻天祥等:《中國近代學術史》,湖南師範大學出版社,2001 年。

103. 王學典:《20 世紀中國史學評論》,山東人民出版社,2002 年。

104. 陳其泰:《20 世紀中國歷史考證學研究》,北京師範大學出版社 2005 年。

105. 吳忠良:《傳統與現代之間——南高史地學派研究》,華齡出版社,2006 年。

106. 張越:《新舊中西之間——五四時期的中國史學》,北京圖書館出版社,2007 年。

107. 齊家瑩編撰:《清華人文學科年譜》,清華大學出版社,1998 年。

108. 王晴佳:《臺灣史學五十年(1950~2000):傳承、方法、趨向》,臺北麥田出版社,2002 年。

109. 陳弱水、王汎森主編:《思想與學術》,中國大百科全書出版社,2005 年。

110. 康樂、彭明輝主編:《史學方法與歷史解釋》,中國大百科全書出版社,2005 年。

111. 盧風:《人類的家園——現代文化矛盾的哲學反思》,湖南大學出版社,1996 年。

112. 衣俊卿:《文化哲學十五講》,北京大學出版社,2004 年。

113. 馬克垚主編:《中西封建社會比較研究》,學林出版社,1997 年。

114. 蕭公權:《中國政治思想史》,遼寧教育出版社,1998 年。

115. 湯學智、楊匡漢編:《臺港暨海外學界論中國知識分子》,河南人民出版社,1994 年。

116. 杜維明:《道、學、政:論儒家知識分子》,上海人民出版社,2000 年。

117. 孫立群:《中國古代的士人生活》,商務印書館,2003 年。

118. 張仲禮:《中國紳士的收入》,上海社會科學院出版社,2001 年。

119. 許紀霖：《20世紀中國知識分子史論》，新星出版社，2005年。

120. 周策縱：《五四運動史》，嶽麓書社，1999年。

121. 周策縱：《棄園文萃》，上海文藝出版社，1997年。

122. 伍啓元：《中國新文化運動概觀》，黃山書社，2008年。

123. 高力克：《五四的思想世界》，學林出版社，2003年。

124. 李世濤主編：《知識分子立場　激進與保守之間的動盪》，時代文藝出版社，2000年。

125. 李世濤主編：《知識分子立場　民族主義與轉型期中國的命運》，時代文藝出版社，2000年。

126. 羅福惠：《辛亥時期的精英文化研究》，華中師範大學出版社，2001年。

127. 何曉明：《百年憂患——知識分子命運與中國現代化進程》，東方出版中心，1997年。

128. 何曉明：《返本與開新——近代中國文化保守主義新論》，商務印書館，2006年。

129. 王爾敏：《中國近代思想史論》，社會科學文獻出版社，2003年。

130. 王爾敏：《中國近代思想史論續集》，社會科學文獻出版社，2005年。

131. 方克立、李錦全主編：《現代新儒學研究論集》（二），中國社會科學出版社，1991年。

132. 〔美〕郭穎頤：《中國現代思想中的唯科學主義：1900～1950》，江蘇人民出版社，1989年。

133. 〔美〕墨子刻：《擺脫困境——新儒學與中國政治文化的演進》，江蘇人民出版社，1996年。

134. 黃俊傑：《大學通識教育的理念與實踐》，華中師範大學出版社，2001年

135. 〔美〕德里克·博克著，徐小洲、陳軍譯：《走出象牙塔——現代大學的社會責任》，浙江教育出版社，2001年。

136. 金耀基：《大學之理念》，三聯書店，2001年。

137. 張瑞璠主編：《中國教育哲學史》，山東教育出版社，2000年。

138. 中國孔子基金會、中國現代文化研究中心編：《中國儒家教育思想》，青島出版社，2000年。

139. 陳明主編：《原道》第2輯，團結出版社，1995年。

140. 董恩強：《新考據學派：學術與思想（1919～1949）》，華中師範大學博士學位論文，2006年。

## （三）研究論文類

1. 印永清：《新文化運動中胡適與錢穆文學觀之比較》，《華東師範大學學報》

1996 年第 1 期。

2. 陳勇:《疑古與考信——錢穆評古史辨派的古史理論》,《學術月刊》2000 年第 5 期。

3. 翁有爲:《求眞乎?經世乎?——傅斯年與錢穆學術思想之比較》,《文史哲》2005 年第 3 期。

4. 陳勇:《錢穆與新考據派關係略論——以錢穆與傅斯年的交往爲考察中心》,《上海大學學報》(社會科學版)2007 年第 5 期。

5. 張曉唯:《錢穆的「胡適情結」》,《讀書》2009 年第 8 期。

6. 羅義俊:《論〈國史大綱〉與當代新儒學——略及錢賓四先生史學的特性與意義》,《史林》1992 年第 4 期。

7. 羅義俊:《經國濟世,培養史心——錢賓四先生新儒學史學觀論略》,《史林》1995 年第 4 期。

8. 劉巍:《〈劉向歆父子年譜〉的學術背景與初始反響》,《歷史研究》2001 年第 3 期。

9. 李帆:《從〈劉向歆父子年譜〉看錢穆的史學理念》,《史學史研究》2005 年第 2 期。

10. 姚淦銘:《錢穆兩漢經學研究之方法論》,《河北科技大學學報》(社會科學版)2003 年第 4 期。

11. 李廷勇:《錢穆與中國古史考辨》,《西南師範大學學報》2002 年第 4 期。

12. 張在傑:《宏博會通 尋源探本——錢穆先生〈先秦諸子繫年〉的研究方法》,《滄桑》2007 年第 2 期。

13. 武少民、閆玉環:《論錢穆〈中國近三百年學術史〉成書原因》,《長春師範學院學報》2006 年第 5 期。

14. 周國棟:《兩種不同的學術史範式——梁啓超、錢穆〈中國近三百年學術史〉之比較》,《史學月刊》2000 年第 4 期。

15. 胡文生:《梁啓超、錢穆同名作〈中國近三百年學術史〉之比較》,《中州學刊》2005 年第 1 期。

16. 陳勇:《「不知宋學,則無以評漢宋之是非」——錢穆與清代學術史研究》,《史學理論研究》2003 年第 1 期。

17. 徐雁平:《錢穆先生的清代學術思想史研究 以〈中國學術思想史論叢〉(八)爲例》,《博覽群書》2005 年第 3 期。

18. 劉巍:《二三十年代清學史整理中錢穆與梁啓超胡適的學術思想交涉——以戴震研究爲例》,《清華大學學報》(哲學社會科學版)1999 第 4 期。

19. 陳勇:《略論錢穆的歷史思想與史學思想》,《史學理論研究》1994 年第 2 期。

20. 羅義俊：《活潑潑的大生命，活潑潑的心──錢穆歷史觀要義疏解》，《史林》1994 年第 4 期。

21. 王曉毅：《錢穆先生文化生命史觀的意義──兼論史學的困境與出路》，《史學理論研究》1996 年第 1 期。

22. 徐國利：《錢穆的歷史本體「心性論」初探──錢穆民族文化生命史觀疏論》，《史學理論研究》2000 年第 4 期。

23. 劉衛、徐國利：《錢穆的史學方法論思想》，《史學月刊》2002 年第 10 期。

24. 蘇志宏：《封建制度與遊士社會──錢穆史學觀初探》，《甘肅社會科學》2006 年第 1 期。

25. 汪學群：《錢穆學術思想史方法論發微》，《孔子研究》1996 年第 1 期。

26. 徐國利：《錢穆的學術史方法與史識──義理、考據與辭章之辨》，《史學史研究》2005 年第 4 期。

27. 陳東輝、錢谷：《經世致用與宏博會通──錢穆治學精神之精髓》，《南京師範大學文學院學報》2006 年第 1 期。

28. 郭銳、劉萬華：《從〈莊老通辨〉看錢穆先生之考據方法》，《滄桑》2007 年第 3 期。

29. 陳勇：《疑古與考信──錢穆評古史辨派的古史理論》，《學術月刊》2000 年第 5 期。

30. 李桂花：《錢穆〈劉向歆父子年譜〉與現代疑古運動》，《思想戰線》2001 年第 4 期。

31. 翁有為：《求真乎？經世乎？──傅斯年與錢穆學術思想之比較》，《文史哲》2005 年第 3 期。

32. 陳勇：《錢穆與新考據派關係略論──以錢穆與傅斯年的交往為考察中心》，《上海大學學報》（社會科學版） 2007 年第 5 期。

33. 路新生：《錢穆〈中國近三百年學術史〉中幾個值得商榷的問題》，《歷史教學問題》2001 年第 3 期。

34. 路新生：《理解戴震──錢穆余英時「戴震研究」辨正》、《理解戴震（續）──錢穆余英時「戴震研究」辨正》，《華東師範大學學報》2003 年第 1、2 期。

35. 黃克劍：《現代文化的儒學觀照──評錢穆〈文化學大義〉》，《中國文化》1989 年第 1 期。

36. 錢婉約：《錢穆及其文化學研究》，《武漢大學學報》（社會科學版）1989 年第 5 期。

37. 羅義俊：《論錢穆與中國文化》，《史林》1996 年第 4 期。

38. 陳勇：《從錢穆的中西文化比較看他的民族文化觀》，《中國文化研究》1994

年第 1 期。

39. 鄭大華：《抗戰時期錢穆的文化復興思想及評價》，《齊魯學刊》2006 年第 2 期。

40. 賴功歐：《作爲文化進化論者的錢穆——「人文演進」觀繹論》，《江西社會科學》2006 年第 2 期。

41. 武才娃：《評錢穆的〈中國文化史導論〉》，《湖北大學學報》2000 年第 4 期。

42. 陳勇：《錢穆的文化學理論及其研究實踐》，《社會科學》1994 年第 7 期。

43. 郭齊勇、汪學群：《錢穆的文化學理論》，《中州學刊》1995 年第 1 期。

44. 柴文華：《論錢穆的文化觀》，《河南師範大學學報》2004 年第 1 期。

45. 翁有爲：《錢穆文化思想研究》，《河南大學學報》1992 年第 4 期。

46. 薛其林：《錢穆著眼文化創新的「合內外而開新」說》，《長沙大學學報》2007 年第 6 期。

47. 李冬君：《錢穆的儒家本位文化觀述評》，《華僑大學學報》1999 第 4 期。

48. 翁有爲：《錢穆政治思想研究》，《史學月刊》1994 年第 4 期。

49. 曾紀茂：《錢穆對中國古典政治文明的認識及其局限》，《北京科技大學學報》（社會科學版）2004 年第 1 期。

50. 萬昌華：《錢穆若干歷史觀點商榷》，《文史哲》2005 年第 4 期。

51. 楊俊：《傳統中國的制度與近代中國激進主義——讀錢穆先生〈中國歷代政治得失〉》，《晉陽學刊》2004 年第 5 期。

52. 羅義俊：《論士與中國傳統文化——錢穆的中國知識分子觀（古代篇）》，《史林》1997 年第 4 期。

53. 盧鍾鋒：《評錢穆的中國社會演變論》，《史學理論研究》2005 年第 3 期。

54. 譚徐鋒：《錢穆人性化教育思想與實踐》，《人文雜誌》2002 年第 6 期。

55. 楊永明：《錢穆論新亞教育》，《西南民族大學學報》2004 年第 7 期。

56. 何成剛：《錢穆與中小學歷史教育》，《歷史教學》2006 年 9 期。

57. 嚴金東：《隨俗與雅化——錢穆的一種比較文學觀》，《中國比較文學》2004 年第 1 期。

58. 芮宏明：《「天人合一的人生之藝術化」——試論錢穆先生對「比興」的闡釋》，《華文文學》2007 年第 2 期。

59. 朱金發：《但開風氣——論胡適的詩經研究》，《貴州文史叢刊》2005 年第 2 期。

60. 白憲娟：《胡適的〈詩經〉研究》，《遼寧師範大學學報》2008 年第 1 期。

61. 王以憲：《論顧頡剛〈詩經〉研究的方法與貢獻》，《江西師範大學學報》

2002 年第 2 期。

62. 許松源：《專家與通識──章學誠的學術思路與錢穆的詮釋》，《臺大歷史學報》第 37 期，2006 年 6 月。

63. 劉巍：《章學誠「六經皆史」說的本源與意蘊》，《歷史研究》2007 年第 4 期。

64. 劉巍：《經典的沒落與章學誠「六經皆史」說的提升》，《近代史研究》2008 年第 2 期。

65. 吳展良：《重省中國現代人文學術的建立──陳平原著〈中國現代學術之建立〉述評》，《臺大歷史學報》第 27 期，2001 年 6 月。

# 後　記

　　這裏記下的，是我要感謝的師友與親人。

　　感謝羅福惠、朱英、劉偉老師。因爲長年遭受頸椎病的困擾，沒有他們的關懷，我是沒有勇氣報考博士的。還有嚴昌洪、馬敏、彭南生、何卓恩諸教授，他們的著述與授課，讓我頗受教益。

　　感謝武漢大學馮天瑜先生，華師文學院周光慶教授、湖北大學何曉明教授，爲我的論文選題指示了重要意見。感謝馮夫人劉同平女士，以其生活的智慧給我許多精神的撫慰。

　　感謝馬樹華、馬元龍博士，爲我在香港、北京複印了大量資料。

　　感謝歷史文化學院領導對我在職學習的支持與關心。

　　感謝同事沈志安先生。多年來，他以其淵博的學識，爲我提供了諸多方面的幫助。祝願他擺脫厄運，不再受病魔的纏繞。感謝趙國華、尤學工、王薇佳、章博、梁軍、許小青以及中國近現代史教研室孫澤學、李英銓、董恩強、江滿情諸位同仁的關心。

　　感謝侯姝慧、蕭海燕、羅萍、黃娟、孫靜、左世元、張深溪、蕭傳林、何德廷、黎見春、路中康、吳志國、姚順東、劉軍等06級學友的友誼。

　　感謝我的父母雙親。他們是普通的農民，也許根本弄不清楚我在外面的工作。他們爲我含辛茹苦，我卻無以爲報。在論文初稿寫作的幾個月時間裡，正是父母受難的時候。那是我人生中最多紛擾、最爲痛苦的歲月。

　　感謝我的先生康慶博士。他承擔了很多家務，他也是我學術上的討論者與辯論者。

　　感謝上蒼贈與我可愛的女兒。看著一個鮮活的小生命在自己眼皮底下蹦蹦跳跳的長大，給人無限的慰藉。

李實紅

2010 年 3 月